Arne-Patrik Heinze
Systematisches Fallrepetitorium Allgemeines Verwaltungsrecht
De Gruyter Studium

Arne-Patrik Heinze

Systematisches Fallrepetitorium Allgemeines Verwaltungsrecht

———

Band 1: Verwaltungsprozessrecht (VwGO)

2., neu bearbeitete Auflage

DE GRUYTER

Dr. iur. *Arne-Patrik Heinze*, LL.M., Rechtsanwalt, Hamburg

Weitere Inhalte auf der Website des Autors:
www.heinze-pruefungsanfechtung.de

Karteikartensammlung
Öffentliches Recht

ISBN 978-3-11-061394-0
e-ISBN (PDF) 978-3-11-062570-7
e-ISBN (EPUB) 978-3-11-062747-3

Library of Congress Control Number: 2020938897

Bibliografische Information der Deutschen Nationalbibliothek
Die Deutsche Nationalbibliothek verzeichnet diese Publikation in der Deutschen
Nationalbibliografie; detaillierte bibliografische Daten sind im Internet über
http://dnb.dnb.de abrufbar.

© 2020 Walter de Gruyter GmbH, Berlin/Boston
Einbandabbildung: skyNext / iStock / Getty Images Plus
Schemata im Inhalt: RA Dr. iur. Arne-Patrik Heinze, LL.M.
Druck und Bindung: CPI books GmbH, Leck

www.degruyter.com

Vorwort zur 2. Auflage

Diese Lehrbuchreihe ist aus tausenden Unterrichtsstunden heraus entwickelt und somit als Lehrmaterial erprobt worden. Sie ist in besonderem Maße zur eigenständigen Examensvorbereitung sowie als Unterrichtsgrundlage für Dozenten geeignet, die auf die erste juristische Prüfung vorbereiten möchten. Der Anlass für die Kreation der Lehrbuchreihe war, dass es für notwendig erachtet wurde, eine Fallsammlung zu verfassen, in der nicht einzelne Fälle oder ehemalige Originalexamensfälle von unterschiedlichen Autoren zusammenhanglos aneinandergereiht werden. Es sollte eine systematische Lernfallsammlung entstehen, die auch als Nachschlagewerk zu einzelnen Themen geeignet ist. Ziel der Sammlung ist es, das für die erste juristische Prüfung examensrelevante öffentliche Recht systematisch auf wissenschaftlicher Basis abzudecken. Die Fälle sind derart konzipiert, dass durch Vernetzungen in allen Bänden eine einheitliche Struktur geschaffen wird. Dies wird anders als bei anderen Fallsammlungen dadurch gewährleistet, dass die Fälle von einem Autor stammen, so dass die systematischen Strukturen gebietsübergreifend wiederkennbar sind. Die Fallkonstellationen basieren zum Teil auf geeigneten Gerichtsentscheidungen mit typischen immer wiederkehrenden Examenskonstellationen (Passagen aus den gemeinfreien Urteilen sind in die Fälle eingearbeitet, zum Teil umformuliert und kursiv in Anführungszeichen gesetzt, um die Lesbarkeit der Fälle nicht zu beeinträchtigen) und sind im Übrigen erfunden. Die Bände sind so konzipiert, dass eine darüber hinausgehende Literatur zur Examensvorbereitung im öffentlichen Recht allenfalls punktuell erforderlich ist. Für die 2. Auflage wurden die ursprünglichen Bände vollständig überarbeitet. Es ist zunächst eine 2. Auflage aus vier Bänden entstanden (Staatsorganisationsrecht und Grundrechte, Europarecht, Verwaltungsprozessrecht, Verwaltungsverfahrensrecht), die insbesondere durch die Einführung der Lernboxen, eines Stichwortverzeichnisses, der Zuordnung der in den Fällen behandelten juristischen Probleme im Inhaltsverzeichnis sowie durch Onlinekarteikarten und Schwerpunktkennzeichnung lern- und leserfreundlicher wurde.

Die Konstruktion der Fälle ist derart erfolgt, dass problematische Aspekte beim maßgeblichen Prüfungspunkt im Fallaufbau mit den notwendigen abstrakten Hintergründen der Materie gutachtlich in die Falllösung eingearbeitet worden sind. So sollte eine perfekte Examensklausur verfasst sein, da zumindest bei guten Prüfern mit hohem Anspruch die Erläuterung des Lösungsweges mit guten Noten belohnt wird – nicht hingegen die Reproduktion auswendig gelernter Schlagworte. Aus seiner anwaltlichen Praxis heraus ist dem Autor jedoch bekannt, dass einige Prüfer bestimmte Formulierungen dennoch lesen möchten.

Deshalb sind derartige Schlagworte in die Lösungen implementiert worden. Anfängerhafte Darstellungen in Form der Verwendung so genannter „Theorien" sind bewusst vermieden worden. Es geht nicht darum, auswendig Gelerntes – womöglich noch im falschen Zusammenhang – zu reproduzieren. Es geht vielmehr darum, in einem juristischen Denksystem – Jura ist schließlich eine Art Mathematik in Worten – eine plausible Lösung am Gesetzestext mittels der juristischen Methodik zu entwickeln. Streitstände und vertretbare Lösungen sind in dieser Fallsammlung in die methodische Argumentation aufgenommen worden.

Zudem wurden sprachliche Formulierungen vermieden, die einerseits von guten Prüfern zumindest unterbewusst oder bewusst als negativ erachtet werden, andererseits in juristischen Texten grundsätzlich ausgespart werden sollten. So gehören zum Beispiel Formulierungen wie „laut Sachverhalt" oder „vorliegend", „Zu prüfen ist ..." regelmäßig nicht in gutachtliche Lösungen. Zudem wurde insoweit auf passive Formulierungen geachtet, als aktive Formulierungen fehlerhaft sind. So heißt es zum Beispiel nicht „Das Gesetz sagt ...", sondern „Im Gesetz steht ...". Ständige Wiederholungseffekte sind in die Sammlung absichtlich eingearbeitet worden, um durch die Zuordnung eines Problems an verschiedenen Stellen die Gesamtstruktur zu verdeutlichen. Auch Formulierungen sind bei ständig wiederkehrenden Prüfungsfolgen bewusst gleich formuliert, um die Leserinnen und Leser für bestimmte Ausdrucksweisen zu sensibilisieren.

Letztlich wird durch diese Fallsammlung eine Examensvorbereitung auf höchstem Niveau geboten, mittels derer strukturiertes Denken im öffentlichen Recht trainiert werden kann. Gleichzeitig kann sie aber als Nachschlagewerk herangezogen werden, weil die Fälle themenbezogen sind und es durch die dazugehörigen Fallgliederungen ermöglicht wird, einzelne Themengebiete gezielt zu suchen.

Für den verwaltungsrechtlichen Aufbau der Prozessstation wurde ein Aufsatz des Autors Heinze in der JURA 2012, 175 ff. zugrundegelegt, der von den Lesern zum Verständnis grundlegender prozessualer Zusammenhänge einmal intensiv gelesen werden sollte. Um es den Lesern zu ersparen, in der ohnehin begrenzten Examensvorbereitungszeit sämtliche Entscheidungen nachzulesen, sind wichtige Urteilspassagen mit dem Hinweis „zum Ganzen" und der entsprechenden abgeänderten Urteilspassage in die Falllösungen eingearbeitet worden.

Für sachdienliche Hinweise und Verbesserungsvorschläge ist der Autor stets dankbar und wünscht Ihnen einen erheblichen Lernerfolg beim Lesen der Bücher.

Hamburg, Juni 2020   Arne-Patrik Heinze

Der Autor

Dr. Arne-Patrik Heinze ist seit dem Jahr 2004 bundesweit als Dozent im Öffentlichen Recht unter anderem im Bereich der Vorbereitung auf die juristischen Examina tätig. Zudem arbeitet er seit 2008 als Rechtsanwalt und ist geschäftsführender Gründungsgesellschafter der Kanzleien Rechtsanwälte Dr. Heinze & Partner Deutschland und Rechtsanwälte Dr. Heinze & Partner Schweiz. Heinze ist als Fachanwalt für Verwaltungsrecht bundesweit auf Prüfungsanfechtungen (Staatsexamina Jura, Notarielle Fachprüfungen, Steuerberaterprüfungen, universitäre Prüfungen usw.), Studienplatzklagen und Verfassungsbeschwerden sowie Verfahren beim EGMR spezialisiert. Zudem betreut er Mandate im Allgemeinen Verwaltungsrecht und im Öffentlichen Baurecht.

Richterinnen und Richter, Professorinnen und Professoren, Rechtsanwältinnen und Rechtsanwälte uns sonstige Juristinnen und Juristen haben bei Heinze Öffentliches Recht und das System der juristischen Dogmatik erlernt. Er war bis zum Jahr 2013 geschäftsführender Gesellschafter der BeckAkademie (Verlag C.H. Beck), die er als Gründungsgesellschafter mit Kollegen bundesweit etabliert hat. In den Jahren 2013 – 2015 war er verbeamteter Professor für Öffentliches Recht an einer Polizeiakademie. Die Professur gab er zugunsten der Anwaltstätigkeit auf, da es in Deutschland nach dem anwaltlichen Berufsrecht neben der Anwaltstätigkeit zwar zulässig ist, „unechte" Professuren wie eine Honorarprofessur oder eine Professur an Privatinstitutionen innezuhaben – nicht jedoch dauerhaft eine „echte" Professur im Beamtenverhältnis. Dennoch ist Heinze der Wissenschaft und der Lehre aus Leidenschaft zur juristischen Dogmatik treu geblieben, kombiniert diese mit seiner Anwaltstätigkeit, publiziert regelmäßig und wird vor allem als Experte im Prüfungsrecht sowie im Bereich der Studienplatzklagen immer wieder von diversen renommierten Medien aus dem Fernseh-, Radio-, Online- und Printbereich angefragt.

Dr. Arne-Patrik Heinze, LL.M.
Rechtsanwälte Dr. Heinze & Partner Partnerschaftsgesellschaft mbB
info@heinze-rechtsanwaelte.de
www.heinze-rechtsanwaelte.de

Inhalt

Verwaltungsprozessrecht (Band I)

Fall 1: „Zurück in die Schule (Landesrecht)" —— 1
*Schwerpunkte: Zugang zu öffentlichen Einrichtungen (§ 5 Abs. 1
ParteiG), Verpflichtungsklage, Parteienprivileg, Zweistufigkeit, GmbH-
Beherrschung*

Fall 2: „Kugel im Fuß" —— 19
*Schwerpunkte: Rechtswegkonzentration und -spaltung,
Verpflichtungsklage, Beamtenversorgungsbezüge,
Amtshaftungsanprüche, Unfallfürsorge gemäß § 30 BeamtVG*

Fall 3: „Sauerkraut statt griechischem Olivenöl (Landesrecht)" —— 43
*Schwerpunkte: Drittanfechtungsklage, Subjektive Rechte Dritter im
BImSchG, Rechtsbehelfe der Vereinigungen i.S.d. UmwRG,
Individualrechtsbehelf i.S.d. § 4 Abs. 3 Nr. 1 UmwRG, Widerruf (§ 21
BImSchG)*

Fall 4: „Der unbeugsame Journalist (Landesrecht)" —— 64
*Schwerpunkte: Begünstigungsansprüche, Allgemeine Leistungsklage,
§§ 812 ff. BGB analog, Verpflichtungsklage, Subjektives Recht aus § 45
Abs. 1 StVO, Originäre und derivative Leistungsansprüche*

Fall 5: „Ein Fass ohne Boden" —— 95
*Schwerpunkte: Reformatio in peius in der Abwehrkonstellation,
qualitative und quantitative reformatio in peius, Abgrenzung
gestrecktes Verfahren, einfach verkürztes Verfahren, sofortiger Vollzug
und unmittelbare Ausführung, Kostenbescheid, fehlerhafte
Rechtsbehelfsbelehrung*

Fall 6: „Von der Zecke gebissen" —— 125
*Schwerpunkte: Reformatio in peius in der Leistungskonstellation,
Ansprüche aus Beamtenverhältnis (§§ 30 ff. BeamtVG),
Fristenberechnung, analog § 49 VwVfG bei der Reformatio in peius*

Fall 7: „Der gestörte Rentner" —— 154
Schwerpunkte: Schlichter Abwehr- und Unterlassungsanspruch,
Allgemeine Leistungsklage, Öffentlich-Rechtlicher Vertrag,
Lärmbelästigungen und BImSchG

Fall 8: „Drum schau dir deine Mieter genau an ... (Landesrecht)" —— 184
Schwerpunkte: Annexantrag in der Hauptsache, Wohnungseinweisung
im Dreipersonenverhältnis, staatliche Schutzpflicht, Stufenklage,
Vollzugsfolgenbeseitigungsanspruch

Fall 9: „Der Traumjob" —— 211
Schwerpunkte: Vorbeugender Unterlassungsanspruch, Einstweilige
Anordnung (§ 123 Abs. 1 S. 1 Alt. 2 VwGO),
Bewerbungsverfahrensanspruch (Art. 33 Abs. 2 GG, § 9 BeamtStG),
Ämterstabilität (Art. 33 Abs. 4 GG), Beurteilungsspielraum

Fall 10: „The American Dream (Landesrecht)" —— 238
Schwerpunkte: Fortsetzungsfeststellungsklage in Abgrenzung zur
allgemeinen Feststellungsklage, Marktzugang, Teilnahme an
festgesetzter Veranstaltung (§ 70 GewO)

Fall 11: „Mit Alkoholpegel fährt er wohl besser ..." —— 270
Schwerpunkte: Suspendierung eines Verwaltungsaktes im
Einstweiligen Rechtsschutz (§ 80 Abs. 5 VwGO) , Annexantrag und
Vollzugsfolgenbeseitigung

Fall 12: „Subventionen und Wein für die Genossen!" —— 301
Schwerpunkte: Verfahren nach § 80a VwGO im
Dreipersonenverhältnis, Annexantrag, Subvention, Konkurrentenstreit,
Gesetzesvorbehalt, Wettbewerbsfreiheit, Allgemeine Verwaltungspraxis

Stichwortverzeichnis —— 338

Onlinematerial —— 341

In den Falllösungen der **Fälle 1, 3, 4, 8 und 10** wurden Normen des Landesrechts einbezogen. In der abgedruckten Falllösung wurde exemplarisch das Landesrecht des Landes **Nordrhein-Westfalen** zugrundegelegt. Ausformulierte Lösungen am Beispiel der Länder **Berlin**, **Hamburg** und **Niedersachsen** sind auf der Homepage des Verlages unter www.heinze-pruefungsan

fechtung.de. Für Kandidaten aus anderen Bundesländern ist das Buch ebenfalls verwendbar, da die regionalen Unterschiede meist geringfügig sind, im Examen aufgrund des Ringtausches der Prüfungsämter oft fremde Landesgesetze abgedruckt werden und unterschiedliche Landesregelungen zum Gesamtsystemverständnis beitragen. Besonders verständnisorientierte Leserinnen und Leser sollten sogar zwei verschiedene Landeslösungen abgleichen.

Fall 1:
„Zurück in die Schule (Landesrecht)"

Schwerpunkte: Zugang zu öffentlichen Einrichtungen (§ 5 Abs. 1 ParteiG), Verpflichtungs-klage, Parteienprivileg, Zweistufigkeit, GmbH-Beherrschung

Hinweis: Diesem Fall sowie der Falllösung liegt exemplarisch das Landesrecht von **NRW** zu-grunde. An die Rechtslage in **Berlin, Hamburg und Niedersachsen** angepasste Falllösungen sind **online** unter www.heinze-pruefungsanfechtung.de einsehbar.

Die N ist eine Partei mit Sitz in der Stadt M in Nordrhein-Westfalen (NRW), die extreme nationale Standpunkte vertritt. Seit längerer Zeit steht sie im Verdacht, verfassungsfeindliches Gedankengut zu fördern und zu verbreiten. Ein vor einigen Jahren von der Bundesregierung betriebenes Verbotsverfahren vor dem Bundes-verfassungsgericht blieb jedoch ohne Erfolg. Um bundesweit den Erfolg rechts-gerichteter Politik durch ein einheitliches Auftreten zu steigern, schloss sich die N im August dieses Jahres mit der D zusammen, die eine ähnliche Politik betreibt und in den letzten Jahren stetigen Zulauf von jungen Wählern abseits der Bil-dungsschicht verzeichnen konnte.

Den Zusammenschluss möchte die daraus entstandene „ND – Die Volks-fusion" – ein rechtsfähiger Verein – entsprechend feiern. Dazu soll am 13.11. nächsten Jahres ein Festakt der ND abgehalten werden, den sie in der Aula eines städtischen Gymnasiums der Gemeinde G in NRW – in dieser Gemeinde möchte sich die ND zukünftig verbreiten sowie niederlassen und in dieser Aula hatten auch bereits andere Parteien in der Vergangenheit Wahlkampfauftritte und ähn-liche Veranstaltungen abgehalten – zelebrieren möchte. Die ND soll bei der nächsten Bundestagswahl und auch auf Landesebene zur Wahl stehen, um über Fraktionen in den Parlamenten das Volk zu vertreten. Zugang, Verwaltung und Vermietung der Aula werden ausschließlich über G abgewickelt, ohne dass eine Person des Privatrechts eingebunden ist. Andere Veranstaltungen sind am 13.11. des nächsten Jahres nicht geplant, und weitere Anfragen für die Aula gibt es für diesen Tag nicht. Auf den entsprechenden unter Beachtung aller eventuell er-forderlichen Formvorschriften gestellten Antrag reagiert die Mehrheit im zustän-digen Gemeinderat allerdings mit Protest. Die G sei eine weltoffene und tolerante Gemeinde, in der rechtes Gedankengut keine Plattform finden dürfe. Durch einen mit Rechtsmittelbelehrungen versehenen Bescheid vom 18.10. dieses Jahres wird der Antrag der ND daher abgelehnt. Zur Begründung verweist der Bürgermeister als zuständige allgemeine Ordnungsbehörde auf die verfassungsfeindliche Ten-denz der ND. Außerdem führt er aus, dass die lediglich internen Feierlichkeiten

https://doi.org/10.1515/9783110625707-001

des Zusammenschlusses zur ND nicht unter das Parteienprivileg fielen und die Gemeinde schon deshalb nicht verpflichtet sei, der ND Zugang zu gewähren.

Die ND meint, sie sei in ihren Rechten verletzt und klagt nach erfolglos durchgeführtem Widerspruchsverfahren innerhalb von drei Wochen nach Bekanntgabe des Ablehnungsbescheides und einer Woche nach Bekanntgabe des Widerspruchsbescheides vor dem örtlich zuständigen Verwaltungsgericht auf eine verbindliche Zuteilung der Schulaula an dem gewünschten Tag. Mit Erfolg?

Abwandlung

Die ND möchte ihren nächsten Parteitag in einer Veranstaltungshalle in G – ebenfalls von anderen Parteien genutzt – abhalten, die von der E-GmbH betrieben wird. Hauptgesellschafterin ist die Gemeinde G, die nach dem Gesellschaftsvertrag berechtigt ist, über Zulassung oder Ablehnung von Veranstaltungen sowie über das Entgelt zu entscheiden. Mit der gleichen Begründung wie in der Vergangenheit, jedoch ohne ablehnenden Bescheid, wird der ND die Zulassung zu dem gewünschten Termin verweigert. Wieder möchte die ND gegen die Gemeinde in gleicher Weise klagen, ist sich aber nicht sicher, ob dies sinnvoll ist. Sind die Sachurteilsvoraussetzungen der Klage erfüllt, wenn nach Durchführung eines ordnungsgemäßen Widerspruchsverfahrens die Klagefrist eingehalten wird?

Zusatzfrage

Aufgrund der Entscheidung des Gerichts wird der ND das Abhalten des Parteitages in der Veranstaltungshalle erlaubt. Als die Veranstaltung beginnen soll, stellen die Gäste allerdings fest, dass keine der sanitären Anlagen benutzbar und außerdem die gesamte Elektronik funktionslos ist. Gegen wen und vor welchem Gericht kann die ND welchen Schadensersatzanspruch geltend machen?

Vertiefung

OVG Berlin-Brandenburg, Beschluss vom 13.1.2011 – OVG 3 S 2.11.

Gliederung

1. Komplex: Klage der ND —— **4**
  A. Sachurteilsvoraussetzungen (+) —— **4**
    I. Rechtsweg (+) —— **4**
    II. Zuständigkeit (+) —— **5**

    III. Beteiligte (+) —— 5
    IV. Statthafte Klageart —— 6
    V. Besondere Sachurteilsvoraussetzungen (+) —— 7
      1. Besondere Prozessführungsbefugnis (+) —— 7
      2. Klagebefugnis (+) —— 7
      3. Vorverfahren (+) —— 7
      4. Klagefrist (+) —— 8
    VI. Zwischenergebnis (+) —— 8
  B. Begründetheit (+) —— 8
    I. Anspruchsgrundlage (+) —— 9
    II. Anspruchsvoraussetzungen (+) —— 9
      1. Formelle Voraussetzungen (+) —— 10
      2. Materielle Voraussetzungen (+) —— 10
        a) Positive Voraussetzungen (+) —— 10
        b) Negative Voraussetzungen (+) —— 11
      3. Anspruchsinhalt (+) —— 12
  C. Ergebnis (+) —— 12
2. Komplex: Abwandlung —— 12
  A. Sachurteilsvoraussetzungen (+) —— 12
    I. Rechtsweg (+) —— 12
    II. Zuständigkeit (+) —— 15
    III. Beteiligte (+) —— 15
    IV. Statthafte Klageart (+) —— 16
    V. Besondere Sachurteilsvoraussetzungen (+) —— 17
      1. Besondere Prozessführungsbefugnis (+) —— 17
      2. Klagebefugnis (+) —— 17
      3. Vorverfahren (+) —— 18
      4. Klagefrist (+) —— 18
  B. Ergebnis (+) —— 18
3. Komplex: Zusatzfrage —— 18

Lösungsvorschlag

Die folgende Lösung ist als Lösungsvorschlag zu verstehen und ausführlicher, als es in der Klausurbearbeitung verlangt werden kann. Aufgrund der wissenschaftlichen Freiheit können andere Lösungswege vertreten werden, soweit sie dogmatisch begründbar sind. Die Nachweise aus Rechtsprechung und Literatur sowie die das Verständnis fördernden Randbemerkungen sind in der Examensklausur auszusparen. Die Abkürzung „Alt." Steht für Alternativfall, nicht für Alternative.

Zur Verbesserung der Methodik bei der Anfertigung eines Gutachtens in der Klausur empfiehlt sich die Lektüre des Beitrags von Heinze/Starke JURA 2012, 175 ff.

1. Komplex: Klage der ND

Die Klage der ND hat jedenfalls Erfolg, soweit die Sachurteilsvoraussetzungen erfüllt sind und die Klage begründet ist.

A. Sachurteilsvoraussetzungen

Hinweis: Andere Aufbauvarianten werden vertreten (z. B. dreistufig oder Prüfung des Verwaltungsrechtsweges als Untergliederungspunkt der Zuständigkeit des Gerichts). Derartige Aufbauvarianten sind aber mit § 17a Abs. 2 S. 1 GVG bzw. mit der Überschrift des 6. Abschnitts der VwGO sowie mit § 83 VwGO unvereinbar und daher bei exakter dogmatischer Zuordnung der Prüfungspunkte nicht zu empfehlen. Die Überschrift „Sachurteilsvoraussetzungen" anstelle der Überschrift „Zulässigkeit" ist sinnvoll, weil nach § 63 Nr. 3 VwGO auch der Beigeladene zu den Beteiligten gehört, das Fehlen einer notwendigen Beiladung i.S.d. § 65 Abs. 2 VwGO aber nur dazu führt, dass das Urteil keine materielle Rechtskraft entfaltet. Auch die objektive Klagehäufung i.S.d. § 44 VwGO ist z.B. keine Zulässigkeitsvoraussetzung.

Die Sachurteilsvoraussetzungen können erfüllt sein.

I. Rechtsweg

Ein Rechtsweg muß eröffnet sein. Der Verwaltungsrechtsweg kann mangels aufdrängender Sonderzuweisung gemäß § 40 Abs. 1 S. 1 VwGO eröffnet sein. Im Übrigen kommt ein Verweisungsbeschluss i.S.d. § 17a Abs. 2 S. 1 GVG i.V.m. § 173 S. 1 VwGO in Betracht. Der Verwaltungsrechtsweg ist eröffnet, wenn die streitentscheidende öffentlich-rechtliche Norm einen Hoheitsträger einseitig berechtigt oder verpflichtet bzw. wenn aufgrund typisch hoheitlichen Handelns zwischen den mutmaßlichen Beteiligten ein Subordinationsverhältnis besteht.

Aus der Organisationsform der Gemeinde als Gebietskörperschaft öffentlichen Rechts ergibt sich nicht, dass die Streitigkeit öffentlich-rechtlich ist, da juristische Personen des öffentlichen Rechts – namentlich Körperschaften, Anstalten und Stiftungen – nicht nur hoheitlich, sondern auch privatrechtlich in Form des fiskalischen Handelns tätig werden können, während juristische Personen des Privatrechts bei einer Beleihung i.S.d. Art. 33 Abs. 4 GG wiederum hoheitlich handeln können.

Aus der Handlungsform des Rechtsträgers kann sich allerdings ergeben, dass ein Subordinationsverhältnis und somit eine öffentlich-rechtliche Streitigkeit besteht mit der Folge, dass der Verwaltungsrechtsweg eröffnet wäre. Zwar ist die Versagung des Zuganges zur Aula durch einen Verwaltungsakt und somit durch ein typisch hoheitliches Handeln erfolgt, jedoch begehrt die ND den Zugang zur

Aula, sodass der ablehnende Bescheid nur ein Indiz dafür darstellt, dass auch die Leistung als Kehrseite durch einen Verwaltungsakt als typisch hoheitliches Handeln erfolgen wird.

Allerdings kommen als streitentscheidende Norm nur § 5 Abs. 1 S. 1 ParteiG bzw. § 8 Abs. 2 GO als Normen des öffentlichen Rechts in Betracht. Somit besteht eine öffentlich-rechtliche Streitigkeit, die mangels doppelter Verfassungsunmittelbarkeit nicht verfassungsrechtlicher Art ist. Da eine abdrängende Sonderzuweisung nicht ersichtlich ist, ist der Verwaltungsrechtsweg gemäß § 40 Abs. 1 S. 1 VwGO eröffnet.

II. Zuständigkeit

Das Verwaltungsgericht ist gemäß § 45 VwGO als Eingangsinstanz sachlich zuständig, soweit die Voraussetzungen abweichender Regelungen wie z. B. die §§ 47, 50 VwGO bei besonderen Verfahren nicht erfüllt sind. Das Verwaltungsgericht ist auch i.S.d. § 52 VwGO örtlich zuständig, sodass kein Verweisungsbeschluss gemäß § 17a Abs. 2 S. 1 GVG i.V.m. § 83 VwGO gefasst werden wird.

Die örtliche Zuständigkeit ist nur anzusprechen, wenn es dafür im Sachverhalt Anhaltspunkte gibt. Gegebenenfalls ist die örtliche Zuständigkeit grundsätzlich im Anschluss an die sachliche Zuständigkeit zu prüfen. Ist sie jedoch gemäß § 52 Nr. 2 VwGO ausnahmsweise von der Klageart abhängig, sollte sie offen mit Verweis auf § 17a Abs. 2 S. 1 GVG i.V.m. § 83 VwGO formuliert werden.

III. Beteiligte

Die ND und G als Körperschaft öffentlichen Rechts können Beteiligte des Verfahrens sein. Beteiligte sind nach § 63 Nr. 1, 2 VwGO unter anderem der Kläger und der Beklagte, beteiligungsfähig nach § 61 Nr. 1 Alt. 1, 2 VwGO natürliche und juristische Personen. Behörden sind gemäß § 61 Nr. 3 VwGO i.V.m. dem Landesrecht in Nordrhein-Westfalen nicht beteiligungsfähig, sodass insoweit denkbare Differenzierungen zwischen unmittelbarer Staatsverwaltung, zu der auch die Organleihe gehört, und mittelbarer Staatsverwaltung für die Beteiligten nicht maßgeblich sind. Die §§ 63, 61 VwGO könnten durch den § 3 ParteiG als Spezialregelung verdrängt sein. Unabhängig davon, dass § 3 ParteiG dem Wortlaut nach anders als § 61 VwGO formuliert ist, ergibt sich aus der gesetzlichen Überschrift, dass es sich insoweit um eine Norm handelt, in der die Aktiv-/Passivlegitimation und somit materiell-rechtliche Aspekte geregelt sind. Für Beteiligungsfähigkeit bleibt somit § 61 VwGO anwendbar. Als Klägerin ist die ND, die als rechtsfähiger Verein und somit als juristische Person organisiert ist, sodass es auf die Partei als Vereinigung i.S.d. § 61 Nr. 2 VwGO nicht ankommt, gemäß § 61 Nr. 1 Alt. 2 VwGO beteiligungsfähig. Für die Prozessfähigkeit ist gemäß § 62 Abs. 1, 3 VwGO auf deren Organwalter abzustellen, von deren Prozessfähigkeit auszugehen ist.

Als Beklagte ist G als Körperschaft des öffentlichen Rechts, vertreten durch die Behörde, gemäß den §§ 63 Nr. 2, 61 Nr. 1 Alt. 2 VwGO beteiligungs- und mangels Anhaltspunkten bezüglich des für die Behörde handelnden Organwalters gemäß § 62 Abs. 1, 3 VwGO prozessfähig.

IV. Statthafte Klageart

Die statthafte Klageart richtet sich i.S.d. § 88 VwGO nach dem klägerischen Begehren unter Berücksichtigung des Anwendungsvorrangs maßnahmespezifischer Rechtsschutzformen und des rechtsstaatlichen Grundsatzes der Effektivität des Rechtsschutzes. Dem klägerischen Begehren entspricht i.d.R. die effektivste Klageart, also nach Möglichkeit die Anfechtungsklage gemäß § 42 Abs. 1 Alt. 1 VwGO als Gestaltungsklage der Verwaltungsgerichtsordnung, es sei denn, es gibt einen ausdrücklichen Antrag, der nicht überschritten werden darf.

Die Anfechtungsklage ist z.B. besonders rechtsschutzintensiv, weil das Gericht als Judikative mittels einer Durchbrechung der Gewaltenteilung einen Verwaltungsakt als Rechtssetzungsakt der Exekutive aufhebt.

Voraussetzung der Anfechtungsklage ist, dass der Kläger die Aufhebung eines gegenwärtig wirkenden Verwaltungsaktes erstrebt. Ein Verwaltungsakt ist gemäß § 35 S. 1 VwVfG NRW jede Verfügung, Entscheidung oder andere hoheitliche Maßnahme, die eine Behörde zur Regelung eines Einzelfalls auf dem Gebiet des öffentlichen Rechts trifft und die auf unmittelbare Rechtswirkung nach außen gerichtet ist. Die ND könnte gegen den Versagungsbescheid vom 18.10. mit einer Anfechtungsklage vorgehen, jedoch entspricht dies nicht ihrem primären Klagebegehren, da sie eine verbindliche Zuteilung der Aula für den 13.11. nächsten Jahres anstrebt. Der ND kann es daher nur um eine Leistungsklage gehen. Da sie eine verbindliche Zuteilung erstrebt, handelt es sich um eine Regelung mit Außenwirkung, also einen Verwaltungsakt, sodass nicht die nur in der Verwaltungsgerichtsordnung mehrfach erwähnte und nicht ausdrücklich geregelte allgemeine Leistungsklage, sondern die Verpflichtungsklage nach § 42 Abs. 1 Alt. 2 VwGO dem Begehren der ND entspricht und somit statthaft ist.

V. Besondere Sachurteilsvoraussetzungen

Die besonderen Sachurteilsvoraussetzungen können erfüllt sein.

1. Besondere Prozessführungsbefugnis

Besonders prozessführungsbefugt ist gemäß § 78 Abs. 1 Nr. 1 VwGO die Gemeinde als Körperschaft öffentlichen Rechts und Rechtsträgerin der Schule, da im Landesrecht in Nordrhein-Westfalen keine Ausführungsvorschrift i.S.d. § 78 Abs. 1 Nr. 2 VwGO enthalten ist.

2. Klagebefugnis

Die ND muss klagebefugt sein. Die Klagebefugnis nach § 42 Abs. 2 VwGO setzt die Möglichkeit der Verletzung eines subjektiven Rechts voraus. Subjektive Rechte leiten sich aus Sonderrechtsbeziehungen, einfachen Gesetzen, subsidiär aus Grundrechten und unter Umständen Unionsrecht ab, wobei jedenfalls aufgrund des weiten Schutzbereiches des Art. 2 Abs. 1 GG bei unmittelbaren Grundrechtseingriffen für das subjektive Recht direkt auf Grundrechte abgestellt werden kann. Die ND ist nicht offensichtlich Adressatin eines belastenden Verwaltungsaktes, weil ihr mit dem Zugang zur Aula lediglich eine Leistung versagt wird. Da eine Sonderrechtsbeziehung nicht ersichtlich ist, ergibt sich die Möglichkeit einer Rechtsverletzung durch die Versagung der Zuteilung zur Aula jedenfalls aus § 5 Abs. 1 S. 1 ParteiG, in welchem das grundgesetzlich gewährleistete derivative Leistungsrecht der Parteien aus Art. 21 Abs. 1 GG i.V.m. Art. 3 Abs. 1 GG verankert ist. Denkbar ist auch ein einfachgesetzliches subjektives Recht der ND aus § 8 Abs. 2 GO. Die ND ist klagebefugt.

3. Vorverfahren

Unabhängig davon, dass ein Vorverfahren gemäß den §§ 68 ff. VwGO in Nordrhein-Westfalen gemäß § 68 Abs. 1 S. 2 VwGO i.V.m. § 110 Abs. 1 JustizG grundsätzlich entbehrlich und es problematisch ist, ob und mit welcher Wirkung ein

---

Der Aufbau der Prozessstation darf in der Klausur nicht gesondert begründet werden. Es ist allenfalls möglich, einzelne Argumente anhand einzelner zu prüfender Tatbestandsmerkmale in Nebensätzen einzuarbeiten. Die Zuordnung des § 78 VwGO ist umstritten. § 78 VwGO enthält nach h.M. eine Regelung über die besondere Prozessführungsbefugnis, die von der Beteiligungsfähigkeit und der Passivlegitimation zu trennen ist (MA: § 78 VwGO als Sonderregelung der Passivlegitimation, die aber in der Sachstation, also der Begründetheit, zu prüfen ist, da Passivlegitimation der Terminus für den materiell richtigen Klagegegner ist). Die besondere Prozessführungsbefugnis ist ein Unterpunkt bei den besonderen Sachurteilsvoraussetzungen und wird teilweise (vertretbar aber bzgl. der materiell-rechtlichen Passivlegitimation verwechslungsfähig) mit „Klagegegner" überschrieben.

Einige Argumente für die h.M.:
- § 78 VwGO steht systematisch bei besonderen Sachurteilsvoraussetzungen
- Gesetzgebungskompetenzen
- falsche Behörde bzw. falscher Rechtsträger können nicht zum materiell richtigen Anspruchsgegner i.S. einer Passivlegitimation werden (zum Ganzen: Heinze/Starke JURA 2012, 175 ff.; Ehlers, Festschrift für Menger, S. 379 ff.; Hufen, Verwaltungsprozessrecht, 11. Aufl. 2019, § 12, Rn 38 ff. m.w.N.; vgl. OVG Münster NVwZ 1990, 188).

Widerspruch dennoch eingelegt werden kann, ist seitens der ND unter Mitwirkung der G jedenfalls ein ordnungsgemäßes Vorverfahren durchgeführt worden.

4. Klagefrist

Die Klagefrist von einem Monat gemäß § 74 Abs. 1 S. 1, 2, Abs. 2 VwGO seit Zustellung des Ablehnungsbescheides ist mit verstrichenen drei Wochen eingehalten worden.

VI. Zwischenergebnis

Die Sachurteilsvoraussetzungen sind erfüllt und die Klage ist zulässig.

B. Begründetheit

Die Klage ist gemäß § 113 Abs. 5 S. 1, 2 VwGO begründet, soweit die Ablehnung der Zuteilung der Aula rechtswidrig, die ND dadurch in ihren Rechten verletzt und die Sache spruchreif bzw. soweit die Unterlassung einer Bescheidung rechtswidrig oder die erfolgte Bescheidung fehlerhaft und die Klägerin dadurch in ihren Rechten verletzt ist. Somit ist die Klage begründet, soweit die Klägerin einen Anspruch auf zumindest fehlerfreie Bescheidung hat. Die ND ist als Partei in Form eines rechtsfähigen Vereins gemäß § 3 S. 1 ParteiG aktivlegitimiert.

Der Obersatz der Verpflichtungsklage müsste entsprechend dem Gesetzeswortlaut negativ formuliert werden, während es üblich ist, ihn positiv zu formulieren. Sinnvoll erscheint es, beide Formulierungen einzuarbeiten, um dem Prüfer wenig Angriffsfläche zu bieten. Als Minus ist im Antrag i.S.d. § 113 Abs. 5 S. 1 VwGO ein solcher nach § 113 Abs. 5 S. 2 VwGO enthalten.

Achtung: Im Rahmen des § 113 Abs. 5 S. 2 VwGO sollte im Obersatz nicht „ermessensfehlerfreie Bescheidung" geschrieben werden, da es auch Beurteilungsspielräume gibt, die über § 113 Abs. 5 S. 2 VwGO tenoriert werden.

I. Anspruchsgrundlage

Als Anspruchsgrundlage kommen § 8 Abs. 2 GO sowie § 5 Abs. 1 S. 1 ParteiG in Betracht. § 8 Abs. 2 GO könnte bezogen auf kommunale Einrichtungen als gegenüber § 5 Abs. 1 S. 1 ParteiG spezialgesetzliche Regelung angesehen werden. Allerdings wird durch das Bundesrecht gemäß Art. 31 GG das Landesrecht gebrochen, zumal im Parteiengesetz anders als in der Gemeindeordnung die herausgehobene verfassungsrechtliche Stellung der Parteien berücksichtigt worden ist. Dieser verfassungsrechtlichen Sonderstellung der Parteien auch bezüglich kommunaler Einrichtungen wird § 8 Abs. 2 GO nicht gerecht, sodass die Norm trotz der Bezugnahme auf kommunale Einrichtungen als gegenüber § 5 Abs. 1 S. 1 ParteiG allgemeinere Regelung einzuordnen ist, soweit § 5 Abs. 1 S. 1 ParteiG einschlägig ist. Dem steht das Recht auf kommunale Selbstverwaltung aus Art. 28 Abs. 2 GG nicht entgegen, weil insoweit in einer parteienstaatlichen Demokratie in praktischer Konkordanz ein gegenläufiges Verfassungsgut in Form der Artt. 20 Abs. 2, 21 GG vorrangig ist. § 8 Abs. 2 GO gilt nur ergänzend. Unabhängig davon, dass § 5 Abs. 1 S. 1 ParteiG als spezialgesetzlich ausgestaltetes derivatives Leistungsrecht der Parteien den § 8 Abs. 2 GO als Anspruchsgrundlage verdrängt, ist § 8 Abs. 2 GO offensichtlich nicht maßgeblich, weil insoweit vorausgesetzt wird, dass es sich beim Anspruchsteller um einen Gemeindeeinwohner bzw. um eine ortsansässige juristische Person handelt. Die ND ist in G aber noch nicht niedergelassen, sondern erstrebt dort eine Verbreitung. Somit kann nur § 5 Abs. 1 S. 1 ParteiG die maßgebliche einfachgesetzliche Anspruchsgrundlage sein, die eine spezialgesetzliche Ausgestaltung des derivativen Leistungsrechtes der Parteien aus Art. 21 Abs. 1 S. 1 GG i.V.m. Art. 3 Abs. 1 GG darstellt . Da die ND i.S.d. § 2 Abs. 1 S. 1 ParteiG auf Bundes- und Landesebene zur Wahl steht, ist § 5 Abs. 1 S. 1 ParteiG anwendbar.

Merke: Das Verhältnis des § 5 ParteiG zu den Gemeindeordnungen ist strittig.

II. Anspruchsvoraussetzungen

Die Anspruchsvoraussetzungen müssen erfüllt sein.

1. Formelle Voraussetzungen

Die formellen Voraussetzungen können erfüllt sein. Das setzt voraus, dass bei der zuständigen Stelle ein rechtmäßiges Verfahren in den gesetzlich vorgesehenen Formen durchgeführt worden ist. Die ND hatte unabhängig von dessen Erforderlichkeit einen Antrag beim zuständigen Gemeinderat gestellt, der formal korrekt war. Die formellen Voraussetzungen sind somit erfüllt.

2. Materielle Voraussetzungen

Die materiellen Voraussetzungen des § 5 Abs. 1 S. 1 ParteiG müssen erfüllt sein. Materiell wird positiv vorausgesetzt, dass ein Hoheitsträger einer Partei im Rahmen einer öffentlichen Einrichtung eine Leistung zur Verfügung stellt und die den Antrag stellende Partei eine Gleichbehandlung anstrebt. Negativ dürfen keine Ausschlussgründe bestehen.

Öffentliche Einrichtung (Definition)

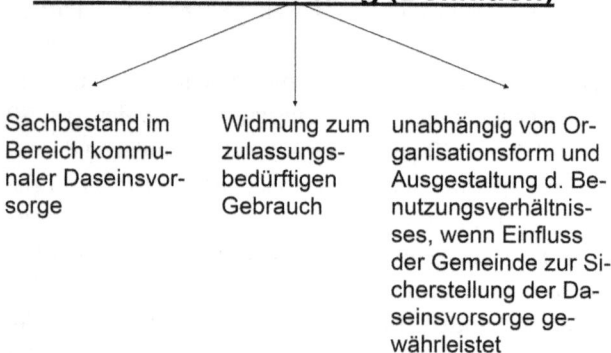

| Sachbestand im Bereich kommunaler Daseinsvorsorge | Widmung zum zulassungsbedürftigen Gebrauch | unabhängig von Organisationsform und Ausgestaltung d. Benutzungsverhältnisses, wenn Einfluss der Gemeinde zur Sicherstellung der Daseinsvorsorge gewährleistet |

Schema 1

a) Positive Voraussetzungen

G ist als Gemeinde eine Gebietskörperschaft öffentlichen Rechts und damit eine Hoheitsträgerin. Die ND ist wegen der Wählbarkeit bei Landtags- und Bundestagswahlen eine Partei i.S.d. § 2 Abs. 1 ParteiG. Die Schule, deren Aula genutzt werden soll, muss auch eine öffentliche Einrichtung darstellen. Eine öffentliche Einrichtung ist eine Zusammenfassung personeller Kräfte und sachlicher Mittel, die von der Gemeinde zum Zweck der Daseinsvorsorge durch Widmung bereitgestellt und zur bestimmungsgemäßen Nutzung unterhalten wird. Anders als bei der dinglichen Widmung im Straßenrecht, die aufgrund der Wesentlichkeit des

Widmungsaktes einen Verwaltungsakt i.S.d. § 35 S. 2 Var. 2 VwVfG NRW des Landes darstellt, handelt es sich bei der Widmung im Bereich der öffentlichen Einrichtungen i.d.R. um nicht grundrechtsrelevante und unwesentliche Leistungsverwaltung, durch die nur im Kern der kommunalen Daseinsvorsorge die Verfassung tangiert wird. Somit erfolgt die Widmung in der Regel nicht durch einen Verwaltungsakt, sondern in der Regel durch eine konkludente Widmung im Rahmen der faktischen Nutzung. Die Gemeinde hatte in der Vergangenheit bereits anderen Parteien den Zugang zu der Schulaula zum Zweck von Wahlkampfveranstaltungen gewährt, sodass sie die Aula jedenfalls auch konkludent diesem Zwecke gewidmet hat.

b) Negative Voraussetzungen

Negativ dürfen keine Ausschlussgründe oder sachlich eine Ungleichbehandlung rechtfertigende Erwägungen dem Anspruch entgegenstehen.

Die Gemeinde beruft sich darauf, dass es sich bei der Veranstaltung der ND nicht um eine Wahlkampfveranstaltung, sondern nur um eine interne Feierlichkeit handelt, welche nicht dem Parteienprivileg und damit nicht der Gleichbehandlungspflicht aus § 5 Abs. 1 S. 1 ParteiG unterfällt. Bei teleologischer Auslegung der Norm könnte die Auffassung der G dadurch bekräftigt werden, dass eine Pflicht der Gemeinden zur Gleichbehandlung nur dann bestehen soll, wenn es um Veranstaltungen der Parteien geht, welche ihre spezifische Stellung in der Verfassung und der Demokratie sichern und fördern. In einer parteienstaatlichen Demokratie soll eine Meinungsbildung vom i.S.d. Art. 20 Abs. 2 S. 1 GG souveränen Volk über die Parteien i.S.d. Art. 21 GG stattfinden, die ihre Arbeit in den Fraktionen der Parlamente fortsetzen. Diese Grundsätze der repräsentativen Demokratie sollen unter anderem durch eine Chancengleichheit der Parteien in § 5 Abs. 1 S. 1 ParteiG geschützt werden.

Andererseits ist die Stellung der Parteien in der repräsentativen Demokratie so herausgehoben, dass die sie schützenden Normen nicht zu eng ausgelegt werden dürfen. Das Vorbringen, eine parteiinterne Festveranstaltung beziehe sich weder auf die parteiinterne politische Willensbildung noch auf die politische Willensbildung des Bürgers und könne daher nicht dem Parteienprivileg unterliegen, erscheint bei verfassungskonformer Betrachtung nicht maßgeblich. Der den Parteien durch Art. 21 Abs. 1 GG eingeräumte verfassungsrechtliche Status schließt ihre Aufgabe zur Artikulation ein. Diese erschöpft sich nicht in Parteiprogrammen, sondern ist ihre ständige Aufgabe und Voraussetzung für die Standortbestimmung der politischen Parteien (vgl. Ipsen, in: Sachs, GG, 8. Aufl. 2018, Art. 21, Rn. 26; zu den geschützten parteitypischen Tätigkeiten auch Morlok, in: Dreier, GG, 3. Aufl. 2015, Art. 21, Rn. 56). Dazu gehört auch eine Veranstaltung in Form eines Festaktes zur Verschmelzung zweier politischer Parteien (OVG Berlin-Brandenburg: Beschluss vom 13.1.2011 – OVG 3 S 2.11).

Auch durch den Einwand, dass die ND verfassungsfeindliche Tendenzen erkennen lasse und extreme Standpunkte vertritt, ändert sich nichts, da über die Verfassungswidrigkeit einer Partei i.S.d. Art 21 Abs. 2 S. 2 GG und der §§ 32 f. ParteiG ausschließlich das Bundesverfassungsgericht entscheidet. Da dies nicht geschehen ist, ist jede Ungleichbehandlung unzulässig (sog. Parteienprivileg; BVerfGE 47, 130; Ipsen, ParteienG, 2. Aufl. 2018, § 5, Rn. 19, 34).

Nach alldem sind Ausschlussgründe oder die Ungleichbehandlung rechtfertigende maßgebliche Erwägungen nicht ersichtlich.

3. Anspruchsinhalt

Anspruchsinhalt ist eine Gleichbehandlung innerhalb der Kapazitätsgrenzen. Da an dem streitgegenständlichen Tag keine anderen Veranstaltungen beantragt und geplant sind, kann die ND von G die Gleichbehandlung in Form der Zuweisung der Aula für diesen Tag verlangen.

C. Ergebnis

Die Verpflichtungsklage der ND hat Erfolg.

2. Komplex: Abwandlung

A. Sachurteilsvoraussetzungen

Die Sachurteilsvoraussetzungen können erfüllt sein.

I. Rechtsweg

Beim **Verwaltungsrechtsweg** ist folgendermaßen zu prüfen:
- aufdrängende Zuweisung
- Generalklausel
- abdrängende Zuweisung.

Ein Rechtsweg muß eröffnet sein. Der Verwaltungsrechtsweg kann mangels auf-drängender Sonderzuweisung gemäß § 40 Abs. 1 S. 1 VwGO eröffnet sein. Im Übrigen kommt ein Verweisungsbeschluss i.S.d. § 17a Abs. 2 S. 1 GVG i.V.m. § 173 S. 1 VwGO in Betracht. Der Verwaltungsrechtsweg ist eröffnet, wenn die streit-entscheidende öffentlich-rechtliche Norm einen Hoheitsträger einseitig berechtigt oder verpflichtet bzw. wenn aufgrund typisch hoheitlichen Handelns zwischen den mutmaßlichen Beteiligten ein Subordinationsverhältnis besteht.

Innerhalb der Generalklausel des § 40 Abs. 1 S. 1 VwGO bedarf es einer öffentlich-rechtlichen Streitigkeit nicht verfassungsrechtlicher Art, für die folgende Prüfungsfolge gilt:
- Organisationsform
- Handlungsform
- Sonderrecht
- Sachzusammenhang
- Zweistufigkeit
- Im Zweifel (Art. 20 Abs. 3 GG, Rechtsstaatsprinzip): öffentlich-rechtlich

---

Aus der Organisationsform der Gemeinde als Gebietskörperschaft öffentlichen Rechts bzw. der E-GmbH als juristische Person des Privatrechts ergibt sich nicht, dass die Streitigkeit öffentlich-rechtlich ist, da juristische Personen des öffentli-chen Rechts – namentlich Körperschaften, Anstalten und Stiftungen – nicht nur hoheitlich, sondern auch privatrechtlich in Form des fiskalischen Handelns tätig werden können, während juristische Personen des Privatrechts bei einer Belei-hung i.S.d. Art. 33 Abs. 4 GG wiederum hoheitlich handeln können. Zwar ist eine Beleihung der E-GmbH, die aufgrund der Wesentlichkeit als Ausnahme von der Regel i.S.d. Art. 33 Abs. 4 GG einer gesetzlichen Grundlage bedürfte, nicht er-sichtlich, jedoch kann die Gemeinde fiskalisch handeln mit der Folge, dass es sich um eine zivilrechtliche Streitigkeit handeln würde, für welche gemäß § 13 GVG der ordentliche Rechtsweg eröffnet wäre, sodass gemäß § 17a Abs. 2 S. 1 GVG i.V.m. § 173 S. 1 VwGO an das ordentliche Gericht verwiesen werden müsste.

Typische Konstellationen privatrechtlicher Bezüge des öffentlichen Rechts, die Abgrenzungs-fragen bei der Bestimmung des Rechtswegs aufwerfen, sind:

Privatrechtliche Bezüge des ÖR

Beleihung (vgl. Art. 33 IV GG)	VerwaltungsprivatR	Fiskalisches Handeln	Verwaltungs- helfer
>Übertragung von Hoheits- gewalt >z.B. Notar, TÜV >ör Handeln Privater	>privatrechtliche Or- ganisationsform des Staates >Besonderheit: Pri- vatR anwendbar, aber unmittelbare Drittwirkung von Grundrechten >z.B. DB-AG, Post- AG >juristische Person des Privatrechts handelt	>Staat handelt wie ein Privater >Besonderheit: PrivatR anwend- bar, aber Will- kürverbot (HM: Art. 20 III GG; MA: auch Art. 3 I GG) >z.B. Reifenkauf für Polizeiauto	>Staat bedient sich Privater für das „Wie" ho- heitlichen Han- delns >weisungsge- bundener ver- längerter Arm des Staates >z.B. Abschlep- punternehmen

Schema 2

Aus der Handlungsform des Rechtsträgers kann sich allerdings ergeben, dass ein Subordinationsverhältnis und somit eine öffentlich-rechtliche Streitigkeit besteht mit der Folge, dass der Verwaltungsrechtsweg eröffnet wäre. Eine eindeutige Handlungsform ist aber nicht einmal bei der Ablehnung ersichtlich, da diese nicht durch einen Verwaltungsakt erfolgt ist.

§ 5 Abs. 1 S. 1 ParteiG stellt zwar Sonderrecht des Staates dar, durch das dieser einseitig berechtigt bzw. verpflichtet wird, jedoch kann die Norm unanwendbar sein. Ist die Organisation einer Einrichtung privatrechtlich ausgestaltet, ist es möglich, dass eine zivilrechtliche Klage erforderlich und das öffentliche Recht insoweit nicht streitentscheidend ist. Die Veranstaltungshalle wird von der E-GmbH verwaltet, sodass der Streit zivilrechtlicher Art sein kann, insbesondere, wenn gegen die nicht mit Hoheitsgewalt beliehene E-GmbH vorgegangen werden müsste. Selbst wenn sich die Klage gegen die Gemeinde richtet, muss sie nicht zwingend öffentlich-rechtlicher Natur sein, da es sich auch um den Bereich der Fiskalverwaltung handeln könnte. Das Sonderrecht ist daher nicht zwingend streitentscheidend.

Allerdings kann ein Sachzusammenhang zum öffentlichen Recht bestehen. Ein solcher ist in der Regel insbesondere bei einer zweistufigen Ausgestaltung auf der Stufe des „Ob" anzunehmen. Sind Streitverhältnisse bei Leistungseinrichtungen im Bereich der Daseinsvorsorge zweistufig ausgestaltet, nämlich einerseits bezüglich des „Ob" des Zuganges, andererseits bezüglich des „Wie" der Ausgestaltung des Zuganges, ist die erste Stufe des „Ob" in der Regel öffentlich-rechtlich ausgestaltet. Das „Ob" kann im Streit mit einer juristischen Person des öffentlichen Rechts nur zivilrechtlich ausgestaltet sein, soweit es sich im Fiskalbereich um einen zivilrechtlichen allgemeinen Kontrahierungszwang gemäß § 826 BGB mit der Rechtsfolge der Naturalrestitution gemäß § 249 BGB im haftungsausfüllenden Tatbestand, alternativ um einen speziellen Kontrahierungszwang z. B. im Wettbewerbsrecht, handelt.

Merke: Das „Ob" muss nicht öffentlich-rechtlich ausgestaltet sein, weil es im Fiskalbereich einen zivilrechtlichen Kontrahierungszwang geben kann.

Die zweite Stufe des „Wie" kann öffentlich-rechtlich oder privatrechtlich ausgestaltet sein. Die ND erstrebt die Zulassung zur Veranstaltungshalle, also das „Ob". Mag das „Wie" durch die E-GmbH privatrechtlich ausgestaltet sein, ist das „Ob" weiter öffentlich-rechtlich ausgestaltet, da es nicht um einen privatrechtlichen Kontrahierungszwang im Rahmen der Fiskalverwaltung geht. Der Staat darf bei der Daseinsvorsorge nicht in das Privatrecht flüchten und hat sich daher über die Mehrheitsverhältnisse und den Gesellschaftsvertrag die Einflussnahme vorbehalten. Die Entscheidung des „Ob" obliegt der G, sodass nach alledem § 5 Abs. 1 S. 1 ParteiG die streitentscheidende Norm ist.

Da die Streitigkeit mangels doppelter Verfassungsunmittelbarkeit nicht verfassungsrechtlicher Art ist und abdrängende Sonderzuweisungen nicht ersichtlich sind, ist der Verwaltungsrechtsweg eröffnet.

II. Zuständigkeit

Das Verwaltungsgericht ist gemäß § 45 VwGO als Eingangsinstanz sachlich zuständig, soweit die Voraussetzungen abweichender Regelungen wie z. B. die §§ 47, 50 VwGO bei besonderen Verfahren nicht erfüllt sind. Das Verwaltungsgericht ist auch i.S.d. § 52 VwGO örtlich zuständig, sodass kein Verweisungsbeschluss gemäß § 17a Abs. 2 S. 1 GVG i.V.m. § 83 VwGO gefasst werden wird.

III. Beteiligte

Die ND und G als Körperschaft öffentlichen Rechts können Beteiligte des Verfahrens sein, da sie als Parteien des Verfahrens zumindest in Betracht kommen. Beteiligte sind nach § 63 Nr. 1, 2 VwGO unter anderem der Kläger und der Beklagte, beteiligungsfähig nach § 61 Nr. 1 Alt. 1, 2 VwGO natürliche und juristische Personen. Behörden sind gemäß § 61 Nr. 3 VwGO i.V.m. dem Landesrecht in Nordrhein-Westfalen nicht beteiligungsfähig, sodass insoweit denkbare Differenzierungen zwischen unmittelbarer Staatsverwaltung, zu der auch die Organleihe gehört, und mittelbarer Staatsverwaltung für die Beteiligten nicht maßgeblich sind. Die §§ 63, 61 VwGO könnten durch den § 3 ParteiG als Spezialregelung verdrängt sein. Unabhängig davon, dass § 3 ParteiG dem Wortlaut nach anders als

§ 61 VwGO formuliert ist, ergibt sich aus der gesetzlichen Überschrift, dass es sich insoweit um eine Norm handelt, in der die Aktiv-/Passivlegitimation und somit materiell-rechtliche Aspekte geregelt sind. Für die Beteiligungsfähigkeit bleibt somit § 61 VwGO anwendbar. Als Klägerin ist die ND, die als rechtsfähiger Verein und somit als juristische Person organisiert ist, sodass es auf die Partei als Vereinigung i.S.d. § 61 Nr. 2 VwGO nicht ankommt, gemäß § 61 Nr. 1 Alt. 2 VwGO beteiligungsfähig. Für die Prozessfähigkeit ist gemäß § 62 Abs. 1, 3 VwGO auf deren Organwalter abzustellen, von deren Prozessfähigkeit auszugehen ist.

Als Beklagte ist G als Körperschaft des öffentlichen Rechts, vertreten durch die Behörde, gemäß den §§ 63 Nr. 2, 61 Nr. 1 Alt. 2 VwGO beteiligungs- und mangels Anhaltspunkten bezüglich des für die Behörde handelnden Organwalters gemäß § 62 Abs. 1, 3 VwGO prozessfähig.

Die E-GmbH ist nicht notwendig beizuladen, weil sie lediglich für die Ausgestaltung auf der Stufe des „Wie" zuständig ist und daher von einer gerichtlichen Entscheidung über das lediglich die Gemeinde betreffende „Ob" nicht selbst betroffen ist.

IV. Statthafte Klageart

Die statthafte Klageart richtet sich i.S.d. § 88 VwGO nach dem klägerischen Begehren unter Berücksichtigung des Anwendungsvorrangs maßnahmespezifischer Rechtsschutzformen und des rechtsstaatlichen Grundsatzes der Effektivität des Rechtsschutzes. Dem klägerischen Begehren entspricht i.d.R. die effektivste Klageart, also nach Möglichkeit die Anfechtungsklage gemäß § 42 Abs. 1 Alt. 1 VwGO als Gestaltungsklage der Verwaltungsgerichtsbarkeit, es sei denn, es gibt einen ausdrücklichen Antrag, der nicht überschritten werden darf. Voraussetzung der Anfechtungsklage ist, dass der Kläger die Aufhebung eines gegenwärtig wirkenden Verwaltungsaktes erstrebt. Ein Verwaltungsakt ist gemäß § 35 S. 1 VwVfG NRW jede Verfügung, Entscheidung oder andere hoheitliche Maßnahme, die eine Behörde zur Regelung eines Einzelfalls auf dem Gebiet des öffentlichen Rechts trifft und die auf unmittelbare Rechtswirkung nach außen gerichtet ist. Die ND möchte gegenüber G erreichen, dass ihr die Veranstaltungshalle zugewiesen wird. Die Zuteilung der Halle könnte lediglich als nichtregelndes Verwaltungshandeln einzuordnen sein, z.B. in Form eines Tätigwerdens der G gegenüber der E-GmbH im Rahmen der Einflussnahmemöglichkeiten durch den Gesellschaftsvertrag. Allerdings kommt es der ND letztlich nicht darauf an, wie G ihren Verpflichtungen nachkommt. Für die ND ist es letztlich auch nicht maßgeblich, wie sich die G und die E-GmbH im Innenverhältnis auseinandersetzen. Die ND erstrebt direkt von G eine verbindliche Erklärung, dass ihr der Zugang zur Veranstaltungshalle gewährt wird. Eine verbindliche Erklärung mit Außenwirkung ist ein

Verwaltungsakt im Sinne des § 35 S. 1 VwVfG NRW. Eine neben einer Verpflichtungsklage grundsätzlich denkbare allgemeine Leistungsklage auf Einwirkung
der G gegenüber der E-GmbH entspricht somit ebenso wenig dem klägerischen
Begehren der ND wie eine Verpflichtungsklage gerichtet auf den Erlass eines
Verwaltungsaktes der G gegenüber der E-GmbH. Derart kann der Antrag auch
nicht ausgelegt werden, weil insoweit über das klägerische Begehren seitens des
Gerichts wider § 88 VwGO hinausgegangen würde. Somit ist die Verpflichtungsklage gemäß § 42 Abs. 1 Alt. 2 VwGO – gerichtet auf die verbindliche Erklärung der
G – die statthafte Klageart.

V. Besondere Sachurteilsvoraussetzungen
Die besonderen Sachurteilsvoraussetzungen können erfüllt sein.

1. Besondere Prozessführungsbefugnis
Besonders prozessführungsbefugt ist gemäß § 78 Abs. 1 Nr. 1 VwGO die Gemeinde
G als Körperschaft öffentlichen Rechts und Rechtsträgerin der Veranstaltungs-
halle im Rahmen der kommunalen Daseinsvorsorge, da im Landesrecht in
Nordrhein-Westfalen keine Ausführungsvorschrift i.S.d. § 78 Abs. 1 Nr. 2 VwGO
enthalten ist.

2. Klagebefugnis
Die ND muss klagebefugt sein. Die Klagebefugnis nach § 42 Abs. 2 VwGO setzt die
Möglichkeit der Verletzung eines subjektiven Rechts voraus. Subjektive Rechte
leiten sich aus Sonderrechtsbeziehungen, einfachen Gesetzen, subsidiär aus
Grundrechten und unter Umständen Unionsrecht ab, wobei jedenfalls aufgrund
des weiten Schutzbereiches des Art. 2 Abs. 1 GG bei unmittelbaren Grundrechts-
eingriffen für das subjektive Recht direkt auf Grundrechte abgestellt werden kann.
Die ND ist nicht Adressatin eines belastenden Verwaltungsaktes, sondern verlangt
Leistung, sodass Grundrechte allenfalls subsidiär anwendbar sind. Da eine
Sonderrechtsbeziehung nicht ersichtlich ist, ergibt sich die Möglichkeit einer
Rechtsverletzung durch die Versagung der Zuteilung der Veranstaltungshalle jedenfalls aus § 5 Abs. 1 S. 1 ParteiG, in welchem das grundgesetzlich gewährleistete
derivative Leistungsrecht der Parteien aus Art. 21 Abs. 1 GG i.V.m. Art. 3 Abs. 1 GG
verankert ist. Die ND ist klagebefugt.

3. Vorverfahren

Mangels ersichtlicher Rückausnahme ist das Vorverfahren gemäß § 68 Abs. 1 S. 2, 1. Alt. VwGO i.V.m. § 110 Abs. 1 JustizG entbehrlich.

4. Klagefrist

Die Klagefrist von einem Monat gemäß § 74 Abs. 1 S. 1, 2, Abs. 2 VwGO seit Zustellung des Ablehnungsbescheides ist eingehalten worden.

B. Ergebnis

Die Sachurteilsvoraussetzungen sind erfüllt und die Klage ist zulässig.

3. Komplex: Zusatzfrage

Bei der Geltendmachung des Schadensersatzanspruches wegen der Funktionslosigkeit der Elektronik und der sanitären Anlagen handelt es sich um die zweite Stufe – das „Wie". Insoweit ist der Zivilrechtsweg i.S.d. § 13 GVG eröffnet. Gegnerin ist die E-GmbH, die als juristische Person des Privatrechts für die Veranstaltungshalle verantwortlich ist. Anspruchsgrundlage für den Schadensersatz ist der die allgemeineren Schadensersatzanspruchsnormen im Zivilrecht verdrängende § 536a BGB.

Fall 2:
„Kugel im Fuß"

Schwerpunkte: Rechtswegkonzentration und -spaltung, Verpflichtungsklage, Beamtenversorgungsbezüge, Amtshaftungsanprüche, Unfallfürsorge gemäß § 30 BeamtVG

Der 48-jährige B ist Beamter der Bundespolizei und mit der Überwachung des Bahnverkehrs betraut. Zu seinen Pflichten gehört es außerdem, sich körperlich fit zu halten und regelmäßig den Gebrauch seiner Dienstwaffe zu trainieren, um für den Ernstfall gewappnet zu sein. Zu diesem Zweck werden vom Dienstherrn des B alle sechs Monate Reaktions- und Schießübungen angesetzt, an denen B teilzunehmen hat. Am 27.1. begibt B sich daher zum Übungsgelände in G. Nachdem er seine Übung beendet hat, bleibt B noch einen Moment am Schießstand stehen, um noch mit einem Kollegen seine sehr gute Trefferquote zu erörtern, obwohl in den Sicherheitsanweisungen des Dienstherrn bestimmt ist, dass die Anlage sofort nach dem Leeren des Magazins zu verlassen ist. Insoweit handelte B fahrlässig. Während dieses Gespräches wird B von einem Projektil in den Mittelfuß getroffen. Der Schuss hatte sich aus der Waffe des jungen Kollegen P – ebenfalls ein Beamter der Bundespolizei – gelöst, der einige Meter weiter die Schießübung absolviert hatte und die Waffe nach einer Fehlfunktion überprüfte. Da P seinen Kollegen B, der sich ihm gegenüber schon mehrfach wichtigtat, nicht sonderlich mag, hat er mit Eventualvorsatz die Sachlage falsch eingeschätzt und war von einer Ladehemmung bezüglich der Waffe ausgegangen. Bei tatsächlichem Bestehen einer Ladehemmung ist die Abgabe eines Schusses mit einer Waffe unmöglich. P hatte die Waffe so in Richtung des B gehalten, dass das Projektil dessen Fuß traf.

Auf den Antrag des B an die zuständige Dienststelle seiner Dienstherrin auf Erstattung der tatsächlich entstandenen Heibehandlungskosten in Höhe von € 2.700,– erhielt dieser einen Ablehnungsbescheid mit der Begründung, dass ein Anspruch auf Heilbehandlungskosten nicht bestehe und andernfalls ohnehin durch das Mitverschulden des B ausgeschlossen wäre. Gleichzeitig stellte er einen gesonderten Antrag bei der Dienstherrin – ebenfalls bei der identischen zuständigen Dienststelle – auf Zuspruch eines Schmerzensgeldes in Höhe von € 800,–. Nach erfolglosem, jedoch ordnungsgemäß durchgeführten Widerspruchsverfahren klagt B vor dem örtlich zuständigen Verwaltungsgericht.

Er stellt zwei Anträge. Der erste Antrag ist auf die Heilbehandlungskosten, der zweite Antrag auf das Schmerzensgeld bezogen.

1. Hat die Klage vor dem Verwaltungsgericht Erfolg?
2. Hat die Klage – vorausgesetzt B hat nicht beim Verwaltungsgericht geklagt – vor einem anderen Gericht Erfolg?

https://doi.org/10.1515/9783110625707-002

3. Wie hätte das Verwaltungsgericht prozessual vorgehen müssen, wenn es örtlich unzuständig gewesen wäre?

4. B wird von der Anwaltssozietät „Sorg- und Ratlos" vertreten. Susi Sorglos und Rudi Ratlos hatten ihm die Klage mit beiden Anträgen beim Verwaltungsgericht geraten. Was hätten Sie B geraten?

5. Ist es B zu raten – falls bezüglich der Klage beim Verwaltungsgericht nur ein Antrag bezüglich des vollständigen Betrages in Höhe von € 3.500,– gestellt und seitens des Verwaltungsgerichtes ein Prozessurteil bezüglich der € 800,– Schmerzensgeld sowie bezüglich des Amtshaftungsanspruches bezüglich der Heilbehandlungskosten gesprochen worden wäre – den Betrag in Höhe von € 3.500,– beim ordentlichen Gericht einzuklagen?

Bearbeitungsvermerk
Etwaige Zahlungen und Ansprüche einer Versicherung des B, Regressmöglichkeiten sowie in diesem Zusammenhang möglicherweise bestehende Ansprüche sind außer Acht zu lassen. Gehen Sie bei der Prüfung des Rechtsweges davon aus, dass durch die beamtenrechtlichen Ansprüche nicht der Ersatz des immateriellen Schadens begründet wird.

Vertiefung
BVerfG, Beschluss vom 29.7.2010 – 1 BvR 1634/04; OVG Hamburg NordÖR 1998, 156.

Gliederung

1. Komplex: Klage beim Verwaltungsgericht —— **22**
  A. Sachurteilsvoraussetzungen (+) —— **22**
    I. Rechtsweg (+) —— **22**
      1. Aufdrängende Sonderzuweisung (+) —— **22**
      2. Abdrängende Sonderzuweisung (+) —— **23**
      3. Rechtswegkonzentration (–) —— **24**
      4. Verweisungsbeschluss und Rechtswegspaltung (+) —— **25**
    II. Zuständigkeit (+) —— **27**
    III. Beteiligte (+) —— **28**
    IV. Statthafte Klageart —— **28**
    V. Besondere Sachurteilsvoraussetzungen (+) —— **29**
      1. Besondere Prozessführungsbefugnis (+) —— **29**
      2. Klagebefugnis (+) —— **30**
      3. Vorverfahren (+) —— **30**

        4. Klagefrist (+) —— **30**
    VI. Zwischenergebnis (+) —— **31**
  B. Begründetheit —— **31**
      I. Anspruchsgrundlage (+) —— **31**
     II. Anspruchsvoraussetzungen (+) —— **31**
        1. Formelle Voraussetzungen (+) —— **31**
        2. Materielle Voraussetzungen (+) —— **31**
          a) Positive Voraussetzungen (+) —— **32**
          b) Negative Voraussetzungen (+) —— **32**
    III. Anspruchsinhalt —— **32**
  C. Ergebnis (+) —— **32**
2. Komplex: Klage beim ordentlichen Gericht —— 33
  A. Sachurteilsvoraussetzungen (+) —— **33**
      I. Rechtsweg (+) —— **33**
     II. Sachliche Zuständigkeit (+) —— **34**
    III. Beteiligungs- und Prozessfähigkeit (+) —— **34**
     IV. Statthafte Klageart —— **34**
      V. Entgegenstehende materielle Rechtskraft (–) —— **34**
     VI. Zwischenergebnis (+) —— **35**
  B. Begründetheit (+) —— **35**
      I. Anspruch aus dem Beamtenrecht (+) —— **35**
        1. Anspruchsgrundlage (+) —— **35**
        2. Anspruchsvoraussetzungen (+) —— **35**
          a) Formelle Voraussetzungen (+) —— **35**
          b) Materielle Voraussetzungen (+) —— **35**
          c) Anspruchsinhalt (+) —— **36**
     II. Amtshaftung (+) —— **37**
        1. Anspruchsgrundlage (+) —— **37**
        2. Voraussetzungen (+) —— **37**
          a) Positive Voraussetzungen (+) —— **38**
          b) Negative Voraussetzungen (+) —— **38**
        3. Anspruchsinhalt —— **39**
  C. Ergebnis (+) —— **39**
3. Komplex: Frage 3 —— 40
4. Komplex: Frage 4 —— 40
5. Komplex: Frage 5 —— 41

Lösungsvorschlag

Die folgende Lösung ist als Lösungsvorschlag zu verstehen und ausführlicher, als es in der Klausurbearbeitung verlangt werden kann. Aufgrund der wissenschaftlichen Freiheit können andere Lösungswege vertreten werden, soweit sie dogmatisch begründbar sind. Die Nachweise aus Rechtsprechung und Literatur sowie die das

Verständnis fördernden Randbemerkungen sind in der Examensklausur auszusparen. Die Abkürzung „Alt." steht für Alternativfall, nicht für Alternative.

Zur Verbesserung der Methodik bei der Anfertigung eines Gutachtens in der Klausur empfiehlt sich die Lektüre des Beitrags von Heinze/Starke JURA 2012, 175 ff.

---

1. Komplex: Klage beim Verwaltungsgericht

Die Klage des B hat jedenfalls Erfolg, soweit die Sachurteilsvoraussetzungen erfüllt sind und die Klage begründet ist.

A. Sachurteilsvoraussetzungen

Hinweis: Andere Aufbauvarianten werden vertreten (z. B. dreistufig oder Prüfung des Verwaltungsrechtsweges als Untergliederungspunkt der Zuständigkeit des Gerichts). Derartige Aufbauvarianten sind aber mit § 17a Abs. 2 S. 1 GVG bzw. mit der Überschrift des 6. Abschnitts der VwGO sowie mit § 83 VwGO unvereinbar und daher bei exakter dogmatischer Zuordnung der Prüfungspunkte nicht zu empfehlen. Die Überschrift „Sachurteilsvoraussetzungen" anstelle der Überschrift „Zulässigkeit" ist sinnvoll, weil nach § 63 Nr. 3 VwGO auch der Beigeladene zu den Beteiligten gehört, das Fehlen einer notwendigen Beiladung i.S.d. § 65 Abs. 2 VwGO aber nur dazu führt, dass das Urteil keine materielle Rechtskraft entfaltet.

Die Sachurteilsvoraussetzungen können erfüllt sein.

I. Rechtsweg
Ein Rechtsweg muß eröffnet sein. Der Verwaltungsrechtsweg kann aufgrund einer aufdrängenden Sonderzuweisung, hilfsweise gemäß der Generalklausel des § 40 Abs. 1 S. 1 VwGO eröffnet sein, soweit keine abdrängende Sonderzuweisung besteht. Gegebenenfalls ergeht ein Verweisungsbeschluss i.S.d. § 17a Abs. 2 S. 1 GVG i.V.m. § 173 S. 1 VwGO.

1. Aufdrängende Sonderzuweisung
Der Verwaltungsrechtsweg ist gemäß den §§ 126 Abs. 1, Alt. 1 BBG für alle Klagen der Beamtinnen, Beamten, Ruhestandsbeamtinnen, Ruhestandsbeamten, früheren Beamtinnen, früheren Beamten und der Hinterbliebenen aus dem Beamtenverhältnis sowie für Klagen des Dienstherrn eröffnet. Gleiches gilt für Landes-

beamte gemäß § 54 Abs. 1 BeamtenStG. Da im BPolBG keine spezielleren Regelungen enthalten sind, ist § 126 Abs. 1 BBG gemäß § 2 BPolBG auch beim Handeln von Bundespolizeibeamten anwendbar. B ist Bundespolizeibeamter und möchte wegen des Unfalles bei den Schießübungen unter anderem Beamtenversorgung gemäß den §§ 30 ff. BeamtVG geltend machen. Insoweit ist der Verwaltungsrechtsweg gemäß den §§ 126 Abs. 1, Alt. 1 BBG eröffnet.

2. Abdrängende Sonderzuweisung

Soweit eine abdrängende Sonderzuweisung gegeben ist, ist der Verwaltungsrechtsweg dennoch nicht eröffnet. Neben den Ansprüchen aus dem Beamtenverhältnis kommt ein Amtshaftungsanspruch des B gemäß § 839 Abs. 1 BGB i.V.m. Art. 34 S. 1 GG in Betracht. Gemäß Art. 34 S. 3 GG darf der ordentliche Rechtsweg für Schadensersatz und den Rückgriff nicht ausgeschlossen sein. Damit kann eine verbindliche abdrängende Sonderzuweisung zum ordentlichen Gericht geregelt worden sein. Nach dem Wortlaut der Norm darf der ordentliche Rechtsweg lediglich nicht „ausgeschlossen" werden, sodass sich ein Recht zur Wahl des Rechtsweges durch den Kläger ergeben könnte. Die Verbindlichkeit der Regelung könnte sich allerdings aus § 40 Abs. 2 S. 1 Var. 3 VwGO ergeben, wonach Schadensersatz zum ordentlichen Gericht gehört. Eine Spezifizierung der Verfassung durch einfachgesetzliche Regelungen ist zwar denkbar, jedoch darf die Zuweisung zum ordentlichen Gericht nicht nur abdrängend aus Sicht des Verwaltungsgerichtes wirken, sondern muss auch aufdrängend aus der Sicht des ordentlichen Gerichts gelten. Da für das ordentliche Gericht allerdings für den Rechtsweg nicht die Verwaltungsgerichtsordnung gilt, muss sich eine verbindliche Zuweisung zum ordentlichen Gericht schon unmittelbar aus dem höherrangigen Recht ergeben. Dem ist auch nicht entgegenzuhalten, dass das ordentliche Gericht gemäß § 13 GVG eine Zuständigkeit von Verwaltungsbehörden oder Verwaltungsgerichten zu berücksichtigen hat, weil insoweit einerseits nicht ausdrücklich die Anwendbarkeit der Verwaltungsgerichtsordnung begründet wird, andererseits Art. 34 S. 3 GG eine Spezialregelung bezüglich der Amtshaftung bleibt, zumal auch in sonstigen Gesetzen bezüglich der Amtshaftung auf Art. 34 S. 3 GG verwiesen wird, nicht aber auf § 40 Abs. S. 1 VwGO – z. B. in § 17 Abs. 2 S. 2 GVG.

Art. 34 S. 3 GG steht allerdings in praktischer Konkordanz zum unter anderem in Art. 20 Abs. 3 GG verankerten Rechtsstaatsprinzip und zu Art. 101 Abs. 1 S. 2 GG. Insoweit bedarf es einer hinreichend bestimmten Gerichtszuweisung auch zur Gewährung eines hinreichend bestimmten gesetzlichen Richters. Aufgrund dieser praktischen Konkordanz ist schon Art. 34 S. 3 GG als verbindliche Zuweisung zum ordentlichen Gericht zu verstehen, sodass eine einfachgesetzliche Regelung wie § 40 Abs. 2 S. 1 Var. 3 VwGO diesbezüglich weitgehend deklaratorisch wirkt.

Wenngleich eine Rechtswegzuweisung grundsätzlich bezüglich eines aus Sachverhalt und Antrag bestehenden zweigliedrigen Streitgegenstandes erfolgt, basiert die Zuweisung aufgrund der vorrangigen Vorgabe im höherrangigen Art. 34 S. 3 GG auf der Anspruchsgrundlage. Somit besteht für die Amtshaftung eine abdrängende Sonderzuweisung zum ordentlichen Gericht.

Die beamtenrechtlichen Ansprüche aus den Beamtengesetzen bleiben gemäß § 40 Abs. 2 S. 2 VwGO von der abdrängenden Zuweisung des § 40 Abs. 2 S. 1 VwGO unberührt.

3. Rechtswegkonzentration

Die Anrufung zweier Gerichte könnte aus prozessökonomischen Gründen durch eine Rechtswegkonzentration gemäß § 17 Abs. 2 S. 1 GVG i.V.m. § 173 S. 1 VwGO möglicherweise vermieden werden. Gemäß § 17 Abs. 2 S. 1 GVG entscheidet das Gericht des zulässigen Rechtsweges unter allen in Betracht kommenden rechtlichen Gesichtspunkten. Es darf die Entscheidung auch nicht mit Hinweis auf den anderen Rechtsweg verweigern, insbesondere sich nicht darauf berufen, über einen Streitgegenstand nicht entscheiden zu können, weil eine Vorfrage in den Zuständigkeitsbereich eines anderen Gerichts fiele, zumal insoweit ein effektiver Rechtsschutz i.S.d. Art. 19 Abs. 4 GG nur begrenzt gewährt werden würde (BVerfG, Beschluss vom 29.7.2010 – 1 BvR 1634/04; vgl. BVerfGE 101, 106, 123 f.; vgl. zur Intention des Gesetzgebers: Gesetzentwurf der Bundesregierung zur Neuregelung des verwaltungsgerichtlichen Verfahrens vom 27.4.1990, BTDrucks 11/7030, S. 37; aus der Literatur: Kissel/Mayer, GVG, 9. Aufl. 2018, § 13, Rn. 17, § 17 Rn. 17, 27; Wittschier, in: Musielak, ZPO und Nebengesetze, 16. Aufl. 2019, § 17 GVG, Rn. 1; Reimer, in: Posser/Wolff, Beck'scher Online-Kommentar VwGO, 52. Ed. Stand: 01.07.2019, § 40, Rn. 228–233; Zimmermann, in: Münchener Kommentar, ZPO und Nebengesetze, 5. Aufl. 2017, § 17 GVG, Rn. 2).

Für den Kläger B hätte das zur Folge, dass das Verwaltungsgericht nicht nur die beamtenrechtlichen Ansprüche, sondern auch die Amtshaftung prüfen würde. Dann würde durch die einfachgesetzliche Norm des § 17 Abs. 2 S. 1 GVG die höherrangige Norm des Art. 34 S. 3 GG verfassungswidrig überlagert. Deshalb bleibt Art. 34 S. 3 GG von § 17 Abs. 2 S. 1 GVG gemäß § 17 Abs. 2 S. 2 GVG unberührt. Die Rechtswegkonzentration ist ausgeschlossen, sodass ein Verweisungsbeschluss gemäß § 17a Abs. 2 S. 1 GVG i.V.m. § 173 S. 1 VwGO in Betracht kommt – gegebenenfalls verknüpft mit einer Rechtswegspaltung. (siehe Schema 3)

Entscheidungen des Gerichts

Verweisungsbeschluss	Prozessurteil	Sachentscheidung
Rechtsweg: § 17a GVG	Fehlen Zuläs-sigkeitsVss.:	Begründet
Sachliche/örtliche Zu-ständigkeit: § 17a GVG iVm § 83 VwGO; bei Nichteröffnung VerwR-Weg u.U. auch Prozess-urteil	Abweisung als unzuläs-sig; u.U. auch bei NichtE VerwRWeg	Teilweise begründet
		Unbegründet

Schema 3

4. Verweisungsbeschluss und Rechtswegspaltung

Ein Verweisungsbeschluss gemäß § 17a Abs. 2 S. 1 GVG i.V.m. § 173 S. 1 VwGO kann erforderlich sein. Ist der bestrittene Rechtsweg unzulässig, spricht das Gericht dies nach Anhörung der Parteien von Amts wegen aus und verweist den Rechtsstreit zugleich an das zuständige Gericht des zulässigen Rechtsweges. Zwar gilt § 17a Abs. 2 S. 1 GVG für die Zuständigkeit nicht gemäß § 173 S. 1 VwGO, sondern gemäß § 83 VwGO, jedoch soll, wenn schon wegen des Rechtsweges ein Verweisungsbeschluss ergeht, sogleich an das zuständige Gericht verwiesen werden, wenngleich der Beschluss nicht für die Zuständigkeit, sondern gemäß § 17a Abs. 2 S. 3 GVG nur für den Rechtsweg bindend ist. Sind mehrere Gerichte zuständig, an die verwiesen werden könnte, wird gemäß § 17a Abs. 2 S. 2 GVG an das vom Kläger oder Antragsteller auszuwählende Gericht verwiesen, hilfsweise an das vom angerufenen Gericht bestimmte Gericht. B hat auch für den nicht von den beamtenrechtlichen Normen erfassten Schmerzensgeldanspruch das Verwaltungsgericht angerufen, sodass ein Verweisungsbeschluss denkbar erscheint.

Ein Verweisungsbeschluss i.S.d. § 17a Abs. 2 S. 1 GVG i.V.m. § 173 S. 1 VwGO kann grundsätzlich allerdings nur gefasst werden, wenn der Rechtsweg für den Streitgegenstand nicht eröffnet ist, wobei es unter Berücksichtigung des Rechtsstaatsprinzips im Hinblick auf eine effektive Gewaltenteilung möglich wäre, wegen des höherrangigen, nicht auf einen Streitgegenstand bezogenen Art. 34 S. 3 GG auch insoweit gemäß § 17a Abs. 2 S. 1 GVG i.V.m. § 173 S. 1 VwGO zu verweisen. Der Streitgegenstand wird rechtsstaatlich zweigliedrig definiert, bestehend aus Antrag und zugrunde liegendem Sachverhalt. Besteht ein einheitlicher Antrag in Höhe eines Betrages mit einem zugrunde liegenden Sachverhalt, handelt es sich um einen Streitgegenstand. Ist eine den Anspruch begründende Norm etwa aus

dem Beamtenrecht dann öffentlich-rechtlich, sodass insoweit der Verwaltungsrechtsweg eröffnet ist, kann bezüglich des einheitlichen Streitgegenstandes
möglicherweise kein Verweisungsbeschluss ergehen, weil der Verwaltungsrechtsweg zumindest für einen Teil des Anspruches eröffnet ist. Für den übrigen
etwa auf einer Amtshaftung beruhenden Teil des Anspruches käme es wegen der
zwingenden Vorgabe des höherrangigen Rechts in Art. 34 S. 3 GG dann zu einer
Rechtswegspaltung in Form eines Prozessurteils, obwohl es sich um einen einheitlichen Streitgegenstand handelt. Ein Sachurteil dürfte insoweit nicht ergehen,
weil dann bei späterer Geltendmachung der Amtshaftung vor dem ordentlichen
Gericht eine materielle Rechtskraft entgegenstünde, die sich aus dem Rechtsstaatsprinzip i.V.m. § 322 ZPO ergibt.

Werden beim angerufenen Gericht hingegen zwei Anträge gestellt, handelt es
sich um zwei Streitgegenstände mit der Folge, dass insoweit als der Verwaltungsrechtsweg nicht eröffnet ist, ein Verweisungsbeschluss gemäß § 17a Abs. 2
S. 1 GVG i.V.m. § 173 S. 1 VwGO gefasst werden kann. Im Rahmen der Klage des B
ergeht bezüglich des Antrages in Höhe von € 800,– ein Verweisungsbeschluss an
das ordentliche Gericht.

Für den Streitgegenstand bezüglich des Antrages auf den Ersatz der Heilbehandlungskosten darf der Amtshaftungsanspruch i.S.d. § 839 Abs. 1 S. 1 BGB i.V.m.
Art. 34 S. 1 GG wegen der Zuweisung zum ordentlichen Gericht i.S.d. Art. 34 S. 3 GG
nicht geprüft werden. Ein Verweisungsbeschluss i.S.d. § 17a Abs. 2 S. 1 GVG i.V.m.
§ 173 S. 1 VwGO ist dem Wortlaut nach dennoch nicht möglich, weil für den
Streitgegenstand bezüglich der öffentlich-rechtlichen Normen – §§ 30 ff. BeamtVG – auch der Verwaltungsrechtsweg eröffnet ist.

Bei verfassungskonformer Auslegung des § 17a Abs. 2 S. 1 GVG i.V.m. § 173 S. 1
VwGO i.S.d. sich unter anderem aus Art. 20 Abs. 3 GG ergebenden Rechtsstaatsprinzips wäre es möglich, dass insoweit der Amtshaftungsanspruch vollumfänglich, also auch bezüglich der Heilbehandlungskosten, vom Verweisungsbeschluss
erfasst wird, obwohl nur bezüglich des Schmerzensgeldes ein eigenständiger
Streitgegenstand besteht und somit eine unnötige erneute formale Klageerhebung
beim ordentlichen Gericht nach Ausspruch eines Prozessurteils durch das Verwaltungsgericht vermieden werden kann.

Da beim ordentlichen Gericht – anders als beim Verwaltungsgericht i.S.d. § 86
VwGO – kein Amtsermittlungsgrundsatz gilt, muss dem Kläger eine Abwägung
des damit verbundenen Risikos im Verhältnis zu den Erfolgschancen gewährt
werden, sodass es bei der gesetzlichen Regelung bleibt.

Im Hinblick auf die Heilbehandlungskosten ist vom Verwaltungsgericht für
den Amtshaftungsanspruch im Sinne des § 839 Abs. 1 S. 1 BGB i.V.m. Art. 34 S. 1 GG
ein Prozessurteil auszusprechen, sodass insoweit beim Landgericht erneut geklagt werden müsste, wenn dort auch die Heilbehandlungskosten eingeklagt

werden sollen, wenngleich diese insgesamt nur einmal zu zahlen sind. Um diesbezüglich zwei entsprechende Urteile unterschiedlicher Gerichte und damit zwei vollstreckbare Titel zu vermeiden, können die Heilbehandlungskosten aus § 839 BGB i.V.m. Art. 34 S. 1 GG beim ordentlichen Gericht erst mit Rechtskraft des verwaltungsgerichtlichen Urteils geltend gemacht werden, soweit ein Rechtsschutzbedürfnis besteht. Die entgegenstehende Rechtskraft des verwaltungsgerichtlichen Urteils ist gemäß Art. 19 Abs. 4 GG verfassungskonform zu reduzieren und die Verjährung des Amtshaftungsanspruches bis zur Rechtskraft des verwaltungsgerichtlichen Urteils gehemmt.

II. Zuständigkeit

Das Verwaltungsgericht ist gemäß § 45 VwGO als Eingangsinstanz für den Streit über den von der zuständigen Behörde der Bundesrepublik Deutschland zu erlassenden Verwaltungsakt sachlich zuständig, soweit die Voraussetzungen abweichender Regelungen wie z.B. die §§ 47, 50 VwGO bei besonderen Verfahren nicht erfüllt sind. Das Verwaltungsgericht ist auch i.S.d. § 52 Nr. 4 VwGO örtlich zuständig, sodass kein Verweisungsbeschluss gemäß § 17a Abs. 2 S. 1 GVG i.V.m. § 83 VwGO gefasst werden wird.

In der Klausur: Die örtliche Zuständigkeit ist nur anzusprechen, wenn es dafür im Sachverhalt Anhaltspunkte gibt. Gegebenenfalls ist die örtliche Zuständigkeit grundsätzlich im Anschluss an die sachliche Zuständigkeit zu prüfen. Ist sie jedoch gemäß § 52 Nr. 2 VwGO ausnahmsweise von der Klageart abhängig, sollte sie offen mit Verweis auf § 17a Abs. 2 S. 1 GVG i.V.m. § 83 VwGO formuliert werden.

Zuständigkeiten im Verwaltungsprozess

Sachliche Zuständigkeit	Örtliche Zuständigkeit	Instanzielle Zuständigkeit
= Zuständigkeit eines Gerichts für Sache in **erster Instanz**	§ 52 VwGO	= Zuständigkeit eines Gerichts für **Rechtsmittel** (Berufung, Revision) bzw. Rechtsbehelf (Beschwerde)
→ VG: § 45 VwGO (Grundsatz) → OVG: §§ 47, 48 VwGO → BVerwG: § 50 VwGO		→ OVG: § 46 VwGO → BVerwG: § 49 VwGO

Schema 4

III. Beteiligte

B und die Bundesrepublik Deutschland als Körperschaft öffentlichen Rechts können Beteiligte des Verfahrens sein. Beteiligte sind nach § 63 Nr. 1, 2 VwGO unter anderem der Kläger und der Beklagte, beteiligungsfähig nach § 61 Nr. 1 Alt. 1, 2 VwGO natürliche und juristische Personen. Behörden sind auf der Bundesebene nicht i.S.d. § 61 Nr. 3 VwGO beteiligungsfähig. Als Kläger ist gemäß § 61 Nr. 1 Alt. 1 VwGO B als natürliche Person beteiligungsfähig. B ist gemäß § 62 Abs. 1 Nr. 1 VwGO mangels gegenteiliger Anhaltspunkte prozessfähig.

Beklagte ist die Bundesrepublik Deutschland als Gebietskörperschaft des öffentlichen Rechts, vertreten durch die Behörde. Sie ist gemäß den §§ 63 Nr. 2, 61 Nr. 1 Alt. 2 VwGO beteiligungs- und mangels Anhaltspunkten bezüglich des für die Behörde handelnden Organwalters gemäß § 62 Abs. 1, 3 VwGO prozessfähig.

IV. Statthafte Klageart

Die statthafte Klageart richtet sich i.S.d. § 88 VwGO nach dem klägerischen Begehren unter Berücksichtigung des Anwendungsvorrangs maßnahmespezifischer Rechtsschutzformen und des rechtsstaatlichen Grundsatzes der Effektivität des Rechtsschutzes. Dem klägerischen Begehren entspricht i.d.R. die effektivste Klageart, also nach Möglichkeit die Anfechtungsklage gemäß § 42 Abs. 1 Alt. 1 VwGO als Gestaltungsklage der Verwaltungsgerichtsordnung, es sei denn, es gibt einen ausdrücklichen Antrag, der nicht überschritten werden darf. Voraussetzung der Anfechtungsklage ist, dass der Kläger die Aufhebung eines gegenwärtig wirkenden Verwaltungsaktes erstrebt. Ein Verwaltungsakt ist gemäß § 35 S. 1 VwVfG i.V.m. § 1 VwVfG jede Verfügung, Entscheidung oder andere hoheitliche Maßnahme, die eine Behörde zur Regelung eines Einzelfalls auf dem Gebiet des öffentlichen Rechts trifft und die auf unmittelbare Rechtswirkung nach außen gerichtet ist. B könnte gegen den Versagungsbescheid mit einer Anfechtungsklage vorgehen, jedoch entspricht dies nicht seinem primären Klagebegehren. Er begehrt Leistung. B kann es daher nur um eine Leistungsklage gehen.

In Betracht kommt eine allgemeine Leistungsklage, welche in der Verwaltungsgerichtsordnung zwar nicht ausdrücklich normiert, jedoch z.B. in den §§ 43 Abs. 2 S.1, 111, 113 Abs. 4 VwGO mehrfach erwähnt ist. Sollte B eine verbindliche Festsetzung begehren, wäre die Verpflichtungsklage nach § 42 Abs. 1 Alt. 2 VwGO statthaft. Gegebenenfalls kann es auch gesetzlich vorgegeben sein, dass dem Anspruch auf Leistung eine Festsetzung vorausgeht, aus der sich dann als Sonderrechtsbeziehung der Leistungsanspruch ergibt. Besteht keine gesetzliche Vorgabe, jedoch ein Leistungsermessen der Behörde und möglicherweise auch eine begrenzte Kapazität, ist in der Regel auf der ersten Stufe ein Verwaltungsakt erforderlich, durch den der Leistungsanspruch dann begründet wird. Ist die

Leistung hingegen bereits klar und ohne Spielräume bestimmt und besteht eine Anspruchsgrundlage, ist dies ein Indiz dafür, dass unmittelbar Leistung mittels einer allgemeinen Leistungsklage verlangt werden kann. Gemäß § 49 Abs. 1 S. 1 BeamtVG, der gemäß § 1 Abs. 1 BeamtVG für Bundesbeamte gilt, sind Versorgungsbezüge vor der Leistung festzusetzen. Somit ist gesetzlich vorgegeben, dass ein Leistungsbescheid vorausgehen muss, wenn ein Beamter Versorgungsbezüge geltend macht. B macht bezüglich der Heilbehandlungskosten Beamtenversorgungsbezüge gemäß den §§ 30 ff. BeamtVG geltend. Die Verpflichtungsklage gemäß § 42 Abs. 1 Alt. 2 VwGO ist die statthafte Klageart.

Bei Stufenverhältnissen ist die Ermittlung der statthaften Klageart genauer darzulegen. Ist auf der 1. Stufe ein Verwaltungsakt gesetzlich vorgesehen, ist eine Verpflichtungsklage statthaft, ebenso i. d. R., wenn in der 1. Stufe Ermessen ausgeübt werden muss. Ist der Leistungsanspruch bzgl. des Umfanges bereits klar, z. B. i. d. R. beim öffentlich-rechtlichen Erstattungsanspruch bei Zuvielzahlung an die Behörde, ist i. d. R. die allgemeine Leistungsklage direkt auf Zahlung statthaft. Im Zweifel bedient sich die Verwaltung in einem Rechtsstaat ihrer hoheitlichen Handlungsformen, also z. B. eines Verwaltungsaktes, sodass im Zweifel die Verpflichtungsklage statthaft ist.

V. Besondere Sachurteilsvoraussetzungen

Die besonderen Sachurteilsvoraussetzungen können erfüllt sein.

1. Besondere Prozessführungsbefugnis

---

§ 78 VwGO enthält nach h.M. eine Regelung über die besondere Prozessführungsbefugnis, die von der Beteiligungsfähigkeit und der Passivlegitimation zu trennen ist (MA: § 78 VwGO als Sonderregelung der Passivlegitimation, die aber in der Sachstation, also der Begründetheit, zu prüfen ist, da Passivlegitimation der Terminus für den materiell richtigen Klagegegner ist). Die besondere Prozessführungsbefugnis ist ein Unterpunkt bei den besonderen Sachurteilsvoraussetzungen und wird teilweise (vertretbar aber bzgl. der materiell-rechtlichen Passivlegitimation verwechslungsfähig) mit „Klagegegner" überschrieben.

Einige Argumente für h.M.:
- § 78 VwGO steht systematisch bei besonderen Sachurteilsvoraussetzungen
- Gesetzgebungskompetenzen
- falsche Behörde bzw. falscher Rechtsträger können nicht zum materiell richtigen Anspruchsgegner i.S. einer Passivlegitimation werden (zum Ganzen: Ehlers, Festschrift für Menger, S. 379 ff.; Hufen, Verwaltungsprozessrecht, 11. Aufl. 2019, § 12, Rn 38 ff. m.w.N.; vgl. OVG Münster NVwZ 1990, 188).

Besonders prozessführungsbefugt ist gemäß § 78 Abs. 1 Nr. 1 VwGO die Bundesrepublik Deutschland als Körperschaft öffentlichen Rechts als Dienstherrin des B, da keine Ausführungsvorschrift i.S.d. § 78 Abs. 1 Nr. 2 VwGO ersichtlich ist.

2. Klagebefugnis

B muss klagebefugt sein. Die Klagebefugnis nach § 42 Abs. 2 VwGO setzt die Möglichkeit der Verletzung eines subjektiven Rechts voraus. Subjektive Rechte leiten sich aus Sonderrechtsbeziehungen, einfachen Gesetzen, subsidiär aus Grundrechten und unter Umständen Unionsrecht ab, wobei jedenfalls aufgrund des weiten Schutzbereiches des Art. 2 Abs. 1 GG bei unmittelbaren Grundrechtseingriffen für das subjektive Recht direkt auf Grundrechte abgestellt werden kann. Ob sich ein subjektives Recht des B aus dem beamtenrechtlichen Fürsorgeverhältnis als Sonderrechtsbeziehung ergibt, oder ob es diesbezüglich an einer hinreichend ausgestalteten Konkretisierung des Beamtenrechtsverhältnisses fehlt, ist irrelevant, weil sich ein subjektives Recht des B auf Fürsorgeleistungen zumindest aus der einfachgesetzlichen Regelung des § 30 Abs. 1 BeamtVG ergibt. B kann durch die Versagung der Zahlung seitens der Behörde in diesem subjektiven Recht verletzt worden sein. B ist klagebefugt.

3. Vorverfahren

Ein Vorverfahren gemäß den §§ 68 ff. VwGO ist nicht gemäß § 68 Abs. 1 S. 2 VwGO entbehrlich und bei Bundesbeamten gemäß § 126 Abs. 2 BBG i.V.m. § 2 BPolBG bei allen Klagen jedenfalls durchzuführen. B ist Bundesbeamter und hat ein ordnungsgemäßes Vorverfahren durchgeführt.

Achtung: bei Landesbeamten ist gemäß § 54 Abs. 2 BeamtStG nur grds. ein Vorverfahren vorgesehen. In Verbindung mit dem Landesrecht gibt es gemäß § 54 Abs. 2 S. 3 BeamtStG Rückausnahmen.

---

4. Klagefrist

Die Klagefrist von einem Monat gemäß § 74 Abs. 1 S. 1, 2, Abs. 2 VwGO seit der Zustellung des Widerspruchsbescheides ist mangels gegenteiliger Anhaltspunkte eingehalten worden.

VI. Zwischenergebnis

Die Sachurteilsvoraussetzungen sind erfüllt und die Klage des B ist zulässig.

B. Begründetheit

Die Klage ist gemäß § 113 Abs. 5 S. 1, 2 VwGO begründet, soweit die Ablehnung des Zuspruches der Versorgungsbezüge in Form der Heilbehandlungskosten rechtswidrig, der Kläger dadurch in seinen Rechten verletzt und die Sache spruchreif bzw. soweit die Unterlassung der diesbezüglichen Bescheidung rechtswidrig oder die erfolgte Bescheidung fehlerhaft und der Kläger dadurch in seinen Rechten verletzt ist. Somit ist die Klage begründet, soweit der Kläger einen Anspruch auf zumindest fehlerfreie Bescheidung hat.

I. Anspruchsgrundlage

Ein Anspruch des B auf Ersatz der Heilbehandlungskosten kann sich aus § 30 Abs. 1 S. 1 BeamtVG als Anspruchsgrundlage ergeben.

Der Anspruch aus § 839 Abs. 1 BGB i.V.m. Art. 34 S. 1 GG darf nicht geprüft werden, da insoweit ein Verweisungsbeschluss gemäß § 17a Abs. 2 S. 1 GVG i.V.m. § 173 S. 1 VwGO bezüglich des Schmerzensgeldes gefasst und im Übrigen ein Prozessurteil gesprochen worden ist.

II. Anspruchsvoraussetzungen

Die Anspruchsvoraussetzungen müssen erfüllt sein.

1. Formelle Voraussetzungen

Die formellen Voraussetzungen können erfüllt sein. Das setzt voraus, dass bei der zuständigen Stelle ein rechtmäßiges Verfahren in den gesetzlich vorgesehen Formen durchgeführt worden ist. B hat einen Antrag an die zuständige Behörde gestellt, sodass die formellen Voraussetzungen erfüllt sind.

2. Materielle Voraussetzungen

Die materiellen Voraussetzungen des § 30 Abs. 1 S. 1 BeamtVG müssen erfüllt sein. Materiell werden positiv ein Beamtenverhältnis auf Bundesebene sowie ein Dienstunfall vorausgesetzt. Negativ darf der Anspruch nicht ausgeschlossen sein.

a) Positive Voraussetzungen

B ist als Bundespolizeibeamter ein Beamter des Bundes im statusrechtlichen Sinne. Ein Dienstunfall ist gemäß § 31 Abs. 1 S. 1 BeamtVG ein auf äußerer Einwirkung beruhendes, plötzliches, örtlich und zeitlich bestimmbares, einen Körperschaden verursachendes Ereignis, das in Ausübung oder infolge des Dienstes eingetreten ist. Die Schießübung war eine für B verpflichtende und damit dienstliche Veranstaltung i.S.d. § 31 Abs. 1 S. 2 Nr. 2 BeamtVG. Zwar war die Schießübung im engen Sinne zum Zeitpunkt der Verletzung des B bereits beendet, jedoch gehört auch das Geschehen nach Abgabe der Schüsse auf dem Schießplatz vor dem Verlassen des Geländes noch zur dienstlichen Veranstaltung. In diesem Zusammenhang wurde B körperlich verletzt. Es handelt sich bei der Verletzung des B durch den Schuss des ebenfalls an der Schießübung teilnehmenden P somit um einen Dienstunfall gemäß § 31 Abs. 1 S. 1 BeamtVG.

b) Negative Voraussetzungen

Der Anspruch des B könnte wegen Mitverschuldens des B ausgeschlossen sein. Seitens der Dienststelle des B wird geltend gemacht, dass das Mitverschulden des B zum Ausschluss des Anspruches führe. Gemäß § 44 Abs. 1 BeamtVG wird Unfallfürsorge aber lediglich bei vorsätzlicher Herbeiführung des Dienstunfalls nicht gewährt. B handelte fahrlässig, als er sich entgegen der Dienstvorschrift nicht sofort von der Schießbahn entfernte, während P eine Ladehemmung seiner Dienstwaffe mit Eventualvorsatz annahm und B in den Fuß schoss. Da der Vorsatz des P gemäß § 44 Abs. 1 BeamtVG aber nicht maßgeblich ist, kann der Anspruch auf Unfallfürsorge nicht ausgeschlossen sein und besteht also.

III. Anspruchsinhalt

Gemäß § 30 Abs. 2 Nr. 2 BeamtVG sind von der Unfallfürsorge die Erstattung der Kosten des Heilverfahrens i.S.d. § 33 Abs. 1 BeamtVG als gebundene Entscheidung erfasst. B hat einen Anspruch auf Erstattung der Heilbehandlungskosten in Höhe von € 2.700,–.

C. Ergebnis

Die Verpflichtungsklage des B hat bezüglich der Kosten des Heilverfahrens in Höhe von € 2.700,– Erfolg. Insoweit wird die Bundesrepublik Deutschland verpflichtet, einen Versorgungsbescheid in dieser Höhe zu erlassen. Im Übrigen wird gemäß § 17a Abs. 2 S. 1 GVG i.V.m. § 173 S. 1 VwGO an das ordentliche Gericht verwiesen.

2. Komplex: Klage beim ordentlichen Gericht

Eine Klage beim ordentlichen Gericht kann Erfolg haben.

A. Sachurteilsvoraussetzungen

Die Sachurteilsvoraussetzungen können erfüllt sein.

Bei zivilrechtlichen Klagen werden im 1. Examen in der Prozessstation nur Voraussetzungen geprüft, für deren Problematik es Anhaltspunkte im Sachverhalt gibt.

I. Rechtsweg

Ein Rechtsweg muss eröffnet sein. Die Generalklausel zur Eröffnung des ordentlichen Rechtsweges ist § 13 GVG, der von der höherrangigen und gleichzeitig spezielleren Regelung des Art. 34 S. 3 GG verdrängt wird, welcher zwar aus der Sicht des Verwaltungsgerichts eine abdrängende, aus der Sicht des ordentlichen Gerichts aber eine aufdrängende Sonderzuweisung darstellt. § 40 Abs. 2 S. 1 VwGO ist für die ordentlichen Gerichte nicht – mangels direkten Verweises auf die Verwaltungsgerichtsordnung auch nicht gemäß § 13 GVG – anwendbar, da es insoweit spezielle Prozessordnungen gibt.

Weil das Landgericht gemäß § 17 Abs. 2 S. 1 GVG im Rahmen der Rechtswegkonzentration unter allen in Betracht kommenden Gesichtspunkten prüft, ist der Rechtsweg auch für Ansprüche außerhalb der Amtshaftung eröffnet. Ein von einem anderen Gericht ausgesprochener für das ordentliche Gericht verbindlicher Beschluss i.S.d. § 17a Abs. 2 S. 3 GVG ist nicht ersichtlich. Der ordentliche Rechtsweg ist eröffnet.

Achtung: Da die zweite Fallfrage von der ersten Fallfrage unabhängig ist, darf der Verweisungsbeschluss des Verwaltungsgerichts nicht einbezogen werden.

II. Sachliche Zuständigkeit

Streitwertunabhängig ist das Landgericht für einen Anspruch aus Amtshaftung gemäß § 839 Abs. 1 BGB i.V.m. Art. 34 S. 1 GG, der zumindest neben anderen Ansprüchen in Betracht kommt, gemäß § 71 Abs. 2 Nr. 2 GVG sachlich zuständig. Für darüberhinausgehende Ansprüche ist das Landgericht gemäß § 17 Abs. 2 S. 1 GVG ebenfalls zuständig.

III. Beteiligungs- und Prozessfähigkeit

Die Parteien B und die Bundesrepublik Deutschland sind gemäß den §§ 50 Abs. 1, 51 Abs. 1 ZPO parteifähig und sie bzw. ihre Organwalter sind auch prozessfähig, wobei B beim Landgericht gemäß § 78 Abs. 1 ZPO vertreten sein muss.

IV. Statthafte Klageart

Statthafte Klageart ist die zivilrechtliche Leistungsklage.

V. Entgegenstehende materielle Rechtskraft

Im Zivilprozessrecht wird die entgegenstehende materielle Rechtskraft überwiegend einerseits als außerhalb des Rechtsschutzbedürfnisses eigenständiger Prüfungspunkt eingeordnet, andererseits nicht direkt aus § 322 Abs. 1 ZPO abgeleitet.

Bei Erhebung einer Klage des B vor dem Landgericht kann es wegen einer entgegenstehenden materiellen Rechtskraft am Rechtsschutzbedürfnis fehlen. Die Rechtskraft ist in § 322 Abs. 1 ZPO geregelt, wobei sich aus dem Rechtsstaatsprinzip ergibt, dass ein materiell-rechtliches Sachurteil einer erneuten Entscheidung in der Sache entgegensteht. Die materielle Rechtskraft eines anderen entgegenstehenden Urteils wäre anzunehmen, wenn das Verwaltungsgericht z.B. über den beamtenrechtlichen Anspruch aus § 30 Abs. 1 BeamtVG bereits durch ein rechtskräftiges Sachurteil über die Heilbehandlungskosten entschieden – dies ist wegen des nur möglichen Prozessurteils jedoch nicht möglich – und im Übrigen bezüglich des Schmerzensgeldes an das Landgericht verwiesen hätte. Somit könnte bezüglich des Streitgegenstandes bezüglich der Heilbehandlung lediglich eine anderweitige Rechtshängigkeit gemäß § 261 Abs. 3 Nr. 1 ZPO entgegenstehen. Da es bisher aber keine Klage gab, sind eine entgegenstehende Rechtskraft sowie eine anderweitige Rechtshängigkeit nicht ersichtlich.

VI. Zwischenergebnis

Die Sachurteilsvoraussetzungen sind erfüllt und die Klage ist zulässig.

B. Begründetheit

Die Klage ist begründet, soweit B einen Anspruch auf Zahlung der Heilbehandlungskosten und eines Schmerzensgeldes hat. Gemäß § 17 Abs. 2 S. 1 GVG sind sämtliche Ansprüche für ein Urteil maßgeblich.

I. Anspruch aus dem Beamtenrecht

B kann einen Anspruch aus den §§ 30 ff. BeamtVG haben.

Die Prüfung des beamtenrechtlichen Anspruches entspricht der des 1. Komplexes, sodass in der Klausur zur Zeitersparnis auf die obigen Ausführungen zum 1. Komplex verwiesen werden kann.

1. Anspruchsgrundlage

Ein Anspruch des B auf Ersatz der Heilbehandlungskosten kann sich aus § 30 Abs. 1 S. 1 BeamtVG als Anspruchsgrundlage ergeben.

2. Anspruchsvoraussetzungen

Die Anspruchsvoraussetzungen müssen erfüllt sein.

a) Formelle Voraussetzungen

Die formellen Voraussetzungen können erfüllt sein. Das setzt voraus, dass bei der zuständigen Stelle ein rechtmäßiges Verfahren in den gesetzlich vorgesehenen Formen durchgeführt worden ist. B hat einen Antrag an die zuständige Behörde gestellt, sodass die formellen Voraussetzungen somit erfüllt sind.

b) Materielle Voraussetzungen

Die materiellen Voraussetzungen des § 30 Abs. 1 S. 1 BeamtVG müssen erfüllt sein. Materiell werden positiv ein Beamtenverhältnis auf Bundesebene sowie ein Dienstunfall vorausgesetzt. Negativ darf der Anspruch nicht ausgeschlossen sein.

aa) Positive Voraussetzungen

B ist als Bundespolizeibeamter ein Beamter des Bundes im statusrechtlichen Sinne. Ein Dienstunfall ist gemäß § 31 Abs. 1 S. 1 BeamtVG ein auf äußerer Einwirkung beruhendes, plötzliches, örtlich und zeitlich bestimmbares, einen Körperschaden verursachendes Ereignis, das in Ausübung oder infolge des Dienstes eingetreten ist. Die Schießübung war für B eine verpflichtende und damit dienstliche Veranstaltung i.S.d. § 31 Abs. 1 S. 2 Nr. 2 BeamtVG. Zwar war die Schießübung im engen Sinne zum Zeitpunkt der Verletzung des B bereits beendet, jedoch gehört auch das Geschehen nach Abgabe der Schüsse auf dem Schießplatz vor dem Verlassen des Geländes noch zur dienstlichen Veranstaltung. In diesem Zusammenhang wurde B körperlich verletzt. Es handelt sich bei der Verletzung des B durch den Schuss des ebenfalls an der Schießübung teilnehmenden P somit um einen Dienstunfall gemäß § 31 Abs. 1 S. 1 BeamtVG.

bb) Negative Voraussetzungen

Der Anspruch des B könnte wegen Mitverschuldens des B ausgeschlossen sein. Seitens der Dienststelle des B wird geltend gemacht, dass das Mitverschulden des B zum Ausschluss des Anspruches führe. Gemäß § 44 Abs. 1 BeamtVG wird Unfallfürsorge aber lediglich bei vorsätzlicher Verursachung des Dienstunfalls nicht gewährt. B handelte fahrlässig, als er sich entgegen der Dienstvorschrift nicht sofort von der Schießbahn entfernte, während P eine Ladehemmung seiner Dienstwaffe mit Eventualvorsatz annahm und B in den Fuß schoss. Da der Vorsatz des P gemäß § 44 Abs. 1 BeamtVG aber nicht maßgeblich ist, kann der Anspruch auf Unfallfürsorge nicht ausgeschlossen sein und besteht also.

c) Anspruchsinhalt

Gemäß § 30 Abs. 2 S. 1 Nr. 2 BeamtVG sind von der Unfallfürsorge die Erstattung der Kosten des Heilverfahrens i.S.d. § 33 Abs. 1 BeamtVG als gebundene Entscheidung erfasst. B hat einen Anspruch auf Erstattung der Heilungskosten in Höhe von € 2.700,–.

Problematisch ist allerdings, dass die Versorgungsbezüge gemäß § 49 Abs. 1 BeamtVG durch einen Verwaltungsakt festgesetzt werden müssen. Insoweit ist zu konstatieren, dass ein Landgericht mangels prozessualer Vorgaben in der Zivilprozessordnung die Behörde bzw. deren Rechtsträger nicht zum Erlass eines Verwaltungsaktes verpflichten kann. Allerdings ist die Verurteilung zur Abgabe einer Willenserklärung beim Zivilgericht möglich, wenngleich der Ausspruch eines Verwaltungsaktes nicht als Willenserklärung im engen Sinne einzustufen ist.

Ein Verwaltungsakt beinhaltet zwar eine Willensbekundung, jedoch ist darin ein Sonderfall öffentlich-rechtlicher Ausübung von Hoheitsgewalt enthalten und er ist damit weitergehend als eine einfache Willenserklärung. Somit enthält das Urteil des Landgerichtes einen Leistungstenor, der für die Behörde wie ein Verpflichtungstenor wirkt, sodass sie wegen ihrer sich unter anderem aus Art. 20 Abs. 3 GG ergebenden Pflicht zum rechtmäßigen Handeln einen Leistungsbescheid in der tenorierten Höhe erlassen wird.

II. Amtshaftung

B kann einen Anspruch aus einer Amtshaftung haben.

1. Anspruchsgrundlage

Anspruchsgrundlage für die Amtshaftung ist § 839 Abs. 1 S. 1 BGB i.V.m. Art. 34 S. 1 GG.

In Art. 34 S. 1 GG ist eine gesetzliche Haftungsüberleitung für den Bereich des öffentlichen Rechts enthalten:

Systematik § 839 BGB – Art. 34 GG

§ 839 BGB	Art. 34 S. 1 GG
• Haftungs**begründung**	• Haftungs**überleitung**
• Passivlegitimiert ist der **Beamte** (im *statusrechtlichen* Sinne)	• „jemand in Ausübung eines **öffentlichen Amtes**"; d.h. zB auch Angestellte des öffentlichen Dienstes; P: Einschaltung Privater (Beamte im *haftungsrechtlichen* Sinne)
• umfasst sowohl öffentlich-rechtliches Handeln als auch privatrechtliches Handeln (Amtspflicht kann sich auch auf privatrechtliche Handlungen erstrecken; Bsp.: fiskalische Hilfsgeschäfte, Erwerbswirtschaft)	• umfasst allein hoheitliches Handeln

Allg. Anspruchsgrundlage für Amtshaftungsansprüche: § 839 BGB iVm Art. 34 S. 1 GG

Schema 5

2. Voraussetzungen

Die Voraussetzungen der Amtshaftung können erfüllt sein.

a) Positive Voraussetzungen

Positiv sind die Voraussetzungen für einen Amtshaftungsanspruch, dass „Jemand" in Ausübung eines öffentlichen Amtes eine drittbezogene Amtspflicht verletzt hat. Als „Jemand" ist wegen der Tatbestandsmodifizierung durch Art. 34 S. 1 GG kein Beamter im statusrechtlichen Sinne, also ein im Sinne des Beamtenrechts ernannter Beamter erforderlich, sondern es genügt ein Beamter im haftungsrechtlichen Sinne. P ist als Bundespolizist sogar Beamter im Sinne des BPolBG bzw. des BBG.

Drittbezogene Amtspflichtensind die sich bei statusrechtlichen Bundespolizeibeamten aus § 63 Abs. 1 BBG i.V.m. § 2 BPolBG ergebende Pflicht zum rechtmäßigen Handeln, die insoweit aus § 62 Abs. 1 S. 2 BBG i.V.m. § 2 BPolBG folgende Folgepflicht sowie sonstige allgemeine und besondere Sorgfaltspflichten.

Bei statusrechtlichen Landesbeamten ergibt sich die Pflicht zum rechtmäßigen Handeln aus § 36 Abs. 1 BeamtStG. Ist der „Jemand" kein Beamter im statusrechtlichen Sinne, ergibt sich diese Pflicht aus Art. 20 Abs. 3 GG.

Für die Pflichtverletzung ist das Unrecht des Einzelnen maßgeblich, nicht ein objektiv unrechtmäßiges Handeln. P hat B in Ausübung des Dienstes verletzt, da es sich bei der Schießübung um eine dienstliche Veranstaltung handelte. Insoweit hat P seine Pflicht zum rechtmäßigen Handeln sowie seine Verkehrssicherungspflichten und damit allgemeine beamtenrechtliche Sorgfaltspflichten verletzt. Darüber hinaus gab es besondere dienstrechtliche Vorschriften, die P durch das Hantieren mit der Waffe und den Schuss verletzt hat. Somit sind auch besondere Sorgfaltspflichten verletzt. Alle Pflichten sind hinsichtlich des B drittbezogen, da sie auch seinem Schutz dienten. Da die Handlung – das Hantieren mit der Waffe – für die Pflichtverletzung in Form der Abgabe des Schusses auf den Fuß des B ursächlich war und zurechenbar ist, ist die haftungsbegründende Kausalität gegeben. Rechtfertigungsgründe sind nicht ersichtlich und P handelte mit Eventualvorsatz, also schuldhaft. Die Pflichtverletzung des P – der Schuss in den Fuß des B – führte auch zum Schaden in Form des durchlöcherten Fußes und der damit verbundenen Schmerzen, sodass insoweit auch die haftungsausfüllende Kausalität gegeben ist. Die positiven Voraussetzungen der Amtshaftung sind erfüllt.

b) Negative Voraussetzungen

Negativ darf der Anspruch nicht ausgeschlossen sein. Ausschlussgründe wie die Subsidiarität der Amtshaftung gemäß § 839 Abs. 1 S. 2 BGB oder die Unterlassung des Nichtgebrauches eines Rechtsmittels i.S.d. § 839 Abs. 3 BGB sind nicht ersichtlich. Der Anspruch könnte aber gemäß § 46 Abs. 2 Nr. 1 BeamtVG ausgeschlossen sein. Ein Anspruch über die versorgungsrechtlichen Ansprüche hinaus – also aus allgemeinen gesetzlichen Vorschriften – ist gemäß § 46 Abs. 2 Nr. 1 BeamtVG ausgeschlossen, wenn die im Dienst des in Anspruch genommenen Rechtsträgers stehende Person den Dienstunfall nicht vorsätzlich herbeigeführt hat. P handelte mit Eventualvorsatz, sodass der Anspruch des B gegen die Bundesrepublik Deutschland nicht gemäß § 46 Abs. 2 S. 1 Nr. 1 BeamtVG ausgeschlossen ist.

3. Anspruchsinhalt

Der Anspruchsinhalt ist Schadensersatz. Die Heilbehandlungskosten sind vom Amtshaftungsanspruch neben dem Anspruch aus § 30 Abs. 1 BeamtVG gemäß § 249 Abs. 2 S. 1 BGB ebenfalls erfasst. Schmerzen als immaterieller Schaden haben gemäß § 253 Abs. 2 BGB Schmerzensgeld zur Folge, welches gemäß § 287 Abs. 1 S. 1 ZPO der Höhe nach im richterlichen Ermessen steht. € 800,– erscheinen insoweit grundsätzlich angemessen.

In der Praxis orientieren sich die Gerichte häufig an Schmerzensgeldtabellen, die rechtlich allerdings nicht verbindlich sind.

Wegen des leicht fahrlässigen Mitverschuldens des B, der den Schießplatz nicht unverzüglich verlassen hatte, ist der Schmerzensgeldanspruch gemäß § 254 Abs. 1 BGB um 25 % zu mindern. Im Übrigen ist der Schadensanspruch bei Berücksichtigung des Mitverschuldens zwar ebenfalls zu mindern, jedoch wirkt sich dies wegen des ungeminderten beamtenversorgungsrechtlichen Anspruches nicht aus. B kann von der Bundesrepublik nur Schmerzensgeld in Höhe von € 600,– verlangen.

C. Ergebnis

B hat einen Anspruch gegen die Bundesrepublik Deutschland in Höhe von € 3.300,–, der aus Heilbehandlungskosten in Höhe von € 2.700,– und aus Schmerzensgeld in Höhe von € 600,– zusammengesetzt ist.

3. Komplex: Frage 3

Wäre das Verwaltungsgericht örtlich unzuständig gewesen, hätte es gemäß § 17a Abs. 2 S. 1 GVG i.V.m. § 83 VwGO an das zuständige Gericht des zulässigen Rechtsweges verweisen müssen. Wären mehrere Gerichte zuständig, an die verwiesen werden könnte, würde gemäß § 17a Abs. 2 S. 2 GVG an das vom Kläger oder Antragsteller auszuwählende Gericht verwiesen, hilfsweise an das vom angerufenen Gericht bestimmte Gericht. Der Verweisungsbeschluss wäre gemäß dem Wortlaut des § 17a Abs. 2 S. 3 GVG nur bezüglich des Rechtsweges für das Gericht, an das verwiesen würde, verbindlich.

Allerdings ist § 17a Abs. 2 S. 3 GVG i.V.m. § 83 VwGO auch bezüglich der Zuständigkeit anwendbar. Somit könnte der Verweisungsbeschluss auch diesbezüglich verbindlich sein. Da aber in Konstellationen, in denen zunächst der nicht eröffnete Rechtsweg gewählt wird, bei der Verweisung gemäß § 17a Abs. 2 S. 1 GVG i.V.m. § 173 S. 1 VwGO an das zuständige Gericht verwiesen wird, ergibt sich aus der ausdrücklichen Beschränkung der Bindungswirkung in § 17a Abs. 2 S. 3 GVG, dass eine Verbindlichkeit des Verweisungsbeschlusses stets nur bezüglich des Rechtsweges, nicht aber bezüglich der Zuständigkeit bestehen soll.

4. Komplex: Frage 4

Bei Erteilung eines anwaltlichen Rates wären zwei Konstellationen erwägenswert gewesen. Einerseits hätte die Empfehlung lauten können, alle Ansprüche beim Landgericht einzuklagen, da das Landgericht gemäß § 17 Abs. 2 S. 1 GVG i.V.m. § 173 S. 1 VwGO unter allen rechtlichen Gesichtspunkten prüfen müsste. Allerdings gilt beim ordentlichen Gericht aus rechtsstaatlichen Gründen einerseits die Dispositionsmaxime, andererseits der Beibringungsgrundsatz. Somit wäre B beim ordentlichen Gericht vollständig beweispflichtig. Beim Verwaltungsgericht gilt zwar ebenfalls die Dispositionsmaxime, jedoch gemäß § 86 VwGO der Untersuchungsgrundsatz. Somit würde beim Verwaltungsgericht von Amts wegen ermittelt, sodass die Erlangung eines für B günstigen Urteils erheblich vereinfacht würde. Mögen bei zwei Klagen bei unterschiedlichen Gerichten möglicherweise geringfügig höhere Kosten entstehen, wäre es nach einer Aufklärung des Mandanten dennoch erforderlich gewesen, ihm bezüglich der Heilbehandlungskosten zu einer Klage beim Verwaltungsgericht, bezüglich des Schmerzensgeldes zu einer Klage beim Landgericht zu raten.

5. Komplex: Frage 5

Hätte B beim Verwaltungsgericht einen Betrag in Höhe von € 3.500,– eingeklagt, hätte nur ein Streitgegenstand bestanden, sodass mangels der Möglichkeit eines Verweisungsbeschlusses gemäß § 17a Abs. 2 S. 1 GVG i.V.m. § 173 S. 1 VwGO bezüglich des Schmerzensgeldes in Höhe von € 800,– ein Prozessurteil gesprochen worden wäre. Gleiches gilt für den Anspruch aus § 839 BGB i.V.m. Art. 34 S. 1 GG im Übrigen, da mittels der in Art. 34 S. 3 GG enthaltenen höherrangigen Vorgabe bei verfassungskonformer Auslegung des einfachen Rechts ausnahmsweise auch bezüglich nur einer Anspruchsgrundlage ein Prozessurteil gesprochen werden kann. B könnte zwar den Betrag in Höhe von € 800,– dann mangels entgegenstehender materieller Rechtskraft beim ordentlichen Gericht einklagen, nicht jedoch den Betrag in Höhe von € 2.700,–.

Bezüglich des letzteren Betrages ist die Erhebung einer Klage wegen anderweitiger Rechtshängigkeit des Streitgegenstandes in Höhe der Heilbehandlungskosten – beim Verwaltungsgericht – gemäß § 261 Abs. 3 Nr. 1 ZPO nicht empfehlenswert, da die Klage bis zur Rechtskraft des Urteils beim Verwaltungsgericht nicht erfolgreich sein wird. Sollte trotz eines rechtskräftigen Urteils beim Verwaltungsgericht noch ein Rechtsschutzbedürfnis für ein Urteil des Landgerichts wegen des Anspruches aus § 839 BGB i.V.m. Art. 34 S. 1 GG bestehen, würde der Geltendmachung grundsätzlich die materielle Rechtskraft des Urteils des Verwaltungsgerichts bezüglich des Streitgegenstandes entgegenstehen. Da sich aus dem höherrangigen Recht des Art. 34 S. 3 GG jedoch ergibt, dass bezüglich einer Anspruchsgrundlage ein Prozessurteil gesprochen werden kann, muss verfassungskonform im Sinne des Art. 19 Abs. 4 GG die entgegenstehende materielle Rechtskraft des Urteils des Verwaltungsgerichts bezüglich einer neuen Klage beim Landgericht reduziert werden, soweit z. B. mangels Abweisung der Klage beim Verwaltungsgericht ein weitergehendes Bedürfnis zur Klage beim Landgericht besteht. Eine gleichzeitige Klageerhebung bei beiden Gerichten bezüglich eines Streitgegenstandes wird mittels des höherrangigen Rechts jedoch nicht ermöglicht, weil insoweit das sich unter anderem aus Art. 20 Abs. 3 GG ergebende Rechtsstaatsprinzip eine effektive Inanspruchnahme der Gerichte gebietet und zudem die Gefahr bestünde, dass in der Rechtspraxis mangels hinreichender Kommunikation der Gerichte bezüglich eines Streitgegenstandes zwei rechtskräftige und gegebenenfalls vollstreckbare Urteile gesprochen werden, sodass der Kläger einen Betrag zweimal erhalten könnte. Deshalb darf bei einem Streitgegenstand auch bezüglich § 839 BGB i.V.m. Art. 34 S. 1 GG als Anspruchsgrundlage kein Verweisungsbeschluss gefasst werden. Allerdings wird die Verjährung des Anspruches aus § 839 BGB i.V.m. Art. 34 S. 1 GG bis zur Rechtskraft des verwaltungsgerichtlichen Urteils nach den zivilrechtlichen Vorschriften bzw. rechtsstaatlich gehemmt.

B ist zu raten, neben der Klage beim Verwaltungsgericht bezüglich der Heilbehandlungskosten – dort gilt der Amtsermittlungsgrundsatz i.S.d. § 86 VwGO – beim ordentlichen Gericht das Schmerzensgeld in Höhe von € 800,– einzuklagen. Im Übrigen sollte bezüglich der Klage beim Landgericht das rechtskräftige Urteil des Verwaltungsgerichts abgewartet werden, um ein Prozessurteil beim Landgericht zu vermeiden, um dann – falls ein Rechtsschutzbedürfnis besteht – die Klage beim Landgericht zu erweitern.

Fall 3:
„Sauerkraut statt griechischem Olivenöl (Landesrecht)"

Schwerpunkte: Drittanfechtungsklage, Subjektive Rechte Dritter im BImSchG, Rechtsbehelfe der Vereinigungen i.S.d. UmwRG, Individualrechtsbehelf i.S.d. § 4 Abs. 3 Nr. 1 UmwRG, Widerruf (§ 21 BImSchG)

Hinweis: Diesem Fall sowie der Falllösung liegt exemplarisch das Landesrecht von **NRW** zugrunde. An die Rechtslage in **Berlin, Hamburg und Niedersachsen** angepasste Falllösungen sind **online** unter www.heinze-pruefungsanfechtung.de einsehbar.

---

1. Komplex

Die Gemeinde G in Nordrhein-Westfalen hat 19.000 Einwohner und liegt inmitten einer landwirtschaftlich geprägten Gegend. Im Außenbereich der Gemeinde sind einige große Betriebe angesiedelt, in denen landwirtschaftliche Produkte verarbeitet werden. Sie profitieren sowohl von dem fruchtbaren Boden als auch von der strategisch günstigen Lage der Gemeinde G. Diese Vorteile möchte sich auch der Landwirt B sichern, der im großen Stil in das florierende Geschäft mit dem Sauerkraut einsteigen möchte, weil sein eigentlicher Traum – die Produktion von Olivenöl aus der weltberühmten Sorte der Koroneiki-Olive – sich in Nordrhein-Westfalen leider nicht realisieren lässt. Nach Stellung eines Antrages bei der auch im Bereich der Gemeinde G zuständigen Gewerbeaufsicht des Landes erhält er in einem ordnungsgemäßen Verfahren eine Genehmigung dieser zuständigen Gewerbeaufsichtsbehörde zum Betrieb einer Anlage zur Herstellung von Sauerkraut mit einer Produktionsleistung von mehr als 300 Tonnen am Tag.

Der pensionierte Lehrer P wohnt in einem Eigenheim am Rande der Gemeinde G in unmittelbarer Nähe zum Betrieb des B – nämlich drei Grundstücke entfernt. Schon lange sind ihm die großen Betriebe um die Gemeinde ein Dorn im Auge. Durch sie werde nach seiner Einschätzung die Umwelt zerstört. Da nun auch in seiner direkten Nachbarschaft produziert werden soll, beschließt er, etwas dagegen zu unternehmen. Nach einem erfolglosen Anruf und ordnungsgemäßer Einlegung eines Widerspruches bei der Behörde zur Niederschrift innerhalb eines Jahres seit Erteilung der Erlaubnis nach dem Bundesimmissionsschutzgesetz an B bei der Behörde erhebt er gegen die Genehmigung des B vor dem Verwaltungsgericht fristgerecht eine Klage, nachdem der Widerspruch zurückgewiesen worden war. Die Genehmigung für B war P nicht bekannt gegeben worden. Er be-

https://doi.org/10.1515/9783110625707-003

gründet die Klage damit, dass eine solche Genehmigung mit dem Staatsziel des Naturschutzes unvereinbar sei und durch sie die Umwelt unnötig belastet werde. Darüber hinaus werde insbesondere er von den nach seiner Einschätzung erheblichen Gerüchen der Sauerkrautproduktion betroffen. Tatsächlich liegt die Geruchsbelästigung entsprechend eines als zutreffend zugrundezulegenden Sachverständigengutachtens nur geringfügig über dem zulässigen Grenzwert im Sinne des Bundesimmissionsschutzgesetzes in Verbindung mit den Bundesimmissionsschutzverordnungen und den diesbezüglichen Verwaltungsvorschriften.

Hat die Klage des P Erfolg?

2. Komplex

In einem weiteren genehmigten Sauerkrautbetrieb des B, der sich auf dem direkten Nachbargrundstück des P befindet und in dem nur eine Spezialsorte von Sauerkraut verarbeitet wird (mehr als 300 Tonnen am Tag), werden die zulässigen Grenzwerte überschritten – dort allerdings in erheblichem Maß. Zwar wurde die unanfechtbare Genehmigung für die Anlage zunächst rechtmäßig erteilt, jedoch führt eine nach Erteilung der Erlaubnis neu aufgetauchte Art von Schädlingen in der Spezialsauerkrautsorte dazu, dass dieses Sauerkraut vor der Verarbeitung auf eine spezielle Art gewaschen werden muss. Infolge dessen kommt es bei der Verarbeitung der Spezialsorte nunmehr zu bisher unbekannten Geruchsbelästigungen, durch welche die zulässigen Grenzwerte überschritten werden. Die damit verbundenen erheblichen Belästigungen für P sind derart gravierend, dass er von stetigem Kopfschmerz und gesundheitsgefährdenden allergischen Reaktionen geplagt wird. Zunächst wendet er sich mit seinem Antrag erneut an die ihm schon vertraute zuständige Gewerbeaufsicht, um diese dazu zu veranlassen, zu seinem Schutz nachträgliche Anordnungen im Sinne des Bundesimmissionsschutzgesetzes zu treffen. Allerdings ergibt ein Gutachten eines Sachverständigen, dass es nach dem Stand der Technik nicht möglich ist, diese Geruchsbelästigungen etwa durch die Verbauung leistungsstärkerer Filter zu verhindern. Einziges wirksames Mittel wäre der Widerruf der Genehmigung mit der Folge der Stilllegung des Betriebs. Dagegen wehrt sich jedoch die Behörde, obwohl sie wie P weiß, dass ohne den Widerruf das öffentliche Interesse gefährdet würde. Dem P stehe kein Anspruch auf Widerruf der Genehmigung zu, außerdem sei eine eventuelle Klage schon unzulässig.

Trotzdem erhebt P vor dem Verwaltungsgericht ohne Durchführung eines Widerspruchsverfahrens fristgerecht eine Klage. Er beruft sich einerseits auf seine „subjektiven Rechte". Andererseits macht er gleichzeitig Rechte des Umweltverbandes U geltend, dessen leidenschaftlicher Anhänger er ist. Eine rechtliche Beziehung verbindet P mit U allerdings nicht und er klagt diesbezüglich weder in Prozessstandschaft noch in Stellvertretung. Allerdings trägt P vor, ein individuelles Klagerecht ergäbe sich für ihn in jedem Fall aus § 4 Abs. 3 Nr. 1 UmwRG. Hat die Klage des P Erfolg?

3. Komplex: Zusatzfrage
Nach Erhebung der Klage vor dem Verwaltungsgericht fragt P seinen Rechtsanwalt aus der renommierten ortsansässigen Sozietät RR & SuS (Rudi Ratlos & Susi Sorglos), ob er „zur Sicherheit" noch vor dem ordentlichen Gericht gegen den Betreiber der Anlage auf Einstellung des Betriebes der Anlage klagen sollte. Was wird der Rechtsanwalt ihm raten, wenn P keinen besonderen Titel hat und die Genehmigung unanfechtbar ist?

Vertiefung
BVerwG 119, 329, 340; BVerwGE 65, 313; BVerwGE 69, 37; EuGH, Urteil vom 20.12. 2017 – C-664/15; EuGH, Urteil vom 12.5.2011 – C-115/09; OVG Münster, Urteil vom 09.07.1987– 21 A 1556/86, NVwZ 1988, 173.

Gliederung

1. Komplex: Klage gegen die Genehmigung —— 46
  A. Sachurteilsvoraussetzungen (+) —— 47
    I. Rechtsweg (+) —— 47
    II. Zuständigkeit (+) —— 47
    III. Beteiligte (+) —— 48
    IV. Statthafte Klageart —— 48
    V. Besondere Sachurteilsvoraussetzungen (+) —— 49
      1. Besondere Prozessführungsbefugnis (+) —— 49
      2. Klagebefugnis (+) —— 49
      a) Art. 20a GG (–) —— 50
      b) Einfachgesetzliches subjektives Recht (+) —— 50
      3. Vorverfahren und Widerspruchsfrist (+) —— 52
      4. Klagefrist (+) —— 52
    VI. Zwischenergebnis (+) —— 52
  B. Begründetheit (+) —— 52
    I. Rechtswidrigkeit der Genehmigung (+) —— 53
      1. Rechtsgrundlage (+) —— 53
      2. Voraussetzungen (–) —— 53
      a) Formelle Voraussetzungen (+) —— 53
      b) Materielle Voraussetzungen (–) —— 53
    II. Rechtsverletzung (+) —— 54
  C. Ergebnis —— 54

2. Komplex: Klage auf Widerruf —— 54
A. Sachurteilsvoraussetzungen (+) —— 54
  I. Rechtsweg (+) —— 54
  II. Zuständigkeit (+) —— 55
  III. Beteiligte (+) —— 55
  IV. Statthafte Klageart —— 55
  V. Besondere Sachurteilsvoraussetzungen (+) —— 56
    1. Besondere Prozessführungsbefugnis (+) —— 56
    2. Klagebefugnis (+) —— 56
      a) Geltendmachung der Klagebefugnis des U (–) —— 56
      b) Klagebefugnis des P (+) —— 57
      c) Zwischenergebnis (+) —— 60
    3. Vorverfahren (+) —— 60
    4. Klagefrist (+) —— 60
  VI. Zwischenergebnis (+) —— 61
B. Begründetheit (+) —— 61
  I. Anspruchsgrundlage (+) —— 61
  II. Anspruchsvoraussetzungen (+) —— 62
    1. Formelle Voraussetzungen (+) —— 62
    2. Materielle Voraussetzungen (+) —— 62
  III. Anspruchsinhalt —— 62
C. Ergebnis (+) —— 63
3. Komplex: Zusatzfrage —— 63

Lösungsvorschlag

Die folgende Lösung ist als Lösungsvorschlag zu verstehen und ausführlicher, als es in der Klausurbearbeitung verlangt werden kann. Aufgrund der wissenschaftlichen Freiheit können andere Lösungswege vertreten werden, soweit sie dogmatisch begründbar sind. Die Nachweise aus Rechtsprechung und Literatur sowie die das Verständnis fördernden Randbemerkungen sind in der Examensklausur auszusparen. Die Abkürzung „Alt." steht für Alternativfall, nicht für Alternative.

Zur Verbesserung der Methodik bei der Anfertigung eines Gutachtens in der Klausur empfiehlt sich die Lektüre des Beitrags von Heinze/Starke JURA 2012, 175 ff.

---

1. Komplex: Klage gegen die Genehmigung

Die Klage des P hat jedenfalls Erfolg, soweit die Sachurteilsvoraussetzungen erfüllt sind und die Klage zulässig sowie begründet ist.

A. Sachurteilsvoraussetzungen

Hinweis: Andere Aufbauvarianten werden vertreten (z. B. dreistufig oder Prüfung des Verwaltungsrechtsweges als Untergliederungspunkt der Zuständigkeit des Gerichts). Derartige Aufbauvarianten sind aber mit § 17a Abs. 2 S. 1 GVG bzw. mit der Überschrift des 6. Abschnittes der VwGO sowie mit § 83 VwGO unvereinbar und daher bei exakter dogmatischer Zuordnung der Prüfungspunkte nicht zu empfehlen. Die Überschrift „Sachurteilsvoraussetzungen" anstelle der Überschrift „Zulässigkeit" ist sinnvoll, weil nach § 63 Nr. 3 VwGO auch der Beigeladene zu den Beteiligten gehört, das Fehlen einer notwendigen Beiladung i.S.d. § 65 Abs. 2 VwGO aber nur dazu führt, dass das Urteil keine materielle Rechtskraft entfaltet. Auch die objektive Klagehäufung i.S.d. § 44 VwGO ist z. B. keine Zulässigkeitsvoraussetzung.

Die Sachurteilsvoraussetzungen können erfüllt und die Klage kann zulässig sein.

I. Rechtsweg

Ein Rechtsweg muß eröffnet sein. Der Verwaltungsrechtsweg kann mangels aufdrängender Sonderzuweisung gemäß § 40 Abs. 1 S. 1 VwGO eröffnet sein. Im Übrigen kommt ein Verweisungsbeschluss i.S.d. §§ 173 S. 1 VwGO, 17a Abs. 2 S. 1 GVG in Betracht. Der Verwaltungsrechtsweg ist eröffnet, wenn die streitentscheidende öffentlich-rechtliche Norm einen Hoheitsträger einseitig berechtigt oder verpflichtet bzw. wenn aufgrund typisch hoheitlichen Handelns zwischen den Beteiligten ein Subordinationsverhältnis besteht.

Durch § 4 Abs. 1 S. 1 BImSchG i.V.m. § 6 Abs. 1 BImSchG, welche der Genehmigung zugrunde liegen, wird die Behörde gegenüber dem Bürger – B – einseitig zur Erteilung der Genehmigung verpflichtet, zumal es sich beim Erlass eines Verwaltungsaktes um typisch hoheitliches Handeln in einem Subordinationsverhältnis handelt. Da die Streitigkeit mangels doppelter Verfassungsunmittelbarkeit nichtverfassungsrechtlicher Art und eine abdrängende Sonderzuweisung nicht ersichtlich ist, bleibt es bei der Eröffnung des Verwaltungsrechtsweges. Der Verwaltungsrechtsweg ist gemäß § 40 Abs. 1 S. 1 VwGO eröffnet.

II. Zuständigkeit

Das Verwaltungsgericht ist gemäß § 45 VwGO als Eingangsinstanz für die von der Behörde gegenüber B erteilte Genehmigung sachlich zuständig, da Anhaltspunkte für abweichende Regelungen wie z. B. § 50 VwGO nicht ersichtlich sind, sodass kein Verweisungsbeschluss gemäß §§ 17a Abs. 2 S. 1 GVG, 83 VwGO gefasst werden wird. Von der örtlichen Zuständigkeit des angerufenen Verwaltungsgerichts ist auszugehen.

Die örtliche Zuständigkeit ist nur anzusprechen, wenn es dafür im Sachverhalt Anhaltspunkte gibt. Gegebenenfalls ist die örtliche Zuständigkeit grundsätzlich im Anschluss an die sachliche Zuständigkeit zu prüfen. Ist sie jedoch gemäß § 52 Nr. 2 VwGO ausnahmsweise von der Klageart abhängig, sollte sie offen mit Verweis auf § 17a Abs. 2 S. 1 GVG i.V.m. § 83 VwGO formuliert werden.

III. Beteiligte

P und das Land Nordrhein-Westfalen als Körperschaft öffentlichen Rechts können Beteiligte des Verfahrens sein. Beteiligte sind nach § 63 Nr. 1, 2 VwGO unter anderem der Kläger und der Beklagte, beteiligungsfähig nach § 61 Nr. 1 VwGO natürliche und juristische Personen. Behörden sind gemäß § 61 Nr. 3 VwGO i.V.m. dem Landesrecht nicht beteiligungsfähig. Als Kläger ist P gemäß § 61 Nr. 1 Alt. 1 VwGO beteiligungsfähig und gemäß § 62 Abs. 1 Nr. 1 VwGO prozessfähig.

Als Beklagter ist der Rechtsträger der Behörde maßgeblich. Die Verwaltung des BImSchG erfolgt durch die Gewerbeaufsicht. Das Land Nordrhein-Westfalen ist gemäß §§ 63 Nr. 2, 61 Nr. 1 VwGO beteiligungs- und mangels Anhaltspunkten bezüglich des für die Behörde handelnden Organwalters gemäß § 62 Abs. 1, 3 VwGO prozessfähig.

Da die Entscheidung des Verwaltungsgerichts auch gegenüber dem Genehmigungsempfänger B nur einheitlich ergehen kann, ist er gemäß § 63 Nr. 3 VwGO als Beteiligter gemäß § 65 Abs. 2 VwGO notwendig beizuladen. Er ist als natürliche Person gemäß § 61 Nr. 1 VwGO beteiligungs- und gemäß § 62 Abs. 1 Nr. 1 VwGO prozessfähig.

IV. Statthafte Klageart

Die statthafte Klageart richtet sich gemäß § 88 VwGO nach dem klägerischen Begehren unter Berücksichtigung des Anwendungsvorrangs maßnahmespezifischer Rechtsschutzformen und des rechtsstaatlichen Grundsatzes der Effektivität des Rechtsschutzes. Dem klägerischen Begehren entspricht i. d. R. die effektivste Klageart, also nach Möglichkeit die Anfechtungsklage gemäß § 42 Abs. 1 Alt. 1 VwGO als Gestaltungsklage der Verwaltungsgerichtsordnung.

Die Anfechtungsklage ist z. B. besonders rechtsschutzintensiv, weil das Gericht als Judikative mittels einer Durchbrechung der Gewaltenteilung einen Verwaltungsakt als Rechtssetzungsakt der Exekutive aufhebt.

Voraussetzung der Anfechtungsklage ist, dass es dem Kläger um die Aufhebung eines Verwaltungsaktes geht. Ein Verwaltungsakt ist gemäß § 35 S. 1 NRW VwVfG jede Verfügung, Entscheidung oder andere hoheitliche Maßnahme, die eine Behörde zur Regelung eines Einzelfalls auf dem Gebiet des öffentliche Rechts trifft und die auf unmittelbare Rechtswirkung nach außen gerichtet ist, somit auch die B erteilte Genehmigung zur Betreibung der Anlage für die Sauerkrautproduktion, die P mittels der Klage beseitigen möchte. Es handelt sich insoweit um einen Verwaltungsakt, gegen den die Anfechtungsklage statthaft ist.

V. Besondere Sachurteilsvoraussetzungen
Die besonderen Sachurteilsvoraussetzungen können erfüllt sein.

1. Besondere Prozessführungsbefugnis
Besonders prozessführungsbefugt ist gemäß § 78 Abs. 1 Nr. 1 VwGO das Land Nordrhein-Westfalen als Gebietskörperschaft öffentlichen Rechts.

Der Aufbau der Prozessstation darf in der Klausur nicht gesondert begründet werden. Es ist allenfalls möglich, einzelne Argumente anhand einzelner zu prüfender Tatbestandsmerkmale in Nebensätzen einzuarbeiten. Die Zuordnung des § 78 VwGO ist umstritten. § 78 VwGO enthält nach h.M. eine Regelung über die besondere Prozessführungsbefugnis, die von der Beteiligungsfähigkeit und der Passivlegitimation zu trennen ist (MA: § 78 VwGO als Sonderregelung der Passivlegitimation, die aber in der Sachstation, also der Begründetheit, zu prüfen ist, da Passivlegitimation der Terminus für den materiell richtigen Klagegegner ist). Die besondere Prozessführungsbefugnis ist ein Unterpunkt bei den besonderen Sachurteilsvoraussetzungen und wird teilweise (vertretbar aber bzgl. der materiell-rechtlichen Passivlegitimation verwechslungsfähig) mit „Klagegegner" überschrieben.
Einige Argumente für die h.M.:
–   § 78 VwGO steht systematisch bei besonderen Sachurteilsvoraussetzungen
–   Gesetzgebungskompetenzen
–   falsche Behörde bzw. falscher Rechtsträger können nicht zum materiell richtigen Anspruchsgegner i.S. einer Passivlegitimation werden (zum Ganzen: Ehlers, Festschrift für Menger, S. 379 ff.; Hufen, Verwaltungsprozessrecht, 11. Aufl. 2019, § 12, Rn 38 ff. m.w.N.; vgl. OVG Münster NVwZ 1990, 188)

---

2. Klagebefugnis
P muss klagebefugt sein. Die Klagebefugnis nach § 42 Abs. 2 VwGO setzt die Möglichkeit der Verletzung eines subjektiven Rechts voraus. Subjektive Rechte ergeben sich aus Sonderbeziehungen, einfachen Gesetzen, subsidiär aus Grund-

rechten, wobei jedenfalls aufgrund des weiten Schutzbereiches des Art. 2 Abs. 1 GG bei unmittelbaren Grundrechtseingriffen für das subjektive Recht direkt auf Grundrechte abgestellt werden kann. Ob ein Kläger tatsächlich in einem subjektiven Recht verletzt ist, ist für die Klagebefugnis irrelevant, da die Möglichkeit der Verletzung eines subjektiven Rechts genügt.

a) Art. 20a GG

P könnte durch die Genehmigung an B unmittelbar in einem Grundrecht verletzt sein, sollte Art. 20a GG ein solches darstellen. Selbst wenn natürliche Lebensgrundlagen durch die Sauerkrautproduktion des B beeinträchtigt würden, ist Art. 20a GG schon nicht als Grundrecht formuliert. Durch die Norm werden dem Einzelnen keine einklagbaren Rechte zugedacht. Es handelt sich vielmehr um ein bloßes Staatsziel, welches bei staatlichem Handeln zu berücksichtigen ist. Zudem ist die unmittelbare Anwendung eines Grundrechtes ohnehin nur bei Annahme eines unmittelbaren Grundrechtseingriffes möglich und sogar insoweit wegen der Konkretisierung der Grundrechte in einfachgesetzlichen Normen nicht zwingend. Ein unmittelbarer Grundrechtseingriff zulasten des P ist nicht ersichtlich, da P nicht Adressat des staatlichen Handelns in Form der Genehmigung war. Aus Art. 20a GG ergibt sich für P keine Klagebefugnis.

b) Einfachgesetzliches subjektives Recht

Mangels ersichtlicher Sonderrechtsbeziehung kann allenfalls die Möglichkeit bestehen, dass P in einem einfachgesetzlichen subjektiven Recht verletzt ist. Voraussetzung für ein einfachgesetzliches subjektives Recht ist, dass neben der Allgemeinheit auch der Einzelne geschützt wird. Durch eine subjektivierte Norm muss zumindest auch der Schutz von Individualinteressen erfasst sein, sodass der Träger dieser Individualinteressen die Befolgung dieser Rechtsnorm für sich beanspruchen kann. Die Schutzwirkung muss vom Gesetzgeber intendiert und darf nicht auf eine bloße Rechtsreflexwirkung rückführbar sein. Anderenfalls würden ein Gesetzesvollziehungsanspruch und Popularklagen gewährt werden.

Ein subjektives Recht des P kann sich aus den streitentscheidenden Normen – der Rechtsgrundlage für die genehmigte Anlage, nämlich § 4 Abs. 1 S. 1 BImSchG i.V.m. § 6 Abs. 1 BImSchG – ergeben. Die Genehmigung zum Betrieb einer Anlage im Sinne des BImSchG darf gemäß § 6 Abs. 1 Nr. 1 BImSchG nur erteilt werden, wenn die Voraussetzungen des § 5 BImSchG erfüllt sind. Eine der in § 5 BImSchG enthaltenen Betreiberpflichten kann drittschützenden Charakter haben.

aa) Vorsorgepflicht aus § 5 Abs. 1 Nr. 2 BImSchG

Ein drittschützender Charakter des § 5 BImSchG könnte sich aus der Vorsorgepflicht gemäß § 5 Abs. 1 Nr. 2 BImSchG ergeben. In § 5 Abs. 1 Nr. 2 BImSchG wird zwar das Staatsziel des Art. 20a GG konkretisiert, jedoch soll durch die Vorschrift lediglich die Allgemeinheit und nicht der Einzelne vor den Gefahren durch die Zerstörung der Umwelt i.S.d. § 2 Abs. 1 BNatSchG geschützt werden. Durch § 5 Abs. 1 Nr. 2 BImSchG wird kein individualisierbarer Personenkreis, sondern das Interesse der Allgemeinheit geschützt, potentiell schädlichen Umwelteinwirkungen generell und auch insoweit vorzubeugen, als sie keinem bestimmten Emittenten zuzuordnen sind (BVerwG 119, 329, 340; vgl. BVerwGE 65, 313; BVerwGE 69, 37). Zwar wäre eine Versubjektivierung des § 5 Abs. 1 Nr. 2 BImSchG über den Terminus der schädlichen Umwelteinwirkungen denkbar, jedoch bedarf es diesbezüglich einer restriktiven Auslegung, da von § 5 Abs. 1 Nr. 2 BImSchG nur Vorsorge geregelt ist, bezüglich derer in der deutschen Rechtsordnung grundsätzlich kein Anspruch besteht.

Denkbar ist, dass sich für z. B. einen Umweltverband auch aus Normen, die dem Schutz der Natur zu dienen bestimmt sind, eine Klagebefugnis i.S.d. § 42 Abs. 2 VwGO ergeben kann. Besteht in Bezug auf eine Norm jedoch – wie bei § 5 BImSchG – die Möglichkeit, auch für den Einzelnen ein subjektives Recht zu begründen, besteht keine Notwendigkeit, dem einzelnen Bürger ein subjektives Recht einer lediglich allgemeinschützend formulierten Norm zuzuerkennen, da schon aus den sich unter anderem aus Art. 20 Abs. 3 GG ergebenden rechtsstaatlichen Gründen kein Gesetzesvollziehungsanspruch besteht.

Der Wortlaut des § 5 Abs. 1 Nr. 2 BImSchG ist insoweit eindeutig, da die Nachbarschaft oder andere Einzelne im Gegensatz zu § 5 Abs. 1 Nr. 1 BImSchG nicht ausdrücklich benannt worden sind. Eine Klagebefugnis des P ergibt sich aus § 5 Abs. 1 Nr. 2 BImSchG nach alldem nicht.

bb) Subjektives Recht aus § 5 Abs. 1 Nr. 1 BImSchG

P kann in einem subjektiven Recht i.S.d. § 5 Abs. 1 Nr. 1 BImSchG verletzt sein. Insoweit ist neben der Allgemeinheit die Nachbarschaft geschützt. Anders als im Baurecht, welches Bodenrecht i.S.d. Art. 74 Abs. 1 Nr. 18 GG ist, wird durch den immissionsrechtlichen Nachbarbegriff i.S.d. BImSchG dem Schutzzweck des Gesetzes entsprechend ein weiterer Nachbarkreis geschützt. Insoweit sind Anwohner im Umfeld einer emitierenden Anlage erfasst. P ist als Anwohner und somit Nachbar vom Schutz des § 5 Abs. 1 Nr. 1 BImSchG erfasst und es besteht zumindest die Möglichkeit, dass er durch die Gerüche in seinem subjektiven Nachbarrecht verletzt ist.

P ist somit gemäß § 42 Abs. 2 VwGO klagebefugt.

3. Vorverfahren und Widerspruchsfrist

Ein Vorverfahren kann P gemäß den §§ 68 ff. VwGO ordnungsgemäß durchgeführt haben. Das Vorverfahren könnte gemäß § 68 Abs. 1 S. 2 VwGO i.V.m. § 110 Abs. 1 S. 1 JustizG entbehrlich sein. Das ist in Nordrhein-Westfalen grundsätzlich vorgegeben, soweit keine Rückausnahme besteht. Gemäß § 110 Abs. 3 S. 1 JustizG gilt § 110 Abs. 1 S. 1 JustizG nicht für am Verwaltungsverfahren nicht beteiligte Dritte, die sich gegen einen einen anderen begünstigenden Verwaltungsakt wenden. P wendet sich gegen die den B begünstigende Anlagenerlaubnis. Das Vorverfahren ist nicht entbehrlich.

Grundsätzlich ist die Einlegung des Widerspruches innerhalb eines Monats seit Bekanntgabe des Verwaltungsaktes erforderlich. Unterbleibt eine Rechtsmittel- bzw. Rechtsbehelfsbelehrung – auch bei Nichtbekanntgabe des Verwaltungsaktes – gilt gemäß § 70 Abs. 2 VwGO i.V.m. § 58 Abs. 2 VwGO eine Jahresfrist. Da P nicht nur bei der Behörde angerufen, sondern den Widerspruch auch fristgerecht innerhalb eines Jahres gemäß den §§ 70 Abs. 2, 58 Abs. 2 VwGO i.V.m. § 70 Abs. 1 S. 1 VwGO zur Niederschrift der Behörde erhoben hatte, ist ein ordnungsgemäßes Widerspruchsverfahren durchgeführt worden.

Gemäß § 69 VwGO wird ein Widerspruch erhoben, während z.B. in § 75 Abs. 1 S. 2 VwGO der Terminus der Einlegung verwendet wird. Beide Termini sind somit verwendbar.

---

4. Klagefrist

Die für die Anfechtungsklagen geltende Klagefrist von einem Monat nach Zustellung des Widerspruchsbescheides gemäß § 74 Abs. 1 S. 1 VwGO wurde von P eingehalten.

VI. Zwischenergebnis

Die Sachurteilsvoraussetzungen für die Klage des P gegen die dem B erteilte Genehmigung zur Betreibung der Anlage sind erfüllt.

B. Begründetheit

Die Klage ist gemäß § 113 Abs. 1 S. 1 VwGO begründet, soweit die dem B erteilte Genehmigung rechtswidrig und P als Kläger dadurch in seinen Rechten verletzt ist.

I. Rechtswidrigkeit der Genehmigung

Die dem B erteilte Genehmigung kann rechtswidrig sein.

1. Rechtsgrundlage

Rechtsgrundlage für die Genehmigung des B ist § 4 Abs. 1 BImSchG i.V.m. § 6 Abs. 1 BImSchG.

2. Voraussetzungen

Die Voraussetzungen des § 4 Abs. 1 BImSchG i.V.m. § 6 Abs. 1 BImSchG können erfüllt sein.

a) Formelle Voraussetzungen

Formell bedarf es eines Antrages im Sinne des § 10 Abs. 1 BImSchG an die zuständige Behörde. Auch wenn das Antragserfordernis bei Genehmigungen nicht ausdrücklich im Gesetz benannt ist, ergibt sich ein solches Erfordernis auch insoweit dennoch aus dem unter anderem in Art. 20 Abs. 3 GG verankerten Rechtsstaatsprinzip, weil der Staat ohne Antrag nicht begünstigend in Form eines Verwaltungsaktes tätig werden wird. Mangels strikter Formvorschriften gemäß § 37 Abs. 3 NRW VwVfG sind Formfehler nicht ersichtlich.

b) Materielle Voraussetzungen

Materiell werden die Genehmigungsbedürftigkeit und die Genehmigungsfähigkeit vorausgesetzt.

aa) Genehmigungsbedürftigkeit

Die Anlage des B zur Produktion von Sauerkraut ist gemäß § 4 Abs. 1 S. 1, 3 BImSchG i.V.m. § 1 Abs. 1 S. 1 4. BImSchVO i.V.m. § 2 Abs. 1 4. BImSchVO i.V.m. Nr. 7.19.1 Spalte a des Anhanges zur 4. BImSchVO genehmigungsbedürftig.

bb) Genehmigungsfähigkeit

Die Anlage des B zur Produktion von Sauerkraut kann auch genehmigungsfähig sein. Gemäß § 6 Abs. 1 Nr. 1 BImSchG ist die Genehmigung zu erteilen, wenn unter anderem die Pflichten des § 5 Abs. 1 Nr. 1 BImSchG beachtet werden. Dies setzt das Betreiben der Anlage ohne erhebliche Nachteile und ohne erhebliche Belästigungen für die Nachbarschaft voraus. Gemäß dem Sachverständigengutachten werden allerdings die Grenzwerte des Bundesimmissionsschutzrechts für derartige Belästigungen überschritten. Die Anlage des B ist somit nicht genehmigungsfähig. Die Genehmigung hätte daher so nicht erteilt werden dürfen und ist damit rechtswidrig.

II. Rechtsverletzung
P ist durch die Anlagenerlaubnis in seinen Nachbarrechten aus § 5 Abs. 1 Nr. 1 BImSchG verletzt.

C. Ergebnis

Die Anfechtungsklage des P ist zulässig und begründet und hat somit Erfolg.

2. Komplex: Klage auf Widerruf

Die Klage des P hat jedenfalls Erfolg, soweit die Sachurteilsvoraussetzungen erfüllt sind und die Klage zulässig sowie begründet ist.

A. Sachurteilsvoraussetzungen

Die Sachurteilsvoraussetzungen können erfüllt und die Klage kann zulässig sein.

I. Rechtsweg
Ein Rechtsweg muß eröffnet sein. Der Verwaltungsrechtsweg kann mangels aufdrängender Sonderzuweisung gemäß § 40 Abs. 1 S. 1 VwGO eröffnet sein. Im Übrigen kommt ein Verweisungsbeschluss i.S.d. §§ 173 S. 1 VwGO, 17a Abs. 2 S. 1 GVG in Betracht. Der Verwaltungsrechtsweg ist eröffnet, wenn die streitentscheidende öffentlich-rechtliche Norm einen Hoheitsträger einseitig berechtigt oder verpflichtet bzw. wenn aufgrund typisch hoheitlichen Handelns zwischen den Beteiligten ein Subordinationsverhältnis besteht.

Durch § 21 Abs. 1 BImSchG wird der Staat einseitig berechtigt, eine bereits erteilte Anlagenerlaubnis im Sinne des BImSchG zu widerrufen. Da die Streitigkeit mangels doppelter Verfassungsunmittelbarkeit nicht verfassungsrechtlicher Art und eine abdrängende Sonderzuweisung nicht ersichtlich ist, bleibt es bei der

Eröffnung des Verwaltungsrechtsweges. Der Verwaltungsrechtsweg ist gemäß § 40 Abs. 1 S. 1 VwGO eröffnet.

II. Zuständigkeit

Das Verwaltungsgericht ist gemäß § 45 VwGO als Eingangsinstanz für den Widerruf der von der Behörde dem B erteilten Genehmigung sachlich zuständig, da Anhaltspunkte für abweichende Regelungen wie z. b. § 50 VwGO nicht ersichtlich sind, sodass kein Verweisungsbeschluss gemäß §§ 17a Abs. 2 S. 1 GVG, 83 VwGO gefasst werden wird. Von der örtlichen Zuständigkeit des angerufenen Verwaltungsgerichts ist auszugehen.

III. Beteiligte

P und das Land Nordrhein-Westfalen als Körperschaft öffentlichen Rechts können Beteiligte des Verfahrens sein. Beteiligte sind nach § 63 Nr. 1, 2 VwGO unter anderem der Kläger und der Beklagte, beteiligungsfähig nach § 61 Nr. 1 VwGO natürliche und juristische Personen. Behörden sind gemäß § 61 Nr. 3 VwGO i.V.m. dem Landesrecht nicht beteiligungsfähig. Als Kläger ist P gemäß § 61 Nr. 1 Alt. 1 VwGO beteiligungsfähig und gemäß § 62 Abs. 1 Nr. 1 VwGO prozessfähig.

Als Beklagter ist der Rechtsträger der Behörde maßgeblich. Die Verwaltung des BImSchG erfolgt durch die Gewerbeaufsicht. Das Land Nordrhein-Westfalen ist gemäß §§ 63 Nr. 2, 61 Nr. 1 VwGO beteiligungs- und mangels Anhaltspunkten bezüglich des für die Behörde handelnden Organwalters gemäß § 62 Abs. 1, 3 VwGO prozessfähig.

Da die Entscheidung des Verwaltungsgerichts auch gegenüber dem Genehmigungsempfänger B nur einheitlich ergehen kann, ist er gemäß § 63 Nr. 3 VwGO als Beteiligter gemäß § 65 Abs. 2 VwGO notwendig beizuladen. Er ist als natürliche Person gemäß § 61 Nr. 1 VwGO beteiligungs- und gemäß § 62 Abs. 1 Nr. 1 VwGO prozessfähig.

IV. Statthafte Klageart

Die statthafte Klageart richtet sich gemäß § 88 VwGO nach dem klägerischen Begehren unter Berücksichtigung des Anwendungsvorrangs maßnahmespezifischer Rechtsschutzformen und des rechtsstaatlichen Grundsatzes der Effektivität des Rechtsschutzes. Dem klägerischen Begehren entspricht i. d. R. die effektivste Klageart, also nach Möglichkeit die Anfechtungsklage gemäß § 42 Abs. 1 Alt. 1 VwGO als Gestaltungsklage der Verwaltungsgerichtsordnung. Voraussetzung der Anfechtungsklage ist, dass es dem Kläger um die Aufhebung eines Verwaltungsaktes i.S.d. § 35 NRW VwVfG geht. Ein Verwaltungsakt ist gemäß § 35 S. 1 NRW VwVfG jede Verfügung, Entscheidung oder andere hoheitliche Maßnahme, die eine Behörde zur Regelung eines Einzelfalls auf dem Gebiet des öffentlichen Rechts trifft und die auf unmittelbare Rechtswirkung nach außen gerichtet ist. P erstrebt zwar den Erlass einer solchen Regelung, nämlich als Kehrseite der Erteilung der Erlaubnis deren Widerruf, jedoch erstrebt er somit keine gestaltende Beseitigung der Genehmigung, sondern eine Leistung. Statthafte Klageart ist somit die Verpflichtungsklage gemäß § 42 Abs. 1 Alt. 2 VwGO.

V. Besondere Sachurteilsvoraussetzungen
Die besonderen Sachurteilsvoraussetzungen können erfüllt sein.

1. Besondere Prozessführungsbefugnis
Besonders prozessführungsbefugt ist gemäß § 78 Abs. 1 Nr. 1 VwGO das Land Nordrhein-Westfalen.

2. Klagebefugnis
P muss klagebefugt sein. Voraussetzung für die Klagebefugnis ist nach § 42 Abs. 2 VwGO in Alternativfall 1 eine gesetzliche Spezialregelung bzw. in Alternativfall 2 die Möglichkeit der Verletzung eines subjektiven Rechts. Subjektive Rechte ergeben sich aus Sonderbeziehungen, einfachen Gesetzen, subsidiär aus Grundrechten, wobei jedenfalls aufgrund des weiten Schutzbereiches des Art. 2 Abs. 1 GG bei unmittelbaren Grundrechtseingriffen für das subjektive Recht direkt auf Grundrechte abgestellt werden kann. Ob ein Kläger tatsächlich in einem subjektiven Recht verletzt ist, ist für die Klagebefugnis irrelevant, da die Möglichkeit der Verletzung eines subjektiven Rechts genügt.

a) Geltendmachung der Klagebefugnis des U
Eine Klagebefugnis des U als anerkannter Umweltverband kann sich aus § 2 Abs. 1 Nr. 1 UmwRG in Verbindung mit § 1 Abs. 1 Nr. 2 UmwRG ergeben, in dem für Rechtsbehelfe gegen die Genehmigung einer Anlage, die in Anlage 1 der 4. BImSchVO in Spalte c mit einem G gekennzeichnet ist, eine speziell gesetzlich geregelte Klagebefugnis i.S.d. § 42 Abs. 2 Alt. 1 VwGO eröffnet wird. Der Sauerkrautbetrieb ist in Anlage 1, Ziff. 7.19.2 der 4. BImSchVO aufgeführt und dort in Spalte c mit einem G gekennzeichnet, sodass U als anerkannter Umweltverband klagebefugt wäre. Da P jedoch in keiner rechtlichen Verbindung zu U steht und

zudem weder Stellvertreter – in § 2 Abs. 1 UmwRG wird auf die Vorschriften der VwGO verwiesen, in der in § 173 S. 1 VwGO auf die ZPO und somit mittelbar auf das BGB verwiesen wird – noch Prozessstandschafter für U ist, kann er sich für seine Klage nicht auf eine Klagebefugnis des U stützen (zum Ganzen: EuGH, Urteil vom 12.5.2011 – C-115/09).

b) Klagebefugnis des P
P kann durch die Unterlassung des Widerrufes eine Klagebefugnis aus einer spezialgesetzlichen Regelung des UmwRG haben oder durch die Behörde jedoch in eigenen subjektiven Rechten verletzt sein.

aa) Klagebefugnis des P aus § 4 Abs. 3 Nr. 1 UmwRG
Auch aus § 4 Abs. 3 Nr. 1 UmwRG könnte sich eine Klagebefugnis des P ergeben. Aus dem systematischen Zusammenhang zu § 4 Abs. 1 UmwRG ließe sich ableiten, dass dieser eine Klagebefugnis von Individualklägern auch ohne subjektive Rechte als spezielle Gesetzesregelung gem. § 42 Abs. 2, 1. Alt. VwGO verleiht und somit ein absolutes Verfahrensrecht vermittelt. Dafür spricht auch, dass § 2 Abs. 4 UmwRG somit zu effektiverer Geltung verholfen würde. Systematisch regelt § 2 UmwRG jedoch die Einlegung des Rechtsbehelfs, während sich § 4 UmwRG die Entscheidung im Sinne des § 113 VwGO bezieht. Auch die Gesetzesbegründung zum Umweltrechtsbehelfsgesetz (BT-Drs. 16/2495 v. 04.09.2006, S. 8) weist darauf hin, dass trotz des § 4 Abs. 3 Nr. 1 UmwRG die Klagebefugnis natürlicher und juristischer Personen weiterhin von § 42 Abs. 2 VwGO abhängt. Schließlich ist diese Auslegung auch mit Art. 11 Abs. 1 lit. b UVP-RL unionsrechtlich vereinbar, der den Mitgliedstaaten für Individualrechtsbehelfe den Entscheidungsspielraum belässt, für Rechtsbehelfe subjektive Rechte vorauszusetzen. P kann daher keine Klagebefugnis aus § 4 Abs. 3 Nr. 1 UmwRG ableiten.

bb) Subjektives Recht des P aus Grundrechten, Sonderrechtsbeziehungen oder § 21 BImschG
Ein unmittelbarer Grundrechtseingriff ist zulasten des P nicht ersichtlich. Mangels ersichtlicher Sonderrechtsbeziehung kann allenfalls die Möglichkeit bestehen, dass P in einem einfachgesetzlichen subjektiven Recht verletzt ist. Voraussetzung für ein einfachgesetzliches subjektives Recht ist, dass neben der Allgemeinheit auch der Einzelne geschützt wird. Durch eine subjektivierte Norm muss zumindest auch der Schutz von Individualinteressen erfasst sein, sodass der Träger dieser Individualinteressen die Befolgung dieser Rechtsnorm für sich beanspru-

chen kann. Die Schutzwirkung muss vom Gesetzgeber intendiert und darf nicht auf eine bloße Rechtsreflexwirkung rückführbar sein. Anderenfalls würden ein Gesetzesvollziehungsanspruch und Popularklagen gewährt werden.

Ein subjektives Recht des P kann sich aus der streitentscheidenden Norm des § 21 Abs. 1 BImSchG ergeben. Sowohl in § 21 Abs. 1 Nr. 3 BImSchG als auch § 21 Abs. 1 Nr. 5 BImSchG sind jedoch nur das öffentliche Interesse bzw. Nachteile für das Gemeinwohl erwähnt, sodass anders als in § 5 Abs. 1 Nr. 1 BImSchG nicht explizit der Einzelne in den Schutzbereich einbezogen worden ist. Insoweit wäre der Schutz des einzelnen Nachbarn ein bloßer Rechtsreflex, weil der Einzelne, also P, zwar ein Teil der Allgemeinheit ist, jedoch keinen Gesetzesvollziehungsanspruch haben soll. Ein subjektives Recht des P besteht insoweit nicht. Dies reicht zur Begründung eines subjektiven Rechts nicht aus. Ebenso wenig genügt es, über den Verweis in § 21 Abs. 1 Nr. 3 BImSchG auf die §§ 4, 6, 5 BImSchG bzw. auf das in § 5 Abs. 1 Nr. 1 BImSchG enthaltene Recht abzustellen, weil durch dieses subjektive Recht zwar im Rahmen eines etwaig auszuübenden Widerrufsermessens ein Anspruch auf fehlerfreie Bescheidung, nicht aber auf den Widerruf in Form einer gebundenen Entscheidung begründet werden kann, weil die Verletzung der nachbarlichen Belange i.S.d. § 5 Abs. 1 Nr. 1 BImSchG auf der Tatbestandsebene des § 21 Abs. 1 Nr. 3 BImSchG verankert und somit bezüglich des klägerischen Begehrens nicht hinreichend weit ausgestaltet ist. Selbst wenn für die Klagebefugnis i.S.d. § 42 Abs. 2 VwGO die Möglichkeit einer Rechtsverletzung genügt und somit auch ein subjektives Recht auf fehlerfreie Bescheidung hinreichend wäre, ist der Wortlaut des § 21 Abs. 1 Nr. 3 BImSchG im Übrigen trotz der theoretisch bestehenden Verweisungskette jedenfalls nicht subjektiviert formuliert, sodass ein subjektives Recht zumindest nicht primär enthalten ist, zumal auch im Rahmen der Klagebefugnis möglichst weitgehende subjektive Rechte maßgeblich sind.

cc) Verfassungskonforme Auslegung des § 21 BImschG mittels grundrechtlicher Schutzpflichten

§ 21 Abs. 1 BImSchG kann verfassungskonform auszulegen sein. Die Norm enthält in § 21 Abs. 1 BImSchG in der Rechtsfolge Ermessen. Bezüglich ihres Ermessens hat die Behörde wegen des sich aus dem Rechtsstaatsprinzip ergebenden Vorranges des Gesetzes auch das höherrangige Recht und somit auch das Grundrecht aus Art. 2 Abs. 2 S. 1 GG im Rahmen einer verfassungskonformen Auslegung auf Rechtsfolgenseite zu beachten. Insoweit kann § 21 Abs. 1 BImSchG zu subjektivieren sein. Fehlt eine Norm, die wie § 5 Abs. 1 Nr. 1 BImSchG die Berücksichtigung individueller Belange bei der Genehmigungserteilung auch bei dem Widerruf der Genehmigung vorschreibt und soll sogar nicht unmittelbar betroffenen Umweltverbänden eine Klagebefugnis aus allgemeinschützenden Normen zustehen, so muss erst recht P ein subjektives Recht auf Einhaltung der Grenzwerte und Wahrung seiner körperlichen Unversehrtheit aus Art. 2 Abs. 2 S. 1 GG sowie unmittelbar aus den Grenzwertbestimmungen im Rahmen des § 21 BImSchG mittels einer verfassungskonformen Auslegung der Norm geltend machen können. Voraussetzung ist eine grundrechtliche Schutzpflicht zugunsten des P.

Zwar sind Grundrechte in ihrer klassischen Funktion Abwehrrechte gegen den Staat, jedoch stellen sie gemäß Art. 1 Abs. 3 GG auch eine objektive Werteordnung dar, sodass durch sie auch Schutzpflichten begründet werden.

Durch Grundrechte werden Schutzpflichten begründet, wenn im Rahmen eines verfassungsrechtlich gewährten subjektiven Rechts eine eingriffsadäquate bedeutsame Grundrechtsbeeinträchtigung bei hinreichender Schadenswahrscheinlichkeit und Schutzbedürftigkeit des Betroffenen gegeben ist.

Körper und Gesundheit im Sinne des Art. 2 Abs. 2 S. 1 GG sind subjektivierte Schutzgüter, die bei P durch die permanenten Geruchsbelästigungen mit der Folge der schweren allergischen Reaktionen stetig beeinträchtigt werden. Diese Beeinträchtigungen sind eingriffsadäquat, da sie, würden sie von staatlicher Seite anstelle der des B erfolgen, einen unmittelbaren Grundrechtseingriff darstellen. Gesundheitsschädigungen in Form gravierender allergischer Reaktionen sind bei P bereits eingetreten. P ist schutzwürdig, weil die Gefahr für P durch einen Filtereinbau oder ähnlich milde Maßnahmen nicht beseitigt werden kann. Gegenüber P besteht eine grundrechtliche Schutzpflicht des Staates.

Somit ist § 21 Abs. 1 BImSchG in der Rechtsfolge zugunsten des P subjektiviert und es besteht zumindest die Möglichkeit, dass P durch die Ablehnung des Widerrufes in seinen Rechten verletzt ist. P ist gemäß § 42 Abs. 2 VwGO klagebefugt.

Die wohl überwiegende Auffassung leitet ein subjektives Recht des Nachbarn in der Klagebefugnis anders als hier vertreten aus dem § 21 Abs. 1 Nr. 3 BImSchG i.V.m. § 5 Abs. 1 Nr. 1 BImSchG ab (so OVG Münster, Urteil vom 09.07.1987 – 21 A 1556/86, NVwZ 1988, 173, 174; Hansmann/Röckinghausen, in: Landmann/Rohmer (Hg.), Umweltrecht, 90. EL Juni 2019, § 21 BImSchG, Rn. 79 m.w.N.). Wird dieser Auffassung gefolgt, so ist die verfassungskonforme Auslegung, wie im Folgenden unter bb), überflüssig.

Eine verfassungskonforme Auslegung ist auf Tatbestands- und auf Rechtsfolgenseite denkbar. In typischen Fallkonstellationen mit Breitenwirkung erfolgt die verfassungskonforme Auslegung tendenziell auf der Tatbestands-, in atypischen Einzelfallkonstellationen eher auf Rechtsfolgenseite.

Da sich für P bereits ein subjektives Recht aus § 21 BImSchG (i.V.m. § 5 Abs. 1 Nr. 1 BImSchG bzw. nach hiesiger Auffassung in verfassungskonformer Auslegung) ableiten lässt, ist es vertretbar, die Diskussion um eine Klagebefugnis aus § 4 Abs. 3 Nr. 1 UmwRG hier weniger ausführlich zu prüfen oder den Streit dahinstehen zu lassen. Im Sachverhalt wird jedoch darauf hingedeutet, das Problem zu thematisieren. Es handelt sich um eine sehr examensrelevante Debatte, deren wesentlichen Argumente bekannt sein sollten (ausführlich Fellenberg/Schelle, in: Landmann/Rohmer, Umweltrecht, 90. EL Juni 2019, § 4 UmwRG, Rn. 51 ff.):

- M.M.: Aus § 4 Abs. 3 Nr. 1 UmwRG ergibt sich eine Klagebefugnis (§ 42 Abs. 2, 1. Alt. VwGO). Dafür:
    - Systematischer Zusammenhang zu § 4 Abs. 1 UmwRG.
    - § 2 Abs. 4 UmwRG läuft nicht leer.
- Rspr.: § 4 Abs. 3 Nr. 1 UmwRG lässt § 42 Abs. 2 VwGO unberührt, sodass ein subjektives Recht des Individualklägers erforderlich ist. Der § 4 Abs. 3 Nr. 1 UmwRG erweitert nur den Maßstab der Begründetheit, indem nicht erforderlich ist, dass die Verletzung von Verfahrensfehlern zu einer Rechtsverletzung des Klägers geführt hat. Dafür:
    - Entstehungshistorisch hat die Gesetzesbegründung eine Ausnahme des subjektiven Rechtsschutzes durch § 4 Abs. 3 Nr. 1 UmwRG abgelehnt.
    - Systematisch setzt § 4 UmwRG anders als § 2 UmwRG einen zulässigen Rechtsbehelf voraus.
    - Das Unionsrecht belässt den Mitgliedstaaten gemäß Art. 11 Abs. 1 lit. b UVP-RL die Entscheidung, ob das individuelle Klagerecht von subjektiven Rechten abhängig sein soll.

---

c) Zwischenergebnis

P ist gemäß § 42 Abs. 2 VwGO klagebefugt.

3. Vorverfahren

Das Vorverfahren könnte gemäß § 68 Abs. 1 S. 2 VwGO i.V.m. § 110 Abs. 1 S. 1 JustizG entbehrlich sein. Das ist in Nordrhein-Westfalen grundsätzlich vorgegeben, soweit keine Rückausnahme besteht. Gemäß § 110 Abs. 3 S. 1 JustizG gilt § 110 Abs. 1 S. 1 JustizG nicht für am Verwaltungsverfahren nicht beteiligte Dritte, die sich gegen einen einen anderen begünstigenden Verwaltungsakt wenden. P wendet sich nicht gegen die den B begünstigende Anlagenerlaubnis, sondern erstrebt deren Aufhebung und verlangt von der Behörde somit eine Leistung i.S.d. § 110 Abs. 1 S. 2 JustizG. Das Vorverfahren ist entbehrlich und musste nicht durchgeführt werden.

4. Klagefrist

Die für die Verpflichtungsklagen geltende Klagefrist von einem Monat nach Zustellung des Widerspruchsbescheides gemäß § 74 Abs. 1 S. 1 VwGO i.V.m. § 74 Abs. 2 VwGO wurde von P eingehalten.

VI. Zwischenergebnis

Die Sachurteilsvoraussetzungen für die Klage des P auf Widerruf der dem B erteilten Genehmigung zur Betreibung der Anlage sind erfüllt.

B. Begründetheit

Die Klage ist gemäß § 113 Abs. 5 S. 1, 2 VwGO begründet, soweit die Ablehnung des Widerrufes der Genehmigung des B rechtswidrig, der Kläger dadurch in seinen Rechten verletzt und die Sache spruchreif bzw. soweit die Unterlassung der diesbezüglichen Bescheidung rechtswidrig oder die erfolgte Bescheidung fehlerhaft und der Kläger dadurch in seinen Rechten verletzt ist. Somit ist die Klage begründet, soweit der Kläger einen Anspruch auf eine zumindest fehlerfreie Bescheidung der Behörde hat.

Der Obersatz der Verpflichtungsklage müsste entsprechend dem Gesetzeswortlaut negativ formuliert werden, während es üblich ist, ihn positiv zu formulieren. Sinnvoll erscheint es, beide Formulierungen einzuarbeiten, um dem Prüfer wenig Angriffsfläche zu bieten. Als Minus ist im Antrag i.S.d. § 113 Abs. 5 S. 1 VwGO ein solcher nach § 113 Abs. 5 S. 2 VwGO enthalten.

Achtung: Im Rahmen des § 113 Abs. 5 S. 2 VwGO sollte im Obersatz nicht „ermessensfehlerfreie Bescheidung" geschrieben werden, da es auch Beurteilungsspielräume gibt, die über § 113 Abs. 2 S. 2 VwGO tenoriert werden.

I. Anspruchsgrundlage

Als Anspruchsgrundlage kommen § 21 Abs. 1 Nr. 3, 5 BImSchG und § 48 Abs. 1 S. 1 NRW VwVfG in Betracht. § 21 Abs. 1 Nr. 3, 5 BImSchG ist zwar als Rechtsgrundlage formuliert, jedoch sind Rechtsgrundlagen gleichzeitig Anspruchsgrundlagen, soweit sie ein subjektives Recht enthalten. § 21 Abs. 1 Nr. 3, 5 BImSchG ist wegen der verfassungskonformen Auslegung auf Rechtsfolgenseite oder mittels § 5 Abs. 1 Nr. 1 BImschG subjektiviert und somit als Anspruchsgrundlage einzustufen. Während in § 21 Abs. 1 BImSchG eine Spezialregelung zu § 49 NRW VwVfG enthalten ist, wäre § 48 Abs. 1 S. 1 NRW VwVfG grundsätzlich ergänzend anwendbar. Da die Genehmigung für B aber bei ihrer Erteilung rechtmäßig, nicht aber rechtswidrig war, ist § 48 Abs. 1 S. 1 NRW VwVfG nicht anwendbar. Selbst bei Rechtswidrigkeit der Genehmigung wäre § 21 Abs. 1 Nr. 3, 5 BImSchG erst recht anwendbar. Wenn schon bei einer rechtmäßigen Genehmigung widerrufen werden dürfte, ist dies erst recht bei einer rechtswidrigen Genehmigung anzunehmen, weil die Anforderungen für die Aufhebung einer rechtmäßigen Genehmigung höher sind. Rechtsgrundlage ist § 21 Abs. 1 Nr. 3, 5 BImSchG.

II. Anspruchsvoraussetzungen

Die Anspruchsvoraussetzungen müssen erfüllt sein.

1. Formelle Voraussetzungen

Formell hat P wie erforderlich einen Antrag an die zuständige Behörde gestellt. Verfahrens- und Formfehler sind nicht ersichtlich.

2. Materielle Voraussetzungen

Materiell wird in § 21 BImSchG zunächst eine rechtmäßig erteilte Anlagenerlaubnis i.S.d. § 4 BImSchG i.V.m. § 6 BImSchG vorausgesetzt. Die Erlaubnis für B war rechtmäßig.

Zur Erfüllung des Tatbestandes des § 21 Abs. 1 Nr. 3 BImSchG müssen nachträglich Tatsachen eingetreten sein, aufgrund derer die Genehmigungsbehörde berechtigt wäre, die Genehmigung nicht zu erteilen. Bezüglich der Spezialsorte des Sauerkrauts hat sich eine neue Schädlingsart entwickelt mit der Folge des Erfordernisses einer speziellen Waschung. Aufgrund dieser Waschung entstehen bei der Produktion des Spezialsauerkrauts besonders unangenehme Immissionen i.S.d. § 3 Abs. 2 BImSchG bzw. Emissionen i.S.d. § 3 Abs. 3 BImSchG, die bei P zu den erheblichen allergischen Reaktionen führen. Dadurch werden auch die zulässigen Grenzwerte überschritten, sodass die Genehmigungsbehörde eine Genehmigungserteilung mangels der Genehmigungsfähigkeit der Anlage nunmehr verweigern könnte.

Ob darin gleichzeitig schwere Nachteile für das Gemeinwohl zu sehen sind oder nicht, mag mangels hinreichender Anhaltspunkte dahinstehen, weil der Widerrufsgrund des § 21 Abs. 1 Nr. 3 BImSchG erfüllt ist.

III. Anspruchsinhalt

Anspruchsinhalt ist in der Rechtsfolge Ermessen. Das Ermessen kann zugunsten des P aufgrund der staatlichen Schutzpflichten aus Art. 2 Abs. 2 S. 1 GG reduziert sein. Entgegenstehend sind im Rahmen einer praktischen Konkordanz Grundrechte des B zu berücksichtigen, welche allerdings schon abstrakt in den Widerrufsgründen i.S.d. § 21 Abs. 1 BImSchG zum Ausdruck kommen. Jedenfalls sind Leben und Gesundheit des P derart gewichtig, dass sie gegenüber der Berufsfreiheit des B aus Art. 12 GG die Ermessensreduktion zugunsten des P begründen.

C. Ergebnis

Die Verpflichtungsklage des P ist zulässig und begründet und somit erfolgreich.

3. Komplex: Zusatzfrage

Der Rechtsanwalt wird P von einer weiteren Klage vor dem ordentlichen Gericht auf Einstellung des Anlagenbetriebes abraten. Gemäß § 14 S. 1 BImSchG kann die Einstellung eines Anlagenbetriebes aufgrund privatrechtlicher, nicht auf besonderen Titeln bestehender Ansprüche nicht verlangt werden, wenn die Anlagengenehmigung unanfechtbar ist.

Fall 4:
„Der unbeugsame Journalist (Landesrecht)"

Schwerpunkte: Begünstigungsansprüche, Allgemeine Leistungsklage, §§ 812 ff. BGB analog, Verpflichtungsklage, Subjektives Recht aus § 45 Abs. 1 StVO, Originäre und derivative Leistungsansprüche

---

Hinweis: Diesem Fall sowie der Falllösung liegt exemplarisch das Landesrecht von **NRW** zugrunde. An die Rechtslage in **Berlin, Hamburg und Niedersachsen** angepasste Falllösungen sind **online** unter www.heinze-pruefungsanfechtung.de einsehbar.

Der engagierte Journalist J ist in der Gemeinde G kein Unbekannter. Immer wieder hat er in seinen Artikeln die Arbeit der Behörden und des Gemeinderates kritisch hinterfragt und einige Peinlichkeiten und Korruptionsaffären im öffentlichen Dienst aufgedeckt. Dadurch hat er sich in Behördenkreisen Feinde gemacht. Bei jeder Gelegenheit werden seine Anträge abgelehnt oder nur schleppend bearbeitet. Daran hat sich J mittlerweile gewöhnt. Neuerliche Ereignisse brachten seiner Auffassung nach „das Fass zum Überlaufen".

Nachdem sein Fahrzeug wiederholt rechtmäßig wegen des Parkens im Halteverbot umgesetzt worden war, überwies er den seitens der zuständigen Straßenverkehrsbehörde des Kreises geforderten Betrag in Höhe von € 196,– doppelt. Der Kostenbescheid, durch welchen die Zahlungspflicht gegenüber J als Adressaten begründet wird, ist mittlerweile bestandskräftig. Als J sich mit der Bitte um Rückzahlung an die Behörde wendete, erklärte diese, dass sie den Betrag einbehalten werde, da ohnehin davon auszugehen sei, dass das Fahrzeug des J als Wiederholungstäter in absehbarer Zeit wieder abgeschleppt werde. Sie rechnet mit der dann entstehenden neuen Forderung gegen das Rückzahlungsverlangen des J auf. Außerdem habe sie den überwiesenen Betrag bereits für die Anschaffung neuer Büromittel verwendet, die sie ohne die Überzahlung des J niemals angeschafft hätte.

Im Zusammenhang mit den misslichen Abschleppvorgängen hatte J die zuständige Behörde schon mehrmals gebeten, vor seinem Haus ein Zeichen Nr. 274 der 2. Anlage zur StVO aufzustellen und die zulässige Höchstgeschwindigkeit auf 50 km/h zu begrenzen. Sein Heim – ein sanierter alter Bauernhof – ist an einer Landstraße gelegen, die bislang mit einer zulässigen Höchstgeschwindigkeit von 100 km/h befahren werden darf. Wenn jedoch schweres landwirtschaftliches Gerät oder LKW mit hoher Geschwindigkeit am Haus des J vorbeifahren, entstehen starke Vibrationen. Durch solche Vibrationen sind bereits sichtbare Risse in den Wänden des Gebäudes entstanden. Durch ein privat in Auftrag gegebenes Sach-

https://doi.org/10.1515/9783110625707-004

verständigengutachten sind die Befürchtungen des J bestätigt worden. Es sind bereits derart starke Verwerfungen im Fundament des Hauses festgestellt worden, dass der Bauernhof bei unvermindertem Verkehr in absehbarer Zeit nicht mehr bewohnbar sein wird. Abhilfe kann nur durch die Begrenzung der zulässigen Höchstgeschwindigkeit auf 50 km/h geschaffen werden.

Als sei das Verhalten der Behörden zulasten des J nicht schon hinreichend vorgeprägt, ist J trotz eines bereits wiederholt gestellten Antrags nicht zu einer seitens des Kreises in regelmäßigen Abständen veranstalteten Pressefahrt in die Gemeinde B eingeladen worden. Die Fahrt war – wie die anderen in diesem Zusammenhang veranstalteten Fahrten auch – den erneuerbaren Energien zwecks eines zeitnahen Ausstieges aus der Atomenergie gewidmet. Die zuständige Behörde teilte ihm nach der Veranstaltung mit, es sei nur eine begrenzte Teilnehmerzahl von 20 Personen vorgesehen gewesen und es hätten nur Journalisten eingeladen werden können, die sich für die Probleme des Energiewandels besonders interessieren und die gewonnenen Eindrücke regelmäßig in der Presse pressemäßig auswerteten. Das gelte auch für zukünftige Pressefahrten, wenngleich sie sich darüber im Klaren sei, dass sie insoweit eine Monopolstellung hat. Gleichzeitig wurde J das den Teilnehmern der Pressefahrt überlassene Informationsmaterial übersandt. Nunmehr steht eine bereits datierte neue Pressefahrt mit dem gleichen Ziel und ähnlichem Inhalt bevor. Die Einladungen sind bereits verschickt und J darf ebenso wie in der Vergangenheit nicht teilnehmen. Reagiert hat die Behörde auf seinen Antrag nicht, sondern er erfuhr dies nur durch Zufall. Es ist davon auszugehen, dass die Behörde bei der Abwägung, J einzuladen, dessen kritische Berichterstattung gegenüber dem öffentlichen Dienst außer Acht gelassen und lediglich die gegenläufigen Interessen berücksichtigt hat – insbesondere die Tatsache, dass die eingeladenen Journalisten sich anders als J ausschließlich mit Energiepolitik und -technik beschäftigen.

J erhebt nach Ablauf von drei Monaten seit Stellung seiner Anträge bei den zuständigen Behörden Klage vor dem Verwaltungsgericht mit dem Antrag, den Kreis zu verurteilen, die € 196,– zurück zu zahlen, die Geschwindigkeit vor seinem Haus auf 50 km/h zu beschränken und ihn zu der nächsten Pressefahrt nach B einzuladen. Die Behörden hatten auf seine Anträge schließlich nicht weiter reagiert.

Haben die Klagen des J Erfolg?

Zu berücksichtigende Vorschriften
§ 812 BGB

(1) [1]Wer durch die Leistung eines anderen oder in sonstiger Weise auf dessen Kosten etwas ohne rechtlichen Grund erlangt, ist ihm zur Herausgabe verpflichtet.

[2]Diese Verpflichtung besteht auch dann, wenn der rechtliche Grund später wegfällt oder der mit einer Leistung nach dem Inhalt des Rechtsgeschäfts bezweckte Erfolg nicht eintritt.

[...]

§ 387 BGB

Schulden zwei Personen einander Leistungen, die ihrem Gegenstand nach gleichartig sind, so kann jeder Teil seine Forderung gegen die Forderung des anderen Teils aufrechnen, sobald er die ihm gebührende Leistung fordern und die ihm obliegende Leistung bewirken kann.

§ 388 BGB

[1]Die Aufrechnung erfolgt durch Erklärung gegenüber dem anderen Teil. [2]Die Erklärung ist unwirksam, wenn sie unter einer Bedingung oder einer Zeitbestimmung abgegeben wird.

§ 389 BGB

Die Aufrechnung bewirkt, dass die Forderungen, soweit sie sich decken, als in dem Zeitpunkt erloschen gelten, in welchem sie zur Aufrechnung geeignet einander gegenübergetreten sind.

§ 44 StVO

(1) [1]Zuständig zur Ausführung dieser Verordnung sind, soweit nichts anderes bestimmt ist, die Straßenverkehrsbehörden. [2]Nach Maßgabe des Landesrechts kann die Zuständigkeit der obersten Landesbehörden und der höheren Verwaltungsbehörden im Einzelfall oder allgemein auf eine andere Stelle übertragen werden.

[...]

§ 45 StVO

(1) [1]Die Straßenverkehrsbehörden können die Benutzung bestimmter Straßen oder Straßenstrecken aus Gründen der Sicherheit oder Ordnung des Verkehrs beschränken oder verbieten und den Verkehr umleiten. [2]Das gleiche Recht haben sie
1. zur Durchführung von Arbeiten im Straßenraum,
2. zur Verhütung außerordentlicher Schäden an der Straße,

3. zum Schutz der Wohnbevölkerung vor Lärm und Abgasen,
4. zum Schutz der Gewässer und Heilquellen,
5. hinsichtlich der zur Erhaltung der öffentlichen Sicherheit erforderlichen Maßnahmen sowie
6. zur Erforschung des Unfallgeschehens, des Verkehrsverhaltens, der Verkehrsabläufe sowie zur Erprobung geplanter verkehrssichernder oder verkehrsregelnder Maßnahme. [...]

§ 4 PresseG NRW
(1) Die Behörden sind verpflichtet, den Vertretern der Presse die der Erfüllung ihrer öffentlichen Aufgabe dienenden Auskünfte zu erteilen.

(2) Ein Anspruch auf Auskunft besteht nicht, soweit
1. durch sie die sachgemäße Durchführung eines schwebenden Verfahrens vereitelt, erschwert, verzögert oder gefährdet werden könnte oder
2. Vorschriften über die Geheimhaltung entgegenstehen oder
3. ein überwiegendes öffentliches oder ein schutzwürdiges privates Interesse verletzt würde oder
4. deren Umfang das zumutbare Maß überschreitet.

(3) Allgemeine Anordnungen, die einer Behörde Auskünfte an die Presse überhaupt, an diejenige einer bestimmten Richtung oder an ein bestimmtes periodisches Druckwerk verbieten, sind unzulässig.

(4) Der Verleger einer Zeitung oder Zeitschrift kann von den Behörden verlangen, dass ihm deren amtliche Bekanntmachungen nicht später als seinen Mitbewerbern zur Verwendung zugeleitet werden.

Vertiefung
OVG Weimar – 3 KO 591/08; BVerwG – 7 C 48.82; vgl. BVerwGE 25, 72/76; BVerwG – 3 C 9.02; BVerwG 7 C 46.78; BVerwG – I C 30.71.

Gliederung

1. Komplex: Die Rückzahlung —— **69**
   A. Sachurteilsvoraussetzungen (+) —— **69**
      I. Rechtsweg (+) —— **70**
      II. Zuständigkeit (+) —— **70**
      III. Beteiligte (+) —— **71**

IV. Statthafte Klageart —— 71
V. Besondere Sachurteilsvoraussetzungen (+) —— 72
    1. Besondere Prozessführungsbefugnis (–) —— 72
    2. Klagebefugnis (+) —— 73
VI. Allgemeines Rechtsschutzbedürfnis (+) —— 73
VII. Zwischenergebnis (+) —— 73
B. Begründetheit (+) —— 73
    I. Anspruchsgrundlage (+) —— 73
    II. Anspruchsvoraussetzungen (+) —— 74
        1. Anspruchsbegründende Voraussetzungen (+) —— 74
        2. Anspruchsausschließende Voraussetzungen (–) —— 75
            a) Entreicherung (–) —— 75
            b) Aufrechnung (–) —— 76
    III. Anspruchsinhalt —— 77
C. Ergebnis (+) —— 77
2. Komplex: Die Geschwindigkeitsbeschränkung —— 77
A. Sachurteilsvoraussetzungen (+) —— 77
    I. Rechtsweg (+) —— 77
    II. Zuständigkeit (+) —— 77
    III. Beteiligte (+) —— 78
    IV. Statthafte Klageart —— 78
    V. Besondere Sachurteilsvoraussetzungen (+) —— 79
        1. Besondere Prozessführungsbefugnis (+) —— 79
        2. Klagebefugnis (+) —— 79
        3. Vorverfahren (–) —— 81
        4. Klagefrist (+) —— 82
    VI. Zwischenergebnis (+) —— 82
B. Begründetheit (+) —— 82
    I. Anspruchsgrundlage (+) —— 82
    II. Anspruchsvoraussetzungen (+) —— 83
        1. Formelle Anspruchsvoraussetzungen (+) —— 83
        2. Materielle Anspruchsvoraussetzungen (+) —— 83
    III. Anspruchsinhalt —— 83
C. Ergebnis (+) —— 85
3. Komplex: Die Pressefahrt —— 85
A. Sachurteilsvoraussetzungen (+) —— 85
    I. Rechtsweg (+) —— 85
    II. Zuständigkeit (+) —— 85
    III. Beteiligte (+) —— 86
    IV. Statthafte Klageart —— 86
    V. Besondere Sachurteilsvoraussetzungen (+) —— 87
        1. Besondere Prozessführungsbefugnis (+) —— 87
        2. Klagebefugnis (+) —— 87
        3. Vorverfahren (–) —— 88
        4. Klagefrist (+) —— 88
    VI. Zwischenergebnis (+) —— 88

B. Begründetheit (+/–) ——— **88**
   I. Anspruchsgrundlage (+) ——— **89**
     1. Originäres Leistungsrecht (–) ——— **89**
      a) Art. 5 Abs. 1 S. 1 GG (–) ——— **89**
      b) Art. 5 Abs. 1 S. 2 GG (–) ——— **89**
     2. Derivatives Leistungsrecht (+) ——— **91**
   II. Anspruchsvoraussetzungen (+) ——— **91**
   III. Anspruchsinhalt ——— **91**
   C. Ergebnis (+/–) ——— **93**
4. Komplex: Klageverbindung ——— **93**

Lösungsvorschlag

Die folgende Lösung ist als Lösungsvorschlag zu verstehen und ausführlicher, als es in der Klausurbearbeitung verlangt werden kann. Aufgrund der wissenschaftlichen Freiheit können andere Lösungswege vertreten werden, soweit sie dogmatisch begründbar sind. Die Nachweise aus Rechtsprechung und Literatur sowie die das Verständnis fördernden Randbemerkungen sind in der Examensklausur auszusparen. Die Abkürzung „Alt." steht für Alternativfall, nicht für Alternative.

Zur Verbesserung der Methodik bei der Anfertigung eines Gutachtens in der Klausur empfiehlt sich die Lektüre des Beitrags von Heinze/Starke JURA 2012, 175 ff

1. Komplex: Die Rückzahlung

A. Sachurteilsvoraussetzungen

Hinweis: Andere Aufbauvarianten werden vertreten (z. B. dreistufig oder Prüfung des Verwaltungsrechtsweges als Untergliederungspunkt der Zuständigkeit des Gerichts). Derartige Aufbauvarianten sind aber mit § 17a Abs. 2 S. 1 GVG bzw. mit der Überschrift des 6. Abschnitts der VwGO sowie mit § 83 VwGO unvereinbar und daher bei exakter dogmatischer Zuordnung der Prüfungspunkte nicht zu empfehlen. Die Überschrift „Sachurteilsvoraussetzungen" anstelle der Überschrift „Zulässigkeit" ist sinnvoll, weil nach § 63 Nr. 3 VwGO auch der Beigeladene zu den Beteiligten gehört, das Fehlen einer notwendigen Beiladung i.S.d. § 65 Abs. 2 VwGO aber nur dazu führt, dass das Urteil keine materielle Rechtskraft entfaltet.

Die Klage des J hat jedenfalls Erfolg, soweit die Sachurteilsvoraussetzungen erfüllt sind und die Klage begründet ist.

I. Rechtsweg

Ein Rechtsweg muß eröffnet sein. Der Verwaltungsrechtsweg kann mangels aufdrängender Sonderzuweisung gemäß § 40 Abs. 1 S. 1 VwGO eröffnet sein. Im Übrigen kommt ein Verweisungsbeschluss i.S.d. §§ 173 S. 1 VwGO, 17a Abs. 2 S. 1 GVG in Betracht. Der Verwaltungsrechtsweg ist eröffnet, wenn die streitentscheidende öffentlich-rechtliche Norm einen Hoheitsträger einseitig berechtigt oder verpflichtet bzw. wenn aufgrund typisch hoheitlichen Handelns zwischen den Beteiligten ein Subordinationsverhältnis besteht. Eine streitentscheidende Norm, durch die der Kreis als Hoheitsträger verpflichtet wird, den überhöht gezahlten Betrag zurück zu zahlen, ist nicht ersichtlich. Es handelt sich bei der Rückzahlung auch nicht um ein typisch hoheitliches Handeln im Subordinationsverhältnis. Maßgeblich ist somit der Sachzusammenhang.

Es könnte ein Sachzusammenhang der Rückzahlung zum Privatrecht bestehen, weil deren Grundlage ein bereicherungsrechtlicher Rückzahlungsanspruch sein könnte. Ist allerdings die Zahlung aufgrund einer öffentlich-rechtlichen Zahlungspflicht erfolgt, so ist die Kehrseite der Rückzahlung ebenfalls als öffentlich-rechtlich einzustufen (OVG Weimar – 3 KO 591/08). Die Zahlung des J erfolgte im Hinblick auf den Kostenbescheid, also auf einen öffentlich-rechtlichen Rechtssetzungsakt. Somit ist das Rückzahlungsbegehren auch dem öffentlichen Recht zuzuordnen. Da die Streitigkeit mangels doppelter Verfassungsunmittelbarkeit nicht verfassungsrechtlicher Art und eine abdrängende Sonderzuweisung nicht ersichtlich ist, bleibt es bei der Eröffnung des Verwaltungsrechtsweges. Der Verwaltungsrechtsweg ist gemäß § 40 Abs. 1 S. 1 VwGO eröffnet.

II. Zuständigkeit

Das Verwaltungsgericht ist gemäß § 45 VwGO als Eingangsinstanz für das Rückzahlungsbegehren des J sachlich zuständig, da Anhaltspunkte für abweichende Regelungen wie z. B. § 50 VwGO nicht ersichtlich sind, sodass kein Verweisungsbeschluss gemäß §§ 17a Abs. 2 S. 1 GVG, 83 VwGO gefasst werden wird. Von der örtlichen Zuständigkeit des angerufenen Verwaltungsgerichts ist auszugehen.

Gegebenenfalls ist die örtliche Zuständigkeit grundsätzlich im Anschluss an die sachliche Zuständigkeit zu prüfen. Ist sie jedoch gemäß § 52 Nr. 2 VwGO ausnahmsweise von der Klageart abhängig, sollte sie offen mit Verweis auf § 17a Abs. 2 S. 1 GVG i.V.m. § 83 VwGO formuliert werden. Zum Ganzen: Heinze/Starke JURA 2012, 175 ff.

III. Beteiligte

J und der Kreis als Körperschaft öffentlichen Rechts können Beteiligte des Verfahrens sein. Beteiligte sind nach § 63 Nr. 1, 2 VwGO unter anderem der Kläger und der Beklagte, beteiligungsfähig nach § 61 Nr. 1 VwGO natürliche und juristische Personen. Behörden sind gemäß § 61 Nr. 3 VwGO i.V.m. dem Landesrecht nicht beteiligungsfähig. Als Kläger ist J gemäß § 61 Nr. 1 Alt. 1 VwGO beteiligungsfähig und gemäß § 62 Abs. 1 Nr. 1 VwGO prozessfähig.

Als Beklagter ist der Rechtsträger der Behörde maßgeblich. Die Verwaltung erfolgte durch die zuständige Straßenverkehrsbehörde, welche mangels geregelter Organleihe zum Kreis K gehört. Der Kreis ist gemäß den §§ 63 Nr. 2, 61 Nr. 1 VwGO beteiligungs- und mangels Anhaltspunkten bezüglich des für die Behörde handelnden Organwalters gemäß § 62 Abs. 1, 3 VwGO prozessfähig.

IV. Statthafte Klageart

Die statthafte Klageart richtet sich gemäß § 88 VwGO nach dem klägerischen Begehren unter Berücksichtigung des Anwendungsvorrangs maßnahmespezifischer Rechtsschutzformen und des rechtsstaatlichen Grundsatzes der Effektivität des Rechtsschutzes.

Dem klägerischen Begehren entspricht i.d.R. die effektivste Klageart, also nach Möglichkeit die Anfechtungsklage gemäß § 42 Abs. 1 Alt. 1 VwGO als Gestaltungsklage der Verwaltungsgerichtsordnung, es sei denn, es gibt einen ausdrücklichen Antrag, der nicht überschritten werden darf.

Die Anfechtungsklage ist besonders rechtsschutzintensiv, weil das Gericht als Judikative mittels einer Durchbrechung der Gewaltenteilung einen Verwaltungsakt als Rechtssetzungsakt der Exekutive aufhebt.

Da J den Kostenbescheid, der bestandskräftig ist, weder anfechten kann noch möchte, kommt eine allgemeine Leistungsklage, welche in der Verwaltungsgerichtsordnung zwar nicht ausdrücklich normiert, jedoch z.B. in den §§ 43, 111, 113 VwGO mehrfach erwähnt ist, in Betracht – mit dem Inhalt der Verurteilung zur Zahlung.

Sollte J hingegen eine verbindliche Festsetzung begehren, wäre die Verpflichtungsklage nach § 42 Abs. 1 Alt. 2 VwGO statthaft. Gegebenenfalls kann es gesetzlich vorgegeben sein, dass dem Anspruch auf Leistung eine Festsetzung vorausgeht, aus der sich dann als Sonderrechtsbeziehung der Leistungsanspruch ergibt. Besteht keine gesetzliche Vorgabe, jedoch ein Leistungsermessen der Behörde und möglicherweise auch eine begrenzte Kapazität, ist in der Regel auf der ersten Stufe ein Verwaltungsakt erforderlich, durch den der Leistungsanspruch dann begründet wird. Ist die Leistung hingegen bereits klar und ohne Spielräume bestimmt und besteht ein zumindest ungeschriebener Anspruch, ist dies ein Indiz dafür, dass unmittelbar Leistung mittels einer allgemeinen Leistungsklage verlangt werden kann. Eine Norm, in der bei zu viel gezahlten Beträgen für den Fall des Rückzahlungsverlangens eine Festsetzung des Betrages durch einen Verwaltungsakt vorgeschrieben ist, ist nicht ersichtlich. Vielmehr ist der Rückzahlungsbetrag in Höhe von € 196,– klar beziffert und die Behörde muss diesbezüglich kein Ermessen ausüben. Somit ist die allgemeine Leistungsklage die statthafte Klageart.

V. Besondere Sachurteilsvoraussetzungen
Die besonderen Sachurteilsvoraussetzungen müssen erfüllt sein.

1. Besondere Prozessführungsbefugnis
Mangels planwidriger Regelungslücke und vergleichbarer Interessenlage, die nur bei einem Verwaltungsakt als Streitgegenstand bestünde, ist § 78 Abs. 1 Nr. 1 VwGO als nach der gesetzlichen Überschrift des 8. Abschnittes der Verwaltungsgerichtsordnung nur direkt für Anfechtungs- und Verpflichtungsklagen geltende Norm nicht analog anwendbar. Da es sich bei der besonderen Prozessführungsbefugnis um eine Art Prozessstandschaft handelt, bedarf es einer solchen auch nicht zwingend, sodass es insoweit keinen besonderen Prozessführungsbefugten gibt.

---

§ 78 VwGO enthält nach h.M. eine Regelung über die besondere Prozessführungsbefugnis, die von der Beteiligungsfähigkeit und der Passivlegitimation zu trennen ist (MA: § 78 VwGO als Sonderregelung der Passivlegitimation, die aber in der Sachstation, also der Begründetheit, zu prüfen ist, da Passivlegitimation der Terminus für den materiell richtigen Klagegegner ist). Die besondere Prozessführungsbefugnis ist ein Unterpunkt bei den besonderen Sachurteilsvoraussetzungen und wird teilweise (vertretbar aber bzgl. der materiell-rechtlichen Passivlegitimation verwechslungsfähig) mit „Klagegegner" überschrieben.
Einige Argumente für die h.M.:
- § 78 VwGO steht systematisch bei besonderen Sachurteilsvoraussetzungen
- Gesetzgebungskompetenzen
- falsche Behörde bzw. falscher Rechtsträger können nicht zum materiell richtigen Anspruchsgegner i.S. einer Passivlegitimation werden (zum Ganzen: Ehlers, Festschrift für Menger, S. 379 ff.; Hufen, Verwaltungsprozessrecht, 11. Aufl. 2019, § 12, Rn 38 ff. m.w.N.; vgl. OVG Münster NVwZ 1990, 188)

2. Klagebefugnis

J kann klagebefugt sein. Die Klagebefugnis nach § 42 Abs. 2 VwGO setzt die Möglichkeit der Verletzung eines subjektiven Rechts bei Anfechtungs- und Verpflichtungsklagen voraus. Die Norm ist zwecks Vermeidung von Popularklagen bei allgemeinen Leistungsklagen analog anwendbar. Subjektive Rechte ergeben sich aus Sonderbeziehungen, einfachen Gesetzen, subsidiär aus Grundrechten, wobei jedenfalls aufgrund des weiten Schutzbereiches des Art. 2 Abs. 1 GG bei unmittelbaren Grundrechtseingriffen für das subjektive Recht direkt auf Grundrechte abgestellt werden kann. Ob ein Kläger tatsächlich in einem subjektiven Recht verletzt ist, ist für die Klagebefugnis irrelevant, da die Möglichkeit der Verletzung eines subjektiven Rechts genügt.

J hat in Erfüllung des ihm bekannt gegebenen Kostenbescheides doppelt gezahlt. Der Kostenbescheid als Rechtssetzungsakt der Behörde stellt eine Sonderrechtsbeziehung dar, sodass zumindest die Möglichkeit besteht, dass sich daraus bzw. aus einem damit möglicherweise zusammenhängenden öffentlich-rechtlichen Erstattungsanspruch ein subjektives Recht des J ergibt, in welchem er durch die Auszahlungsverweigerung der Behörde verletzt sein kann. J ist klagebefugt.

VI. Allgemeines Rechtsschutzbedürfnis

Mangels Anhaltspunkten für ein fehlendes Rechtsschutzbedürfnis ist J dieses nicht abzusprechen.

VII. Zwischenergebnis

Die Klage des J gegen den Kreis auf Rückzahlung des zu viel gezahlten Betrages ist zulässig.

B. Begründetheit

Die Klage des J ist begründet, soweit ihm ein Anspruch auf Rückzahlung des zu viel gezahlten Betrages zusteht.

I. Anspruchsgrundlage

Als Anspruchsgrundlage kommt § 49a Abs. 1 S. 1 NRW VwVfG in Betracht. Zwar enthält die Norm eine Spezialregelung des öffentlich-rechtlichen Erstattungsanspruches, jedoch lediglich zugunsten der öffentlich-rechtlichen Rechtsträger. Da andere Spezialregelungen des öffentlich-rechtlichen Erstattungsanspruches nicht ersichtlich sind, kommt nur ein allgemeiner öffentlich-rechtlicher Erstattungsanspruch in Betracht.

„Leistungen ohne Rechtsgrund und sonstige rechtsgrundlose Vermögensverschiebungen müssen rückgängig gemacht werden. Dieser Rechtsgedanke, der sich unmittelbar aus der Forderung nach wiederherstellender Gerechtigkeit ergibt, hat im bürgerlichen Recht seine Ausprägung in den Vorschriften der §§ 812 ff. BGB über die ungerechtfertigte Bereicherung gefunden; im öffentlichen Recht ergibt er sich aus einer Vielzahl von Vorschriften, in denen für das jeweilige Rechtsgebiet die Rückgewähr des rechtsgrundlos Erlangten geregelt ist. Auch bei einer ausdrücklichen gesetzlichen Regelung müssen rechtsgrundlose Vermögensverschiebungen rückgängig gemacht werden. Es bedarf also eines allgemeinen öffentlich-rechtlichen Erstattungsanspruches."

Wegen der planwidrigen Regelungslücke im Gesetz kann sich dieser aus einer analogen Anwendung der §§ 812 ff. BGB ergeben. Dazu fehlt es wegen des öffentlich-rechtlichen Bezuges aber möglicherweise an einer mit dem Privatrecht vergleichbaren Interessenlage, da im öffentlichen Recht teilweise hoheitliches Handeln zugrunde liegt. Denkbar ist eine Ableitung aus der Pflicht zum rechtmäßigen Handeln des Staates aus dem unter anderem in Art. 20 Abs. 3 GG verankerten Rechtsstaatsprinzip i.V.m. den §§ 812 ff. BGB. Insoweit würde aber über das Rechtsstaatsprinzip ein Gesetzesvollziehungsanspruch gewährt, der verfassungs- und verwaltungsrechtlich nicht vorgesehen ist. Daher ergibt sich der allgemeine öffentlich-rechtliche Erstattungsanspruch aus der analogen Anwendung des § 62 S. 2 NRW VwVfG i.V.m. den §§ 812 ff. BGB, da das Privatrecht im Bereich des öffentlich-rechtlichen Vertrages insoweit anwendbar ist. Zudem wird der allgemeine öffentlich-rechtliche Erstattungsanspruch als Gewohnheitsrecht praktiziert, sodass insoweit ein eigenständiges Rechtsinstitut besteht (BVerwG – 7 C 48.82; vgl. BVerwGE 25, 72, 76; Achterberg, Allgemeines Verwaltungsrecht, 1982, S. 583). Analog § 62 S. 2 NRW VwVfG i.V.m. § 812 Abs. 1 S. 1 Alt. 1 BGB kann zugunsten des J ein Anspruch bestehen.

II. Anspruchsvoraussetzungen
Die Anspruchsvoraussetzungen müssen erfüllt sein.

1. Anspruchsbegründende Voraussetzungen
Anspruchsbegründend muss der Kreis durch eine Leistung des J etwas ohne Rechtsgrund erlangt haben. Erlangt kann jeder vermögenswerte Vorteil – auch die Ersparnis von Aufwendungen – sein. Leistung ist die bewusste zweckgerichtete

Mehrung fremden Vermögens, wobei es am Rechtsgrund fehlt, soweit der Zweck der Erfüllung fehlgeschlagen ist. Der Kreis hat von J zwar nicht Eigentum bzw. Besitz an Geldscheinen erlangt, durch die Überweisung auf ein Bankkonto jedoch eine Forderung gegen seine Bank in Form einer Bankgutschrift. Die Überweisung erfolgte in Erfüllung der Zahlungspflicht des J aus dem Kostenbescheid i.S.d. §§ 77 Abs. 1 S. 1, 55 Abs. 1, 57 Abs. 1 Nr. 1, 59 Abs. 1 NRW VwVG i.V.m. § 11 Nr. 7 NRW VO VwVG, wenngleich dies versehentlich doppelt erfolgte. Der Erfüllungszweck ist daher bezüglich der Zuvielzahlung in Höhe von € 196,– fehlgeschlagen. Die anspruchsbegründenden Voraussetzungen sind erfüllt.

2. Anspruchsausschließende Voraussetzungen
Der Anspruch des J kann ausgeschlossen sein.

a) Entreicherung
Der Anspruch des J könnte wegen einer Entreicherung des Kreises i.S.d. § 818 Abs. 3 BGB ausgeschlossen sein. Aufgrund der besonderen Gegebenheiten im öffentlichen Recht kann die Entreicherung allerdings aus rechtsstaatlichen Gründen ausgeschlossen sein, weil der Staat i.S.d. Art. 20 Abs. 3 GG rechtmäßige Zustände herzustellen und zahlungskräftig zu sein hat.

„Der im bürgerlichen Bereicherungsrecht geltende Grundsatz, dass vom erlangten Vermögenswert nur das noch Vorhandene, dieses aber auch immer, herauszugeben ist, findet auf beiden Seiten des Kondiktionsverhältnisses gleichermaßen Anwendung, unabhängig davon, wer der Bereicherte und wer der Entreichte ist. Für ein öffentlich-rechtliches Erstattungsverhältnis, in dem sich der Bürger und die Verwaltung gegenüberstehen, erscheint die Anwendung dieses Grundsatzes nicht sinnvoll.

Anders als im Zivilrecht sind die Interessen beider Seiten von der Rechtsordnung nämlich nicht gleich, sondern unterschiedlich bewertet worden. Öffentliche Rechtsträger sind dem Grundsatz der Gesetzmäßigkeit der Verwaltung i.S.d. Art. 20 Abs. 3 GG verpflichtet. Ihr Interesse muss darauf gerichtet sein, eine ohne Rechtsgrund eingetretene Vermögensverschiebung zu beseitigen und den rechtmäßigen Zustand wiederherzustellen. Der rechtsstaatliche Grundsatz der Gesetzmäßigkeit gilt für sie auch, wenn sie selbst etwas ohne rechtlichen Grund erlangt haben. Deshalb – und nicht etwa nur, weil ein Wegfall der Bereicherung aus tatsächlichen Gründen selten nachweisbar sein wird – ist ihnen grundsätzlich versagt, sich auf eine Entreicherung zu berufen (BVerwG – 7 C 48.82).“ Unabhängig von der Erfüllung der Voraussetzungen des § 818 Abs. 3 BGB gilt der Ausschluss wegen einer Entreicherung nicht für den Kreis als öffentlichen Rechtsträger, wenngleich die Voraussetzungen von Amts wegen zu prüfen wären. Der Kreis kann sich wegen seiner rechtsstaatlichen Bindung somit nicht auf eine Entreicherung i.S.d. § 818 Abs. 3 BGB berufen.

b) Aufrechnung

Der Zahlungsanspruch des J kann durch die Aufrechnung des Kreises i.S.d. § 389 BGB erloschen sein. Zunächst müssen die Aufrechnungsvorschriften der §§ 387 ff. BGB im öffentlichen Recht analog § 62 S. 2 NRW VwVfG anwendbar sein. Zwar gibt es keine ausdrückliche Regelung über eine generelle Anwendbarkeit des Gestaltungsrechtes der Aufrechnung, jedoch ist sie mehrfach ausgeschlossen – beispielhaft in den §§ 51 Abs. 2 BeamtVG, 11 Abs. 2 BBesG. Im Umkehrschluss daraus ergibt sich, dass die Aufrechnung im Übrigen möglich ist. Die §§ 387 ff. BGB sind analog § 62 S. 2 NRW VwVfG anwendbar.

Wie bei jedem Gestaltungsrecht sind Voraussetzungen für die Aufrechnung eine Gestaltungserklärung, ein Gestaltungsgrund und der Nichtausschluss des Gestaltungsrechts.

aa) Aufrechnungserklärung

Der Kreis hat mittels der zuständigen Behörde die Aufrechnung i.S.d. § 388 S. 1 BGB erklärt. Diese Erklärung ist ihrerseits nicht durch die Klageerhebung des J gemäß § 80 Abs. 1 VwGO suspendiert worden, da sie keinen Verwaltungsakt i.S.d. § 35 S. 1 NRW VwVfG darstellt, sondern eine Willenserklärung. Eine Aufrechnungserklärung ist aber gemäß § 388 S. 2 BGB unwirksam, soweit sie eine unzulässige Bedingung enthält. Die Behörde erklärt die Aufrechnung als von einem zukünftigen Gesetzesverstoß mit der Folge der staatlichen Kostenerhebung abhängig. Der Eintritt dieser Bedingung ist allerdings lediglich vom Verhalten des J abhängig, sodass sich daraus nicht die Unwirksamkeit der Aufrechnungserklärung ergibt, weil insoweit keine Schutzwirkung des § 388 S. 2 BGB besteht.

bb) Aufrechnungsgrund

Der Kreis müsste gemäß § 387 BGB zur Aufrechnung aber eine fällige gleichartige Gegenforderung gegen die Hauptforderung des J haben. Eine solche Forderung besteht nicht, weil das Kraftfahrzeug des J nicht erneut abgeschleppt worden ist und kein weiterer Kostenbescheid erlassen worden ist. Auch andere Forderungen des Kreises, die als Gegenforderungen in Betracht kommen könnten, sind nicht ersichtlich. Somit fehlt es am Aufrechnungsgrund des Kreises.

III. Anspruchsinhalt

Inhalt des Anspruches ist eine Leistung, also die Rücküberweisung eines Betrages in Höhe von € 196,–.

C. Ergebnis

Der Kreis wird verurteilt, an J einen Betrag in Höhe von € 196,– zu zahlen.

2. Komplex: Die Geschwindigkeitsbeschränkung

A. Sachurteilsvoraussetzungen

Die Klage des J hat jedenfalls Erfolg, soweit die Sachurteilsvoraussetzungen erfüllt sind und die Klage begründet ist.

I. Rechtsweg

Ein Rechtsweg muß eröffnet sein. Der Verwaltungsrechtsweg kann mangels aufdrängender Sonderzuweisung gemäß § 40 Abs. 1 S. 1 VwGO eröffnet sein. Im Übrigen kommt ein Verweisungsbeschluss i.S.d. §§ 173 S. 1 VwGO, 17a Abs. 2 S. 1 GVG in Betracht. Der Verwaltungsrechtsweg ist eröffnet, wenn die streitentscheidende öffentlich-rechtliche Norm einen Hoheitsträger einseitig berechtigt oder verpflichtet bzw. wenn aufgrund typisch hoheitlichen Handelns zwischen den Beteiligten ein Subordinationsverhältnis besteht. J erstrebt die Aufstellung eines Verkehrszeichens in Form einer Geschwindigkeitsbegrenzung. Streitentscheidende Norm ist insoweit § 45 StVO, wodurch der Staat unter anderem einseitig berechtigt bzw. verpflichtet wird, Verkehrsschilder in Form von Ge- und Verboten aufzustellen. Da die Streitigkeit mangels doppelter Verfassungsunmittelbarkeit nicht verfassungsrechtlicher Art und eine abdrängende Sonderzuweisung nicht ersichtlich ist, bleibt es bei der Eröffnung des Verwaltungsrechtsweges. Der Verwaltungsrechtsweg ist gemäß § 40 Abs. 1 S. 1 VwGO eröffnet.

II. Zuständigkeit

Das Verwaltungsgericht ist gemäß § 45 VwGO als Eingangsinstanz für das Begehren des J bezüglich der Geschwindigkeitsbegrenzung sachlich zuständig, da Anhaltspunkte für abweichende Regelungen wie z. B. § 50 VwGO nicht ersichtlich sind, sodass kein Verweisungsbeschluss gemäß §§ 17a Abs. 2 S. 1 GVG, 83 VwGO gefasst werden wird. Von der örtlichen Zuständigkeit des angerufenen Verwaltungsgerichts ist auszugehen.

III. Beteiligte

J und der Kreis als Körperschaft öffentlichen Rechts können Beteiligte des Verfahrens sein. Beteiligte sind nach § 63 Nr. 1, 2 VwGO unter anderem der Kläger und der Beklagte, beteiligungsfähig nach § 61 Nr. 1 VwGO natürliche und juristische Personen. Behörden sind gemäß § 61 Nr. 3 VwGO i.V.m. dem Landesrecht nicht beteiligungsfähig. Als Kläger ist J gemäß § 61 Nr. 1 Alt. 1 VwGO beteiligungsfähig und gemäß § 62 Abs. 1 Nr. 1 VwGO prozessfähig.

Als Beklagter ist der Rechtsträger der Behörde maßgeblich. Die Verwaltung erfolgt durch die zuständige Straßenverkehrsbehörde, welche mangels geregelter Organleihe zum Kreis K gehört. Der Kreis ist gemäß den §§ 63 Nr. 2, 61 Nr. 1 VwGO beteiligungs- und mangels Anhaltspunkten bezüglich des für die Behörde handelnden Organwalters gemäß § 62 Abs. 1, 3 VwGO prozessfähig.

IV. Statthafte Klageart

Die statthafte Klageart richtet sich gemäß § 88 VwGO nach dem klägerischen Begehren unter Berücksichtigung des Anwendungsvorrangs maßnahmespezifischer Rechtsschutzformen und des rechtsstaatlichen Grundsatzes der Effektivität des Rechtsschutzes. Dem klägerischen Begehren entspricht i.d.R. die effektivste Klageart, also nach Möglichkeit die Anfechtungsklage gemäß § 42 Abs. 1 Alt. 1 VwGO als Gestaltungsklage der Verwaltungsgerichtsordnung, es sei denn, es gibt einen ausdrücklichen Antrag, der nicht überschritten werden darf. J erstrebt nicht die Aufhebung eines Bescheides, sondern die Aufstellung eines Verkehrsschildes in Form einer Geschwindigkeitsbegrenzung. Es kann sich dabei um eine Verpflichtungsklage nach § 42 Abs. 1 Alt. 2 VwGO handeln. Dazu muss die Aufstellung des Verkehrsschildes einen Verwaltungsakt darstellen.

Ein Verwaltungsakt ist gemäß § 35 S. 1 NRW VwVfG jede Verfügung, Entscheidung oder andere hoheitliche Maßnahme, die eine Behörde zur Regelung eines Einzelfalles auf dem Gebiet des öffentlichen Rechts trifft und die auf unmittelbare Rechtswirkung nach außen gerichtet ist. Ein Schild zur Begrenzung der Geschwindigkeit enthält keine Einzelfallregelung, sondern eine konkret generelle Regelung. Konkret generelle Regelungen sind Verwaltungsakte in Form von Allgemeinverfügungen gemäß § 35 S. 2 NRW VwVfG (siehe Schema 6). Es handelt sich bei Verkehrsschildern mit Ge- oder Verbotscharakter um Allgemeinverfügungen in Form einer Benutzungsregelung nach § 35 S. 2 Var. 3 NRW VwVfG. Es wird die Benutzung einer Sache geregelt. Durch eine Geschwindigkeitsbegrenzung durch

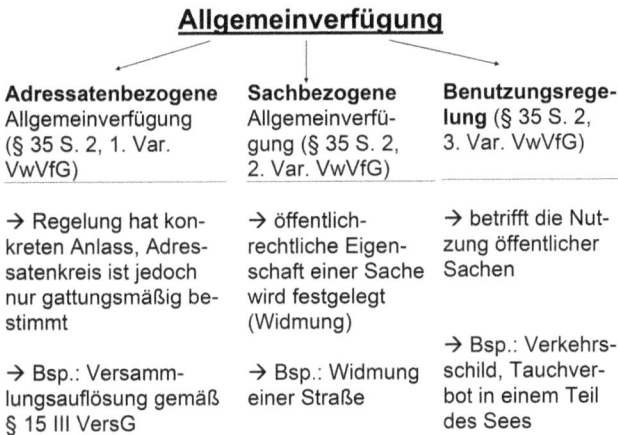

Allgemeinverfügung

Adressatenbezogene Allgemeinverfügung (§ 35 S. 2, 1. Var. VwVfG)	Sachbezogene Allgemeinverfügung (§ 35 S. 2, 2. Var. VwVfG)	Benutzungsregelung (§ 35 S. 2, 3. Var. VwVfG)
→ Regelung hat konkreten Anlass, Adressatenkreis ist jedoch nur gattungsmäßig bestimmt	→ öffentlichrechtliche Eigenschaft einer Sache wird festgelegt (Widmung)	→ betrifft die Nutzung öffentlicher Sachen
→ Bsp.: Versammlungsauflösung gemäß § 15 III VersG	→ Bsp.: Widmung einer Straße	→ Bsp.: Verkehrsschild, Tauchverbot in einem Teil des Sees

Schema 6

das Zeichen Nr. 274 der 2. Anlage zur StVO wird geregelt, dass die Straße als Sache nur auf eine bestimmte Art und Weise benutzt werden darf, also ein Ge- bzw. Verbot. Es handelt sich bei der Geschwindigkeitsbegrenzung um eine Allgemeinverfügung in Form einer Benutzungsregelung gemäß § 35 S. 2 Var. 3 NRW VwVfG und damit um einen Verwaltungsakt, den J erstrebt. Die Verpflichtungsklage ist statthaft.

V. Besondere Sachurteilsvoraussetzungen
Die besonderen Sachurteilsvoraussetzungen können erfüllt sein.

1. Besondere Prozessführungsbefugnis
Besonders prozessführungsbefugt ist gemäß § 78 Abs. 1 Nr. 1 VwGO der Kreis als Körperschaft öffentlichen Rechts und Rechtsträger der zuständigen Straßenverkehrsbehörde, da im Landesrecht in Nordrhein-Westfalen keine Ausführungsvorschrift i.S.d. § 78 Abs. 1 Nr. 2 VwGO zugunsten der Behörden enthalten ist.

2. Klagebefugnis
J muss klagebefugt sein. Voraussetzung für die Klagebefugnis nach § 42 Abs. 2 VwGO ist die Möglichkeit der Verletzung eines subjektiven Rechts. Subjektive Rechte leiten sich aus Sonderrechtsbeziehungen, einfachen Gesetzen, subsidiär aus Grundrechten ab, wobei jedenfalls aufgrund des weiten Schutzbereiches des

Art. 2 Abs. 1 GG bei unmittelbaren Grundrechtseingriffen für das subjektive Recht direkt auf Grundrechte abgestellt werden kann. Voraussetzung für ein einfachgesetzliches subjektives Recht ist, dass neben der Allgemeinheit auch der Einzelne geschützt wird. Durch eine subjektivierte Norm muss zumindest auch der Schutz von Individualinteressen erfasst sein, sodass der Träger dieser Individualinteressen die Befolgung dieser Rechtsnorm für sich beanspruchen kann. Die Schutzwirkung muss vom Gesetzgeber intendiert und darf nicht auf eine bloße Rechtsreflexwirkung rückführbar sein. Anderenfalls würden ein Gesetzesvollziehungsanspruch und Popularklagen gewährt werden.

Ein subjektives Recht des J kann sich aus § 45 Abs. 1 S. 2 Nr. 5 StVO ergeben,. Dazu muss in § 45 Abs. 1 S. 2 Nr. 5 StVO der Einzelne neben der Allgemeinheit geschützt werden. Im Tatbestand ist das Merkmal der öffentlichen Sicherheit enthalten, durch welches grundsätzlich der Staat und seine Einrichtungen, Individualrechte und -rechtsgüter sowie die öffentliche Rechtsordnung geschützt werden. Allerdings enthält die Straßenverkehrsordnung Sonderordnungsrecht gegenüber dem allgemeinen Gefahrenabwehrrecht, sodass das Tatbestandsmerkmal der öffentlichen Sicherheit enger auszulegen ist. Würde es ebenso wie im allgemeinen Gefahrenabwehrrecht ausgelegt, hätte der Bundesgesetzgeber seine Gesetzgebungskompetenz aus Art. 74 Abs. 1 Nr. 22 GG, der auf den Straßenverkehr bezogen ist, überschritten, da er durch die Überschneidung mit dem allgemeinen Gefahrenabwehrrecht in Ländermaterien eingegriffen hätte. Folglich ist das Tatbestandsmerkmal der öffentlichen Sicherheit i.S.d. § 45 Abs. 1 S. 2 Nr. 5 StVO im Rahmen der Relativität der Rechtsbegriffe nur auf verkehrsspezifische Gefahren zu beziehen. Somit sind individuelle Interessen durch § 45 Abs. 1 S. 2 Nr. 5 StVO erfasst, als es um den verkehrsspezifischen Bereich geht.

In § 45 Abs. 1 S. 2 Nr. 5 StVO können daher nur verkehrsspezifische Gefahren erfasst sein und möglicherweise nur solche, die der Sicherheit und Leichtigkeit des Verkehrs zuwiderlaufen könnten. Sprachlich ist die Fassung des § 45 StVO auf die Kompetenz i.S.d. Art. 74 Abs. 1 Nr. 22 GG und auf § 6 Abs. 1 Nr. 17 StVG zurückzuführen. *„Die Vorschrift wurde auch und gerade zur Abwehr solcher Gefahren geschaffen, die zwar vom Straßenverkehr ausgehen, die aber – über die Beeinträchtigung anderer Verkehrsteilnehmer hinausgehend bzw. hiervon unabhängig – Dritte und allgemein die Umwelt beeinträchtigen. Durch sie werden Einschränkungen des Verkehrs ermöglicht, die nicht dem Verkehr selbst, sondern anderen Rechtsgütern und rechtlich geschützten Interessen zugutekommen. Durch sie wird den Straßenverkehrsbehörden auch die Möglichkeit, zum Schutz rechtlich geschützter Interessen betroffener Einzelpersonen verkehrseinschränkend vorzugehen, eröffnet.*

Zwar sind die genannten Aspekte primär auf den Schutz der Gesundheitsinteressen einzelner Nichtverkehrsteilnehmer bezogen, jedoch gelten sie auch, wenn – über eine reine Beeinträchtigung der Allgemeinheit hinausgehende – Beeinträchtigungen oder Schädigungen sonstiger rechtlich schutzwürdiger Rechtsgüter von Einzelnen oder Gruppen durch unzulässigen oder übermäßigen Verkehr erfolgen. Ebenso wie beispielsweise durch Straßenverkehr hervorgerufene Lärmeinwirkungen, seien sie bereits gesundheitsgefährdend oder noch nicht, vom Schutzgut der öffentlichen Sicherheit oder Ordnung erfasst werden können, wenn sie zumindest das nach allgemeiner Anschauung zumutbare Maß übersteigen (vgl. BVerwG, Urteil vom 13.12.1979 – 7 C 46.78 – BVerwGE 59, 221), kann zu diesen Schutzgütern nämlich auch das Eigentum von Anwohnern, Anliegern oder sonstigen Verkehrsbeeinträchtigten gehören, soweit etwa die durch den stattfindenden Verkehr hervorgerufenen physikalischen Kräfte zu dessen Beeinträchtigung oder gar Zerstörung führen. Denn im Polizei- und Ordnungsrecht und speziell im hier in Rede stehenden sachlich begrenzten Ordnungsrecht des öffentlich-rechtlichen Straßenverkehrsrechts gilt, dass durch eine rechtlich geschützte Eigentumsposition eine Pflicht der ausführenden Gewalt hervorgerufen werden kann, zum Schutze dieses Eigentums einzugreifen (zum Ganzen: BVerwG – 3 C 9.02)." Insoweit enthält die Straßenverkehrsordnung subjektive Rechte. Dies ergibt sich z. B. auch aus der Inhaltsbestimmung i.S.d. Art. 14 Abs. 1 S. 2 GG zugunsten des Eigentümers als Anlieger in § 12 Abs. 3 Nr. 3 StVO. Insoweit ist in der Straßenverkehrsordnung auch ein subjektives Recht enthalten. Somit sind auch in § 45 StVO über das Tatbestandsmerkmal der öffentlichen Sicherheit subjektive Rechte der Nichtverkehrsteilnehmer enthalten, da insoweit das Eigentum i.S.d. Art. 14 GG als Individualrecht über die in der Straßenverkehrsordnung bestehende Inhalts- und Schrankenbestimmung i.S.d. Art. 14 Abs. 1 S. 2 GG definiert wird.

J ist Eigentümer des Bauernhofes im Bereich der vielbefahrenen Straße und es besteht zumindest die Möglichkeit, dass er durch das Unterlassen des Aufstellens einer Geschwindigkeitsbegrenzung in seinem Eigentum, welches in § 903 BGB i.S.d. Art. 14 Abs. 1 S. 2 GG definiert ist, hinsichtlich des Straßenverkehrs verletzt ist. J ist somit gemäß § 42 Abs. 2 VwGO klagebefugt.

3. Vorverfahren

Ein Vorverfahren gemäß den §§ 68 ff. VwGO ist in Nordrhein-Westfalen gemäß § 68 Abs. 1 S. 2 VwGO i.V.m. § 110 Abs. 1 JustizG grundsätzlich entbehrlich. Eine Rückausnahme ist nicht ersichtlich, zumal die Norm nur relevant sein kann, soweit beschieden wurde. Der Durchführung eines Vorverfahrens bedurfte es nicht, zumal die Behörde auf den Antrag des J nicht reagierte, sodass gemäß § 75 S. 1 VwGO deshalb kein Vorverfahren erforderlich war.

4. Klagefrist

Die Klagefrist von einem Monat gemäß § 74 Abs. 1 S. 2, Abs. 2 VwGO ist nicht maßgeblich, da die Behörde keinen Bescheid erlassen hat. Vielmehr gilt § 75 S. 2 VwGO, sodass J die Klage nicht vor Ablauf von drei Monaten seit Antragstellung erheben durfte. Unmittelbar nach Ablauf der drei Monate seit Stellung seines Antrages auf Einrichtung der Geschwindigkeitsbegrenzung hat J die Klage erhoben.

VI. Zwischenergebnis

Die Sachurteilsvoraussetzungen sind erfüllt und die Klage ist zulässig.

B. Begründetheit

Die Klage ist gemäß § 113 Abs. 5 S. 1, 2 VwGO begründet, soweit die Ablehnung eines Verwaltungsaktes rechtswidrig, der Kläger dadurch in seinen Rechten verletzt und die Sache spruchreif bzw. soweit die Unterlassung der diesbezüglichen Bescheidung rechtswidrig oder die erfolgte Bescheidung fehlerhaft und der Kläger dadurch in seinen Rechten verletzt ist. Somit ist die Klage begründet, soweit der Kläger einen Anspruch auf eine zumindest fehlerfreie Bescheidung der Behörde hat.

Der Obersatz der Verpflichtungsklage müsste entsprechend dem Gesetzeswortlaut negativ formuliert werden, während es üblich ist, ihn positiv zu formulieren. Sinnvoll erscheint es, beide Formulierungen einzuarbeiten, um dem Prüfer wenig Angriffsfläche zu bieten. Als Minus ist im Antrag i.S.d. § 113 Abs. 5 S. 1 VwGO ein solcher nach § 113 Abs. 5 S. 2 VwGO enthalten.

Achtung: Im Rahmen des § 113 Abs. 5 S. 2 VwGO sollte im Obersatz nicht „ermessensfehlerfreie Bescheidung" geschrieben werden, da es auch Beurteilungsspielräume gibt, die über § 113 Abs. 5 S. 2 VwGO tenoriert werden.

I. Anspruchsgrundlage

Als Anspruchsgrundlage kommen § 45 Abs. 1 S. 1 StVO und § 45 Abs. 1 S. 2 Nr. 5 StVO in Betracht. § 45 StVO ist zwar als Rechtsgrundlage formuliert, jedoch wegen des Tatbestandsmerkmals der öffentlichen Sicherheit subjektiviert. Da § 45 Abs. 1 S. 1 StVO systematisch in der Nähe zu § 45 Abs. 1 S. 2 Nr. 3 – 5 StVO steht, es in den letzteren Tatbeständen aber nicht um den Verkehr im engen Sinne geht, ist von § 45 Abs. 1 S. 1 StVO der Schutz des fließenden Verkehrs erfasst, während § 45

Abs. 1 S. 2 Nr. 5 StVO auf Gefahren für verkehrsfremde Individualrechte und -güter bezogen ist.

„Insoweit ist die Vorschrift des § 45 Abs. 1 S. 2 Nr. 5 StVO als Ergänzung einiger Vorschriften einzuordnen – nämlich der Vorschriften in § 45 Abs. 1 S. 2 Nr. 3, 4 StVO sowie einiger Vorschriften in § 45 Abs. 1 a) StVO, die dadurch gekennzeichnet sind, dass es zwar um verkehrsverursachte Beeinträchtigungen anderer Schutzgüter als der Sicherheit und Leichtigkeit des Verkehrs geht, die aber vom Schutzgut der öffentlichen Sicherheit erfasst wären, wären sie nicht speziell geregelt (BVerwG – 3 C 9.02).“ Die Anspruchsgrundlage ist § 45 Abs. 1 S. 2 Nr. 5 StVO.

II. Anspruchsvoraussetzungen

Die Anspruchsvoraussetzungen müssen erfüllt sein.

1. Formelle Anspruchsvoraussetzungen

Formell hat J einen Antrag an die zuständige Straßenverkehrsbehörde i.S.d. § 44 Abs. 1 S. 1 StVO gestellt, wenngleich ein solcher aufgrund der Pflicht der Behörde zum rechtmäßigen Handeln i.S.d. Art. 20 Abs. 3 GG nicht erforderlich gewesen wäre.

2. Materielle Anspruchsvoraussetzungen

Materiell muss eine Gefahr für die öffentliche Sicherheit bestehen. Durch das Tatbestandsmerkmal der öffentlichen Sicherheit sind der Staat und seine Einrichtungen, Individualrechte bzw. -güter und die öffentliche Rechtsordnung geschützt. Bezüglich des J hat sich die Gefahr durch die Substanzschädigung im Fundament des Bauernhofes bereits verwirklicht.

III. Anspruchsinhalt

Anspruchsinhalt sind Entschließungs- und Auswahlermessen der Behörde i.S.d. § 45 Abs. 1 S. 2 Nr. 5 StVO i.V.m. § 45 Abs. 1 S. 1 StVO. Das Ermessen der Behörde kann zugunsten des J auf Null reduziert sein. Eine Ermessensreduktion auf Null kann sich aufgrund einer Schutzpflicht des Staates bezüglich des Eigentums i.S.d. Art. 14 GG des J ergeben.

Prüfungsfolge beim Ermessen:

1. Ermessensreduktion auf Null
2. Ermessensausfall (ggf. partiell)

3. Ermessensüberschreitung (einschließlich der Ermessensreduktion im Übrigen)
4. Ermessensfehlgebrauch.
Die Reduktion auf Null ist primär zu prüfen, denn wenn das Ermessen auf Null reduziert ist, gibt es kein Ermessen mehr, das fehlerhaft ausgeübt sein könnte.

Zwar sind Grundrechte in ihrer klassischen Funktion Abwehrrechte gegen staatliches Handeln, jedoch stellen sie gemäß Art. 1 Abs. 3 GG auch eine objektive Werteordnung dar, sodass durch sie Schutzpflichten begründet werden. Durch Grundrechte werden Schutzpflichten begründet, wenn im Rahmen eines verfassungsrechtlich gewährten subjektiven Rechts eine eingriffsadäquate bedeutsame Grundrechtsbeeinträchtigung bei hinreichender Schadenswahrscheinlichkeit und Schutzbedürftigkeit des Betroffenen gegeben ist.

Das Eigentum des J ist im Bürgerlichen Gesetzbuch unter anderem in den §§ 903 ff. BGB bereichsspezifisch im Sinne des Art. 14 Abs. 1 S. 2 GG definiert. Durch Dritte, die mit hoher Geschwindigkeit am Haus des J vorbeifahren, wird diese zivilrechtliche Eigentumsposition des J beeinträchtigt. Würden diese Beeinträchtigungen durch öffentliche Rechtsträger erfolgen, würden sie unmittelbare Eingriffe in das Eigentum darstellen. Die Schadenswahrscheinlichkeit ergibt sich schon aus den bereits bestehenden Fundamentschäden, sodass J auch schutzbedürftig ist.

Im Polizei- und Ordnungsrecht und speziell im sachlich begrenzten Sonderordnungsrecht des öffentlich-rechtlichen Straßenverkehrsrechts gilt somit, dass durch eine rechtlich geschützte Eigentumsposition eine Pflicht der ausführenden Gewalt hervorgerufen werden kann, zum Schutze dieses Eigentums einzugreifen.

„Eine durch eine unzulässige oder übermäßige verkehrliche Straßennutzung hervorgerufene Erschütterung eines bebauten Grundstücks – je nach Dauer und Umfang des Verkehrs sowie der sonstigen kennzeichnenden Gegebenheiten – kann zu einer rechtserheblichen Beeinträchtigung des Eigentümers in seinem Grundrecht aus Art. 14 GG führen, die dieser nicht hinzunehmen braucht und der die Straßenverkehrsbehörde nicht tatenlos zusehen darf, sofern ihr durch das Nichteinschreiten eine beachtliche Eigentumsbeeinträchtigung bzw. -verletzung nicht zugerechnet werden soll (BVerwG – 3 C 9.02)."

Aufgrund der Eigentumsbeeinträchtigung bei J und der damit verbundenen grundrechtlichen Schutzpflicht, ist die Behörde verpflichtet, die Geschwindigkeitsbegrenzung einzuführen.

C. Ergebnis

Die Klage des J hat Erfolg, sodass der Kreis verpflichtet wird, die Geschwindig-keitsbegrenzung wie von J gefordert einzuführen.

3. Komplex: Die Pressefahrt

A. Sachurteilsvoraussetzungen

Die Klage des J hat jedenfalls Erfolg, soweit die Sachurteilsvoraussetzungen erfüllt sind und die Klage begründet ist.

I. Rechtsweg

Ein Rechtsweg muß eröffnet sein. Der Verwaltungsrechtsweg kann mangels aufdrängender Sonderzuweisung gemäß § 40 Abs. 1 S. 1 VwGO eröffnet sein. Im Übrigen kommt ein Verweisungsbeschluss i.S.d. §§ 173 S. 1 VwGO, 17a Abs. 2 S. 1 GVG in Betracht. Der Verwaltungsrechtsweg ist eröffnet, wenn die streitent-scheidende öffentlich-rechtliche Norm einen Hoheitsträger einseitig berechtigt oder verpflichtet bzw. wenn aufgrund typisch hoheitlichen Handelns zwischen den Beteiligten ein Subordinationsverhältnis besteht. Eine streitentscheidende Norm, durch die der Kreis als Hoheitsträger verpflichtet wird, J zu der Pressefahrt einzuladen, ist nicht ersichtlich. Es handelt sich bei der Einladung zu einer Pressefahrt auch nicht um ein typisch hoheitliches Handeln im Subordinations-verhältnis. Maßgeblich ist somit der Sachzusammenhang.

Die Pressefahrt steht im Sachzusammenhang zur Ausweitung erneuerbarer Energien und somit im Zusammenhang zu öffentlich-rechtlichen Versorgungs- und Gefahrenabwehraufgaben. Da die Streitigkeit mangels doppelter Verfas-sungsunmittelbarkeit nicht verfassungsrechtlicher Art und eine abdrängende Sonderzuweisung nicht ersichtlich ist, bleibt es bei der Eröffnung des Verwal-tungsrechtsweges. Der Verwaltungsrechtsweg ist gemäß § 40 Abs. 1 S. 1 VwGO eröffnet.

II. Zuständigkeit

Das Verwaltungsgericht ist gemäß § 45 VwGO als Eingangsinstanz für die Zulas-sung des J zur Presseveranstaltung sachlich zuständig, da Anhaltspunkte für abweichende Regelungen wie z.B. § 50 VwGO nicht ersichtlich sind, sodass kein Verweisungsbeschluss gemäß §§ 17a Abs. 2 S. 1 GVG, 83 VwGO gefasst werden wird. Von der örtlichen Zuständigkeit des angerufenen Verwaltungsgerichts ist auszugehen.

III. Beteiligte

J und der Kreis als Körperschaft öffentlichen Rechts können Beteiligte des Verfahrens sein. Beteiligte sind nach § 63 Nr. 1, 2 VwGO unter anderem der Kläger und der Beklagte, beteiligungsfähig nach § 61 Nr. 1 VwGO natürliche und juristische Personen. Behörden sind gemäß § 61 Nr. 3 VwGO i.V.m. dem Landesrecht nicht beteiligungsfähig. Als Kläger ist J gemäß § 61 Nr. 1 Alt. 1 VwGO beteiligungsfähig und gemäß § 62 Abs. 1 Nr. 1 VwGO prozessfähig.

Als Beklagter ist der Rechtsträger der Behörde maßgeblich. Die Verwaltung erfolgte durch die zuständige Behörde, welche mangels geregelter Organleihe zum Kreis K gehört. Der Kreis ist gemäß den §§ 63 Nr. 2, 61 Nr. 1 VwGO beteiligungs- und mangels Anhaltspunkten bezüglich des für die Behörde handelnden Organwalters gemäß § 62 Abs. 1, 3 VwGO prozessfähig.

IV. Statthafte Klageart

Die statthafte Klageart richtet sich gemäß § 88 VwGO nach dem klägerischen Begehren unter Berücksichtigung des Anwendungsvorrangs maßnahmespezifischer Rechtsschutzformen und des rechtsstaatlichen Grundsatzes der Effektivität des Rechtsschutzes.

Dem klägerischen Begehren entspricht i.d.R. die effektivste Klageart, also nach Möglichkeit die Anfechtungsklage gemäß § 42 Abs. 1 Alt. 1 VwGO als Gestaltungsklage der Verwaltungsgerichtsordnung, es sei denn, es gibt einen ausdrücklichen Antrag, der nicht überschritten werden darf. Da J keinen Bescheid anfechten kann, kommt eine allgemeine Leistungsklage, welche in der Verwaltungsgerichtsordnung zwar nicht ausdrücklich normiert, jedoch z. B. in den §§ 43, 111, 113 VwGO mehrfach erwähnt ist, in Betracht – mit dem Inhalt der Verurteilung des Kreises, J zur nächsten bereits geplanten Pressefahrt einzuladen.

Sollte J hingegen eine verbindliche Festsetzung begehren, wäre die Verpflichtungsklage nach § 42 Abs. 1 Alt. 2 VwGO statthaft. Gegebenenfalls kann es gesetzlich vorgegeben sein, dass dem Anspruch auf Leistung eine Festsetzung vorausgeht, aus der sich dann als Sonderrechtsbeziehung der Leistungsanspruch ergibt. Besteht keine gesetzliche Vorgabe, jedoch ein Leistungsermessen der Behörde und möglicherweise auch eine begrenzte Kapazität, ist in der Regel auf der ersten Stufe ein Verwaltungsakt erforderlich, durch den der Leistungsanspruch dann begründet wird. Ist die Leistung hingegen bereits klar und ohne Spielräume bestimmt und besteht ein zumindest ungeschriebener Anspruch, ist dies ein Indiz dafür, dass unmittelbar Leistung mittels einer allgemeinen Leistungsklage verlangt werden kann.

J erstrebt die Teilnahme an der nächsten Pressefahrt. Dort gibt es – wie in der Vergangenheit auch – 20 Plätze für Teilnehmer. Insoweit besteht eine Kapazitätsgrenze mit der Folge, dass die Behörde Ermessen ausüben muss. Somit ist die Verpflichtungsklage gemäß § 42 Abs. 1 Alt. 2 VwGO die statthafte Klageart.

V. Besondere Sachurteilsvoraussetzungen

Die besonderen Sachurteilsvoraussetzungen können erfüllt sein.

1. Besondere Prozessführungsbefugnis

Besonders prozessführungsbefugt ist gemäß § 78 Abs. 1 Nr. 1 VwGO der Kreis als Körperschaft öffentlichen Rechts und Rechtsträger der zuständigen Behörde, da im Landesrecht in Nordrhein-Westfalen keine Ausführungsvorschrift i.S.d. § 78 Abs. 1 Nr. 2 VwGO zugunsten der Behörden enthalten ist.

2. Klagebefugnis

J muss klagebefugt sein. Voraussetzung für die Klagebefugnis nach § 42 Abs. 2 VwGO ist die Möglichkeit der Verletzung eines subjektiven Rechts. Subjektive Rechte leiten sich aus Sonderrechtsbeziehungen, einfachen Gesetzen, subsidiär aus Grundrechten und unter Umständen Unionsrecht ab, wobei jedenfalls aufgrund des weiten Schutzbereiches des Art. 2 Abs. 1 GG bei unmittelbaren Grundrechtseingriffen für das subjektive Recht direkt auf Grundrechte abgestellt werden kann. Voraussetzung für ein einfachgesetzliches subjektives Recht ist, dass neben der Allgemeinheit auch der Einzelne geschützt wird. Durch eine subjektivierte Norm muss zumindest auch der Schutz von Individualinteressen erfasst sein, sodass der Träger dieser Individualinteressen die Befolgung dieser Rechtsnorm für sich beanspruchen kann. Die Schutzwirkung muss vom Gesetzgeber intendiert und darf nicht auf eine bloße Rechtsreflexwirkung rückführbar sein. Anderenfalls würden ein Gesetzesvollziehungsanspruch und Popularklagen gewährt werden.

Ein subjektives Recht des J aus einer Sonderbeziehung oder aus einer einfachgesetzlichen Norm ist nicht ersichtlich, da in § 4 NRW PresseG allenfalls ein subjektives Recht auf die Erteilung einer Auskunft, nicht aber auf die Teilnahme an der Pressefahrt enthalten sein kann. Es kann aber die Möglichkeit bestehen, dass J einen Anspruch auf Teilhabe aus Art. 5 Abs. 1 S. 2 GG i.V.m. Art. 3 Abs. 1 GG hat. Zwar sind Grundrechte in ihrer klassischen Funktion Abwehrrechte gegen den Staat, jedoch können sie als objektive Werteordnung i.S.d. Art. 1 Abs. 3 GG auch originäre und derivative Leistungsrechte darstellen, soweit eine staatliche Monopolstellung besteht. Bezüglich der Pressefahrt nach B zur Fortentwicklung erneuerbarer Energien besteht ein Zugangsmonopol des Kreises, sodass zumindest die Möglichkeit besteht, dass J durch die Nichteinladung zur Fahrt in einem derivativen Leistungsrecht verletzt ist. J ist somit gemäß § 42 Abs. 2 VwGO klagebefugt.

3. Vorverfahren

Ein Vorverfahren gemäß den §§ 68 ff. VwGO ist in Nordrhein-Westfalen gemäß § 68 Abs. 1 S. 2 VwGO i.V.m. § 110 Abs. 1 JustizG grundsätzlich entbehrlich. Eine Rückausnahme ist nicht ersichtlich, zumal die Norm nur relevant ist, soweit beschieden wurde. Der Durchführung eines Vorverfahrens bedurfte es nicht, zumal die Behörde auf den Antrag des J nicht reagierte, sodass gemäß § 75 S. 1 VwGO auch deshalb kein Vorverfahren erforderlich war.

4. Klagefrist

Die Klagefrist von einem Monat gemäß § 74 Abs. 1 S. 2, Abs. 2 VwGO ist nicht maßgeblich, da die Behörde keinen Bescheid erlassen hat. Vielmehr gilt § 75 S. 2 VwGO, sodass J die Klage nicht vor Ablauf von drei Monaten seit Antragstellung erheben durfte. Unmittelbar nach Ablauf der drei Monate seit Stellung seines Antrages auf Teilnahme an der bevorstehenden Pressefahrt hat J die Klage erhoben.

VI. Zwischenergebnis

Die Sachurteilsvoraussetzungen sind erfüllt und die Klage ist zulässig.

B. Begründetheit

Die Klage ist gemäß § 113 Abs. 5 S. 1, 2 VwGO begründet, soweit die Ablehnung eines Verwaltungsaktes rechtswidrig, der Kläger dadurch in seinen Rechten verletzt und die Sache spruchreif bzw. soweit die Unterlassung der diesbezüglichen Bescheidung rechtswidrig oder die erfolgte Bescheidung fehlerhaft und der Kläger dadurch in seinen Rechten verletzt ist. Somit ist die Klage begründet, soweit der

Kläger einen Anspruch auf eine zumindest fehlerfreie Bescheidung der Behörde hat.

I. Anspruchsgrundlage

§ 4 Abs. 1 NRW PresseG kommt als Anspruchsgrundlage zwar in Betracht, ist jedoch offensichtlich nicht maßgeblich, weil es insoweit lediglich um eine Auskunftserteilung, nicht aber um die Teilnahme an einer Veranstaltung wie einer Pressefahrt geht. Somit kommt nur ein Anspruch aus Grundrechten als Leistungsrechten in Betracht.

1. Originäres Leistungsrecht

Ein Anspruch des J kann sich aus einem Grundrecht als originärem Leistungsrecht ergeben. Grundrechte stellen in ihrer klassischen Funktion zwar Abwehrrechte gegen den Staat dar, können aber als objektive Werteordnung i.S.d. Art. 1 Abs. 3 GG auch Leistungsrechte begründen. Originär wird durch sie allerdings nur ein Leistungsrecht begründet, soweit es sich um eine atypische Konstellation handelt, die vom Gesetzgeber, der Wesentliches selbst zu regeln hat, typischerweise nicht geregelt werden konnte.

a) Art. 5 Abs. 1 S. 1 GG

Als Anspruchsgrundlage für ein originäres Leistungsrecht kommt Art. 5 Abs. 1 S. 1 GG in Betracht. Durch diese Verfassungsvorschrift wird jedermann – damit auch der Presse – neben der Meinungsäußerungs- und Meinungsverbreitungsfreiheit auch das Grundrecht, sich aus allgemein zugänglichen Quellen im Rahmen der Informationsfreiheit ungehindert zu unterrichten, gewährleistet. Allgemein zugänglich ist eine Informationsquelle, wenn sie technisch geeignet und bestimmt ist, der Allgemeinheit Informationen zu verschaffen (BVerfGE 27, 71, 83 und BVerfGE 28, 175, 188), wie dies primär bei Massenkommunikationsmitteln gegeben ist. Der behördliche Bereich, um den es bei J geht, gehört nicht zu den einem unbestimmten Personenkreis faktisch und damit allgemein zugänglichen Quellen, da nicht jedermann Zugang zur Pressefahrt hat (BVerwG – I C 30.71). Art. 5 Abs. 1 S. 1 GG ist nicht die für J maßgebliche Anspruchsgrundlage.

b) Art. 5 Abs. 1 S. 2 GG

Art. 5 Abs. 1 S. 2 GG kann die für J maßgebliche Anspruchsgrundlage darstellen. Das dort geschützte Grundrecht der Pressefreiheit gewährleistet die institutionelle

Eigenständigkeit der Presse (BVerfGE 10, 118, 121; BVerfGE 12, 205, 260). Die Pressefreiheit beginnt nicht erst mit der pressemäßigen Verbreitung einer eigenen Meinung, sondern es ist bereits die Beschaffung der Information und deren Verbreitung erfasst (BVerfGE 20, 162, 176; BVerfGE 21, 271, 279). Den im Pressewesen tätigen Personen und Unternehmen wird damit in gewissem Zusammenhang eine bevorzugte Rechtsstellung gesichert (BVerfGE 20, 162, 175).

Ob aus der Pressefreiheitsgarantie des Art. 5 Abs. 1 S. 2 GG auch ein rechtlich durchsetzbarer Auskunftsanspruch gegenüber Behörden hergeleitet werden kann – sodass § 4 NRW PresseG als die Ausprägung eines verfassungsrechtlichen Gebotes erscheint –, ist irrelevant (vgl. hierzu: Löffler, NJW 1964, 2278; in der Grundtendenz wohl auch BVerfGE 20, 162, 175 im Hinblick auf die „öffentliche Aufgabe" der Presse; BVerwG, Urteil vom 10.12.1971 – VII C 45.69 – BVerwGE 39, 159). J verlangt vom Kreis nämlich keine Auskunft über ein näher umrissenes Thema, wobei Initiative und Themenwahl von dem fragenden Journalisten ausgehen, sondern er beansprucht vom Kreis, mit Eigeninformationen versehen zu werden, welche dieser von sich aus unter eigener Themenwahl hinsichtlich der erneuerbaren Energien erteilt. Ebenso wie sich die Tätigkeit der amtlichen Pressestellen nicht auf das Auskunftsrecht der Presse gründet, sondern der Öffentlichkeitsarbeit dient (zu den aus der Pressefreiheit resultierenden Grenzen staatlicher Öffentlichkeitsarbeit Grabenwarter, in: Maunz/Dürig, GG, 88. EL August 2019, Art. 5 Abs. 1, Abs. 2, Rn. 375 ff.), gilt dies auch für andere Veranstaltungen, welche die Behörden zur Unterrichtung von Pressevertretern einrichten. Ein Rechtsanspruch der Presse auf Versorgung mit Eigeninformationen seitens der öffentlichen Rechtsträger über alle die Öffentlichkeit interessierenden amtlichen Vorgänge lässt sich aus der grundrechtlich gewährleisteten Pressefreiheit nicht ableiten. Ein originärer Leistungsanspruch aus Art. 5 Abs. 1 S. 2 GG kann für J letztlich nicht bestehen.

Es ist vertretbar, nicht schon bei der Anwendbarkeit der Anspruchsgrundlage zu prüfen, aus welchem Grundrecht sich der Anspruch ergibt. Dogmatisch wäre es genauso möglich, die jeweilige Norm bis zu den Voraussetzungen zu prüfen, um dann bei den Voraussetzungen gegebenenfalls abzubrechen und mit der nächsten Anspruchsgrundlage fortzufahren. Dies würde aber zu einem eher unübersichtlichen Aufbau führen.

---

2. Derivatives Leistungsrecht

Während Grundrechte als originäre Leistungsrechte nur in atypischen Konstellationen in Betracht kommen und daher selten sind, können derivative Leistungsrechte häufiger Gegenstand einer Klausur sein.

Somit ist Anspruchsgrundlage Art. 5 Abs. 1 S. 2 GG i.V.m. Art. 3 Abs. 1 GG für ein derivatives Leistungsrecht.

II. Anspruchsvoraussetzungen

Formell hat J jedenfalls einen Antrag bei der zuständigen Behörde gestellt. Die Voraussetzungen für ein Grundrecht als derivatives Leistungsrecht sind eine staatliche Monopolstellung und die Begünstigung anderer in einer Vergleichsuntergruppe. Zudem darf die Erfüllung des Anspruches nicht unmöglich sein.

Der Kreis hat für die öffentliche Pressefahrt zum Thema der Entwicklung erneuerbarer Energien eine Monopolstellung. Obergruppe sind Journalisten. Andere Journalisten sind eingeladen – J hingegen nicht. Da Gleiches gleich zu behandeln ist, können andere aus der Vergleichsgruppe begünstigt worden sein. Aus der Gewährleistung der Pressefreiheit ergibt sich i.V.m. Art. 3 Abs. 1 GG, dass die Behörde, wenn sie Eigeninformationen erteilt, diese grundsätzlich allen interessierten Journalisten in gleicher Weise zugänglich machen muss – ohne Rücksicht auf sachliche oder persönliche Qualifikationen. Die Behörde darf nicht zwischen „guter" und „schlechter" Presse unterscheiden oder etwa nur solche Journalisten informieren, die in ihrer bisherigen journalistischen Tätigkeit einseitig und unkritisch ein nur positives Bild ihrer Einrichtungen und Dienstleistungen der Öffentlichkeit vermittelt haben. Öffentliche Rechtsträger müssen eine neutrale Informationsstelle sein (BVerwG – I C 30.71). Andere Journalisten sind nicht schon deshalb mit J unvergleichbar, weil er über öffentliche Rechtsträger kritisch berichtet hat, andere hingegen nicht. Andere mit J vergleichbare Personen – Journalisten – sind vom Kreis eingeladen und werden somit begünstigt. Eine Unmöglichkeit, auch J einzuladen, ist nicht ersichtlich.

III. Anspruchsinhalt

Anspruchsinhalt ist grundsätzlich eine Ermessensentscheidung auf Gleichbehandlung von Gleichem im Rahmen bestehender Kapazitätsgrenzen. Es kann schon verfassungsrechtlich nur ein Anspruch auf ermessensfehlerfreie Bescheidung bestehen, es sei denn, das Ermessen ist aufgrund der gewichtigen Grundrechte des Anspruchstellers auf Null reduziert.

Insoweit ist zunächst davon auszugehen, dass der besondere, im Vergleich zu allgemeinen Pressekonferenzen wesentlich individuellere Charakter der Informationsfahrten eine Beschränkung der Teilnehmerzahl gebietet. Die Bestimmung der Zahl der Teilnehmer liegt bei diesen Veranstaltungen somit im Ermessen der Behörde. Sie darf sich im Rahmen der Verhältnismäßigkeit auch von Kostengründen leiten lassen. Gegen die Beschränkung der Zahl der teilnehmenden Journalisten auf 20 sind keine Einwendungen rechtlicher Art zu erheben.

Ist eine Ungleichbehandlung personenbezogen oder freiheitsrechtsbezogen, ist neben eines Willkürverbotes eine Verhältnismäßigkeitsprüfung vorzunehmen.

Damit ergibt sich bei einer größeren Anzahl interessierter Journalisten die Notwendigkeit einer Auswahl. Die Behörde ist dabei an den Gleichheitssatz gebunden. Sie muss sich von sachgerechten Erwägungen leiten lassen und darf keinesfalls willkürlich verfahren. Insbesondere muss sie auch die sich aus der Pressefreiheit ergebenden Prinzipien als grundlegende Wertentscheidungen der Verfassung beachten. Durch die in Art. 5 Abs. 1 S. 2 GG getroffene besondere Wertentscheidung des Grundgesetzgebers wird das Auswahlermessen des Beklagten eingeschränkt (vgl. BVerfGE 36, 321, 330); eine Auswahl, die dem in Art. 5 Abs. 1 S. 2 GG ausgedrückten Willen des Verfassungsgebers zuwiderliefe, wäre nicht sachgerecht. Seitens der an der Teilnahme interessierten Journalisten entspricht dem Gebot der Gleichbehandlung und der Beachtung des Grundrechtsschutzes der Pressefreiheit, dem die Behörde unterliegt, ein Anspruch auf eine in diesem Sinne ermessensfehlerfreie Teilnehmerauswahl. Rechtlich durchsetzen kann der einzelne Pressevertreter seine Teilnahme nur ausnahmsweise, wenn gerade seine Nichtberücksichtigung sach- und rechtswidrig wäre.

Aus der Gewährleistung der Pressefreiheit ist zu folgern, dass die Behörde, soweit sie Eigeninformationen erteilt, diese grundsätzlich allen interessierten Journalisten in gleicher Weise zugänglich machen muss, ohne Rücksicht auf sachliche oder persönliche Qualifikationen. Die Behörde darf nicht zwischen „guter" und „schlechter" Presse unterscheiden oder etwa nur solche Journalisten informieren, die in ihrer bisherigen journalistischen Tätigkeit einseitig und unkritisch ein nur positives Bild ihrer Einrichtungen und Dienstleistungen der Öffentlichkeit vermittelt haben. Öffentliche Rechtsträger müssen eine neutrale Informationsstelle sein.

Dieser Grundsatz darf jedoch einer Unterrichtung der Pressevertreter auch in kleinerem Kreis nicht entgegenstehen. Andernfalls wäre nur noch eine uniforme Massenunterrichtung der Presse in der Form allgemeiner Pressekonferenzen möglich, andere individuellere Formen der Information müssten unterbleiben. Sie erscheinen jedoch zur Erfüllung der „öffentlichen Aufgabe" der Presse neben den Pressekonferenzen und zu deren Ergänzung unentbehrlich. Die verfassungsmäßige Garantie der Pressefreiheit wird bei Presseveranstaltungen für einen kleineren Kreis nur dann verletzt, wenn die Auswahl der Teilnehmer auf eine Reglementierung oder Steuerung der Presse oder eines Teils von ihr hinausliefe. Das ist nicht anzunehmen, wenn die Informationsveranstaltung einem bestimmten Fachthema gewidmet ist – aus dem Bereich der öffentlichen Energieversorgung – und die zu dieser Veranstaltung eingeladenen Journalisten danach ausgewählt werden, ob sie sich bisher schon auf diesem Gebiet fachjournalistisch betätigt haben. Eine nach solchen Kriterien getroffene Auswahl ist sachgerecht; durch sie wird weder gegen Art. 5 Abs. 1 GG noch gegen Art. 3 Abs. 1 GG verstoßen.

Der Kreis war also nicht verpflichtet und wird bei gleichbleibenden Verhältnissen auch künftig nicht verpflichtet sein, den Kläger zu Pressefahrten einzuladen. Die journalistische Tätigkeit des J bezieht sich nicht vorzugsweise auf das Thema der erneuerbaren Energien. Ob andernfalls der Beklagte verpflichtet wäre, dem Kläger jedenfalls gelegentlich die Teilnahme an einer überregionalen Pressefahrt zu ermöglichen und dafür gegebenenfalls einen der bisherigen ständigen Teilnehmer ausscheiden zu lassen, ist somit irrelevant.

J kann somit nur ermessensfehlerfreie Bescheidung verlangen. Sein Anspruch auf ermessensfehlerfreie Bescheidung könnte allerdings bereits erloschen sein, da die Behörde unabhängig von seiner kritischen Berichterstattung über den öffentlichen Dienst eine sachgerechte Abwägung zwischen den Interessen des J und denen anderer Journalisten getroffen hat. Insoweit ist jedoch maßgeblich, dass sie formal nicht beschieden hat, sondern untätig war.

C. Ergebnis

Die Klage des J auf Teilnahme an der Pressefahrt hat insoweit Erfolg, als fehlerfrei zu bescheiden ist. Im Übrigen wird sie abgewiesen.

4. Komplex: Klageverbindung

Gemäß § 44 VwGO als Grundregelung für die objektive Klagehäufung können Klagen verbunden werden, wenn sie sich gegen denselben Beklagten richten, im Zusammenhang stehen und dasselbe Gericht zuständig ist. Zudem müssen die Klagen aus rechtsstaatlichen Gründen i.S.d. Art. 20 Abs. 3 GG gleichzeitig entscheidungsreif sein. Alle Klagen des J richten sich zwar gegen den Kreis und es ist dasselbe Gericht zuständig. Es fehlt jedoch an der Konnexität der Klagen, da es

sich um voneinander unabhängige Sachverhalte handelt. Eine objektive Klagehäufung ist nicht möglich.

Fall 5:
„Ein Fass ohne Boden"

Schwerpunkte: Reformatio in peius in der Abwehrkonstellation, qualitative und quantitative reformatio in peius, Abgrenzung gestrecktes Verfahren, einfach verkürztes Verfahren, sofortiger Vollzug und unmittelbare Ausführung, Kostenbescheid, fehlerhafte Rechtsbehelfsbelehrung

Am 5. November vergangenen Jahres startete ein Castortransport von Frankreich in das Atommüllendlager in Gorleben. Zur Sicherung des Transportes waren zahlreiche Hundertschaften der Bundespolizei eingesetzt, um Demonstranten von den Gleisen fernzuhalten. So sollte Sabotageakten vorgebeugt werden.

Kurz vor der Gemeindegrenze Gorlebens stellten Beamte der Bundespolizei fest, dass ein Sattelschlepper (40 Tonnen schwer) ohne irgendwelche Sicherungen quer über den Gleisen stand. Ob das Fahrzeug absichtlich zur Behinderung des Castortransports abgestellt worden war oder ob es lediglich wegen eines Defekts dort zum Halten gekommen war, konnte nicht aufgeklärt werden. Ebenso wenig konnte in der Eilsituation festgestellt werden, wer der Halter des Fahrzeugs ist und wie er hätte kontaktiert werden können. Daher sahen sich die Beamten der Bundespolizei gezwungen, das Fahrzeug mit gehörigem Aufwand an Material und Personal von den Gleisen zu bewegen. Während der Arbeiten kam der Landwirt B – ein begeisterter Befürworter der Atomenergie – freiwillig hinzu und versuchte, den 40-Tonner mit seinem Traktor von den Gleisen zu ziehen. Dabei verbog sich die Anhängerkupplung des gerade neu angeschafften Traktors der chinesischen Newcomer-Marke MegaTrak, jedoch führte diese Maßnahme letztendlich zum Erfolg. B war stolz auf die gelungene Aktion und froh darüber, dass er – unmittelbar bevor er seine Arbeit begann – von der Bundesrepublik Deutschland offiziell beauftragt wurde. Dass die Anhängerkupplung verbog, war jedoch nicht auf einen Materialfehler zurückzuführen, sondern ist – so zutreffend ein Sachverständiger – bei derartigen Aktionen normal und somit bei den Kosten als normaler Posten zur Durchführung einzukalkulieren.

Nach der Maßnahme konnte der Spediteur S als Halter des Fahrzeugs ermittelt werden. Daraufhin erhielt er sofort eine Benachrichtigung und am 15. November einen Bescheid der zuständigen Bundespolizeidirektion, welche von ihm die Erstattung der angefallenen Kosten für polizeieigenes Material und Personal in Höhe von € 650,– Euro forderte, jedoch die von B zunächst noch nicht eingeforderten € 450,– einzuberechnen vergaß. Der Bescheid enthielt auch eine Rechtsbehelfsbelehrung, nach der gegen den Bescheid binnen vier Wochen Widerspruch eingelegt werden könne.

https://doi.org/10.1515/9783110625707-005

Hiergegen legt S am 2. Januar Widerspruch ein. Er begründet den Widerspruch damit, dass sein Fahrzeug wegen eines Defekts auf den Gleisen „liegen geblieben" sei und er doch für einen solchen Fall „höherer Gewalt" nicht haftbar gemacht werden könne. Als die Bundespolizei das Fahrzeug entdeckt habe, sei er in der Gaststätte „Zum Silbersack" gewesen, um auf den Schreck ein Bier zu trinken. Außerdem sei der Betrag ohnehin viel zu hoch.

Am 17. Januar erhält er vom Bundespolizeipräsidium einen Widerspruchsbescheid mit folgendem Inhalt:

1. Ihr Widerspruch wird als unbegründet zurückgewiesen.
2. Die Höhe des von Ihnen zu erstattenden Betrages wird auf € 1100,– Euro heraufgesetzt.
3. Außerdem wird Ihnen untersagt, sich während des nächsten Castortransports am 14. Juni dieses Jahres in der Zeit von 0 bis 24 Uhr in der Nähe der Gleise (bis zu 50 m), welche zum Atommüllendlager führen, aufzuhalten.

Die Bescheidung durch das Bundespolizeipräsidium wird auf eine allgemeine veröffentlichte Übertragungsanordnung gestützt. Zur Begründung wird ausgeführt, dass dem Landwirt B zwischenzeitlich Ersatz in Höhe von € 450,– für seine verbogene Anhängerkupplung aus dem Auftragsverhältnis und gemäß § 51 Abs. 3 Nr. 1 BPolG – nicht aber aus einer Amtshaftung gemäß § 839 Abs. 1 S. 1 BGB i.V.m. Art. 34 S. 1 GG – gewährt wurde und daher nun bei S Regress zu nehmen sei.

S meint, er sei mangels Verschulden schon nicht zur Zahlung hinsichtlich des ersten Bescheides verpflichtet gewesen, der Widerspruchsbescheid aber schlage doch „dem Fass den Boden aus". Das Bundespolizeipräsidium dürfe als Widerspruchsbehörde weder den geforderten Betrag erhöhen, noch ihm verbieten, sich an den Gleisen aufzuhalten.

Hat eine Klage des S beim Verwaltungsgericht Erfolg, wenn der Kostenansatz bezüglich des Personals und Materials in Höhe von € 650,– rechtmäßig ist und die Aufwendungen in Höhe von € 450,– gegenüber B tatsächlich entstanden sind? Bezüglich des Kostenbescheides sind etwaige Verfahrens- und Formerfordernisse eingehalten worden. Es ist zu unterstellen, dass die Höhe der einzelnen Beträge zutreffend ist, so dass eine Auseinandersetzung mit der Höhe des Entgeldes nicht mittels eines Gesetzes oder einer Verordnung anzuzweifeln ist.

Vertiefung
BVerwG, Urteil vom 12.11.1976 – IV C 34.75, NJW 1977, 1894.

Gliederung

Falllösung —— 98

  A. Sachurteilsvoraussetzungen (+) —— 98

    I. Rechtsweg (+) —— 98

      1. Aufdrängende Sonderzuweisung und Generalklausel (+) —— 98

      2. Abdrängende Sonderzuweisung (–) —— 99

    II. Zuständigkeit (+) —— 101

    III. Beteiligte (+) —— 101

    IV. Statthafte Klageart —— 102

    V. Besondere Sachurteilsvoraussetzungen (+) —— 104

      1. Besondere Prozessführungsbefugnis (+) —— 104

      2. Klagebefugnis (+) —— 105

      3. Vorverfahren (+) —— 105

      4. Klagefrist (+) —— 106

    VI. Zwischenergebnis —— 107

  B. Begründetheit (+/–) —— 107

    I. Rechtswidrigkeit der Anordnungen (+/–) —— 107

      1. Kostenersatz §§ 1 ff. BGebG i.V.m. den §§ 1 ff. BGebVO i.V.m. § 19 S. 1 BPolG bzw. § 19 Abs. 3 VwVG i.V.m. §§ 1 ff. BGebG i.V.m. den §§ 1 ff. BGebVO (–) —— 107

        a) Rechtsgrundlage (+) —— 107

        b) Voraussetzungen bezüglich der Gebühren i.H.v. € 650,– (+) —— 111

        (b) Voraussetzungen (+) —— 112

        (c) Rechtsfolge (+) —— 113

        c) Voraussetzungen bezüglich der Kosten i.H.v. € 450,– (+) —— 115

        d) Zwischenergebnis (–) —— 121

      2. Kostenersatz (§ 55 Abs. 2 S. 1 BPolG) (–) —— 121

        a) Rechtsgrundlage (+) —— 121

        b) Voraussetzungen (+) —— 121

        c) Rechtsfolge (+) —— 123

        d) Zwischenergebnis (–) —— 123

      3. Rechtswidrigkeit der Anordnung des Betretungsverbotes (+) —— 123

        a) Rechtsgrundlage (+) —— 123

        b) Voraussetzungen (–) —— 123

        c) Zwischenergebnis (+) —— 124

    II. Rechtsverletzung (+/–) —— 124

  C. Ergebnis (+/–) —— 124

Lösungsvorschlag

Die folgende Lösung ist als Lösungsvorschlag zu verstehen und ausführlicher, als es in der Klausurbearbeitung verlangt werden kann. Aufgrund der wissenschaftlichen Freiheit können andere Lösungswege vertreten werden, soweit sie dogmatisch be-

gründbar sind. Die Nachweise aus Rechtsprechung und Literatur sowie die das Verständnis fördernden Randbemerkungen sind in der Examensklausur auszusparen. Die Abkürzung „Alt." steht für Alternativfall, nicht für Alternative.

Zur Verbesserung der Methodik bei der Anfertigung eines Gutachtens in der Klausur empfiehlt sich die Lektüre des Beitrags von Heinze/Starke JURA 2012, 175 ff.

Falllösung

Die Klage des S hat jedenfalls Erfolg, soweit die Sachurteilsvoraussetzungen erfüllt sind und die Klage begründet ist.

A. Sachurteilsvoraussetzungen

Hinweis: Andere Aufbauvarianten werden vertreten (z. B. dreistufig oder Prüfung des Verwaltungsrechtsweges als Untergliederungspunkt der Zuständigkeit des Gerichts). Derartige Aufbauvarianten sind aber mit § 17a Abs. 2 S. 1 GVG bzw. mit der Überschrift des 6. Abschnitts der VwGO sowie mit § 83 VwGO unvereinbar und daher bei exakter dogmatischer Zuordnung der Prüfungspunkte nicht zu empfehlen. Die Überschrift „Sachurteilsvoraussetzungen" anstelle der Überschrift „Zulässigkeit" ist sinnvoll, weil nach § 63 Nr. 3 VwGO auch der Beigeladene zu den Beteiligten gehört, das Fehlen einer notwendigen Beiladung i.S.d. § 65 Abs. 2 VwGO aber nur dazu führt, dass das Urteil keine materielle Rechtskraft entfaltet.

Die Sachurteilsvoraussetzungen können erfüllt sein.

I. Rechtsweg

Ein Rechtsweg muß eröffnet sein. Der Verwaltungsrechtsweg kann aufgrund einer aufdrängenden Sonderzuweisung, hilfsweise gemäß der Generalklausel des § 40 Abs. 1 S. 1 VwGO eröffnet sein, soweit keine abdrängende Sonderzuweisung besteht. Gegebenenfalls ergeht ein Verweisungsbeschluss i.S.d. § 17a Abs. 2 S. 1 GVG i.V.m. § 173 S. 1 VwGO.

1. Aufdrängende Sonderzuweisung und Generalklausel

Bezüglich eines eventuell bestehenden Aufwendungsersatzanspruches der Bundesrepublik Deutschland gegen S aus § 55 Abs. 2 S. 1 BPolG gilt § 56 HS. 2 BPolG als

aufdrängende Sonderzuweisung, sodass insoweit der Verwaltungsrechtsweg eröffnet wäre.

Mangels aufdrängender Sonderzuweisung bezüglich des Ausgangsbetrages
in Höhe von € 650,– kann der Verwaltungsrechtsweg nur gemäß § 40 Abs. 1 S. 1
VwGO eröffnet sein. Der Verwaltungsrechtsweg ist demnach jedenfalls eröffnet,
wenn die streitentscheidende öffentlich-rechtliche Norm einen Hoheitsträger
einseitig berechtigt oder verpflichtet bzw. wenn aufgrund typisch hoheitlichen
Handelns zwischen den mutmaßlichen Beteiligten ein Subordinationsverhältnis
besteht.

Als streitentscheidende Normen kommen die Vorschriften des Bundesgebührengesetzes §§ 1ff. BGebG i.V.m. den §§ 1ff. BGebVO i.V.m. § 19 S. 1 BPolG oder
§ 19 Abs. 3 VwVG i.V.m. §§ 1ff. BGebG i.V.m. den §§ 1ff. BGebVO in Betracht. Diese
Normen berechtigen die Bundesrepublik Deutschland als öffentliche Rechtsträgerin, vom Bürger Kostenerstattung zu verlangen. Bezüglich der Ziffer 3 des Bescheides kann es sich um einen Platzverweis handeln, sodass insoweit § 38 BPolG
als streitentscheidende Norm maßgeblich ist. Auch aus der von der Bundespolizeidirektion und dem Bundespolizeipräsidium gewählten Handlungsform des
Bescheides ergibt sich der öffentlich-rechtliche Charakter der Streitigkeit, da insoweit typisch hoheitlich im Subordinationsverhältnis gehandelt worden ist. Der
Verwaltungsrechtsweg wäre somit gemäß § 40 Abs. 1 S. 1 VwGO eröffnet. Es darf
jedoch keine abdrängende Sonderzuweisung bestehen.

2. Abdrängende Sonderzuweisung

Soweit eine abdrängende Sonderzuweisung gegeben ist, ist der Verwaltungs-
rechtsweg dennoch nicht eröffnet. Eine abdrängende Sonderzuweisung könnte
sich aus Art. 34 S. 3 GG ergeben. Gemäß Art. 34 S. 3 GG darf der ordentliche
Rechtsweg für Schadensersatz und den Rückgriff nicht ausgeschlossen sein.
Damit kann eine verbindliche abdrängende Sonderzuweisung zum ordentlichen
Gericht geregelt worden sein. Nach dem Wortlaut der Norm darf der ordentliche
Rechtsweg lediglich nicht „ausgeschlossen" werden, sodass sich ein Recht zur
Wahl des Rechtsweges durch den Kläger ergeben könnte. Die Verbindlichkeit der
Regelung könnte sich allerdings aus § 40 Abs. 2 S. 1 Var. 3 VwGO ergeben, wonach
Schadensersatz zum ordentlichen Gericht gehört. Eine Spezifizierung der Ver-
fassung durch einfachgesetzliche Regelungen ist zwar denkbar, jedoch darf die
Zuweisung zum ordentlichen Gericht nicht nur abdrängend aus Sicht des Ver-
waltungsgerichtes wirken, sondern muss auch aufdrängend aus der Sicht des
ordentlichen Gerichts gelten. Da für das ordentliche Gericht allerdings nicht die
Verwaltungsgerichtsordnung gilt, muss sich eine verbindliche Zuweisung zum
ordentlichen Gericht schon unmittelbar aus dem höherrangigen Recht ergeben.

Art. 34 S. 3 GG steht allerdings in praktischer Konkordanz zum unter anderem in Art. 20 Abs. 3 GG verankerten Rechtsstaatsprinzip und zu Art. 101 Abs. 1 S. 2 GG. Insoweit bedarf es einer hinreichend bestimmten Gerichtszuweisung auch zur Gewährung eines hinreichend bestimmten gesetzlichen Richters. Aufgrund dieser praktischen Konkordanz ist schon Art. 34 S. 3 GG als verbindliche Zuweisung zum ordentlichen Gericht zu verstehen, sodass eine einfachgesetzliche Regelung wie § 40 Abs. 2 S. 1 Var. 3 VwGO diesbezüglich lediglich deklaratorisch wirkt.

Zwar ist Art. 34 S. 3 GG somit eine verbindliche Zuweisung zum ordentlichen Gericht, jedoch verlangt nicht S Schadensersatz i.S.d. Art. 34 S. 3 Alt. 1 GG aus einer Amtshaftung gemäß § 839 Abs. 1 S. 1 BGB i.V.m. Art. 34 S. 1 GG, jedoch verlangt die Bundesrepublik Deutschland von S Rückgriff. Auch der Rückgriff aus einer Amtshaftung ist gemäß Art. 34 S. 3 Alt. 2 GG den ordentlichen Gerichten zugewiesen. Allerdings bezieht sich der Regress nicht auf einen Amtshaftungsanspruch, den B gegen die Bundesrepublik Deutschland hatte, sondern auf einen Anspruch des B gegen die Bundesrepublik Deutschland aus § 51 Abs. 3 Nr. 1 BPolG. Somit ist Art. 34 S. 3 Alt. 2 GG nicht anwendbar, sodass insoweit keine abdrängende Sonderzuweisung besteht.

Die Voraussetzungen anderer abdrängender Sonderzuweisungen könnten erfüllt sein. In Betracht kommen § 56 BPolG und § 40 Abs. 2 S. 1 VwGO. Zwar ist in § 56 BPolG eine Zuweisung zum ordentlichen Gericht enthalten, jedoch ist diese einerseits nur auf Schadensausgleich und explizit nicht auf Aufwendungsersatz i.S.d. § 55 Abs. 2, 3 BPolG bezogen. Selbst wenn für den Rechtsweg der Anspruch des B gegen die Bundesrepublik Deutschland auf Ersatz maßgeblich wäre, hätte B den Anspruch gemäß § 40 Abs. 1, 2 VwGO i.V.m. einer Rechtswegkonzentration i.S.d. § 17 Abs. 2 S. 1 GVG i.V.m. § 173 S. 1 VwGO vor dem Verwaltungsgericht möglicherweise geltend machen können, weil sich der Anspruch nicht nur aus § 51 Abs. 3 Nr. 1 BPolG ergibt, sondern auch aus dem Auftragsverhältnis zwischen B und der Bundesrepublik Deutschland, welches im Sachzusammenhang zum öffentlichen Recht steht, sodass es unter Umständen sogar einen öffentlich-rechtlichen Vertrag darstellt.

Letztlich ist für das Begehren des S, die Regressinanspruchnahme zu vermeiden, jedenfalls nicht maßgeblich, welcher Rechtsweg zwischen B und der Bundesrepublik Deutschland bezüglich des Anspruches des B aus § 51 Abs. 3 Nr. 1 BPolG eröffnet gewesen wäre. Es geht insoweit um Ansprüche, die seitens der Bundesrepublik Deutschland auf §§ 1 ff. BGebG i.V.m. den §§ 1 ff. BGebVO i.V.m. § 19 S. 1 BPolG oder § 19 Abs. 3 VwVG i.V.m. §§ 1 ff. BGebG i.V.m. den §§ 1 ff. BGebVO oder auf § 55 Abs. 2, 3 BPolG gestützt werden. Insoweit handelt es sich um öffentlich-rechtliche Normen, durch welche die Bundesrepublik Deutschland einseitig zur Forderung berechtigt wird. Sollte § 55 Abs. 2, 3 BPolG maßgeblich sein, bleibt gemäß § 56 HS. 2 BPolG ohnehin der Verwaltungsrechtsweg eröffnet. Da auch die Voraussetzungen des § 40 Abs. 2 S. 1 VwGO nicht erfüllt sind – schließlich geht es nicht um Ersatzansprüche aus z. B. Aufopferung oder öffentlicher Verwahrung – besteht nach alledem keine abdrängende Sonderzuweisung. Der Verwaltungsrechtsweg ist somit gemäß den §§ 56 HS. 2 BPolG, 40 Abs. 1 S. 1 VwGO eröffnet.

II. Zuständigkeit

Das Verwaltungsgericht ist gemäß § 45 VwGO als Eingangsinstanz für den Streit über den von der zuständigen Behörde der Bundesrepublik Deutschland erlassenen Bescheid sachlich zuständig, soweit die Voraussetzungen abweichender Regelungen wie z. B. die §§ 47, 50 VwGO etwa bei besonderen Verfahren nicht erfüllt sind. Das Verwaltungsgericht ist mangels anderweitiger Anhaltspunkte auch i.S.d. § 52 Nr. 3 VwGO örtlich zuständig, sodass kein Verweisungsbeschluss gemäß § 17a Abs. 2 S. 1 GVG i.V.m. § 83 VwGO gefasst werden wird.

Die örtliche Zuständigkeit ist nur anzusprechen, wenn es dafür im Sachverhalt Anhaltspunkte gibt. Gegebenenfalls ist die örtliche Zuständigkeit grundsätzlich im Anschluss an die sachliche Zuständigkeit zu prüfen. Ist sie jedoch gemäß § 52 Nr. 2 VwGO ausnahmsweise von der Klageart abhängig, sollte sie offen mit Verweis auf § 17a Abs. 2 S. 1 GVG i.V.m. § 83 VwGO formuliert werden.

III. Beteiligte

S und die Bundesrepublik Deutschland als Körperschaft öffentlichen Rechts können Beteiligte des Verfahrens sein. Beteiligte sind nach § 63 Nr. 1, 2 VwGO unter anderem der Kläger und der Beklagte, beteiligungsfähig nach § 61 Nr. 1 Alt. 1, 2 VwGO natürliche und juristische Personen. Behörden sind auf der Bundesebene nicht i.S.d. § 61 Nr. 3 VwGO beteiligungsfähig. Als Kläger ist gemäß § 61 Nr. 1 Alt. 1 VwGO S als natürliche Person beteiligungsfähig. S ist gemäß § 62 Abs. 1 Nr. 1 VwGO mangels gegenteiliger Anhaltspunkte prozessfähig.

Beklagte ist die Bundesrepublik Deutschland als Gebietskörperschaft des öffentlichen Rechts, vertreten durch die Bundespolizeidirektion bzw. das Bundespolizeipräsidium. Sie ist gemäß den §§ 63 Nr. 2, 61 Nr. 1 Alt. 2 VwGO beteiligungs- und mangels Anhaltspunkten bezüglich des jeweils für die Behörde handelnden Organwalters gemäß § 62 Abs. 1, 3 VwGO prozessfähig.

IV. Statthafte Klageart

Die statthafte Klageart richtet sich i.S.d. § 88 VwGO nach dem klägerischen Begehren unter Berücksichtigung des Anwendungsvorrangs maßnahmespezifischer Rechtsschutzformen und des rechtsstaatlichen Grundsatzes der Effektivität des Rechtsschutzes. Dem klägerischen Begehren entspricht i.d.R. die effektivste Klageart, also nach Möglichkeit die Anfechtungsklage gemäß § 42 Abs. 1 Alt. 1 VwGO als Gestaltungsklage der Verwaltungsgerichtsordnung, es sei denn, es gibt einen ausdrücklichen Antrag, der nicht überschritten werden darf. Voraussetzung der Anfechtungsklage ist, dass der Kläger die Aufhebung eines gegenwärtig wirkenden Verwaltungsaktes erstrebt. Ein Verwaltungsakt ist gemäß § 35 S. 1 VwVfG i.V.m. § 1 VwVfG jede Verfügung, Entscheidung oder andere hoheitliche Maßnahme, die eine Behörde zur Regelung eines Einzelfalls auf dem Gebiet des öffentlichen Rechts trifft und die auf unmittelbare Rechtswirkung nach außen gerichtet ist. S könnte gegen das hoheitliche Handeln in Bescheidform vorgehen wollen. Dazu bedarf es eines hinreichend konkretisierten Begehrens im Hinblick auf einen hinreichend konkretisierten Streitgegenstand.

Es kommen der Bescheid vom 15. November und der Bescheid vom 17. Januar des Folgejahres in Betracht.

Der Streitgegenstand der Anfechtungsklage ist im Rahmen des § 79 VwGO bestimmbar. Gemäß § 79 Abs. 1 Nr. 1 VwGO kann Streitgegenstand ein ursprünglicher Verwaltungsakt in der Gestalt sein, die er durch den Widerspruchsbescheid erhalten hat.

Typisches Problem bei der reformatio in peius ist der Streitgegenstand. In diesem Zusammenhang ist i.d.R. § 79 VwGO in seinen Varianten zu erörtern.

Denkbar ist auch, dass nur ein Widerspruchsbescheid gemäß § 79 Abs. 1 Nr. 2 Alt. 2 VwGO Gegenstand der Klage ist, wenn er erstmals eine Beschwer enthält. Der Widerspruchsbescheid kann gemäß § 79 Abs. 2 VwGO auch dann alleiniger Streitgegenstand sein, wenn und soweit er gegenüber dem ursprünglichen Verwaltungsakt eine zusätzliche selbstständige Beschwer enthält. Die zusätzliche selbstständige Beschwer muss in diesem Zusammenhang nicht zwingend eine qualitative Verböserung darstellen, bei welcher anlässlich des Widerspruchsverfahrens ein eigenständiger neuer Verwaltungsakt erlassen wird. Erfasst ist im Rahmen des § 79 Abs. 2 VwGO auch die quantitative Verböserung, weil § 79 Abs. 2 VwGO insoweit verfassungskonform i.S.d. Art. 19 Abs. 4 GG ausgelegt werden muss. Ein umfassender effizienter Rechtsschutz gegen ein Handeln der Exekutive ist erforderlich. Würde § 79 Abs. 2 VwGO auf qualitative Verböserungen beschränkt sein, ergäbe die Regelung wenig Sinn, weil die qualitative Verböserung als unechte Verböserung einen eigenständigen Verwaltungsakt beinhaltet, der ohnehin gesondert anfechtbar ist. Dann hätte § 79 Abs. 2 VwGO lediglich eine Klarstellungsfunktion. Außerdem wäre die Verböserung ohne den Ausgangsteil des Bescheides bei enger Auslegung des § 79 Abs. 2 VwGO nur bei erstmaliger Beschwer im Widerspruchsbescheid gemäß § 79 Abs. 1 Nr. 2 VwGO möglich, sodass der Rechtsschutz insoweit erschwert wäre, als im Rahmen des dann nur möglichen Vorgehens gegen den Ausgangsbescheid in Gestalt des Widerspruchsbescheides gemäß § 79 Abs. 1 Nr. 1 VwGO der Ausgangsteil des Bescheides möglicherweise entgegen des eigentlichen Begehrens des Klägers zur Disposition gestellt würde.

Da der Widerspruchsbescheid gegenüber S keine erstmalige Beschwer enthält – auch durch den ursprünglichen Bescheid wurde S eine Zahlungspflicht auferlegt – kann S wahlweise gemäß § 79 Abs. 1 Nr. 1 VwGO den ursprünglichen Bescheid in der durch den Widerspruchsbescheid gefundenen Form oder gemäß § 79 Abs. 2 VwGO lediglich die im Widerspruchsbescheid enthaltenen Verböserungen anfechten. Selbst wenn die im Widerspruchsbescheid enthaltene Belastung in Form des Aufenthaltsverbotes für den 14. Juni eine qualitative Verböserung darstellt, die als eigenständiger neuer Verwaltungsakt anlässlich des Widerspruchsverfahrens einzustufen ist, stellt dies keine erstmalige Beschwer dar, da in § 79 Abs. 1 Nr. 1 VwGO prozessual insoweit vorgegeben ist, dass es als ein einheitlicher Streitgegenstand gegebenenfalls mittels der prozessualen Verknüpfung zweier Verwaltungsakte bezüglich eines tatsächlichen Geschehens einzustufen ist, wenn formal ein Bescheid erlassen wird.

Das Ziel des S ist es, jegliche Belastung im Zusammenhang mit der Bereinigung der Eisenbahnschienen und der damit verbundenen Kosten zu vermeiden und das für den 14. Juni angeordnete Aufenthaltsverbot aufheben zu lassen. Sein Antrag ist somit dahingehend auszulegen, dass er den ursprünglichen Bescheid in der im Widerspruchsbescheid gefundenen Form gemäß § 79 Abs. 1 Nr. 1 VwGO anfechten will. Streitgegenstand ist der ursprüngliche Kostenbescheid vom 15. November in der Gestalt des Widerspruchsbescheides vom 17. Januar des Folgejahres. Einer zusätzlichen Anwendung des § 79 Abs. 2 VwGO für die Beschwer in Ziffer 3 des Bescheides bedarf es nicht, da in § 79 Abs. 1 Nr. 1 VwGO gesetzlich vorgegeben ist, dass auch die zusätzliche selbständige Beschwer in Form der qualitativen Verböserung erfasst ist – auch wenn es sich dabei um einen eigenständigen Verwaltungsakt handelt. Die Anfechtungsklage gemäß § 42 Abs. 1 Alt. 1 VwGO ist statthaft.

Soweit es um das Aufenthaltsverbot als qualitative Verböserung geht, streiten dieselben Parteien beim selben Gericht in einem konnexen Sachverhalt bei gleichzeitiger Entscheidungsreife der Begehren. Es könnte sich bei der Anfechtung dieses zweiten Verwaltungsaktes anlässlich des Widerspruchsverfahrens somit um eine kumulative Klagehäufung i.S.d. § 44 VwGO handeln. Insoweit ist jedoch die gesetzliche Fiktion des einheitlichen Streitgegenstandes gemäß § 79 Abs. 1 Nr. 1 VwGO maßgeblich, sodass eine Klageverbindung i.S.d. § 44 VwGO nur in Betracht kommt, soweit der Kläger die Beseitigung einer qualitativen und quantitativen Verböserung kumulativ verlangt, ohne die ursprüngliche Belastung beseitigen zu wollen, wenngleich auch insoweit ein einheitlicher Streitgegenstand in Gestalt des Widerspruchsbescheides angenommen und damit eine objektive Klagehäufung gemäß § 44 VwGO abgelehnt werden könnte. Eine Klageverbindung ist somit aus der Sicht des S nicht gegeben, weil es sich um eine Konstellation des § 79 Abs. 1 Nr. 1 VwGO handelt.

Vertretbar ist es bezüglich des § 44 VwGO, trotz der formalen Fiktion des einheitlichen Streitgegenstandes in § 79 Abs. 1 Nr. 1 VwGO wegen des „Begehrens" in § 44 VwGO auf die prozessuale Verbindung zweier materieller Ansprüche abzustellen, insbesondere, soweit vertreten wird, dass der Abhilfe- bzw. Widerspruchsbescheid trotz des Wortlautes des § 79 Abs. 1 Nr. 1 VwGO wegen der Formulierung des § 79 Abs. 1 Nr. 2 VwGO eigenständig ist. Gleiches ließe sich auf die Anfechtung zweier Verböserungen (qualitativ und quantitativ) übertragen, soweit nur die Verböserungen angefochten werden sollen.

V. Besondere Sachurteilsvoraussetzungen
Die besonderen Sachurteilsvoraussetzungen können erfüllt sein.

1. Besondere Prozessführungsbefugnis
Besonders prozessführungsbefugt ist gemäß § 78 Abs. 1 Nr. 1 VwGO die den Kostenbescheid erlassende Bundesrepublik Deutschland als Körperschaft öffentlichen Rechts, da keine Ausführungsvorschrift i.S.d. § 78 Abs. 1 Nr. 2 VwGO ersichtlich ist.

Da der Widerspruchsbescheid keine erstmalige Beschwer enthält, weil schon der ursprüngliche Kostenbescheid eine Beschwer enthielt, ist für die Zuordnung des Rechtsträgers nicht gemäß § 78 Abs. 2 VwGO die Widerspruchsbehörde die maßgebliche Behörde, sondern die Polizeidirektion als Ausgangsbehörde, wenngleich sowohl die Rechtsträgerin der Ausgangsbehörde als auch die der Widerspruchsbehörde die Bundesrepublik Deutschland ist.

---

§ 78 VwGO enthält nach h.M. eine Regelung über die besondere Prozessführungsbefugnis, die von der Beteiligungsfähigkeit und der Passivlegitimation zu trennen ist (MA: § 78 VwGO als Sonderregelung der Passivlegitimation, die aber in der Sachstation, also der Begründetheit, zu prüfen ist, da Passivlegitimation der Terminus für den materiell richtigen Klagegegner ist). Die besondere Prozessführungsbefugnis ist ein Unterpunkt bei den besonderen Sachurteilsvoraussetzungen und wird teilweise (vertretbar aber bzgl. der materiell-rechtlichen Passivlegitimation verwechslungsfähig) mit „Klagegegner" überschrieben.*

Einige Argumente für die h.M.:
- § 78 VwGO steht systematisch bei besonderen Sachurteilsvoraussetzungen
- Gesetzgebungskompetenzen
- falsche Behörde bzw. falscher Rechtsträger können nicht zum materiell richtigen Anspruchsgegner i.S. einer Passivlegitimation werden (zum Ganzen: Ehlers, Festschrift für Menger, S. 379 ff.; Hufen, Verwaltungsprozessrecht, 11. Aufl. 2019, § 12, Rn 38 ff. m.w.N.; vgl. OVG Münster NVwZ 1990, 188)

---

2. Klagebefugnis

B muss klagebefugt sein. Die Klagebefugnis nach § 42 Abs. 2 VwGO setzt die Möglichkeit der Verletzung eines subjektiven Rechts voraus. Subjektive Rechte werden aus Sonderrechtsbeziehungen, einfachen Gesetzen, subsidiär aus Grundrechten abgeleitet, wobei jedenfalls aufgrund des weiten Schutzbereiches des Art. 2 Abs. 1 GG bei unmittelbaren Grundrechtseingriffen für das subjektive Recht direkt auf Grundrechte abgestellt werden kann. S ist Adressat eines belastenden Bescheides. Mag es auch speziellere einfachgesetzliche subjektive Rechte geben, besteht für S bezüglich dieses offenbar unmittelbaren Eingriffes jedenfalls die Möglichkeit, sich auf grundrechtliche Abwehrrechte zu berufen. Da konkret betroffene Eigentumspositionen im Rahmen der einfachgesetzlichen Eigentumsdefinition i.S.d. Art. 14 Abs. 1 S. 2 GG ebenso wenig ersichtlich sind wie sonstige in Betracht kommende spezielle Freiheitsrechte, ist für die Belastung mit einer Zahlungspflicht für S subsidiär auf die allgemeine Handlungsfreiheit des Auffanggrundrechtes aus Art. 2 Abs. 1 GG abzustellen. Bezüglich der Ziffer 3 des Bescheides kann die Freizügigkeit i.S.d. Art. 11 GG als spezielle Regelung betroffen sein, als Auffanggrundrecht jedenfalls ebenfalls die allgemeine Handlungsfreiheit i.S.d. Art. 2 Abs. 1 GG. S ist klagebefugt, da zumindest die Möglichkeit besteht, dass er in seinem subjektiven Recht aus Art. 2 Abs. 1 GG verletzt ist.

3. Vorverfahren

Ein Vorverfahren gemäß den §§ 68 ff. VwGO ist auf Bundesebene grundsätzlich nicht gemäß § 68 Abs. 1 S. 2 VwGO entbehrlich. Da im Widerspruchsbescheid keine erstmalige Beschwer erfolgte, ist das Vorverfahren auch nicht gemäß § 68 Abs. 1 S. 2 Nr. 2 VwGO entbehrlich. S hat zwar Widerspruch eingelegt, jedoch könnte dieser verfristet gewesen sein. Die Widerspruchsfrist beträgt gemäß § 70 Abs. 1 S. 1 VwGO grundsätzlich einen Monat ab der Bekanntgabe des Bescheides.

Der ursprüngliche Bescheid ist S am 15. November bekannt gegeben worden. Er hat erst am 2. Januar und somit etwa eineinhalb Monate später widersprochen. Der Widerspruch wäre verfristet. Allerdings ist Voraussetzung für die Anwendbarkeit des § 70 Abs. 1 VwGO eine ordnungsgemäße Rechtsbehelfsbelehrung. Fehlt eine ordnungsgemäße Rechtsbehelfsbelehrung, gilt gemäß § 58 Abs. 2 S. 1 VwGO i.V.m. § 70 Abs. 2 VwGO eine Jahresfrist. Der an S erlassene Bescheid vom 15. November enthielt zwar eine Rechtsbehelfsbelehrung, jedoch war diese falsch, da sie auf vier Wochen ausgerichtet war, wobei vier Wochen 28 Tage, also etwas anderes als einen Monat darstellen. Aufgrund der falschen Belehrung galt die Jahresfrist i.S.d. § 58 Abs. 2 S. 1 VwGO i.V.m. § 70 Abs. 2 VwGO. Die Jahresfrist beginnt grundsätzlich mit der Bekanntgabe des Verwaltungsaktes i.S.d. § 41 VwVfG, in Mehr-Personen-Konstellationen ausnahmsweise aus rechtsstaatlichen Gründen i.S.d. Art. 20 Abs. 3 GG mit Kenntnis bzw. Kennenmüssen. In der Zwei-Personen-Konstellation zwischen S und der Bundesrepublik Deutschland hat S die Jahresfrist seit Bekanntgabe eingehalten, da er schon im Januar gegen den im November erlassenen Bescheid Widerspruch eingelegt hat. Inwieweit eine möglicherweise erfolgte sachliche Einlassung der Behörde wegen des sich unter anderem aus Art. 20 Abs. 3 GG ergebenden Rechtsstaatsprinzips in Zwei-Personen-Konstellationen zwischen Bürger und Behörde zur Heilung des Fristversäumnisses führen kann, ist irrele-vant, da aufgrund der geltenden Jahresfrist keine Verfristung gegeben ist.

Ein zusätzlicher Widerspruch bezüglich der Verböserungen ist nicht erforderlich, weil es sich gemäß § 79 Abs. 1 Nr. 1 VwGO verfahrensrechtlich um einen einheitlichen Bescheid, nämlich den ursprünglichen Bescheid in Gestalt des Widerspruchsbescheides handelt, bezüglich dessen bereits ein Widerspruchsverfahren durchgeführt worden ist. Gleiches würde verfassungskonform i.S.d. Artt. 19 Abs. 4, 20 Abs. 3 GG für eine zusätzliche selbständige Beschwer anlässlich des Widerspruchsverfahrens gelten, da die Behörde bereits die Möglichkeit hatte, sich zu kontrollieren, wobei § 79 Abs. 2 VwGO neben § 79 Abs. 1 Nr. 1 VwGO nicht zusätzlich angewandt werden muss.

Enthält ein Abhilfebescheid oder Widerspruchsbescheid erstmals eine Beschwer, ist ein Widerspruchsverfahren diesbezüglich gemäß § 68 Abs. 1 S. 2 Nr. 2 VwGO entbehrlich.

---

4. Klagefrist

Die Klagefrist von einem Monat gemäß § 74 Abs. 1 S. 1 VwGO seit der Zustellung des Widerspruchsbescheides ist mangels gegenteiliger Anhaltspunkte eingehalten worden.

VI. Zwischenergebnis
Die Sachurteilsvoraussetzungen sind erfüllt und die Klage des S ist zulässig.

B. Begründetheit

Die Klage des S ist gemäß § 113 Abs. 1 S. 1 VwGO begründet, soweit der Kostenbescheid in Gestalt des Widerspruchsbescheides rechtswidrig und der Kläger S dadurch in seinen Rechten verletzt ist.

I. Rechtswidrigkeit der Anordnungen
Die im Ausgangsbescheid in Gestalt des Widerspruchsbescheides erfolgten Anordnungen können rechtswidrig sein.

1. Kostenersatz §§ 1 ff. BGebG i.V.m. den §§ 1 ff. BGebVO i.V.m. § 19 S. 1 BPolG bzw. § 19 Abs. 3 VwVG i.V.m. §§ 1 ff. BGebG i.V.m. den §§ 1 ff. BGebVO
Die Anordnung zur Zahlung von Kosten in Höhe von € 1.100,– kann rechtmäßig i.S.d. §§ 1 ff. BGebG i.V.m. den §§ 1 ff. BGebVO BGebVO i.V.m. Anlagen 1, 2 zur BGebVO i.V.m. § 19 S. 1 BPolG oder § 19 Abs. 3 VwVG i.V.m. §§ 1 ff. BGebG i.V.m. den §§ 1 ff. BGebVO i.V.m. Anlagen 1, 2 zur BGebVO sein. Da es sich insoweit um eine Eingriffsverwaltung handelt, gilt der Vorbehalt des Gesetzes. Es bedarf einer Rechtsgrundlage, deren Voraussetzungen erfüllt sind.

a) Rechtsgrundlage
Als Rechtsgrundlagen kommen §§ 1 ff. BGebG i.V.m. § 19 S. 1 BPolG und § 19 Abs. 1 S. 1 VwVG i.V.m. AO in Betracht, wobei gegebenenfalls problematisch ist, worauf die Verböserung gestützt werden kann.

aa) Anwendbarkeit der §§ 1 ff. BGebG i.V.m. den §§ 1 ff. BGebVO i.V.m. § 19 S. 1 BPolG oder § 19 Abs. 3 VwVG i.V.m. §§ 1 ff. BGebG i.V.m. den §§ 1 ff. BGebVO
Bei einer unmittelbaren Ausführung i.S.d. § 19 S. 1 BPolG werden die Kosten der Maßnahme nach §§ 1 ff. BGebG i.V.m. den §§ 1 ff. BGebVO i.V.m. § 19 S. 1 BPolG verlangt, während es bei § 19 Abs. 3 VwVG i.V.m. den §§ 1 ff. BGebG i.V.m. den §§ 1 ff. BGebVO um die Kosten des gestreckten bzw. verkürzten Verfahrens gemäß § 6 Abs. 1 VwVG oder des sofortigen Vollzuges gemäß § 6 Abs. 2 VwVG als ein Spe-

zialfall des verkürzten Verfahrens geht. Maßgeblich ist somit, ob es sich bei der behördlichen Maßnahme auf der Primärebene um eine unmittelbare Ausführung oder um eine Verwaltungsvollstreckung handelte.

Durch die Primärebene ist materielles Handeln der Verwaltung erfasst, während die Sekundärebene auf die Kosten bezogen ist.

Eine unmittelbare Ausführung ist nur denkbar, wenn kein Verwaltungsakt erlassen wurde, der dem behördlichen Handeln zugrunde lag. Die unmittelbare Ausführung gemäß § 19 S. 1 BPolG ist nämlich im materiellen Recht außerhalb der Standardmaßnahmen, welche Vollstreckungsrecht implizieren können, geregelt. Es handelt sich bei der unmittelbaren Ausführung um eine Handlung für den Betroffenen bzw. um eine solche, die adressatenneutral ist, nicht um eine Handlung gegen seinen Willen. Die unmittelbare Ausführung ist aufgrund ihrer systematischen Stellung nicht dem Vollstreckungsrecht zuzuordnen und daher unanwendbar, wenn bereits ein Verwaltungsakt erlassen worden ist, der vollstreckt wird. Der sofortige Vollzug i.S.d. § 6 Abs. 2 VwVG ist hingegen ebenso wie das allgemeine verkürzte Verfahren und das gestreckte Verfahren dem Vollstreckungsrecht zuzuordnen, sodass insoweit der Wille des Betroffenen gebrochen werden soll. Da die Art des Handelns allerdings nicht von subjektiven Einstellungen des Betroffenen abhängig sein darf, ist ein i.S.d. Art. 20 Abs. 3 GG rechtsstaatlicher verobjektivierter Maßstab maßgeblich.

Merke: Abschleppfälle sind in Klausuren sehr beliebt, wobei diese in verschiedenen Konstellationen (mit vorherigem VA – ohne VA; mit Sicherstellung – ohne Sicherstellung als bloße „Umsetzung") auftauchen können. Die wichtigsten sind neben der hier vorliegenden Konstellation einer unmittelbaren Ausführung (s. das Feld oben rechts in der Tabelle):

Abschleppfälle – Konstellationen abstrakt

Umsetzung Kfz bei Verkehrszeichen (VA)	Umsetzung Kfz bei Nichtbeachtung sonst. Vorschriften (kein VA)
→ RGL für **Umsetzung**: Norm für gestrecktes Verfahren (ErsatzV als Zwangsmittel) → RGL für **Kostenbescheid**: Kostengrundlage für gestrecktes Verfahren mit ErsatzV als Zwangsmittel	→ RGL für **Umsetzung**: Norm für sof. Vollzug (ErsatzV als Zwangsmittel); sof. Vollz. auch „erst-recht" falls unm. Aufg. nicht geregelt; umgekehrt grds. nicht mögl., falls nur unm. Aufg. im Gesetz); u.U. Norm für unm. Ausfg. → RGL für **Kostenbescheid**: Kostengrundlage für sof. Vollzug mit ErsatzV als Zwangsmittel; u.U. Kostengrundlage unm. Ausfg.
Abschleppen Kfz (Verwahrplatz) **Verkehrszeichen (VA)** → RGL **Abschleppen**: RGl Kasten oben links und RGl Sicherstellung (str., ob beides oder nur Sicherst.; z.T. im LandesR geregelt) → RGL **Kostenbescheid**: Kostengrundlage Sicherst. und Kostengrundlage Kasten oben links (str.)	**Abschleppen** Kfz (Verwahrplatz) **sonst. Vorschriften (kein VA)** → RGL **Abschleppen**: RGl Kasten oben rechts und RGl Sicherstellung (str., ob beides oder nur Sicherst.) → RGL für **Kostenbescheid**: Kostengrundlage Sicherst. und RGl Kasten oben rechts (str. bzgl. unm. Ausfg)

Schema 7

Als das Fahrzeug des S von den Schienen beseitigt wurde, war S nicht anwesend. Es konnte ihm gegenüber also kein Verwaltungsakt i.S.d. § 35 VwVfG erlassen werden, der vollstreckt worden ist. Es handelte sich auf der Primärebene also weder um ein gestrecktes Verfahren noch um ein allgemeines verkürztes Verfahren. Da S eine Panne hatte und es bei objektivierter Betrachtung in seinem Sinne war, es von den Schienen zu entfernen, handelte es sich nicht um eine Vollstreckung, sondern um eine unmittelbare Ausführung i.S.d. § 19 S. 1 BPolG. Somit kommen als Rechtsgrundlage für die Kosten des behördlichen Handelns die Vorschriften des Bundesgebührengesetzes §§ 1 ff. BGebG i.V.m. den §§ 9 Abs. 1, 12 Abs. 1 Nr. 2, 13 Abs. 1, 22 Abs. 1 BGebG i.V.m. §§ 1 Nr. 1, 2 ff. BGebVO i.V.m. den Anlagen 1, 2 zur BGebVO i.V.m. § 19 S. 1 BPolG, nicht aber § 19 Abs. 3 VwVG i.V.m. §§ 1 ff. BGebG i.V.m. den §§ 9 Abs. 1, 12 Abs. 1 Nr. 2, 13 Abs. 1, 22 Abs. 1 BGebG i.V.m. §§ 1 Nr. 1, 2 ff. BGebVO i.V.m. den Anlagen 1, 2 zur BGebVO in Betracht.

bb) Verböserung

Bei dem Kostenbescheid in Gestalt des Widerspruchsbescheids handelt es sich um eine Gebühr oder Auslage einer Bundesbehörde, sodass mangels Ausnahmeregelung gemäß § 2 Abs. 1 S. 1 BGebG der Anwendungsbereich eröffnet ist. Zwar sind §§ 1 ff. BGebG i.V.m. den §§ 9 Abs. 1, 12 Abs. 1 Nr. 2, 13 Abs. 1, 22 Abs. 1 BGebG i.V.m. §§ 1 Nr. 1, 2 ff. BGebVO i.V.m. den Anlagen 1, 2 zur BGebVO i.V.m. § 19 S. 1

BPolG somit jedenfalls Rechtsgrundlage für den Teil des Kostenbescheides, der schon im ursprünglichen Bescheid enthalten war, also in Höhe von € 650,–, jedoch ist fraglich, ob auch der verböserte Teil des Bescheides in Höhe von € 450,– von der Rechtsgrundlage erfasst ist. Die übrigen € 450,– werden als Auslagen i.S.d. § 3 Abs. 5 BGebG der Bundespolizei gegenüber S für die Tätigkeit des privaten Abschleppunternehmens und somit eines Dritten erhoben, sodass aus dem Bundesgebührengesetz für die Erhebung der Kosten für diese Auslage insofern § 1 Abs. 1 BGebG i.V.m. § 12 Abs. 1 Nr. 2 BGebG i.V.m. §§ 1 ff. BGebVO i.V.m. Anlagen 1, 2 zur BGebVO als materielles Recht der Ausgangsbehörde in Betracht kommt, soweit die Auslage nicht als Gebühr i.S.d. § 9 Abs. 1 S. 2 BGebG erfasst ist. Für diesen verschlechterten Teil könnten aber auch andere Rechtsgrundlagen maßgeblich sein – das Recht der Widerspruchsbehörde oder die allgemeinen Regelungen über die Rücknahme und den Widerruf gemäß den §§ 48, 49 VwVfG. Wenngleich die Rechtsgrundlage für die alleinige Verböserung problematisch sein mag, ist es jedenfalls in Konstellationen mit einheitlichem Streitgegenstand i.S.d. § 79 Abs. 1 Nr. 1 VwGO hinreichend, für die ursprüngliche Beschwer eine materielle Rechtsgrundlage zu haben. Durch die Quantität kann nicht die anwendbare Rechtsgrundlage beeinträchtigt werden, sondern lediglich der Umfang im Rahmen der Reichweite der Norm. Anderenfalls käme es zu einer im Hinblick auf den sich aus dem Rechtsstaatsprinzip – dieses ist unter anderem in Art. 20 Abs. 3 GG verankert – ergebenden Bestimmtheitsgrundsatz verfassungsrechtlich höchst problematischen Spaltung der Rechtsgrundlage.

Lediglich in Konstellationen, in denen ein Widerspruchsverfahren nur aufgrund einer sachlichen Einlassung der Behörde stattfindet, kann der Vertrauensschutz wegen der eigentlich eingetretenen formalen Bestandskraft trotz Veranlassung des Widerspruches durch den Widersprechenden so groß sein, dass Art. 20 Abs. 3 GG als Ausdruck der Rechtssicherheit in Form des Verbotes, die Rechtsgrundlage zu spalten, ausnahmsweise dahingehend in praktischer Konkordanz zum ebenfalls rechtsstaatlichen Vertrauensschutz reduziert wird, dass die §§ 48, 49 VwVfG im Rahmen der Rechtsgrundlage zu berücksichtigen sind. Eine sachliche Einlassung in einen verfristeten Widerspruch des S ist nicht ersichtlich. Unabhängig davon ist es für die Rechtsgrundlage zunächst hinreichend, dass eine Rechtsgrundlage für den ursprünglichen materiellen Bescheid besteht, weil dann jedenfalls insoweit eine Rechtsgrundlage gegeben ist. Auf die Verböserung kommt es für die Rechtsgrundlage somit in der Regel nicht an, wenn der Streitgegenstand der ursprüngliche Bescheid in Form des Widerspruchsbescheides gemäß § 79 Abs. 1 S. 1 Nr. 1 VwGO ist. Auch § 55 Abs. 2 S. 1 BPolG ist bezüglich des Anspruches der Bundesrepublik Deutschland auf Ersatz der Auslagen für die Maßnahme nach § 19 S. 1 BPolG irrelevant, da der Regress aus § 55 Abs. 2 S. 1 BPolG einen eigenständigen Anspruch darstellt und nicht lediglich zum haftungsausfüllenden Tatbestand der §§ 1 ff. BGebG i.V.m. den §§ 9 Abs. 1, 12 Abs. 1 Nr. 2, 13 Abs. 1, 22 Abs. 1 BGebG i.V.m. §§ 1 Nr. 1, 2 ff. BGebVO i.V.m. den Anlagen 1, 2 zur BGebVO i.V.m. § 19 S. 1 BPolG gehört.

Vertretbar sind andere Lösungswege: Die Verböserung wird auch auf §§ 48, 49 VwVfG oder auf das materielle Recht der Widerspruchsbehörde (hier identisch) gestützt. Vertretbar ist es, die Verböserung abzulehnen. Abgesehen von der Problematik der §§ 48, 49 VwVfG, die vertretbar bei der Rechtsgrundlage geprüft werden könnten, obwohl sich der Streitgegenstand aus § 79 Abs. 1 Nr. 1 VwGO ergibt, sind diese Aspekte im Ermessen zu prüfen. Anders ist dies, wenn nur die Verböserung Streitgegenstand ist.

---

cc) Zwischenergebnis

Die §§ 1 ff. BGebG i.V.m. den §§ 9 Abs. 1, 12 Abs. 1 Nr. 2, 13 Abs. 1, 22 Abs. 1 BGebG i.V.m. §§ 1 Nr. 1, 2 ff. BGebVO i.V.m. den Anlagen 1, 2 zur BGebVO sind betreffend der schon im Bescheid vom 15. November erhobenen Kosten in Höhe von € 650,– und die §§ 1 ff. BGebG i.V.m. § 9 Abs. 1 S. 2 BGebG bzw. § 12 Abs. 1 Nr. 2 BGebG i.V.m. §§ 1 ff. BGebVO i.V.m. Anlagen 1, 2 zur BGebVO bezüglich des verbösorten Teils des Bescheides in Höhe von € 450,– als materielles Recht der Ausgangsbehörde die zu benennenden Rechtsgrundlagen.

b) Voraussetzungen bezüglich der Gebühren i.H.v. € 650,–

Die Voraussetzungen des § 9 Abs. 1 BGebG können erfüllt sein.

aa) Formelle Voraussetzungen

Formell muss dann die zuständige Behörde bei Einhaltung der Verfahrensvorschriften formgerecht gehandelt haben. Gemäß den §§ 1, 5 BGebG ist als Gebührengläubiger der Rechtsträger der Behörde, der die individuell zurechenbare öffentliche Leistung i.S.d § 5 Nr. 1 BGebG erbringt oder der Beliehene, wenn die Leistung gemäß § 5 Nr. 2 GebG von ihm erbracht wird, formell für die Erhebung der Gebühren zuständig. Für die Gebühr i.H.v. € 650,– war die Bundespolizeidirektion Erbringerin der Leistungen, sodass sie Gebührenschuldnerin und somit zuständig ist.

bb) Materielle Voraussetzungen

Die materiellen Voraussetzungen können erfüllt sein. Materielle Voraussetzungen sind die rechtmäßige Inanspruchnahme des S im Rahmen der unmittelbaren

Ausführung gemäß § 19 S. 1 BPolG und die Rechtmäßigkeit des Kostenansatzes gemäß § 9 Abs. 1 BGebG sowie die Inanspruchnahme des richtigen Adressaten. S wurde i.S.d. § 19 S. 2 BPolG umgehend von der unmittelbaren Ausführung benachrichtigt.

(1) Rechtmäßige Inanspruchnahme
S muss seitens der Bundespolizei rechtmäßig in Anspruch genommen worden sein.

(a) Rechtsgrundlage
Rechtsgrundlage für die Inanspruchnahme des S im Rahmen der unmittelbaren Ausführung ist § 19 S. 1 BPolG.

(b) Voraussetzungen
Die Voraussetzungen des § 19 S. 1 BPolG müssen erfüllt sein.

(aa) Formelle Voraussetzungen
Formell ist die Bundespolizei gemäß § 3 Abs. 1 Nr. 1 BPolG zur Beseitigung von Gefahren auf Eisenbahngleisen zuständig. Anhaltspunkte für Verfahrens- bzw. Formfehler bestehen nicht, sodass die formellen Voraussetzungen erfüllt sind.

(bb) Materielle Voraussetzungen
Materiell wird in § 19 S. 1 BPolG eine rechtmäßige hypothetische Maßnahme an den richtigen Adressaten sowie die Eilbedürftigkeit vorausgesetzt.

(aaa) Rechtmäßige hypothetische Maßnahme
Als rechtmäßige hypothetische Maßnahme kommt eine solche gemäß der Generalklausel des § 14 Abs. 1 BPolG zur Abwehr einer Gefahr i.S.d. § 14 Abs. 2 BPolG in Betracht. Eine Gefahr ist gemäß § 14 Abs. 2 S. 1 BPolG eine im Einzelfall bestehende Gefahr für die öffentliche Sicherheit oder Ordnung im Bereich der Aufgaben, die der Bundespolizei nach den §§ 1–7 BPolG obliegen. Die öffentliche Sicherheit besteht aus dem Staat und seinen Einrichtungen, Individualrechten bzw. -rechtsgütern sowie der öffentlichen Rechtsordnung. Der Bundespolizei ging es

bei der Entfernung des Fahrzeuges des S von den Schienen darum, dort im Sinne ihres Aufgabenbereiches i.S.d. § 3 Abs. 1 Nr. 1 BPolG die Sicherheit des Schienenverkehrs für die Bahn bzw. deren Nutzern in Form der Auftraggeber des Castortransports zu sichern.

Insoweit geht es im Rahmen der öffentlichen Sicherheit möglicherweise auch um Individualrechtsgüter wie Körper, Leben und Gesundheit, wenngleich es diesbezüglich fraglich sein könnte, ob derartige Güter noch hinreichend schienenbezogen sind.

Darauf kommt es jedoch nicht an, da jedenfalls eine Gefahr für die öffentliche Sicherheit in Form der öffentlichen Rechtsordnung in Form der §§ 12, 15 StVO besteht. Gemäß § 12 Abs. 1 S. 1 Nr. 4 StVO ist das Halten auf Bahnübergängen unzulässig, wobei ein liegen gebliebenes Fahrzeug gemäß § 15 StVO ordnungsgemäß zu sichern ist. Der 40-Tonner des S stand ohne jegliche Sicherung auf den Gleisen. Somit hatte sich die Gefahr für die öffentliche Sicherheit in Form eines Verstoßes gegen die §§ 12, 15 StVO sogar bereits verwirklicht. Auch die Erfüllung des Tatbestandes des gefährlichen fahrlässigen Eingriffes in den Schienenverkehr als Teil der öffentlichen Rechtsordnung gemäß § 315 Abs. 5 StGB i.V.m. § 315 Abs. 1 Nr. 3 StGB kommt wegen des Stehenlassens des Fahrzeuges auf den Schienen – ohne Hilfe herbeizuholen und vielmehr in die Gaststätte „Zum Silbersack" zu gehen – zumindest durch Unterlassen i.S.d. § 13 StGB in Betracht, sodass insoweit wenigstens eine Gefahr besteht.

S ist insoweit gemäß § 18 Abs. 1 S. 1 BPolG jedenfalls Zustandsstörer, sodass eine etwaige Handlungsstörereigenschaft durch das unfreiwillige Halten auf den Schienen gemäß § 17 Abs. 1 BPolG nicht maßgeblich ist. Ein Ausschluss der Zustandshaftung gemäß § 18 Abs. 2 S. 2 BPolG ist nicht ersichtlich, da S selbst Eigentümer des Fahrzeuges auf den Schienen ist.

(bbb) Eilbedürftigkeit

Da der Castortransport radioaktive Brennstäbe geladen hat und ein Transport ohne Hindernisse und unnötige Zwischenstopps wichtig ist, um den Austritt radioaktiver Strahlung zu verhindern sowie die Beeinträchtigung des Transports vor Anschlägen und ähnlichen Geschehnissen zu schützen, war es notwendig, den LKW umgehend von den Schienen zu entfernen, sodass eine Eilbedürftigkeit bestand.

(c) Rechtsfolge

Die Rechtsfolge des § 19 S. 1 BPolG ist Ermessen in Form des Entschließungs- und des Auswahlermessens. Die unmittelbare Ausführung war rechtswidrig, wenn das

Ermessen i.S.d. § 16 Abs. 1 BPolG seitens der Bundespolizei fehlerhaft ausgeübt worden ist. Die Voraussetzungen für eine Ermessensreduktion auf Null sind mangels hinreichend gewichtiger Rechte bzw. Rechtsgüter nicht erfüllt. Ein Austauschmittel i.S.d. § 16 Abs. 2 BPolG wurde von S, der abwesend war, nicht angeboten.

Ein Ermessensausfall ist nicht ersichtlich. Das Ermessen kann aber wegen einer Ermessensüberschreitung fehlerhaft ausgeübt worden sein. Das ist insbesondere anzunehmen, wenn unverhältnismäßig in Grundrechte eingegriffen worden ist, wenn also unverhältnismäßig auf das zugunsten des S in § 903 BGB i.S.d. Art. 14 Abs. 1 S. 2 GG definierte Eigentum in Form seines LKW zugegriffen worden ist.

(aa) Zur Erfüllung des Zwecks geeignet und erforderlich

Der gerichtlich wegen der Einschätzungsprärogative der Verwaltung ohnehin nur begrenzt überprüfbare Zweck der unmittelbaren Ausführung ist der Schutz und die Gewährleistung des störungsfreien Castortransports. Da durch die unmittelbare Ausführung in Form der Umsetzung des LKW der Zweck in Form des Schutzes des Castortransports gefördert wird, ist sie ein geeignetes Mittel. Die unmittelbare Ausführung war erforderlich, wenn es kein gleich geeignetes milderes Mittel gab. Milder wäre z. B. eine vorherige Fahndung nach S gewesen. Eine solche wäre allerdings nur zumutbar, wenn im Sinne einer effektiven Gefahrenabwehr eine schnelle Erreichbarkeit des S gewährleistet gewesen wäre. S war nicht auffindbar, sodass eine vorherige Fahndung gegenüber der unmittelbaren Ausführung zwar milder, jedoch nicht gleich geeignet gewesen wäre. Die unmittelbare Ausführung in Form der Umsetzung des LKW des S war erforderlich.

(bb) Verhältnismäßigkeit i. e. S.

Die unmittelbare Ausführung war verhältnismäßig im engen Sinne, wenn sie im Hinblick auf die Interessen des S nicht disproportional war. Zwar ist seitens des S dessen Eigentum betroffen, jedoch war der Zweck der Entfernung des Fahrzeuges von den Schienen der Schutz des Castortransportes und damit letztlich der Schutz der Volksgesundheit. Geschieht im Zusammenhang mit einem Castortransport nämlich ein Unglück – z. B. durch den Austritt von Radioaktivität, entstehen unüberschaubare erhebliche Schäden für die Umwelt, die Menschen und die Tiere. Somit war es angemessen und keineswegs disproportional, den LKW von den Schienen zu entfernen.

(2) Kostenansatz
In § 9 Abs. 1 BGebG ist geregelt, dass durch die individuelle und zurechenbare Leistung entstandene Gebühr jedenfalls die Kosten gedeckt werdeb sollen. Gemäß § 3 Abs. 3 S. 1 BGebG umfasst dies insbesondere Sach- und Personalkosten. Eine Gebührenfreiheit i.S.d. §§ 7, 8 BGebG oder Unbilligkeit im Einzelfall i.S.d. § 9 Abs. 5 BGebG ist bezüglich der € 650,– nicht ersichtlich. Der Kostenansatz für das polizeieigene Material und das Personal ist in Höhe von € 650,– daher rechtmäßig, da die Rechtmäßigkeit der Höhe der Kosten unabhängig von deren Vereinbarkeit mit der BGebVO und den Anlagen 1 und 2 zur GebVO zu unterstellen sind.

cc) Zwischenergebnis
Der Ausgangsbescheid in Form des Widerspruchsbescheides ist bezüglich der Kosten i.H.v. € 650,– rechtmäßig.

c) Voraussetzungen bezüglich der Kosten i.H.v. € 450,–
Die Voraussetzungen des § 9 Abs. 1 S. 2 BGebG oder des § 12 Abs. 1 Nr. 1 BGebG können erfüllt sein.

aa) Formelle Voraussetzungen
Formell kann das Bundespolizeipräsidium die für den Widerspruch im Rahmen des Devolutiveffektes zuständige Widerspruchsbehörde i.S.d. § 73 Abs. 1 S. 1, 2 Nr. 1 VwGO sein, welche auch gehandelt hat. Das Bundespolizeipräsidium war aufgrund der veröffentlichten allgemeinen Übertragungsanordnung i.S.d. § 126 Abs. 3 S. 2, 3 BBG von der für beamtenrechtliche Dienstverhältnisse zuständigen obersten Behörde i.S.d. § 126 Abs. 3 S. 1 BBG zum Handeln ermächtigt worden. Da § 126 Abs. 3 BBG jedoch nur im Verhältnis des Beamten zum Dienstherrn gilt, ist eine derartige Übertragungsanordnung unbeachtlich. Gemäß § 57 Abs. 2 S. 2 BPolG wäre als Behörde über dem Bundespolizeipräsidium grundsätzlich das Bundesinnenministerium als oberste Bundesbehörde zuständig. Ist die nächsthöhere Behörde aber eine oberste Bundesbehörde, ist gemäß § 73 Abs. 1 S. 2 Nr. 2 VwGO die Ausgangsbehörde zuständig. Wäre also das Bundespolizeipräsidium als Ausgangsbehörde zuständig gewesen, wäre es dennoch Widerspruchsbehörde. Allerdings hat als Ausgangsbehörde die Bundespolizeidirektion gehandelt, welcher gemäß § 57 Abs. 2 S. 1 BPolG das Bundespolizeipräsidium übergeordnet ist. Fraglich ist, ob das Bundespolizeipräsidium als Widerspruchsbehörde auch für die Verböserung zuständig ist.

Die Frage nach der Kompetenz für die Verböserung im Widerspruchs-verfahren lässt sich besser nach-vollziehen, wenn der Ablauf des Widerspruchsver-fahrens bekannt ist:

Ablauf des Widerspruchsverfahrens

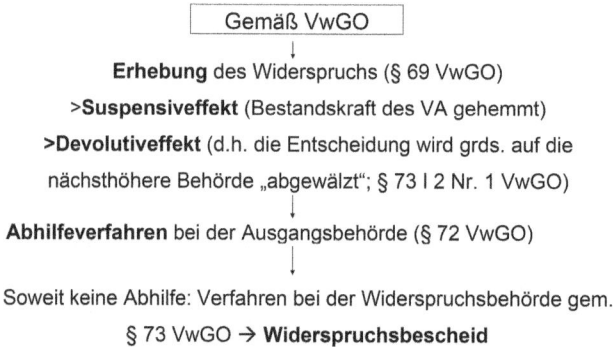

Gemäß VwGO

↓

Erhebung des Widerspruchs (§ 69 VwGO)

>**Suspensiveffekt** (Bestandskraft des VA gehemmt)

>**Devolutiveffekt** (d.h. die Entscheidung wird grds. auf die

nächsthöhere Behörde „abgewälzt"; § 73 I 2 Nr. 1 VwGO)

↓

Abhilfeverfahren bei der Ausgangsbehörde (§ 72 VwGO)

↓

Soweit keine Abhilfe: Verfahren bei der Widerspruchsbehörde gem.

§ 73 VwGO → **Widerspruchsbescheid**

Schema 8

Das Bundespolizeipräsidium könnte für die Verböserung unzuständig sein, weil in Höhe des verböserten Teils des Verwaltungsaktes bisher keine Regelung getroffen worden war mit der Folge, dass für den verböserten Teil des Bescheides nicht die Widerspruchsbehörde, sondern die Ausgangsbehörde zuständig gewesen sein könnte. Dem stehen aber unter anderem die prozessualen Vorgaben der Verwaltungsgerichtsordnung entgegen. Gemäß § 73 Abs. 1 S. 2 Nr. 1 VwGO ist es ein allgemeiner Verfahrensgrundsatz, dass die Widerspruchsbehörde für den Widerspruchsbescheid zuständig ist. Das gilt insoweit auch für den verböserten Teil eines Bescheides, wobei Streitgegenstand prozessual der ursprüngliche Bescheid in Gestalt des Widerspruchsbescheides ist. Handelt es sich wie bei der Erhöhung eines Zahlungsbetrages nicht um eine qualitative, sondern um eine quantitative Verböserung, ist der Bescheid auch materiell eine Einheit. Bei der Erhöhung des Betrages um € 450,– würde es sich auch bezüglich der Kostenerhebung mittels § 12 Abs. 1 Nr. 2 BGebG nicht um eine qualitative Verböserung handeln, obwohl die Rechtsgrundlage eine andere als § 9 Abs. 1 BGebG wäre, wenn die Auslage nicht gemäß § 9 Abs. 1 S. 2 BGebG erstattungsfähig wäre. Die Eentscheidungsformel des Bescheides ist schließlich maßgeblich und ebenso wie beim ursprünglichen Bescheid auf Zahlung gerichtet – lediglich in größerem Umfang. Die Verböserung ist quantitativ und das Polizeipräsidium als Widerspruchsbehörde auch bei Anwendung der materiell anderen Rechtsgrundlage zuständig. Somit wäre die Widerspruchsbehörde zur Verböserung berechtigt, wenn sie mit der Ausgangsbehörde identisch oder mit denselben Zuständigkeiten ausgestattet oder zumindest als vorgesetzte Behörde der Ausgangsbehörde gegenüber weisungsbefugt ist.

Dem könnte entgegengehalten werden, dass die Weisungsbefugnis lediglich das Binnenrecht des jeweiligen öffentlich-rechtlichen Rechtsträgers, nicht aber das Außenrecht betrifft, sodass eine Zuständigkeit der Widerspruchsbehörde zur Verbösung nur bei einem Selbsteintrittsrecht der Widerspruchsbehörde denkbar wäre. Das ist abzulehnen, weil durch die Vorgaben des Prozessrechts in Kombination mit dem jeweils anwendbaren Verwaltungsverfahrensrecht die binnenrechtliche Weisungsbefugnis zur Außenrechtsbefugnis erstarkt. Da die Bundespolizeidirektion gemäß § 57 Abs. 2 S. 1 BPolG als Unterbehörde dem Bundespolizeipräsidium als Oberbehörde untersteht und das Bundespolizeipräsidium gegenüber der Bundespolizeidirektion somit weisungsbefugt die Fachaufsicht ausübt, war das Bundespolizeipräsidium für die quantitative Verbösung zuständig.

Merke: Soweit Ausgangs- und Widerspruchsbehörde identisch sind, kann die Widerspruchsbehörde auch qualtativ verbösern:

Reformatio in peius (Verbösung)

Quantitative Veränderung des VA ins Schlechtere:	**Qualitative** verschlimmernde Ergänzungen des VA:
• **ursprüngliche** Beschwer wird verschlimmert	• ursprüngliche Beschwer wird unverändert beibehalten > daneben: **neue, selbständige** Beschwer
• Bsp.: Bußgeld wird erhöht; Abrissverfügung statt bloßer Nutzungsuntersagung	• keine echte rip > neuer VA **anlässlich des Widerspruchverfahrens**
	• Bsp.: Abrissverfügung wird von Widerspruchsbehörde ein VA hinzugefügt, wonach Außenanlage in Freizeitpark umzuwandeln ist

Schema 9

Da der Widerspruchsbescheid keine erstmalige Beschwer enthält, war eine gesonderte Anhörung gemäß § 71 VwGO nicht notwendig. Verfahrens- und Formfehler sind im Übrigen nicht ersichtlich. Der Widerspruchsbescheid ist bezüglich der Kostenerhebung formell rechtmäßig.

bb) Materielle Voraussetzungen

Die materiellen Voraussetzungen können erfüllt sein. Materielle Voraussetzungen sind die rechtmäßige Inanspruchnahme des S im Rahmen der unmittelbaren Ausführung gemäß § 19 S. 1 BPolG und die Rechtmäßigkeit des Kostenansatzes gem. § 9 Abs. 1 S. 2 BGebG oder § 12 Abs. 1 Nr. 2 BGebG. S wurde i.S.d. § 19 S. 2 BPolG umgehend von der unmittelbaren Ausführung benachrichtigt.

(1) Rechtmäßige Inanspruchnahme

S wurde rechtmäßig gem. § 19 S. 1 BPolG in Anspruch genommen (s.o.).

(2) Kostenansatz

Der Kostenansatz kann auch in Höhe der € 450,– bezüglich des Schadensersatzes für die Anhängerkupplung rechtmäßig sein. Die Bundesrepublik Deutschland hatte B den Schaden für die Anhängerkupplung ersetzt, weil dieser gegen die Bundesrepublik Deutschland einen entsprechenden Anspruch gemäß den § 51 Abs. 3 Nr. 1 BPolG hatte, und weil bei derartigen unmittelbaren Ausführungen typischerweise Anhängerkupplungen verbiegen und zu den Aufwendungen, also den für die unmittelbare Ausführung notwendigen Materialien gehören. Für derartige Auslagen ist in § 9 Abs. 1 S. 2 BGebG ausnahmsweise geregelt, dass sie regelmäßig den der Leistung verbundenen Auslagen in § 9 Abs. 1 BGebG zuzuordnen sind – nicht § 12 Abs. 1 BGebG. Der Regressanspruch aus § 55 Abs. 2 S. 1 BPolG, für den der Anspruch des B gegen die Bundesrepublik Deutschland wichtig ist, ist für den Anspruch der Bundesrepublik Deutschland gegen S aus § 9 Abs. 1 S. 2 BGebG nicht maßgeblich, denn Kosten für die Anhängerkupplung sind ohnehin Gegenstand der für die Maßnahme notwendigen Materialien. Somit ist der Kostenansatz i.S.d. § 9 Abs. 1 S. 2 BGebG in Höhe von € 450,– ordnungsgemäß, da er im Übrigen unabhängig von der Vereinbarkeit mit der GebVO i.V.m. den Anlagen 1 und 2 zur GebVO zu unterstellen ist.

Eine Besonderheit des Falles ist es, dass sich der Anspruch bezüglich der € 450,– aus zwei Rechtsgrundlagen geltend machen lässt, die gesondert zu prüfen sind. § 55 Abs. 2 S. 1 BPolG ist im Rahmen des § 19 S. 1 BPolG i.V.m. § 9 Abs. 1 S. 2 BGebG irrelevant.

---

cc) Rechtsfolge

Nach dem Wortlaut des § 1 BGebG und § 9 Abs. 1 BGebG ist die Entscheidung der Behörde, die Kosten erstattet zu verlangen, gebunden, wobei der Grundsatz der

Wirtschaftlichkeit und Sparsamkeit i.S.d. § 6 Abs. 1 HGrG ohnehin auch im Rahmen eines etwaigen Ermessens zu beachten wäre. Da die Interessen des gestörten Betroffenen aber schon auf der Primärebene aus Gründen der effektiven Gefahrenabwehr i.S.d. Art. 20 Abs. 3 GG kaum berücksichtigt worden sind, bedarf es in der Rechtsfolge auf der Sekundärebene möglicherweise einer verfassungskonformen Auslegung bzw. Reduktion i.S.d. Art. 20 Abs. 3 GG bzw. Art. 2 Abs. 1 GG dahingehend, dass Ermessen anzunehmen ist oder die Kostenerhebung verfassungskonform auszuschließen ist, wobei der Gesetzgeber diese verfassungsrechtliche Problematik durch die Möglichkeit des Ausschlusses wegen Unbilligkeit wegen der Umstände des Einzelfalles in § 9 Abs. 5 BGebG als Modifizierung auf Rechtsfolgenseite geregelt hat. Eine derartige Unbilligkeit ist jedenfalls anzunehmen, wenn eine Verböserung im Widerspruchsverfahren nicht möglich war. Insoweit dürfte nicht der vollumfänglich materiell-rechtlich erfasste Kostenansatz verlangt werden, sondern nur der ursprünglich verlangte Betrag in Höhe von € 650,–. Maßgeblich ist die Zulässigkeit der quantitativen Verböserung.

„In den Vorschriften der Verwaltungsgerichtsordnung ist weder bestimmt, dass eine Schlechterstellung zulässig sein müsse, noch ist die Zulässigkeit einer solchen Schlechterstellung ausgeschlossen.

In bestimmten Bereichen wird ein Verböserungsverbot angenommen. Im Prüfungsrecht etwa besteht zwar kein grundsätzliches Verböserungsverbot, jedoch kann sich ein solches z.B. bei einer Verzerrung des materiellen Rechts im Hinblick auf Art. 3 Abs. 1 GG ergeben.

Die Zurückhaltung des Bundesgesetzgebers mag sich daraus ergeben, dass er nicht befugt ist, das Verwaltungsverfahren der Bundesländer in vollem Umfang zu regeln, sondern insoweit nur die erforderlichen Regelungen über das Verwaltungsvorverfahren als Voraussetzung der Klageerhebung treffen durfte (BVerwG – 4 C 34.75).“

Gegen die Zulässigkeit einer quantitativen Verböserung ist einzuwenden, dass insoweit Art. 19 Abs. 4 GG betroffen wäre, weil der Bürger aus Angst vor einer Verböserung vor der Beschreitung des Rechtsweges auch schon im Vorfeld zurückschrecken würde. Außerdem wird mit der Verböserung entgegen dem Rechtsgedanken des § 88 VwGO über den Antrag des Betroffenen hinausgegangen. Gegen die Möglichkeit der Verböserung könnte auch sprechen, dass im Rahmen der §§ 48, 49 VwVfG die Rücknahme und der Widerruf auch schon vor der Bestandskraft erfolgen können, sodass der insoweit gewährte Vertrauensschutz durch eine Verböserung im Widerspruchsverfahren nicht gewahrt würde. Ein geschaffener Vertrauenstatbestand könnte gegebenenfalls nur ausdrücklich – wie z.B. gemäß § 367 Abs. 2 AO – ausschließbar sein. Letztlich könnte dem Bundesgesetzgeber i.S.d. Artt. 74 Abs. 1 Nr. 1 GG, 70, 84 Abs. 1 S. 1 GG auch die Gesetzgebungskompetenz zumindest in Ländermaterien bezüglich des Verwaltungsverfahrens zustehen.

Allerdings bestehen gewichtige Argumente für die Verböserungsmöglichkeit. Einerseits ist die Exekutive gemäß Art. 20 Abs. 3 GG zum rechtmäßigen Handeln verpflichtet, sodass eine Verböserung im Widerspruchsverfahren Ausdruck der Selbstkontrolle der Verwaltung ist. Andererseits ist die Verböserung in den §§ 68 ff. VwGO anders als z. B. in § 331 StPO nicht ausgeschlossen, woraus sich schließen lässt, dass sie im verwaltungsrechtlichen Verfahren, welches häufig weniger grundrechtsbelastend ist, geringer intensiv einzustufen ist als im strafrechtlichen Verfahren. Aus dem Wortlaut des § 79 Abs. 2 VwGO ergibt sich, dass eine Verböserung vom Gesetzgeber auch vorausgesetzt wird, wobei es sich bei der zusätzlichen selbständigen Beschwer nicht um eine qualitative Verböserung handeln muss, sondern auch um eine quantitative Verböserung handeln kann, da die Regelung des § 79 Abs. 2 S. 1 VwGO anderenfalls überflüssig wäre, weil ein eigenständiger neuer Verwaltungsakt ohnehin jederzeit auch anlässlich des Widerspruchsverfahrens nach dem materiellen Recht erlassen werden kann. Letztlich wird die Entscheidung durch den Widersprechenden auch zur Disposition der Behörde gestellt. Der Grundsatz, dass nicht über den Antrag des Betroffenen hinausgegangen werden kann, ist zwar ein verwaltungsprozessrechtlicher Grundsatz i.S.d. §§ 88, 129, 141 VwGO, jedoch kein einer Verböserung im Verwaltungsverfahren entgegenstehender verwaltungsverfahrensrechtlicher Grundsatz. Auch die Gesetzgebungskompetenzen werden seitens des Bundes nicht überschritten, da schließlich keine ausdrückliche Regelung der Verböserung für Verwaltungsverfahren der Länder im Bundesrecht steht, sondern sich aus dem Bundesrecht lediglich Argumente für die Zulässigkeit einer Verböserung ableiten lassen. Auf Bundesebene ist weder unzulässig das Verwaltungsverfahren der Länder entgegen den Artt. 74 Abs. 1 Nr. 1 GG, 70, 84 Abs. 1 S. 1 GG geregelt worden, noch deren materielle Rechtsmaterien.

Somit war die Erhöhung des zu zahlenden Betrages um die zusätzlichen € 450,– grundsätzlich möglich. Da das materielle Recht des Bundespolizeipräsidiums als Widerspruchsbehörde i.S.d. § 73 VwGO mit dem materiellen Recht der Ausgangsbehörde identisch ist, kam es insoweit nicht auf weitere Voraussetzungen an. Auch die Vertrauensgrundsätze der §§ 48, 49 VwVfG waren nicht zusätzlich maßgeblich, weil es keine sachliche Einlassung der Behörde bezüglich eines bereits bestandskräftigen Verwaltungsaktes gab. Selbst wenn der Vertrauensschutz im Sinne der §§ 48, 49 VwVfG – unter Umständen analog – auch schon vor Eintritt der Bestandskraft gewährt wird, gilt dies nur, soweit die Initiative zur Aufhebung eines Verwaltungsaktes von der Behörde ausgeht, nicht aber wie bei der Verböserung vom Widersprechenden. Somit ist die Verböserung in der Rechtsfolge der §§ 1 ff. BGebG i.V.m. den §§ 9 Abs. 1, 12 Abs. 1 Nr. 2, 13 Abs. 1, 22

Abs. 1 BGebG i.V.m. §§ 1 Nr. 1, 2 ff. BGebVO i.V.m. den Anlagen 1, 2 zur BGebVO
i.V.m. § 19 S. 1 BPolG als Rechtsgrundlage für den ursprünglichen Teil des Bescheides erfasst. Es bedarf keiner weiteren Voraussetzungen einer anderen
Rechtsgrundlage. Die Verbösderung ist nach dem materiellen Recht der Ausgangsbehörde, nämlich gemäß § 9 Abs. 1 S. 2 BGebG, rechtmäßig.

d) Zwischenergebnis
Der Ausgangsbescheid in Form des Widerspruchsbescheides ist auch bezüglich
der Kosten i.H.v. € 450,– rechtmäßig.

2. Kostenersatz (§ 55 Abs. 2 S. 1 BPolG)
Ein Kostenersatzanspruch für die Bundesrepublik Deutschland gegenüber S kann
sich bezüglich der Verbösderung in Höhe von € 450,– neben § 9 Abs. 1 S. 2 BGebG
auch aus § 55 Abs. 2 S. 1 BPolG ergeben, sodass die Anordnung auch insoweit
rechtmäßig ist.

a) Rechtsgrundlage
Rechtsgrundlage ist § 55 Abs. 2 S. 1 BPolG.

Es ist nicht vertretbar, § 55 Abs. 2 S. 1 BPolG im Ermessen im Hinblick auf den Anspruch der BRD
aus § 9 Abs. 1 S. 2 BGebG zu prüfen, weil § 55 Abs. 2 S. 1 BPolG nicht dem haftungsausfüllenden
Tatbestand zuzuordnen ist, sondern eine eigene Anspruchsgrundlage darstellt.

---

b) Voraussetzungen
Die formellen und materiellen Voraussetzungen müssen erfüllt sein.

aa) Formelle Voraussetzungen
Formell muss das Bundespolizeipräsidium als Widerspruchsbehörde zuständig
gewesen sein. Formell ist das Bundespolizeipräsidium zuständige Widerspruchsbehörde i.S.d. § 73 Abs. 1 S. 1, 2 Nr. 1 VwGO. Fraglich ist allerdings, ob das
Bundespolizeipräsidium auch für die Verbösderung zuständig ist.

Das Bundespolizeipräsidium könnte für die Verbösderung unzuständig sein,
weil in Höhe des verbösderten Teils des Verwaltungsaktes bisher keine Regelung
getroffen worden war mit der Folge, dass für den verbösderten Teil des Bescheides

nicht die Widerspruchsbehörde, sondern die Ausgangsbehörde zuständig gewesen sein könnte. Dem stehen aber unter anderem die prozessualen Vorgaben der Verwaltungsgerichtsordnung entgegen. Gemäß § 73 Abs. 1 S. 2 Nr. 1 VwGO ist es ein allgemeiner Verfahrensgrundsatz, dass die Widerspruchsbehörde für den Widerspruchsbescheid zuständig ist. Das gilt insoweit auch für den verbösten Teil eines Bescheides, als Streitgegenstand prozessual der ursprüngliche Bescheid in Gestalt des Widerspruchsbescheides ist. Handelt es sich wie bei der Erhöhung eines Zahlungsbetrages nicht um eine qualitative, sondern um eine quantitative Verbösung, ist der Bescheid auch materiell eine Einheit. Somit ist die Widerspruchsbehörde zur Verbösung berechtigt, wenn sie mit der Ausgangsbehörde identisch oder mit denselben Zuständigkeiten ausgestattet oder zumindest als vorgesetzte Behörde der Ausgangsbehörde gegenüber weisungsbefugt ist. Da die Bundespolizeidirektion gemäß § 57 Abs. 2 S. 1 BPolG als Unterbehörde dem Bundespolizeipräsidium als Oberbehörde untersteht und das Bundespolizeipräsidium gegenüber der Bundespolizeidirektion somit weisungsbefugt die Fachaufsicht ausübt, war das Bundespolizeipräsidium für eine quantitative Verbösung zuständig. Bei der Erhöhung des Betrages um € 450,– handelt es sich auch bezüglich der Rechtsgrundlage des § 55 Abs. 2 S. 1 BPolG nicht um eine qualitative Verbösung, obwohl die Rechtsgrundlage eine andere ist als § 19 Abs. 2 S. 1 BPolG. Der Tenor ist schließlich maßgeblich und lautet ebenso auf Zahlung wie beim ursprünglichen Bescheid, lediglich in größerem Umfang. Die Verbösung ist quantitativ und das Polizeipräsidium als Widerspruchsbehörde auch bezüglich der Rechtsgrundlage des § 55 Abs. 2 S. 1 BPolG zuständig.

Nochmals: Sind die Ausgangs- und die Widerspruchsbehörde identisch, kann die Behörde auch im Widerspruchsverfahren quantitativ verbösern.

Da der Widerspruchsbescheid keine erstmalige Beschwer enthält, war eine gesonderte Anhörung gemäß § 71 VwGO nicht notwendig. Verfahrens- und Formfehler sind im Übrigen nicht ersichtlich. Der Widerspruchsbescheid ist bezüglich der Kostenerhebung formell rechtmäßig.

bb) Materielle Voraussetzungen
Materiell wird vorausgesetzt, dass gemäß § 51 Abs. 3 Nr. 1 BPolG seitens der Bundesrepublik Deutschland geleistet wurde. Seitens der Bundesrepublik Deutschland wurde entsprechend deren Anspruchs in Höhe von € 450,– i.S.d. § 51 Abs. 3 Nr. 1 BPolG an B geleistet. Die Voraussetzungen der Regressnorm des § 55 Abs. 2 S. 1 BPolG sind erfüllt.

c) Rechtsfolge

Die Rechtsfolge ist Ermessen. Ermessensfehler sind nicht ersichtlich. Verfahrensrechtlich ist die Erhöhung des Zahlungsbetrages wegen der formellen Benennung im Widerspruchsbescheid nicht als gesonderte Regelung, sondern als Verböserung einzustufen. Da der Betrag in Höhe von € 450,– aber ohnehin von der Verböserung im Rahmen der Kosten für die unmittelbare Ausführung erfasst war, ist die Geltendmachung des Anspruches keine Erstentscheidung anlässlich des Widerspruchsverfahrens und somit nicht als qualitative Verböserung, sondern als quantitative Verböserung gegenüber der ursprünglichen Beschwer einzustufen, die mangels eines Verböserungsverbotes zulässig ist. Das Ermessen wurde insoweit nicht überschritten.

d) Zwischenergebnis

Die Anordnung des Kostenersatzes in Höhe von € 450,– ist somit auch gemäß § 55 Abs. 2 S. 1 BPolG rechtmäßig.

3. Rechtswidrigkeit der Anordnung des Betretungsverbotes

Das gegenüber S im Bescheid ausgesprochene Verbot, sich den Gleisen näher als 50 m zu nähern, kann rechtswidrig sein.

a) Rechtsgrundlage

Als Rechtsgrundlage für das Betretungsverbot kommt § 38 BPolG in Betracht.

b) Voraussetzungen

Die formellen und die materiellen Voraussetzungen des § 38 BPolG müssten erfüllt sein. Zunächst müsste das Bundespolizeipräsidium als Widerspruchsbehörde i.S.d. § 73 Abs. 1 Nr. 1 VwGO für den Ausspruch des Betretungsverbotes zuständig gewesen sein. Problematisch ist insoweit, dass es nicht um eine quantitative Verböserung geht, bei welcher die bereits bestehende Belastung z. B. in Form der erhobenen Kosten verschärft wird, sondern um eine qualitative Verböserung, also eine Belastung mit einem neuen Belastungsinhalt. In § 68 VwGO i.V.m. § 73 VwGO wird der Widerspruchsbehörde die Befugnis, die Rechtmäßigkeit und Zweckmäßigkeit des Verwaltungsaktes in einem Vorverfahren nachzuprüfen, gewährt. Gegenstand der Anfechtungsklage ist gemäß § 79 Abs. 1 S. 1 VwGO der ursprüngliche Verwaltungsakt in der Gestalt, die er durch den Widerspruchsbescheid gefunden hat. Durch diese Regelung wird zwar nicht grundsätzlich die Abänderung des angefochtenen Verwaltungsaktes zum Nachteil des Betroffenen ausgeschlossen, jedoch wird der Widerspruchsbehörde in § 68 VwGO nicht die Möglichkeit eröffnet, einen unbegründeten Widerspruch ohne Rücksicht auf den Gegenstand des angefochtenen Verwaltungsaktes zum Anlass einer weiteren Entscheidung zu nehmen. Eine zusätzliche vom angefochtenen Verwaltungsakt rechtlich unabhängige Entscheidung ist keine Entscheidung über den Widerspruch, sondern eine Erstentscheidung. Zur Erstentscheidung ist aber die Ausgangsbehörde zuständig. In der Bundesrepublik Deutschland als Rechtsstaat ist neben der horizontalen Gewaltenteilung eine vertikale Gewaltenteilung vorgesehen, um exekutivische Macht zu verteilen. Eine einseitige Abweichung von diesem rechtsstaatlichen Prinzip ist ohne gesetzliche Grundlage verfassungswidrig. Das Polizeipräsidium durfte nicht anlässlich des Widerspruchsverfahrens einen neuen Verwaltungsakt erlassen und war als Widerspruchsbehörde unzuständig (OVG Berlin NJW 1977, 1166). Das Betretungsverbot enthält einen anderen Tenor als das Kostenverlangen. Es handelt sich um eine qualitative Verböserung, sodass das Bundespolizeipräsidium unzuständig war. Der Bescheid ist insoweit formell rechtswidrig.

c) Zwischenergebnis
Das Betretungsverbot ist rechtswidrig.

II. Rechtsverletzung
S ist durch das Betretungsverbot jedenfalls ungerechtfertigt in seinem Grundrecht aus Art. 2 Abs. 1 GG als Auffanggrundrecht auch gegenüber der möglicherweise betroffenen Freizügigkeit aus Art. 11 Abs. 1 GG verletzt, da er sich auf dem Bundesgebiet nicht bewegen darf, wie er es möchte.

C. Ergebnis

Die Klage des S hat teilweise Erfolg. Der Verwaltungsakt wird insoweit aufgehoben, als S verboten wird, sich den Schienen zu nähern. Im Übrigen wird die Klage abgewiesen.

Fall 6:
„Von der Zecke gebissen"

Schwerpunkte: Reformatio in peius in der Leistungskonstellation, Ansprüche aus Beamtenverhältnis (§§ 30 ff. BeamtVG), Fristenberechnung, analog § 49 VwVfG bei der Reformatio in peius

P ist verbeamtete habilitierte Dozentin an der Fachhochschule des Bundes für Verwaltung in Brühl, also Bundesbeamtin. Die Fachhochschule gehört unmittelbar zum Bund und ist nicht als eigenständige juristische Person des öffentlichen Rechts ausgestaltet worden. P ist sehr engagiert und versucht bei jeder Gelegenheit, ihre Studenten zu motivieren. So hat sie es sich zur Angewohnheit gemacht, möglichst viele Unterrichtsstunden mit den Studenten im Freien zu verbringen, um sie das schöne Wetter genießen, dabei aber trotzdem an ihrer Weisheit teilzuhaben zu lassen. Bei einer dieser Stunden im Freien am 17.8. wurde P nun von einer Zecke gebissen. Bei dieser Unterrichtseinheit handelte es sich um eine solche, die auch im Lehrplan als eine „Unterrichtseinheit im Freien" vorgesehen war. Es ging um das Thema: „Natur und Verwaltungsrecht in der Praxis." Sie bemerkte den Biss während der Veranstaltung sofort und informierte ihre Studenten darüber, dass sie zur medizinischen Versorgung einen Arzt aufsuchen wolle. Nach einigen Tagen klagte P über muskuläre Probleme und Koordinationsschwierigkeiten, die zum Teil so schwerwiegend waren, dass P nicht mehr in der Lage war, ohne Hilfsmittel wie einen Rollator zu gehen. Der ersuchte Arzt diagnostizierte daraufhin eine durch den Zeckenbiss verursachte Borrelioseerkrankung.

P beantragte daraufhin bei der zuständigen Behörde ihrer Dienstherrin die Zahlung der Kosten für einen elektrischen Rollstuhl in Höhe von € 3.950,–, da sie sich zum Zeitpunkt der Antragstellung nicht einmal mehr mit einem Rollator fortbewegen konnte. Am Dienstag (11.9.) ist ihr ein tags zuvor zur Post gegebener Bescheid schriftlich zugegangen, in dem ihr ein Betrag in Höhe von € 2.100,– zur Anschaffung eines einfachen Rollstuhls bewilligt wurde, verbunden mit dem Hinweis, schnellstmöglich den Kauf eines entsprechenden Gerätes nachzuweisen. Der Bescheid enthielt eine ordnungsgemäße Rechtsbehelfsbelehrung. Am Donnerstag (18.10.) ist der zuständigen nächsthöheren Behörde ein Widerspruch der P zugegangen, in dem sie erklärte, sie sei mit dem bewilligten Betrag nicht einverstanden. Sie habe es verdient, einen elektrischen Rollstuhl zu bekommen. Zwar seien ihre Beschwerden in den letzten Tagen schon wieder etwas geringer geworden, aber es könne ihr nicht zugemutet werden, sich an den mittlerweile wenigen schlechteren Tagen mit einem einfachen Rollstuhl durch den Alltag zu quälen. Das sei ihrem Status als Professorin nicht angemessen, wenngleich sie einen einfachen Rollstuhl kräftemäßig problemlos bewegen könne.

https://doi.org/10.1515/9783110625707-006

Am Montag (29.10.) ist P nach erneuter gesonderter Anhörung durch die nächsthöhere und gegenüber der Ausgangsbehörde weisungsbefugte Behörde ein Schreiben zugestellt worden, in dem die ursprünglich gewährte Leistung in Höhe von € 2.100,– aufgehoben wurde. Die Bescheidung der Widerspruchsbehörde wird auf eine allgemeine veröffentlichte Übertragungsanordnung gestützt. Zur Begründung wurde ausgeführt, es habe sich bei dem Zeckenbiss nicht um einen Dienstunfall gehandelt. Vielmehr habe sich das allgemeine Lebensrisiko der P verwirklicht. Außerdem habe P das Geld nicht für den im Ausgangsbescheid bestimmten Zweck verwendet, da sie – das trifft zu – keinen Rollstuhl, sondern unmittelbar nach Zuspruch und Erhalt des ursprünglich gewährten Betrages in Höhe von € 2.100,– einen höhenverstellbaren Fahrersitz für ihr Kraftfahrzeug erworben hatte. Nunmehr seien ihre Beschwerden auch deutlich verringert, sodass nunmehr keine Notwendigkeit mehr für einen Rollstuhl bestehe. Tatsächlich haben sich die Symptome der P gelegt, sodass sie nur noch etwa an einem Vormittag im Monat auf eine Gehhilfe angewiesen wäre.

Trotzdem ist P davon überzeugt, dass ihre Dienstherrin zur umfassenden Versorgung ihrer Beamten mit hochwertigem Hilfsgerät angehalten und ihr gegenüber unabhängig davon, wofür sie ihr Geld ausgibt, zumindest zur Zahlung des Neupreises für solches Gerät verpflichtet sei. Daher klagt sie vor dem Verwaltungsgericht auf die Erstattung des Differenzbetrages in Höhe von € 1.850,– für einen elektrischen Rollstuhl. Jedenfalls will sie aber die bereits gewährten € 2.100,– behalten und beantragt neben der Leistung die Beseitigung der Beschwer im Widerspruchsbescheid. Ein Widerspruchsverfahren hat P bezüglich des Bescheides vom 29.10. durchgeführt. Wird P mit Ihren Begehren Erfolg haben?

§ 222 ZPO – Fristberechnung

(1) Für die Berechnung der Fristen gelten die Vorschriften des Bürgerlichen Gesetzbuchs.

(2) Fällt das Ende einer Frist auf einen Sonntag, einen allgemeinen Feiertag oder einen Sonnabend, so endet die Frist mit Ablauf des nächsten Werktages.

(3) Bei der Berechnung einer Frist, die nach Stunden bestimmt ist, werden Sonntage, allgemeine Feiertage und Sonnabende nicht mitgerechnet.

§ 187 BGB – Fristbeginn

(1) Ist für den Anfang einer Frist ein Ereignis oder ein in den Lauf eines Tages fallender Zeitpunkt maßgebend, so wird bei der Berechnung der Frist der Tag nicht mitgerechnet, in welchen das Ereignis oder der Zeitpunkt fällt.

(2) Ist der Beginn eines Tages der für den Anfang einer Frist maßgebende Zeitpunkt, so wird dieser Tag bei der Berechnung der Frist mitgerechnet. Das Gleiche gilt von dem Tage der Geburt bei der Berechnung des Lebensalters.

§ 188 BGB – Fristende

(1) Eine nach Tagen bestimmte Frist endigt mit dem Ablauf des letzten Tages der Frist.

(2) Eine Frist, die nach Wochen, nach Monaten oder nach einem mehrere Monate umfassenden Zeitraum – Jahr, halbes Jahr, Vierteljahr – bestimmt ist, endigt im Falle des § 187 Abs. 1 mit dem Ablauf desjenigen Tages der letzten Woche oder des letzten Monats, welcher durch seine Benennung oder seine Zahl dem Tage entspricht, in den das Ereignis oder der Zeitpunkt fällt, im Falle des § 187 Abs. 2 mit dem Ablauf desjenigen Tages der letzten Woche oder des letzten Monats, welcher dem Tage vorhergeht, der durch seine Benennung oder seine Zahl dem Anfangstag der Frist entspricht.

(3) Fehlt bei einer nach Monaten bestimmten Frist in dem letzten Monat der für ihren Ablauf maßgebende Tag, so endigt die Frist mit dem Ablauf des letzten Tages dieses Monats.

Vertiefung

BVerwG, Urteile vom 15.9.1994 – 2 C 24.92 – und vom 18.4.2002 – BVerwG 2 C 22.01 –; Beschluss vom 29.9.1999 – BVerwG 2 B 100.99 – juris; Urteil vom 24.10. 1963 – BVerwG 2 C 10.62 – BVerwGE 17, 59; Urteil vom 28.1.1993 – BVerwG 2 C 22.90 – Schütz, BeamtR ES/C II 3.1 Nr. 49; BVerwG – 4 C 34.75; OVG Münster, Beschluss vom 27.5.2013, NVwZ-RR 2013, 745.

Gliederung

1. Komplex: Klage bezüglich des Differenzbetrages (€ 1.850,–) (+) —— **129**
    A. Sachurteilsvoraussetzungen —— **129**
        I. Rechtsweg (+) —— **129**
            1. Aufdrängende Sonderzuweisung (+) —— **130**
            2. Abdrängende Sonderzuweisung (–) —— **130**
        II. Zuständigkeit (+) —— **130**
        III. Beteiligte (+) —— **131**
        IV. Statthafte Klageart —— **131**
        V. Besondere Sachurteilsvoraussetzungen (+) —— **133**
            1. Besondere Prozessführungsbefugnis (+) —— **133**

2. Klagebefugnis (+) —— **134**
3. Ordnungsgemäßes Vorverfahren (+) —— **134**
   a) Fristbeginn —— **135**
   b) Fristdauer —— **136**
   c) Sachliche Einlassung der Behörde (+) —— **136**
4. Klagefrist (+) —— **137**
VI. Zwischenergebnis (+) —— **138**
B. Begründetheit (–) —— **138**
   I. Anspruchsgrundlage (+) —— **138**
   II. Anspruchsvoraussetzungen (+) —— **138**
      1. Formelle Voraussetzungen (+) —— **138**
      2. Materielle Voraussetzungen (+) —— **138**
         a) Positive Voraussetzungen (+) —— **138**
         b) Negative Voraussetzungen (+) —— **140**
   III. Anspruchsinhalt (–) —— **140**
C. Ergebnis (–) —— **140**
2. Komplex: Klage bezüglich des Widerspruchsbescheides —— **140**
A. Sachurteilsvoraussetzungen (+) —— **140**
   I. Rechtsweg (+) —— **141**
   II. Zuständigkeit (+) —— **141**
   III. Beteiligte (+) —— **141**
   IV. Statthafte Klageart —— **142**
   V. Besondere Sachurteilsvoraussetzungen (+) —— **143**
      1. Besondere Prozessführungsbefugnis (+) —— **143**
      2. Klagebefugnis (+) —— **143**
      3. Vorverfahren (+) —— **144**
      4. Klagefrist (+) —— **144**
   VI. Zwischenergebnis (+) —— **144**
B. Begründetheit (–) —— **145**
   I. Rechtswidrigkeit des Verwaltungsaktes (–) —— **145**
      1. Rechtsgrundlage (+) —— **145**
         a) Zulässigkeit der Verböserung (+) —— **145**
         b) Tatsächliche Rechtsgrundlage (+) —— **147**
      2. Voraussetzungen (+) —— **149**
         a) Formelle Voraussetzungen (+) —— **149**
         b) Materielle Voraussetzungen (+) —— **151**
      3. Rechtsfolge —— **152**
   II. Zwischenergebnis (–) —— **152**
C. Ergebnis (–) —— **152**
3. Komplex —— **152**

Lösungsvorschlag

Die folgende Lösung ist als Lösungsvorschlag zu verstehen und ausführlicher, als es in der Klausurbearbeitung verlangt werden kann. Aufgrund der wissenschaftlichen Freiheit können andere Lösungswege vertreten werden, soweit sie dogmatisch begründbar sind. Die Nachweise aus Rechtsprechung und Literatur sowie die das Verständnis fördernden Randbemerkungen sind in der Examensklausur auszusparen. Die Abkürzung „Alt." steht für Alternativfall, nicht für Alternative.

Zur Verbesserung der Methodik bei der Anfertigung eines Gutachtens in der Klausur empfiehlt sich die Lektüre des Beitrags von Heinze/Starke JURA 2012, 175 ff.

1. Komplex: Klage bezüglich des Differenzbetrages (€ 1.850,–)

Die Klage der P hat Erfolg, soweit die Sachurteilsvoraussetzungen erfüllt sind, die Klage zulässig und Klage begründet ist.

A. Sachurteilsvoraussetzungen

Hinweis: Andere Aufbauvarianten werden vertreten (z. B. dreistufig oder Prüfung des Verwaltungsrechtsweges als Untergliederungspunkt der Zuständigkeit des Gerichts). Derartige Aufbauvarianten sind aber mit § 17a Abs. 2 S. 1 GVG bzw. mit der Überschrift des 6. Abschnitts der VwGO sowie mit § 83 VwGO unvereinbar und daher bei exakter dogmatischer Zuordnung der Prüfungspunkte nicht zu empfehlen. Die Überschrift „Sachurteilsvoraussetzungen" anstelle der Überschrift „Zulässigkeit" ist sinnvoll, weil nach § 63 Nr. 3 VwGO auch der Beigeladene zu den Beteiligten gehört, das Fehlen einer notwendigen Beiladung i.S.d. § 65 Abs. 2 VwGO aber nur dazu führt, dass das Urteil keine materielle Rechtskraft entfaltet.

Die Sachurteilsvoraussetzungen können erfüllt sein.

I. Rechtsweg

Ein Rechtsweg muß eröffnet sein. Ein Rechtsweg kann eröffnet sein. Der Verwaltungsrechtsweg kann aufgrund einer aufdrängenden Sonderzuweisung, hilfsweise gemäß der Generalklausel des § 40 Abs. 1 S. 1 VwGO eröffnet sein, soweit keine abdrängende Sonderzuweisung besteht. Unter Umständen ergeht ein Verweisungsbeschluss i.S.d. § 17a Abs. 2 S. 1 GVG i.V.m. § 173 S. 1 VwGO.

1. Aufdrängende Sonderzuweisung

Der Verwaltungsrechtsweg ist gemäß den §§ 126 Abs. 1, 1 BBG für alle Klagen der Beamtinnen, Beamten, Ruhestandsbeamtinnen, Ruhestandsbeamten, früheren Beamtinnen, früheren Beamten und der Hinterbliebenen aus dem Beamtenverhältnis sowie für Klagen des Dienstherrn eröffnet. Gleiches gilt für Landesbeamte gemäß § 54 Abs. 1 BeamtenStG. P ist Bundesbeamtin und möchte wegen des Zeckenbisses beim Unterricht im Freien unter anderem Beamtenversorgung gemäß den §§ 30 ff. BeamtVG geltend machen. Insoweit ist der Verwaltungsrechtsweg gemäß den §§ 126 Abs. 1, 1 BBG eröffnet.

2. Abdrängende Sonderzuweisung

Soweit eine abdrängende Sonderzuweisung gegeben ist, ist der Verwaltungsrechtsweg dennoch nicht eröffnet. Neben den Ansprüchen aus dem Beamtenverhältnis könnte ein Amtshaftungsanspruch der P gemäß § 839 Abs. 1 BGB i.V.m. Art. 34 S. 1 GG in Betracht kommen. Gemäß Art. 34 S. 3 GG darf der ordentliche Rechtsweg für Schadensersatz und den Rückgriff nicht ausgeschlossen sein. Ob für die Amtshaftung somit eine verbindliche Zuweisung zum ordentlichen Gericht besteht, ist irrelevant, weil der seitens der P erlittene Zeckenbiss keinesfalls auf eine drittbezogene Amtspflichtverletzung zurückzuführen ist. Da die beamtenrechtlichen Vorschriften gemäß § 40 Abs. 2 S. 2 VwGO von der abdrängenden Sonderzuweisung des § 40 Abs. 2 S. 1 VwGO auch im Übrigen unberührt bleiben, ist auch insoweit keine abdrängende Sonderzuweisung ersichtlich. Eine abdrängende Sonderzuweisung besteht nicht, sodass es weder zu einem Verweisungsbeschluss gemäß § 17a Abs. 2 S. 1 GVG i.V.m. § 173 S. 1 VwGO noch zu einer Rechtswegkonzentration bzw. Rechtswegspaltung i.S.d. § 17 Abs. 2 S. 1 GVG i.V.m. § 173 S. 1 VwGO kommen wird.

II. Zuständigkeit

Das Verwaltungsgericht ist gemäß § 45 VwGO als Eingangsinstanz für den Streit über den von der zuständigen Behörde der Bundesrepublik Deutschland zu erlassenden Verwaltungsakt sachlich zuständig, soweit die Voraussetzungen abweichender Regelungen wie z.B. die §§ 47, 50 VwGO bei besonderen Verfahren nicht erfüllt sind. Das Verwaltungsgericht ist auch i.S.d. § 52 Nr. 4 VwGO örtlich zuständig, sodass kein Verweisungsbeschluss gemäß § 17a Abs. 2 S. 1 GVG i.V.m. § 83 VwGO gefasst werden wird.

Die örtliche Zuständigkeit ist nur anzusprechen, wenn es dafür im Sachverhalt Anhaltspunkte gibt. Gegebenenfalls ist die örtliche Zuständigkeit grundsätzlich im Anschluss an die sachliche Zuständigkeit zu prüfen. Ist sie jedoch gemäß § 52 Nr. 2 VwGO ausnahmsweise von der Klageart abhängig, sollte sie offen mit Verweis auf § 17a Abs. 2 S. 1 GVG i.V.m. § 83 VwGO formuliert werden.

III. Beteiligte

P und die Bundesrepublik Deutschland als Körperschaft öffentlichen Rechts können Beteiligte des Verfahrens sein. Beteiligte sind nach § 63 Nr. 1, 2 VwGO unter anderem der Kläger und der Beklagte, beteiligungsfähig nach § 61 Nr. 1 Alt. 1, 2 VwGO natürliche und juristische Personen. Behörden sind auf der Bundesebene nicht i.S.d. § 61 Nr. 3 VwGO beteiligungsfähig. Als Klägerin ist gemäß § 61 Nr. 1 Alt. 1 VwGO P als natürliche Person beteiligungsfähig. P ist gemäß § 62 Abs. 1 Nr. 1 VwGO mangels gegenteiliger Anhaltspunkte prozessfähig.

Beklagte ist die Bundesrepublik Deutschland als Gebietskörperschaft des öffentlichen Rechts, vertreten durch die Behörde. Sie ist gemäß den §§ 63 Nr. 2, 61 Nr. 1 Alt. 2 VwGO beteiligungs- und mangels Anhaltspunkten bezüglich des für die Behörde handelnden Organwalters gemäß § 62 Abs. 1, 3 VwGO prozessfähig.

IV. Statthafte Klageart

Die statthafte Klageart richtet sich i.S.d. § 88 VwGO nach dem klägerischen Begehren unter Berücksichtigung des Anwendungsvorrangs maßnahmespezifischer Rechtsschutzformen und des rechtsstaatlichen Grundsatzes der Effektivität des Rechtsschutzes. Dem klägerischen Begehren entspricht i.d.R. die effektivste Klageart, also nach Möglichkeit die Anfechtungsklage gemäß § 42 Abs. 1 Alt. 1 VwGO als Gestaltungsklage der Verwaltungsgerichtsordnung, es sei denn, es gibt einen ausdrücklichen Antrag, der nicht überschritten werden darf. Voraussetzung der Anfechtungsklage ist, dass der Kläger die Aufhebung eines gegenwärtig wirkenden Verwaltungsaktes erstrebt. Ein Verwaltungsakt ist gemäß § 35 S. 1 VwVfG i.V.m. § 1 VwVfG jede Verfügung, Entscheidung oder andere hoheitliche Maßnahme, die eine Behörde zur Regelung eines Einzelfalls auf dem Gebiet des öffentlichen Rechts trifft und die auf unmittelbare Rechtswirkung nach außen gerichtet ist. P könnte gegen den ursprünglichen Bescheid vom 10.9. mit einer Anfechtungsklage vorgehen, jedoch entspricht dies nicht ihrem primären Klagebegehren. Würde der ursprüngliche Bescheid – und sei es gemäß § 79 Abs. 1 Nr. 1 VwGO in der Gestalt des Widerspruchsbescheides vom 29.10. – beseitigt, erhielte P nichts. Ebenso entspricht es nicht ihrem primären Begehren nur den Widerspruchsbescheid – gemäß § 79 Abs. 1 Nr. 2 VwGO oder gemäß § 79 Abs. 2 VwGO – zu beseitigen. So könnte sie zwar im Erfolgsfall den ihr ursprünglich zugesprochenen Betrag in Höhe von € 2.100,– behalten, jedoch bekäme sie nicht den zusätzlich erstrebten Betrag in Höhe von € 1.850,–. Sie begehrt Leistung in Höhe der vollen € 3.950,–. Es kann P daher nur um eine Leistungsklage gehen.

Typisches Problem bei der reformatio in peius ist der Streitgegenstand. In diesem Zusammenhang ist i.d.R. § 79 VwGO in seinen Varianten zu erörtern. In Leistungskonstellationen ist § 79 VwGO häufig nicht maßgeblich.

In Betracht kommt eine allgemeine Leistungsklage gerichtet auf die Zahlung des Differenzbetrages in Höhe von € 1.850,–, welche in der Verwaltungsgerichtsordnung zwar nicht ausdrücklich normiert, jedoch z.B. in den §§ 43, 111, 113 VwGO mehrfach erwähnt ist. Sollte P eine verbindliche Festsetzung begehren, wäre die Verpflichtungsklage nach § 42 Abs. 1 Alt. 2 VwGO statthaft. Gegebenenfalls kann es auch gesetzlich vorgegeben sein, dass dem Anspruch auf Leistung eine Festsetzung vorausgeht, aus der sich dann als Sonderrechtsbeziehung der Leistungsanspruch ergibt.

Besteht keine gesetzliche Vorgabe, jedoch ein Leistungsermessen der Behörde und möglicherweise auch eine begrenzte Kapazität, ist auf der ersten Stufe in der Regel ein Verwaltungsakt erforderlich, durch den der Leistungsanspruch dann begründet wird. Ist die Leistung hingegen bereits klar und ohne Spielräume bestimmt und besteht eine Anspruchsgrundlage, ist dies ein Indiz dafür, dass unmittelbar Leistung mittels einer allgemeinen Leistungsklage verlangt werden kann. Gemäß § 49 Abs. 1 S. 1 BeamtVG, der gemäß § 1 Abs. 1 BeamtVG für Bundesbeamte gilt, sind Versorgungsbezüge vor der Leistung festzusetzen. Somit ist gesetzlich vorgegeben, dass ein Leistungsbescheid vorausgehen muss, wenn ein Beamter Versorgungsbezüge geltend macht. P macht bezüglich der Heilbehandlungskosten Beamtenversorgungsbezüge gemäß den §§ 30 ff. BeamtVG geltend. Sie erstrebt im Ergebnis primär die Festsetzung eines Betrages in Höhe von € 3.950,–. Bezüglich der Leistung genügt es, den Klageantrag der P dahingehend auszulegen, dass lediglich die Festsetzung in Höhe von € 1.850,– beantragt worden ist. Im Bescheid vom 29.10. ist die ursprüngliche Begünstigung der P in Höhe von € 2.100,– zwar wieder beseitigt worden, jedoch ist bezüglich der Erreichung des Klageziels in Form der Festsetzung des ursprünglich gewährten Betrages in Höhe von € 2.100,– keine Leistungsklage in Form der Verpflichtungsklage statthaft, weil insoweit die Anfechtungsklage i.S.d. § 42 Abs. 1 Alt. 1 VwGO gerichtet auf die Aufhebung des Aufhebungsbescheides rechtsschutzintensiver ist. Der Antrag der P auf Leistung ist somit dahingehend auszulegen, dass ein Betrag in Höhe von € 1.850,– festgesetzt werden soll. Zudem wäre bei einer

Verpflichtungsklage, die auch auf den Betrag in Höhe von € 2.100,– bezogen wäre, auf den Zeitpunkt der letzten mündlichen Tatsachenverhandlung bzw. – soweit diese gemäß § 101 Abs. 2 VwGO entbehrlich ist – auf den Zeitpunkt des Urteilsspruches abzustellen, sodass zu berücksichtigen wäre, das P mittlerweile nur noch eine geringfügige Gehhilfe braucht. Im Rahmen der Anfechtungsklage wäre grundsätzlich – es handelt sich nicht um einen klassischen Dauerverwaltungsakt – der Zeitpunkt der letzten Behördenentscheidung maßgeblich, sodass die Verbesserung des Gesundheitszustandes nicht erheblich wäre. Das erfolgt durch die Verpflichtung der Behörde zum Erlass eines zusätzlichen Bescheides mit dem Inhalt der Zahlung in Höhe von € 1.850,–. Die Verpflichtungsklage ist gemäß § 42 Abs. 1 Alt. 2 VwGO die für die Leistung statthafte Klageart.

Es ist vertretbar, die Verpflichtungsklage auf Erlass eines zusätzlichen Leistungsbescheides in Höhe von € 1.850,– mit einer Anfechtungsklage gerichtet auf Aufhebung des Aufhebungsbescheides vom 29.10. zusammen zu prüfen, allerdings nur, wenn die Überschrift „Sachurteilsvoraussetzungen" oder „Sachentscheidungsvoraussetzungen" lautet. Die Klagehäufung ist keine Zulässigkeitsvoraussetzung.

Nur eine Verpflichtungsklage in Form der Versagungsgegenklage entspricht einerseits nicht dem Antrag der P, andererseits nicht ihrem Begehren bei Berücksichtigung der Effizienz. Würde in Höhe von € 3.950,– ein Verpflichtungsantrag gestellt werden, müsste das Gericht auch bezüglich des Betrages in Höhe von € 2.100,– als Leistungsantrag entscheiden und somit eine den ursprünglichen Bescheid überlagernde Begünstigung zusprechen. Das könnte dazu führen, dass z. B. bei Stattgabe der Klage bezüglich des Betrages in Höhe von € 2.100,– eine Begünstigung mit Nebenbestimmung erfolgt, durch welche P schlechter gestellt ist, als bei bloßer Anfechtung des Widerspruchsbescheides bezüglich des Betrages in Höhe von € 2.100,–. Diese Gefahr besteht sogar dann, wenn es möglich sein sollte, im Rahmen einer umfassenden Verpflichtungsklage in Form der Versagungsgegenklage bezüglich der Gestaltungswirkung gemäß § 79 Abs. 1 Nr. 2 VwGO bzw. § 79 Abs. 2 VwGO nur den Widerspruchsbescheid zu beseitigen, da bezüglich des Betrages in Höhe von € 2.100,– jedenfalls über den Leistungsantrag beschieden werden müsste, durch den der ursprüngliche Leistungsbescheid überlagert würde.

V. Besondere Sachurteilsvoraussetzungen

Die besonderen Sachurteilsvoraussetzungen können erfüllt sein.

1. Besondere Prozessführungsbefugnis

Besonders prozessführungsbefugt ist gemäß § 78 Abs. 1 Nr. 1 VwGO die Bundesrepublik Deutschland als Körperschaft öffentlichen Rechts und Dienstherrin der P, da keine Ausführungsvorschrift i.S.d. § 78 Abs. 1 Nr. 2 VwGO ersichtlich ist.

§ 78 VwGO enthält nach h.M. eine Regelung über die besondere Prozessführungsbefugnis, die von der Beteiligungsfähigkeit und der Passivlegitimation zu trennen ist (MA: § 78 VwGO als Sonderregelung der Passivlegitimation, die aber in der Sachstation, also der Begründetheit, zu prüfen ist, da Passivlegitimation der Terminus für den materiell richtigen Klagegegner ist). Die besondere Prozessführungsbefugnis ist ein Unterpunkt bei den besonderen Sachurteilsvoraussetzungen und wird teilweise (vertretbar aber bzgl. der materiell-rechtlichen Passivlegitimation verwechslungsfähig) mit „Klagegegner" überschrieben.

Einige Argumente für h.M.:
- § 78 VwGO steht systematisch bei besonderen Sachurteilsvoraussetzungen
- Gesetzgebungskompetenzen
- falsche Behörde bzw. falscher Rechtsträger können nicht zum materiell richtigen Anspruchsgegner i.S. einer Passivlegitimation werden (zum Ganzen: Ehlers, Festschrift für Menger, S. 379 ff.; Hufen, Verwaltungsprozessrecht, 11. Aufl. 2019, § 12, Rn 38 ff. m.w.N.; vgl. OVG Münster NVwZ 1990, 188)

2. Klagebefugnis

P muss klagebefugt sein. Die Klagebefugnis nach § 42 Abs. 2 VwGO setzt die Möglichkeit der Verletzung eines subjektiven Rechts voraus. Subjektive Rechte werden aus Sonderrechtsbeziehungen, einfachen Gesetzen, subsidiär aus Grundrechten abgeleitet, wobei jedenfalls aufgrund des weiten Schutzbereiches des Art. 2 Abs. 1 GG bei unmittelbaren Grundrechtseingriffen für das subjektive Recht direkt auf Grundrechte abgestellt werden kann. Ob sich ein subjektives Recht der P aus dem beamtenrechtlichen Fürsorgeverhältnis als Sonderrechtsbeziehung ergibt, oder ob es diesbezüglich an einer hinreichend ausgestalteten Konkretisierung des Beamtenrechtsverhältnisses fehlt, ist irrelevant, weil sich ein subjektives Recht der P auf Fürsorgeleistungen zumindest aus der einfachgesetzlichen Regelung des § 30 Abs. 1 BeamtVG ergibt. P kann durch die Versagung der Zahlung seitens der Behörde in diesem subjektiven Recht verletzt worden sein. P ist klagebefugt.

3. Ordnungsgemäßes Vorverfahren

Ein Vorverfahren gemäß den §§ 68 ff. VwGO ist nicht gemäß § 68 Abs. 1 S. 2 VwGO entbehrlich und bei Bundesbeamten gemäß § 126 Abs. 2 BBG bei allen Klagen durchzuführen.

Bei Landesbeamten ist ein Vorverfahren gemäß § 54 Abs. 2 S. 3 i.V.m. dem Landesrecht ausnahmsweise nicht erforderlich.

P ist Bundesbeamtin und hat mit Zugang bei der Behörde am 18.10. Widerspruch eingelegt. Voraussetzung für ein ordnungsgemäß durchgeführtes Vorverfahren ist die Einhaltung der Widerspruchsfrist.

a) Fristbeginn

Die Widerspruchsfrist beginnt gemäß § 70 Abs. 1 S. 1 VwGO mit der Bekanntgabe des Verwaltungsaktes. Die Bekanntgabe richtet sich nach den §§ 43, 41 VwVfG. Grundsätzlich kommt es gemäß § 41 Abs. 1 S. 1 VwVfG auf die tatsächliche Bekanntgabe gegenüber dem Betroffenen an. Da der Bescheid der P am 11.9. zuging, wäre für seine Bekanntgabe der 11.9. maßgeblich. Aufgrund seiner systematischen Stellung und inhaltlichen Ausgestaltung ist § 41 Abs. 2 VwVfG gegenüber § 41 Abs. 1 VwVfG vorrangig. Nach § 41 Abs. 2 S. 1 VwVfG gilt ein schriftlicher Verwaltungsakt am dritten Tage nach der Aufgabe zur Post als bekannt gegeben, es sei denn, er ist gemäß § 41 Abs. 2 S. 2 VwVfG nicht oder zu einem späteren Zeitpunkt zugegangen. Die Bekanntgabe des Bescheides der Bundesrepublik Deutschland richtet sich somit nach § 41 Abs. 2 VwVfG, weil der Bescheid schriftlich erlassen und zur Post aufgegeben wurde. Nach welcher Vorschrift sich der Fristbeginn berechnet, ist problematisch. Insoweit könnten die §§ 57 Abs. 2 VwGO, 222 Abs. 1 ZPO, 187 ff. BGB zur Anwendung gelangen. Dafür spricht, dass die Ermittlung des Fristbeginns mittels der gesetzlichen Fiktion letztlich dazu dient, die Einhaltung der Klagefrist nach § 70 VwGO klären. Für Fristen der Verwaltungsgerichtsordnung gilt § 57 Abs. 2 VwGO. Bei genauer dogmatischer Zuordnung geht es bei der Ermittlung des Beginns der Frist nach § 70 VwGO inzident um das Merkmal der „Bekanntgabe" der Verwaltungsakte, die im vorprozessualen Bereich, nämlich im Verwaltungsverfahren, erfolgte. Den diesbezüglichen Bekanntgabezeitpunkt in Form des Fiktionseintrittes gilt es zu ermitteln mit der Folge, dass im vorprozessualen Stadium das Verwaltungsverfahrensgesetz anzuwenden ist. Zudem gilt § 57 Abs. 2 VwGO nur für Fristen, sodass die Fiktionsberechnung auch bei weiter Auslegung nicht erfasst sein könnte, während § 31 Abs. 1 VwVfG weit formuliert ist und auch für Termine gilt, sodass die Fiktionsberechnung danach bei weiter Auslegung des § 31 Abs. 1 VwVfG möglich ist. Die Berechnung des Bekanntgabezeitpunktes i.S.d. § 41 Abs. 2 VwVfG richtet sich daher nach den §§ 31 VwVfG, 187 ff. BGB.

Die Anwendung des § 31 VwVfG kann gegenüber § 57 Abs. 2 VwGO insoweit zu Modifizierungen führen, als z. B. in § 31 Abs. 2 – 7 VwVfG Sonderregelungen enthalten sind.

Letztlich sind die §§ 187 ff. BGB jedenfalls ohne Einschränkungen – § 31 Abs. 2 VwVfG ist aufgrund der gesetzlichen Fiktion von drei Tagen mangels Fristsetzung der Behörde nicht maßgeblich – anwendbar.

Ist für den Beginn einer Frist ein Ereignis – so die Bekanntgabe bei P – maßgeblich, wird gemäß § 187 Abs. 1 BGB bei der Berechnung der Frist der Tag nicht mitberechnet, in welchen das Ereignis fällt. Die Aufgabe des Bescheides zur Post erfolgte am Montag (10.9.), sodass die Drei-Tages-Fiktion des § 41 Abs. 2 VwVfG am Dienstag (11.9.) um 00:00 Uhr begann und als nach Tagen berechnete Frist gemäß § 188 Abs. 1 BGB am Donnerstag (13.9.) um 24:00 Uhr endete.

b) Fristdauer

Die Fristdauer der Monatsfrist aus § 70 VwGO wird nach den §§ 57 Abs. 2 VwGO, 222 Abs. 1 ZPO, 187 ff. BGB berechnet. Das i.S.d. § 187 Abs. 1 BGB maßgebliche Ereignis ist die auf der Fiktion beruhende Bekanntgabe am 13.9. Der 13.9. ist für den Fristbeginn nicht zu berücksichtigen, weil er gemäß § 187 Abs. 1 BGB nicht mitgerechnet wird. Für den Beginn der Berechnung der Monatsfrist ist daher nicht der 13.9. um 24:00 Uhr, sondern der 14.9. um 00:00 Uhr maßgeblich. Als nach Monaten berechnete Frist endete sie gemäß § 188 Abs. 2 BGB als solche Frist, deren Beginn ein Ereignis gemäß § 187 Abs. 1 BGB zugrunde liegt, mit dem Ablauf desjenigen Tages, welcher durch seine Benennung oder Zahl dem Tage entspricht, in welchen das Ereignis fällt. Das Ereignis war der Fiktionseintritt am 13.9., sodass die Frist am 13.10. um 24:00 Uhr endet. Da der 13.10. allerdings ein Samstag war, kam es gemäß §§ 57 Abs. 2 VwGO, 222 ZPO auf den Ablauf des nächsten Werktages an. Nächster Werktag war Montag, der 15.10. Die Frist endete daher am 15.10. um 24:00 Uhr. P hat gegen den Bescheid bezüglich des Zuspruches des Betrages in Höhe von € 2.100,– und der Versagung des übrigen Betrages mit Zugang bei der zuständigen Behörde am 18.10. Widerspruch eingelegt und die Widerspruchsfrist von einem Monat somit nicht eingehalten.

c) Sachliche Einlassung der Behörde

Da der ursprüngliche Bescheid eine ordnungsgemäße Rechtsbehelfsbelehrung enthielt, galt für P auch nicht die Jahresfrist gemäß § 58 Abs. 2 VwGO i.V.m. § 70 Abs. 2 VwGO. Die Verfristung kann jedoch aufgrund der sachlichen Einlassung der Behörde unbeachtlich sein. Gegen die Möglichkeit der sachlichen Einlassung bei Verfristung des Widerspruches ist anzuführen, dass die Fristen in der Verwaltungsgerichtsordnung zur Schaffung einer Rechtssicherheit i.S.d. sich unter anderem aus Art. 20 Abs. 3 GG ergebenden Rechtsstaatsprinzips präzise definiert sind. Die Verwaltungsgerichtsordnung wäre somit bindend, ohne dass eine Abweichung auf Veranlassung der Behörde möglich wäre.

Bei Betrachtung der Funktion des Widerspruchsverfahrens ist eine sachliche Einlassung der Behörde möglich. Gemäß der behördlichen Pflicht zum rechtmäßigen Handeln aus Art. 20 Abs. 3 GG soll die Behörde durch das Widerspruchsverfahren die Möglichkeit zur Selbstkontrolle bekommen, um etwaige Fehler im Widerspruchsverfahren korrigieren zu können. Das gilt auch nach Ablauf der Widerspruchsfrist. Der Bürger ist insoweit nicht schutzwürdig, weil er die Durchführung des Widerspruchsverfahrens selbst veranlasst und wünscht. Außerdem kann ein Verwaltungsakt gemäß den §§ 48, 49 VwVfG oder diese verdrängenden Spezialregelungen sogar nach Bestandskraft seitens der Behörde und gegebenenfalls auf Antrag aufgehoben werden. Das muss erst recht gelten, wenn der Bürger und die Behörde sich über die Durchführung eines Widerspruchsverfahrens verfahrensrechtlich einig sind, wenngleich es sich bei der Aufhebung eines Verwaltungsaktes um ein gesondertes Verfahren handelt. Damit ist – unabhängig von den materiellen, möglicherweise einzuschränkenden Konsequenzen – die sachliche Einlassung zur Selbstkontrolle der Verwaltung möglich. Nicht möglich ist die sachliche Einlassung der Behörde bei der Beteiligung Dritter, deren Rechte rechtsstaatlich zu schützen sind und nicht wider die Verwaltungsgerichtsordnung zur Disposition der Behörde gestellt werden. Nicht disponibel ist zudem die Klagefrist, weil insoweit die Effektivität der Judikative in einem Rechtsstaat i.S.d. Art. 20 Abs. 3 GG gewährleistet werden muss. Eine außergesetzliche Belastung der Gerichte als von der sachlichen Einlassung betroffene Gewalt ist wider die Verwaltungsgerichtsordnung nicht zulässig. Nach alledem ist die Verfristung des Widerspruches der P durch die sachliche Einlassung der Behörde geheilt. Ein ordnungsgemäßes Widerspruchsverfahren wurde seitens der P durchgeführt.

4. Klagefrist

Die Klagefrist von einem Monat gemäß § 74 Abs. 1 S. 1, Abs. 2 VwGO seit Zustellung des Widerspruchsbescheides ist mangels gegenteiliger Anhaltspunkte eingehalten worden.

Enthält ein Abhilfebescheid oder Widerspruchsbescheid erstmals eine Beschwer, ist ein Widerspruchsverfahren diesbezüglich gemäß § 68 Abs. 1 S. 2 Nr. 2 VwGO entbehrlich.

VI. Zwischenergebnis

Die Sachurteilsvoraussetzungen sind erfüllt und die Klage der P ist zulässig.

B. Begründetheit

Die Klage ist gemäß § 113 Abs. 5 S. 1, 2 VwGO begründet, soweit die Ablehnung des Zuspruches der Versorgungsbezüge in Form der Kosten für den elektrischen Rollstuhl rechtswidrig, die Klägerin dadurch in ihren Rechten verletzt und die Sache spruchreif bzw. soweit die Unterlassung der diesbezüglichen Bescheidung rechtswidrig oder die erfolgte Bescheidung fehlerhaft und die Klägerin dadurch in ihren Rechten verletzt ist. Somit ist die Klage begründet, soweit die Klägerin einen Anspruch auf zumindest fehlerfreie Bescheidung hat.

I. Anspruchsgrundlage

Ein Anspruch der P auf Ersatz der Kosten für den elektrischen Rollstuhl kann sich aus § 30 Abs. 1 S. 1 BeamtVG als Anspruchsgrundlage ergeben.

II. Anspruchsvoraussetzungen

Die Anspruchsvoraussetzungen müssen erfüllt sein.

1. Formelle Voraussetzungen

Die formellen Voraussetzungen können erfüllt sein. Das setzt voraus, dass bei der zuständigen Stelle ein rechtmäßiges Verfahren in den gesetzlich vorgesehenen Formen durchgeführt worden ist. P hat einen Antrag bei der zuständigen Behörde gestellt, sodass die formellen Voraussetzungen somit erfüllt sind.

2. Materielle Voraussetzungen

Die materiellen Voraussetzungen des § 30 Abs. 1 S. 1 BeamtVG müssen erfüllt sein. Materiell werden positiv ein Beamtenverhältnis auf Bundesebene sowie ein Dienstunfall vorausgesetzt. Negativ darf der Anspruch nicht ausgeschlossen sein.

a) Positive Voraussetzungen

P ist als Dozentin der Verwaltungshochschule des Bundes eine Beamtin des Bundes im statusrechtlichen Sinne. Ein Dienstunfall ist gemäß § 31 Abs. 1 S. 1

BeamtVG ein auf äußerer Einwirkung beruhendes, plötzliches, örtlich und zeitlich bestimmbares, einen Körperschaden verursachendes Ereignis, das in Ausübung oder infolge des Dienstes eingetreten ist. Abzugrenzen ist das Tatbestandsmerkmal des Dienstunfalles von einem bloßen Gelegenheitsereignis. *„Die damit verbundenen und im Hinblick auf einen Dienstunfall unbeachtlichen Gelegenheitsursachen sind Ursachen, bei denen zwischen dem eingetretenen Schaden und dem Dienst eine rein zufällige Beziehung besteht. Dies ist in Konstellationen anzunehmen, in denen die krankhafte Veranlagung oder das anlagebedingte Leiden des Beamten so leicht aktualisierbar war, dass es zur Auslösung akuter Erscheinungen nicht besonderer in ihrer Eigenart unersetzlicher Einwirkungen bedurfte, sondern auch ein anderes alltäglich vorkommendes Ereignis denselben Erfolg herbeigeführt hätte (BVerwG, Urteile vom 15. 9. 1994 – 2 C 24.92 – und vom 18. 4. 2002 – 2 C 22.01; Beschluss vom 29. 9. 1999 – 2 B 100.99 – juris).“* Es verwirklicht sich dann nur das in der krankhaften Veranlagung bereits vorher bestehende Lebensrisiko. Die auf den erlittenen Zeckenbiss zurückzuführende Borrelioseerkrankung der P ist keine Folge einer krankhaften Veranlagung oder eines anlagebedingten Leidens.

Allerdings könnte ein Dienstunfall ausgeschlossen sein, soweit es sich bei einem Schadenseintritt um ein sich unabhängig von einer Vorveranlagung oder Vorerkrankung verwirklichendes allgemeines Lebensrisiko handelt, weil sich eine Gefahr realisiert, die letztlich jeden treffen kann. Eine solche Reduzierung des § 31 Abs. 1 S. 1 BeamtVG ergibt sich jedoch weder aus dem Wortlaut der Norm noch aus deren Sinn und Zweck im Rahmen einer grundsätzlich möglichen teleologischen Reduktion. Eine für die teleologische Reduktion erforderliche verdeckte Regelungslücke in Form des planwidrigen Fehlens einer Ausnahmeregelung ist nicht ersichtlich. Der Begriff des Dienstunfalls setzt nämlich nicht voraus, dass der Beamte bei seiner Tätigkeit einer höheren Gefährdung als die übrige Bevölkerung ausgesetzt ist oder sich in dem Körperschaden eine der konkreten dienstlichen Verrichtung innewohnende typische Gefahr realisiert hat (BVerwG, Urteil vom 24. 10. 1963 – 2 C 10.62 – BVerwGE 17, 59). P hat den Zeckenbiss mit der daraus resultierenden Borrelioseerkrankung während des Unterrichtes im Freien erlitten. Erschwerend kommt hinzu, dass P sich ohne die Unterrichtsvorgabe im Lehrplan nicht im Freien aufgehalten hätte und nicht von der Zecke gebissen worden wäre. Zum Unterricht im Freien war sie zumindest für die Veranstaltung „Natur und Recht" verpflichtet. Dem steht nicht entgegen, dass es sich um eine Infektionskrankheit infolge des Zeckenbisses handelt, weil ein hinreichender Kausalzusammenhang besteht (BVerwG, Urteil vom 28. 1. 1993 – 2 C 22.90 – Schütz, BeamtR ES/C II 3.1 Nr. 49). Somit hat P einen Dienstunfall erlitten.

b) Negative Voraussetzungen

Der Anspruch der P könnte wegen Mitverschuldens der P ausgeschlossen sein. Gemäß § 44 Abs. 1 BeamtVG wird Unfallfürsorge aber lediglich bei vorsätzlicher Herbeiführung des Dienstunfalls nicht gewährt. P handelte allenfalls fahrlässig, als sie sich mit den Studenten zum Unterricht ins Freie begab und dabei möglicherweise nicht hinreichend nach Zecken Ausschau hielt. Vorsatz ist nicht ersichtlich, sodass der Anspruch nicht ausgeschlossen ist.

III. Anspruchsinhalt

Grundsätzlich sind von der Unfallfürsorge gemäß den §§ 30 Abs. 2 Nr. 2, 33 Abs. 1 Nr. 2 BeamtVG die Kosten für orthopädische oder andere Hilfsmittel, durch welche die Unfallfolgen erleichtert werden sollen, erfasst. Allerdings sind nur solche Hilfsmittel erfasst, welche tatsächlich „notwendig" sind. Zu den tatsächlich notwendigen Hilfsmitteln gehört kein elektrischer Rollstuhl, sofern auch ein einfaches Modell hinreichend ist. Zwar sind nicht stets ausschließlich die einfachsten und günstigsten Hilfsmittel die tatsächlich notwendigen, jedoch besteht keine Notwendigkeit, bei einer verhältnismäßig selten und stetig seltener werdenden Inanspruchnahme des Hilfsmittels in Form des Rollstuhls durch P ein hochwertiges Modell mit elektrischem Antrieb zu wählen.

C. Ergebnis

Die Klage der P auf Erlass eines Leistungsbescheides in Höhe von € 1.850,– ist unbegründet und ist somit nicht erfolgreich.

2. Komplex: Klage bezüglich des Widerspruchsbescheides

Die Klage der P hat Erfolg, soweit die Sachurteilsvoraussetzungen erfüllt sind und die Klage begründet ist.

A. Sachurteilsvoraussetzungen

Die Sachurteilsvoraussetzungen können erfüllt sein.

I. Rechtsweg

Ein Rechtsweg muß eröffnet sein. Der Verwaltungsrechtsweg kann aufgrund einer aufdrängenden Sonderzuweisung, hilfsweise gemäß der Generalklausel des § 40 Abs. 1 S. 1 VwGO eröffnet sein, soweit keine abdrängende Sonderzuweisung besteht. Gegebenenfalls ergeht ein Verweisungsbeschluss i.S.d. § 17a Abs. 2 S. 1 GVG i.V.m. § 173 S. 1 VwGO.

Der Verwaltungsrechtsweg ist gemäß den §§ 126 Abs. 1, 1 BBG für alle Klagen der Beamtinnen, Beamten, Ruhestandsbeamtinnen, Ruhestandsbeamten, früheren Beamtinnen, früheren Beamten und der Hinterbliebenen aus dem Beamtenverhältnis sowie für Klagen des Dienstherrn eröffnet. Gleiches gilt für Landesbeamte gemäß den §§ 54 Abs. 1 BeamtenStG, 40 Abs. 2 S. 2 VwGO. P ist Bundesbeamtin und möchte wegen des Zeckenbisses beim Unterricht im Freien unter anderem Beamtenversorgung gemäß den §§ 30 ff. BeamtVG geltend machen. Insoweit ist der Verwaltungsrechtsweg gemäß den §§ 126 Abs. 1, 1 BBG eröffnet. Eine abdrängende Sonderzuweisung aus Art. 34 S. 3 GG ist nicht ersichtlich, weil der Anspruch der P mangels drittbezogener Amtspflichtverletzungen nicht auf eine Amtshaftung i.S.d. § 839 Abs. 1 S. 1 BGB i.V.m. Art. 34 S. 1 GG rückführbar ist. Eine etwaige abdrängende Sonderzuweisung i.S.d. § 40 Abs. 2 S. 1 VwGO ist bei Beamten gemäß § 40 Abs. 2 S. 2 VwGO unbeachtlich.

II. Zuständigkeit

Das Verwaltungsgericht ist gemäß § 45 VwGO als Eingangsinstanz für den Streit über den von der zuständigen Behörde der Bundesrepublik Deutschland zu erlassenden Verwaltungsakt sachlich zuständig, soweit die Voraussetzungen abweichender Regelungen wie z. B. die §§ 47, 50 VwGO bei besonderen Verfahren nicht erfüllt sind. Das Verwaltungsgericht ist auch i.S.d. § 52 VwGO örtlich zuständig, sodass kein Verweisungsbeschluss gemäß § 17a Abs. 2 S. 1 GVG i.V.m. § 83 VwGO gefasst werden wird.

III. Beteiligte

P und die Bundesrepublik Deutschland als Körperschaft öffentlichen Rechts können Beteiligte des Verfahrens sein. Beteiligte sind nach § 63 Nr. 1, 2 VwGO unter anderem der Kläger und der Beklagte, beteiligungsfähig nach § 61 Nr. 1 Alt. 1, 2 VwGO natürliche und juristische Personen. Behörden sind auf der Bundesebene nicht i.S.d. § 61 Nr. 3 VwGO beteiligungsfähig. Als Klägerin ist gemäß § 61 Nr. 1 Alt. 1 VwGO P als natürliche Person beteiligungsfähig. P ist gemäß § 62 Abs. 1 Nr. 1 VwGO mangels gegenteiliger Anhaltspunkte prozessfähig.

Beklagte ist die Bundesrepublik Deutschland als Gebietskörperschaft des öffentlichen Rechts, vertreten durch die Behörde. Sie ist gemäß den §§ 63 Nr. 2, 61 Nr. 1 Alt. 2 VwGO beteiligungs- und mangels Anhaltspunkten bezüglich des für die Behörde handelnden Organwalters gemäß § 62 Abs. 1, 3 VwGO prozessfähig.

IV. Statthafte Klageart

Die statthafte Klageart richtet sich i.S.d. § 88 VwGO nach dem klägerischen Begehren unter Berücksichtigung des Anwendungsvorrangs maßnahmespezifischer Rechtsschutzformen und des rechtsstaatlichen Grundsatzes der Effektivität des Rechtsschutzes. Dem klägerischen Begehren entspricht i.d.R. die effektivste Klageart, also nach Möglichkeit die Anfechtungsklage gemäß § 42 Abs. 1 Alt. 1 VwGO als Gestaltungsklage der Verwaltungsgerichtsordnung, es sei denn, es gibt einen ausdrücklichen Antrag, der nicht überschritten werden darf. Voraussetzung der Anfechtungsklage ist, dass der Kläger die Aufhebung eines gegenwärtig wirkenden Verwaltungsaktes erstrebt. Ein Verwaltungsakt ist gemäß § 35 S. 1 VwVfG i.V.m. § 1 VwVfG jede Verfügung, Entscheidung oder andere hoheitliche Maßnahme, die eine Behörde zur Regelung eines Einzelfalls auf dem Gebiet des öffentlichen Rechts trifft und die auf unmittelbare Rechtswirkung nach außen gerichtet ist. P könnte gegen das hoheitliche Handeln in Bescheidform vorgehen wollen. Dazu bedarf es eines hinreichend konkretisierten Begehrens im Hinblick auf einen hinreichend konkretisierten Streitgegenstand.

Sowohl der ursprüngliche Leistungsbescheid als auch der Widerspruch sind Einzelfallregelungen gegenüber P mit Regelungscharakter bezüglich der Versorgungsleistungen der P und somit Verwaltungsakte, wobei der Widerspruchsbescheid nicht eigenständig im engen Sinne ist, sondern den ursprünglichen Bescheid i.S.d. § 79 Abs. 1 Nr. 1 VwGO modifiziert.

Der Streitgegenstand der Anfechtungsklage ist im Rahmen des § 79 VwGO bestimmbar. Gemäß § 79 Abs. 1 Nr. 1 VwGO kann Streitgegenstand ein ursprünglicher Verwaltungsakt in der Gestalt sein, die er durch den Widerspruchsbescheid erhalten hat.

Denkbar ist auch, dass nur ein Widerspruchsbescheid gemäß § 79 Abs. 1 Nr. 2 Alt. 2 VwGO Gegenstand der Klage ist, wenn er erstmals eine Beschwer enthält. Der Widerspruchsbescheid kann gemäß § 79 Abs. 2 VwGO auch dann alleiniger Streitgegenstand sein, wenn und soweit er gegenüber dem ursprünglichen Verwaltungsakt eine zusätzliche selbstständige Beschwer enthält. Die zusätzliche selbstständige Beschwer muss in diesem Zusammenhang nicht zwingend eine qualitative Verböserung darstellen, bei welcher anlässlich des Widerspruchsverfahrens ein eigenständiger neuer Verwaltungsakt erlassen wird. Erfasst ist im Rahmen des § 79 Abs. 2 VwGO auch die quantitative Verböserung, weil § 79 Abs. 2

VwGO insoweit verfassungskonform i.S.d. Art. 19 Abs. 4 GG ausgelegt werden muss. Ein umfassender effizienter Rechtsschutz gegen ein Handeln der Exekutive ist erforderlich. Würde § 79 Abs. 2 VwGO auf qualitative Verböserungen beschränkt sein, ergäbe die Regelung wenig Sinn, weil die qualitative Verböserung als unechte Verböserung einen eigenständigen Verwaltungsakt beinhaltet, der ohnehin gesondert anfechtbar ist. Dann hätte § 79 Abs. 2 VwGO lediglich eine Klarstellungsfunktion.

Der ursprüngliche Bescheid vom 10.9. enthielt keine Belastung, sondern eine Begünstigung. Somit enthielt der Widerspruchsbescheid vom 29.10. auch keine zusätzliche Beschwer i.S.d. § 79 Abs. 2 VwGO. Auch ist es nicht das Ziel der P, den ursprünglichen Bescheid in Gestalt des Widerspruchsbescheides i.S.d. § 79 Abs. 1 Nr. 1 VwGO zu beseitigen, da der ursprüngliche Bescheid sie begünstigte. Streitgegenstand ist somit gemäß § 79 Abs. 1 Nr. 2 Alt. 2 VwGO der Widerspruchsbescheid, da dieser aufgrund der Verböserung in Form der Versagung jeglicher Leistung erstmalig eine Beschwer der P enthält.

V. Besondere Sachurteilsvoraussetzungen
Die besonderen Sachurteilsvoraussetzungen können erfüllt sein.

1. Besondere Prozessführungsbefugnis
Besonders prozessführungsbefugt ist gemäß § 78 Abs. 1 Nr. 1 VwGO die den Kostenbescheid erlassende Bundesrepublik Deutschland als Körperschaft öffentlichen Rechts, da keine Ausführungsvorschrift i.S.d. § 78 Abs. 1 Nr. 2 VwGO ersichtlich ist. Da der Widerspruchsbescheid eine erstmalige Beschwer in Form der Aufhebung der ursprünglich gewährten Leistung enthält, ist für die Zuordnung des Rechtsträgers gemäß § 78 Abs. 2 VwGO die Widerspruchsbehörde die maßgebliche Behörde, nicht aber die Ausgangsbehörde, wenngleich sich dies im Ergebnis nicht auswirkt, weil sowohl die Rechtsträgerin der Ausgangsbehörde als auch die der Widerspruchsbehörde die Bundesrepublik Deutschland ist.

2. Klagebefugnis
P muss klagebefugt sein. Die Klagebefugnis nach § 42 Abs. 2 VwGO setzt die Möglichkeit der Verletzung eines subjektiven Rechts voraus. Subjektive Rechte leiten sich aus Sonderrechtsbeziehungen, einfachen Gesetzen, subsidiär aus Grundrechten und unter Umständen Unionsrecht ab, wobei jedenfalls aufgrund des weiten Schutzbereiches des Art. 2 Abs. 1 GG bei unmittelbaren Grundrechtseingriffen für das subjektive Recht direkt auf Grundrechte abgestellt werden kann.

P ist bezüglich des Widerspruchsbescheides zwar Adressatin eines belastenden Bescheides, jedoch ist ein unmittelbarer Grundrechtseingriff z. B. in Beamtenrechte i.S.d. Art. 33 Abs. 5 GG nicht eindeutig gegeben. Durch den Bescheid wird schließlich eine Leistung modifiziert bzw. aufgehoben. Die Modifizierung einer Leistung ist nur ein Grundrechtseingriff, soweit auf die Leistung ein grundrechtlicher Anspruch bestand. Insofern kann sich ein subjektives Recht aber jedenfalls aus einer Sonderrechtsbeziehung oder aus einer einfachgesetzlichen Norm ergeben. P ist mit dem Bescheid vom 10.9. eine Leistung gewährt worden, auf welche aus dem Leistungsbescheid selbst ein Anspruch bestand. Aus diesem Rechtssetzungsakt als Sonderrechtsbeziehung ergab sich ein Leistungsanspruch der P in Höhe von € 2.100,–, also ein subjektives Recht der P. Durch die Aufhebung der Leistung im Widerspruchsbescheid kann das subjektive Recht der P auf Leistung aus dem ursprünglichen Bescheid verletzt worden sein. P ist i.S.d. § 42 Abs. 2 VwGO klagebefugt.

3. Vorverfahren
Ein Vorverfahren gemäß den §§ 68 ff. VwGO ist auf Bundesebene grundsätzlich nicht gemäß § 68 Abs. 1 S. 2 VwGO entbehrlich, bezüglich der Anfechtung nur des Widerspruchsbescheides i.S.d. § 79 Abs. 1 Nr. 2 Alt. 2 VwGO gemäß § 68 Abs. 1 S. 2 Alt. 2 Nr. 2 VwGO ausnahmsweise dennoch entbehrlich. Der Widerspruchsbescheid vom 29.10. enthielt aus Sicht der P erstmals eine Beschwer, da die ursprüngliche Leistung durch den Widerspruchsbescheid aufgehoben worden ist. Ein für den Widerspruchsbescheid und der damit zusammenhängenden Verböserung gesondertes Vorverfahren wäre gemäß § 68 Abs. 1 S. 2 Alt. 2 Nr. 2 VwGO somit entbehrlich gewesen, jedoch ist P Bundesbeamtin, sodass § 68 Abs. 1 S. 2 Alt. 2 Nr. 2 VwGO durch die Spezialregelung des § 126 Abs. 2 S. 1 BBG verdrängt wird. P hat das Vorverfahren bezüglich der Verböserung ordnungsgemäß durchgeführt.

4. Klagefrist
Die Klagefrist von einem Monat gemäß § 74 Abs. 1 S. 1 VwGO seit Zustellung des Widerspruchsbescheides ist mangels gegenteiliger Anhaltspunkte eingehalten worden.

VI. Zwischenergebnis
Die Sachurteilsvoraussetzungen sind erfüllt und die Klage der P ist zulässig.

B. Begründetheit

Die Klage ist gemäß § 113 Abs. 1 S. 1 VwGO i.V.m. § 115 VwGO begründet, soweit der Verwaltungsakt rechtswidrig und die Klägerin dadurch in ihren Rechten verletzt ist.

I. Rechtswidrigkeit des Verwaltungsaktes
Der Verwaltungsakt muss rechtswidrig sein.

1. Rechtsgrundlage
Die Verböserung bezüglich der ursprünglich zugesprochenen Leistung an P muss im Sinne des Vorbehaltes des Gesetzes auf eine Rechtsgrundlage rückführbar oder zumindest im Sinne des Vorranges des Gesetzes ohne Rechtsgrundlage möglich sein. Anders als in Konstellationen, in denen Streitgegenstand des Verfahrens der ursprüngliche Bescheid in Gestalt des Widerspruchsbescheides gemäß § 79 Abs. 1 Nr. 1 VwGO ist und somit zumindest für den ursprünglichen Teil des Bescheides eine Rechtsgrundlage aus dem materiellen Recht benennbar ist, bedarf es in den Konstellationen des § 79 Abs. 1 Nr. 2 VwGO der Benennung einer Rechtsgrundlage nur für die Verböserung, wenigstens aber der Zulässigkeit der Verböserung aufgrund des Vorranges des Gesetzes. Ist eine Verböserung unzulässig, besteht keine Rechtsgrundlage für eine solche und sie wäre auch nicht aufgrund des Maßstabes des Vorranges des Gesetzes möglich.

Vertretbar sind andere Lösungswege: Die Verböserung wird auch auf §§ 48, 49 VwVfG oder auf das materielle Recht der Widerspruchsbehörde (hier identisch) gestützt. Vertretbar ist es, die Verböserung abzulehnen. Abgesehen von der Problematik der §§ 48, 49 VwVfG, die vertretbar bei der Rechtsgrundlage geprüft werden könnten, obwohl sich der Streitgegenstand aus § 79 Abs. 1 Nr. 1 VwGO ergibt, sind diese Aspekte im Ermessen zu prüfen. Anders ist dies, wenn nur die Verböserung Streitgegenstand ist.

---

a) Zulässigkeit der Verböserung
Gegenüber P handelt es sich um eine quantitative Verböserung, weil es um einen Anspruch geht, welcher der Höhe nach im Widerspruchsverfahren reduziert wird. Anders als bei der qualitativen Verböserung ist somit im Widerspruchsverfahren kein eigenständiger neuer Verwaltungsakt anlässlich des Widerspruchsverfahrens erlassen worden, für welchen mangels materiellen Zusammenhanges zum

Ausgangsbescheid als Rechtsgrundlage unproblematisch das jeweilige materielle Recht anwendbar wäre.

In den Vorschriften der Verwaltungsgerichtsordnung ist weder bestimmt, dass eine Schlechterstellung zulässig sein müsse, noch ist die Zulässigkeit einer solchen Schlechterstellung ausgeschlossen.

In bestimmten Bereichen wird ein Verböserungsverbot angenommen. Im Prüfungsrecht etwa besteht zwar kein grundsätzliches Verböserungsverbot, jedoch kann sich ein solches z.B. bei einer Verzerrung des materiellen Rechts im Hinblick auf Art. 3 Abs. 1 GG ergeben.

Die Zurückhaltung des Bundesgesetzgebers mag sich daraus ergeben, dass er nicht befugt ist, das Verwaltungsverfahren der Bundesländer in vollem Umfang zu regeln, sondern insoweit nur die erforderlichen Regelungen über das Verwaltungsvorverfahren als Voraussetzung der Klageerhebung treffen durfte (BVerwG – 4 C 34.75).

Gegen die Zulässigkeit einer quantitativen Verböserung ist einzuwenden, dass insoweit Art. 19 Abs. 4 GG betroffen wäre, weil der Bürger aus Angst vor einer Verböserung vor der Beschreitung des Rechtsweges auch schon im Vorfeld zurückschrecken würde. Außerdem wird mit der Verböserung entgegen dem Rechtsgedanken des § 88 VwGO über den Antrag des Betroffenen hinausgegangen. Gegen die Möglichkeit der Verböserung könnte auch sprechen, dass im Rahmen der §§ 48, 49 VwVfG die Rücknahme und der Widerruf auch schon vor der Bestandskraft erfolgen können, sodass der insoweit gewährte Vertrauensschutz durch eine Verböserung im Widerspruchsverfahren nicht gewahrt würde. Ein geschaffener Vertrauenstatbestand könnte gegebenenfalls nur ausdrücklich – wie z.B. gemäß § 367 Abs. 2 AO – ausschließbar sein. Letztlich könnte dem Bundesgesetzgeber i.S.d. Artt. 74 Abs. 1 Nr. 1 GG, 70, 84 Abs. 1 S. 1 GG auch die Gesetzgebungskompetenz zumindest in Ländermaterien bezüglich des Verwaltungsverfahrens fehlen.

Allerdings bestehen gewichtige Argumente für die Verböserungsmöglichkeit. Einerseits ist die Exekutive gemäß Art. 20 Abs. 3 GG zum rechtmäßigen Handeln verpflichtet, sodass eine Verböserung im Widerspruchsverfahren Ausdruck der Selbstkontrolle der Verwaltung ist. Andererseits ist die Verböserung in den §§ 68 ff. VwGO anders als z.B. in § 331 StPO nicht ausgeschlossen, woraus sich schließen lässt, dass sie im verwaltungsrechtlichen Verfahren, welches häufig weniger grundrechtsbelastend ist, geringer einzustufen ist als im strafrechtlichen Verfahren. Aus dem Wortlaut des § 79 Abs. 2 VwGO ergibt sich, dass eine Verbösserung vom Gesetzgeber auch vorausgesetzt wird, wobei es sich bei der zusätzlichen selbständigen Beschwer nicht um eine qualitative Verbösserung handeln muss, sondern auch um eine quantitative Verbösserung handeln kann, da die

Regelung des § 79 Abs. 2 S. 1 VwGO anderenfalls überflüssig wäre, weil ein eigenständiger neuer Verwaltungsakt ohnehin jederzeit auch anlässlich des Widerspruchsverfahrens nach dem materiellen Recht erlassen werden kann. Letztlich wird die Entscheidung durch den Widersprechenden auch zur Disposition der Behörde gestellt (vgl.: OVG Münster, Beschluss vom 27. 5. 2013, NVwZ-RR 2013, 745). Der Grundsatz, dass nicht über den Antrag des Betroffenen hinausgegangen werden kann, ist zwar ein verwaltungsprozessrechtlicher Grundsatz i.S.d. §§ 88, 129, 141 VwGO, jedoch kein einer Verböserung im Verwaltungsverfahren entgegenstehender verwaltungsverfahrensrechtlicher Grundsatz. Auch die Gesetzgebungskompetenzen werden seitens des Bundes nicht überschritten, da schließlich keine ausdrückliche Regelung der Verböserung für Verwaltungsverfahren der Länder im Bundesrecht steht, sondern sich aus dem Bundesrecht lediglich Argumente für die Zulässigkeit einer Verböserung ableiten lassen. Auf Bundesebene ist weder unzulässig das Verwaltungsverfahren der Länder entgegen den Artt. 74 Abs. 1 Nr. 1 GG, 70, 84 Abs. 1 S. 1 GG geregelt worden noch deren materielle Rechtsmaterien. (siehe Schema 10)

Nach alledem ist die quantitative Verböserung – auch gegenüber P – zulässig.

Reformatio in peius (rip) – Argumente

Pro	Contra
>**Gesetzesbindung** der Verwaltung (**Art. 20 III GG**)	>effektiver Rechtsschutz beeinträchtigt (**Art. 19 IV GG**); Zurückschrecken vor Widerspruch
>Sachherrschaft Behörde (**Selbstkontrolle**)	>Grundsatz: ne ultra petita (§ 88 VwGO)
>rip in §§ 68 ff. VwGO nicht ausdrücklich ausgeschlossen (vgl. § 331 StPO)	>Vertrauenstatbestand auch vor Bestandskraft
>§§ 48, 49 VwVfG: Aufhebung sogar nach Eintritt der Bestandskraft	
>gem. § 79 II 1 VwGO geht Gesetzgeber von Zulässigkeit der rip aus	
>Widerspruchsführer: Rechtsposition bewusst zur Disposition der Behörde gestellt	
>Gewohnheitsrechtlich anerkannt	

Schema 10

b) Tatsächliche Rechtsgrundlage

Da durch die Verböserung ein Bestand aus zumindest einer Sonderbeziehung zulasten des Betroffenen verändert wird, ist im Fall eines Grundrechtseingriffes aufgrund der Grundrechte, anderenfalls jedenfalls aus rechtsstaatlichen Gründen eine Rechtsgrundlage im Sinne des Gesetzesvorbehaltes erforderlich.

Rechtsgrundlage kann das materielle Recht der Widerspruchsbehörde sein, weil diese schließlich die Entscheidung über die Verböserung i.S.d. §§ 68 ff. VwGO trifft. Die Anwendbarkeit des materiellen Rechts der Widerspruchsbehörde ist für die Verböserung abzulehnen, weil im Widerspruchsverfahren die Entscheidung der Ausgangsbehörde durch die Widerspruchsbehörde mittels des materiellen Rechts der Ausgangsbehörde kontrolliert werden soll und somit das materielle Recht der Ausgangsbehörde maßgeblich ist. Unabhängig davon kann das materielle Recht der Ausgangs- und der Widerspruchsbehörde identisch sein. Eine Identität des materiellen Rechts besteht z.B. bei Identität der Ausgangs- und der Widerspruchsbehörde. Im Hinblick auf die gegenüber P handelnde Widerspruchsbehörde ist ebenso wie für die Ausgangsbehörde das materielle Recht der Beamtenversorgung anwendbar. Das materielle Recht der Ausgangsbehörde und der Widerspruchsbehörde sind identisch.

Somit kommt es darauf an, ob für die zulässige quantitative Verböserung das materielle Recht der Ausgangsbehörde anwendbar ist, oder ob für die Verböserung die §§ 48, 49 VwVfG als Vorschriften über die Rücknahme und den Widerruf maßgeblich sind. Für die Anwendbarkeit der §§ 48, 49 VwVfG analog – analog, da die Normen einerseits erst bei Bestandskraft eines Verwaltungsaktes gelten, welche konkret gegeben war, andererseits, weil die Widerspruchsbehörde grundsätzlich nicht nach den §§ 48, 49 VwVfG aufheben kann – kann angeführt werden, dass insoweit ein differenzierter Vertrauensschutz für den Bürger gewährt würde, zumal eine Verböserung im Widerspruchsverfahren eine Teilaufhebung des ursprünglichen Bescheides beinhaltet. Allerdings ist die Konstellation der §§ 48, 49 VwVfG mit der Verböserung im Widerspruchsverfahren grundsätzlich nicht vergleichbar. Rücknahme oder Widerruf erfolgen entsprechend dem im Gesetz verankerten Regelfall aufgrund der Initiative der Behörde – sei es vor oder nach Bestandskraft. Das gilt unabhängig davon, dass ein Bürger möglicherweise im Rahmen seiner subjektiven Rechte die Rücknahme oder den Widerruf von der Behörde verlangen kann. Bei der Verböserung im Widerspruchsverfahren geht die Initiative für die Fortführung des Verfahrens vom Bürger aus, ohne dass die Aufhebung der ursprünglichen Leistung erstrebt wird. Insoweit ist die Konstellation keine solche der §§ 48, 49 VwVfG. Bei einer Verböserung im Widerspruchsverfahren ist somit grundsätzlich das materielle Recht der Ausgangsbehörde als im Sinne des sich unter anderem aus Art. 20 Abs. 3 GG ergebenden Rechtsstaatsprinzips hinreichend bestimmte Regelung anwendbar.

Somit würde sich die gegenüber P ausgesprochene Verböserung im Widerspruchsverfahren nach den Normen des Beamtenversorgungsrechts als materielles Recht der Ausgangsbehörde richten. Ausnahmsweise sind als Rechtsgrundlage allerdings doch die Regelungen über die Aufhebung von

Verwaltungsakten analog den §§ 48, 49 VwVfG anwendbar, nämlich bei Vergleichbarkeit der Verböserung im Widerspruchsverfahren mit der Konstellation der Aufhebung von Verwaltungsakten durch die Behörde. Das Verfahren der P wurde nur fortgeführt, weil die Behörde sich in der Sache eingelassen hat, obwohl der Widerspruch eigentlich verfristet war. Somit ist die Fortführung des Verfahrens ähnlich der Aufhebung eines Verwaltungsaktes nur auf zumindest Mitinitiative der Behörde erfolgt, nachdem der ursprüngliche Bescheid bestandskräftig war. Somit ist die Konstellation mit derjenigen bei den §§ 48, 49 VwVfG vergleichbar, sodass diese ausnahmsweise für die Verböserung als Rechtsgrundlage anwendbar sind.

Da die Voraussetzungen eines beamtenversorgungsrechtlichen Anspruches bezüglich der Finanzierung eines einfachen Rollstuhls in Höhe von € 2.100,– aufgrund des Dienstunfalls durch den Zeckenbiss grundsätzlich erfüllt waren und der ursprüngliche Bescheid insoweit rechtmäßig war, kommt § 48 Abs. 1 S. 1 VwVfG, in dem ein rechtswidriger Bescheid Voraussetzung ist, als Rechtsgrundlage nicht in Betracht. Rechtsgrundlage kann daher analog § 49 Abs. 3 Nr. 1 VwVfG sein.

Grundsätzlich ist primär die Rücknahme zu prüfen, da rechtswidrige Verwaltungsakte i.d.R. leichter aufhebbar sind als rechtmäßige und im Hinblick auf die analoge Anwendung des § 49 VwVfG ein Springen zwischen den Rechtsgrundlagen vermieden werden kann. Eine teilweise in der Literatur empfohlene „Vorprüfung" der Rechtmäßigkeit/Rechtswidrigkeit ist im Gesetz dogmatisch nicht vorgesehen und damit zu unterlassen. Geprüft werden Tatbestände der Normen §§ 48, 49 VwVfG, ggf. der Spezialregelungen.

---

2. Voraussetzungen

Die Voraussetzungen analog § 49 Abs. 3 Nr. 1 VwVfG können erfüllt sein.

a) Formelle Voraussetzungen

Formell muss dann die zuständige Behörde bei Einhaltung der Verfahrensvorschriften formgerecht gehandelt haben. Formell hat die nächsthöhere für den Widerspruch im Rahmen des Devolutiveffektes zuständige Widerspruchsbehörde i.S.d. § 73 Abs. 1 S. 1, 2 Nr. 1 VwGO gehandelt.

Suspensiveffekt: aufschiebende Wirkung
   Devolutiveffekt: nächst höhere Instanz

Sie war aufgrund der veröffentlichten allgemeinen Übertragungsanordnung i.S.d. § 126 Abs. 3 S. 2, 3 BBG von der eigentlich zuständigen obersten Behörde i.S.d. § 126 Abs. 3 S. 1 BBG zum Handeln ermächtigt worden. Fraglich ist, ob die Widerspruchsbehörde auch für die Verböserung zuständig ist.

Die Widerspruchsbehörde könnte für die Verböserung unzuständig sein, weil in Höhe des verbösten Teils des Verwaltungsaktes von der Ausgangsbehörde bisher keine belastende Regelung getroffen worden war mit der Folge, dass für den verbösten Teil des Bescheides nicht die Widerspruchsbehörde, sondern die Ausgangsbehörde zuständig gewesen sein könnte. Dem stehen aber unter anderem die prozessualen Vorgaben der Verwaltungsgerichtsordnung entgegen. Gemäß § 73 Abs. 1 S. 2 Nr. 1 VwGO ist es ein allgemeiner Verfahrensgrundsatz, dass die Widerspruchsbehörde für den Widerspruchsbescheid zuständig ist. Das gilt insoweit auch für den verbösten Teil eines Bescheides, als Streitgegenstand prozessual der ursprüngliche Bescheid in Gestalt des Widerspruchsbescheides ist. Handelt es sich wie bei der Aufhebung eines Zahlungsbetrages nicht um eine qualitative, sondern um eine quantitative Verböserung, ist der Bescheid neben der verfahrensrechtlichen Verknüpfung auch materiell einheitlich zu betrachten. Somit wäre die Widerspruchsbehörde zur Verböserung berechtigt, wenn sie mit der Ausgangsbehörde identisch oder mit denselben Zuständigkeiten ausgestattet oder zumindest als vorgesetzte Behörde der Ausgangsbehörde gegenüber weisungsbefugt ist. Dem könnte entgegengehalten werden, dass die Weisungsbefugnis lediglich das Binnenrecht des jeweiligen öffentlich-rechtlichen Rechtsträgers, nicht aber das Außenrecht betrifft, sodass eine Zuständigkeit der Widerspruchsbehörde zur Verböserung nur bei einem Selbsteintrittsrecht der Widerspruchsbehörde denkbar wäre. Das ist abzulehnen, weil durch die Vorgaben des Prozessrechts in Kombination mit dem jeweils anwendbaren Verwaltungsverfahrensrecht die binnenrechtliche Weisungsbefugnis zur Außenrechtsbefugnis erstarkt. Die weisungsbefugte nächsthöhere Behörde war auch für die Verböserung zuständig.

Da der Widerspruchsbescheid bezüglich der Aufhebung des ursprünglichen Zahlungszuspruches gegenüber P eine erstmalige Beschwer enthält, war die gesonderte – seitens der Widerspruchsbehörde durchgeführte – Anhörung gemäß § 71 VwGO notwendig, weil der Terminus „soll" bei Berücksichtigung des unter anderem aus Art. 20 Abs. 3 GG abzuleitenden Rechtsstaatsprinzips verfassungskonform als Verbindlichkeit zu verstehen ist, soweit sich nicht verfassungsrechtlich etwas anderes ergibt. Verfahrens- und Formfehler sind im Übrigen nicht ersichtlich. Der Widerspruchsbescheid ist bezüglich der Kostenerhebung formell rechtmäßig.

b) Materielle Voraussetzungen

Materiell werden in § 49 Abs. 3 Nr. 1 VwVfG ein rechtmäßiger Verwaltungsakt sowie ein Widerrufsgrund vorausgesetzt. Maßgeblich ist für die Rechtmäßigkeit des Verwaltungsaktes der Zeitpunkt der letzten Behördenentscheidung. Das ergibt sich analog § 49 Abs. 2 Nr. 3 VwVfG, weil insoweit gesondert auf nachträgliche Änderungen eingegangen wird, sodass im Umkehrschluss daraus nachträgliche Änderungen im Übrigen irrelevant sind.

aa) Rechtmäßiger Verwaltungsakt

Die Rechtsgrundlage für den ursprünglichen Leistungsbescheid ist § 30 Abs. 1 S. 1 BeamtVG.

Die inzidente Prüfung des ursprünglichen Leistungsbescheides kann kurz erfolgen, weil die diesbezüglichen Probleme bereits im ersten Teil des Falles erörtert worden sind. **Wichtig:** Auf einen etwaigen Rückforderungsbescheid kommt es für die Beantwortung der Fallfrage nicht an.

Formell ist der ursprüngliche Leistungsbescheid auf Antrag der P von der zuständigen Ausgangsbehörde erlassen worden, sodass er insoweit rechtmäßig ist.

Bei Erlass des ursprünglichen Leistungsbescheides waren auch die materiellen Voraussetzungen des § 30 Abs. 1 S. 1 BeamtVG erfüllt, weil P als Bundesbeamtin durch den Zeckenbiss einen Dienstunfall i.S.d. § 31 Abs. 1 S. 1 BeamtVG erlitt. Da ein Ausschluss i.S.d. § 44 BeamtVG nicht ersichtlich ist und gemäß den §§ 30 Abs. 2 Nr. 2, 33 Abs. 1 Nr. 2 BeamtVG die Kosten für orthopädische oder andere Hilfsmittel, durch welche die Unfallfolgen erleichtert werden sollen, vom Anspruch erfasst sind, waren die Kosten für einen einfachen Rollstuhl in Höhe von € 2.100,– zuzusprechen. Der ursprüngliche Leistungsbescheid war zum Zeitpunkt der letzten Behördenentscheidung rechtmäßig.

bb) Widerrufsgrund

Der Widerrufsgrund analog § 49 Abs. 3 Nr. 1 VwVfG ist erfüllt, weil P die ursprünglich gewährte Zahlung für einen höhenverstellbaren Fahrersitz für ihr Kraftfahrzeug ausgegeben hat. Hätte P einen elektrischen Rollstuhl gekauft, wäre das Merkmal der Zweckentfremdung im Hinblick auf eine mit eigenen Zuschüssen angeschaffte hochwertige Version des seitens des Staates zu bezuschussenden Mittels problematisch gewesen. P hat mit dem Fahrersitz aber einen anderen Gegenstand angeschafft und den ihr zugesprochenen Leistungsbetrag somit zweckentfremdet.

3. Rechtsfolge

Die Rechtsfolge analog § 49 Abs. 3 Nr. 1 VwVfG ist gemäß § 40 VwVfG Ermessen. Eine Präklusion ist nicht ersichtlich.

Die Präklusionsfrist ist im Ermessen zu prüfen, weil in § 48 Abs. 4 S. 2 VwVfG auf § 48 Abs. 2 VwVfG Bezug genommen wird, der systematisch vor § 48 Abs. 4 VwVfG steht und zuvor zu prüfen ist, selbst aber der Rechtsfolge zuzuordnen ist, da die Norm für den Tatbestand sogar i.V.m. § 48 Abs. 1 S. 2 VwVfG zu unbestimmt ist. Dies ist auch auf die entsprechende Anwendung i.S.d. § 49 Abs. 3 S. 2 VwVfG zu übertragen.

Unabhängig davon, ob die Präklusionsfrist analog § 48 Abs. 4 S. 1 VwVfG i.V.m. § 49 Abs. 3 S. 2 VwVfG eine Entscheidungs- oder eine Bearbeitungsfrist darstellt, sind die Voraussetzungen der Normen mangels des Ablaufes eines Jahres nicht einmal im Hinblick auf die Bekanntgabe des ursprünglichen Leistungsbescheides erfüllt. Die Aufhebung in Form des Widerrufes ist nicht ausgeschlossen.

Gemäß § 6 Abs. 1 HGrG i.V.m. § 1 HGrG besteht ein intendiertes Ermessen dahingehend, dass Leistungen bei Bestehen einer rechtmäßigen Möglichkeit zurückzufordern sind. Ermessensfehler sind nicht ersichtlich.

II. Zwischenergebnis

Der Aufhebungsbescheid ist rechtmäßig.

C. Ergebnis

Der Widerrufsbescheid der Behörde ist rechtmäßig, sodass die Klage unbegründet ist.

3. Komplex

Trotz Erfolglosigkeit der Klagen ist eine objektive Klagehäufung in Form der kumulativen Klagehäufung bei der Stellung zweier Anträge gemäß § 44 VwGO möglich, weil mit P und der Bundesrepublik Deutschland dieselben Parteien beim selben Gericht in einer über den Dienstunfall verbundenen konnexen Angelegenheit bei i.S.d. Art. 20 Abs. 3 GG gleichzeitiger Entscheidungsreife der Verpflichtung auf Erweiterung des ursprünglichen Betrages und Aufhebung des Widerrufbescheides streiten.

Es handelt sich nicht um eine eventuale Klagehäufung, weil der Anfechtungsantrag nicht hilfsweise, sondern neben dem Verpflichtungsantrag auf Erweiterung des Zahlungsbetrages gestellt wird.

Fall 7:
„Der gestörte Rentner"

Schwerpunkte: Schlichter Abwehr- und Unterlassungsanspruch, Allgemeine Leistungsklage, Öffentlich-Rechtlicher Vertrag, Lärmbelästigungen und BImSchG

Die Grundschule S liegt inmitten eines idyllischen Neubaugebietes der Gemeinde G des Bundeslandes B, in dem vorwiegend junge Familien mit ihren Kindern leben und das im Bebauungsplan als reines Wohngebiet ausgewiesen ist. Die Schule ist nicht als eigenständige juristische Person organisiert, sondern gehört zur Gemeinde. Die Schule verfügt über eine große Sportanlage, die aber wenig von den Kindern der Schule genutzt wird. Vielmehr werden auf dieser Anlage am Wochenende Punktspiele der ortsansässigen Fußballvereine ausgetragen. Insoweit wird die Sportanlage seitens der Gemeinde im Rahmen der kommunalen Daseinsvorsorge betrieben.

Die Schulkinder halten sich zumeist auf einer der zur Sportanlage gehörigen Rasenflächen um die Schule fit. Dafür war im Bauplan für die Schule zunächst eine Fläche südlich des Gebäudes vorgesehen. Weil die Toiletten und Waschmöglichkeiten für die Kinder aber näher an einer nördlich des Gebäudes gelegenen Rasenfläche installiert sind, spielen die Kinder zunehmend auf der nördlichen Wiese, die zur Schule, nicht zur Sportanlage gehört.

Am Rande dieser nördlichen Rasenfläche, an welche auch die Sportanlage grenzt, steht das Eigenheim des Rentners R. Schon längere Zeit ärgert er sich über den von den Fußballspielern ausgehenden Lärm, da deren seiner Auffassung nach völlig unbedeutende Punktspiele regelmäßig sonntags von 13–15 Uhr abgehalten werden. Seitdem nun aber zusätzlich zunehmend auch noch Kinder auf der seinem Haus zugewandten Rasenfläche spielen, reicht es ihm.

Nach ordnungsgemäßer Ermittlung der Lautstärkepegel, welche bei den Fußballspielen 65 dB(A) und bei den Schulkindern 40 dB(A) betragen, erhebt er Klage vor dem Verwaltungsgericht. Er beantragt, die Gemeinde zu verurteilen, den Lärm zu unterbinden, möglichst, indem sie sechs Meter hohe Lärmschutzwälle um die Sportanlage errichtet, um ihm die ungestörte Ausübung seines Grundrechts auf Eigentum zu ermöglichen. Außerdem sollten die Schulkinder wieder auf der südlichen Rasenfläche spielen. Dadurch seien seine aus dem Bauplan der Schule und einer etwaigen Baugenehmigung für die Schule folgenden subjektiven Rechte verletzt. G dürfe die nördliche Wiese nicht einfach zur Spielwiese umwidmen. R fühlt sich durch die Fußballspiele und die auf der nördlichen Wiese spielenden Kinder gestört, obwohl sein Grundstück in der Substanz des Eigentums und auch im Übrigen bezüglich des Lärms uneingeschränkt nutzbar ist.

https://doi.org/10.1515/9783110625707-007

Gleichzeitig stellt R den Antrag, die Gemeinde zu verurteilen, es zu unterlassen, Frisbeescheiben auf sein Grundstück fliegen zu lassen. Der Hintergrund dieses Antrages ist, dass zu den Zeiten, zu denen die nördliche Wiese nicht seitens der Schüler genutzt wird, die Lehrersportgruppe im Rahmen des seitens der Schule vorgesehenen Freizeitplanes für Lehrer dort Frisbee spielt. Zwar lärmen die Lehrer anders als die Schulkinder nicht, jedoch fliegen stetig Frisbeescheiben auf das Grundstück des R. In besonderem Maße ärgert es ihn, dass er mit dem Leiter der Lehrersportgruppe L einen öffentlich-rechtlichen Vertrag geschlossen zu haben glaubt, in dem sich die Lehrer verpflichtet haben, auf der nördlichen Wiese nicht mehr Frisbee zu spielen. Der Vertrag sei nach Meinung des R wirksam zustande gekommen, weil ihm L eines Nachmittags in einer Spielpause einen gerade verfügbaren Zettel gegeben hatte, auf dem als Überschrift „öffentlich-rechtlicher Vertrag" stand, welcher dann von R selbst unterschrieben worden ist. Inhaltlich war eine Unterlassungsverpflichtung der Lehrer in Vertretung der Gemeinde enthalten. Daraufhin verfasste R einen eigenen Zettel mit identischem Inhalt, überreichte ihn L, der dann das für die Schule bestimmte Exemplar, das R ihm gegeben hatte, unterschrieb.

Hat die Klage des R Erfolg, wenn er mit sämtlichen Begehren seitens der G ignoriert worden ist?

Bearbeitungsvermerk

Gehen Sie davon aus, dass es im Bundesland B keine Ausführungsvorschriften zu den §§ 61, 78 VwGO gibt. Gesundheitsbeeinträchtigungen bestehen bei R nicht. Gegebenenfalls ist das Verwaltungsverfahrensgesetz des Bundes anzuwenden.

§ 1 der 18. BImSchV

(1) Diese Verordnung gilt für die Errichtung, die Beschaffenheit und den Betrieb von Sportanlagen, soweit sie zum Zwecke der Sportausübung betrieben werden und einer Genehmigung nach § 4 des Bundes Immissionsschutzgesetzes nicht bedürfen.

(2) Sportanlagen sind ortsfeste Einrichtungen im Sinne des § 3 Abs. 5 Nr. 1 des Bundes-Immissionsschutzgesetzes, die zur Sportausübung bestimmt sind.

(3) Zur Sportanlage zählen auch Einrichtungen, die mit der Sportanlage in einem engen räumlichen und betrieblichen Zusammenhang stehen. Zur Nutzungsdauer der Sportanlage gehören auch die Zeiten des An- und Abfahrverkehrs sowie des Zu- und Abgangs.

§ 2 der 18. BImSchV

(1) Sportanlagen sind so zu errichten und zu betreiben, dass die in den Absätzen 2 bis 4 genannten Immissionsrichtwerte unter Einrechnung der Geräuschimmissionen anderer Sportanlagen nicht überschritten werden.

(2) Die Immissionsrichtwerte betragen für Immissionsorte außerhalb von Gebäuden

1. [...]
2. [...]
3. [...]
4. in reinen Wohngebieten

tags außerhalb der Ruhezeiten		50 dB(A),
tags innerhalb der Ruhezeiten	am Morgen	45 dB(A),
	im Übrigen	50 dB(A),
nachts		35 dB(A),

5. [...]

(3) [...]

　　(4) [...]

　　(5) Die Immissionsrichtwerte beziehen sich auf folgende Zeiten:

1.	tags	an Werktagen	6.00 bis 22.00 Uhr,
		an Sonn- und Feiertagen	7.00 bis 22.00 Uhr
2.	nachts	an Werktagen	bis 6.00 Uhr,
		und	22.00 bis 24.00 Uhr
		an Sonn- und Feiertagen	bis 7.00 Uhr,
		und	22.00 bis 24.00 Uhr
3.	Ruhezeit	an Werktagen	bis 8.00 Uhr
		und	20.00 bis 22.00 Uhr
		an Sonn- und Feiertagen	7.00 bis 9.00 Uhr,
		und	13.00 bis 15.00 Uhr,
		und	20.00 bis 22.00 Uhr.

Die Ruhezeit von 13.00 bis 15.00 Uhr an Sonn- und Feiertagen ist nur zu berücksichtigen, wenn die Nutzungsdauer der Sportanlage oder der Sportanlagen an Sonn- und Feiertagen in der Zeit von 9.00 bis 20.00 Uhr 4 Stunden oder mehr beträgt.

(6) Die Art der in Absatz 2 bezeichneten Gebiete und Anlagen ergibt sich aus den Festsetzungen in den Bebauungsplänen. Sonstige in Bebauungsplänen festgesetzte Flächen für Gebiete und Anlagen sowie Gebiete und Anlagen, für die keine Festsetzungen bestehen, sind nach Absatz 2 entsprechend der Schutzbedürftigkeit zu beurteilen. Weicht die tatsächliche bauliche Nutzung im Einwirkungsbereich der Anlage erheblich von der im Bebauungsplan festgesetzten

baulichen Nutzung ab, ist von der tatsächlichen baulichen Nutzung unter Berücksichtigung der vorgesehenen baulichen Entwicklung des Gebietes auszugehen.

(7) Die von der Sportanlage oder den Sportanlagen verursachten Geräuschimmissionen sind nach dem Anhang zu dieser Verordnung zu ermitteln und zu beurteilen.

§ 126 BGB

(1) Ist durch Gesetz schriftliche Form vorgeschrieben, so muss die Urkunde von dem Aussteller eigenhändig durch Namensunterschrift oder mittels notariell beglaubigten Handzeichens unterzeichnet werden.

(2) Bei einem Vertrag muss die Unterzeichnung der Parteien auf derselben Urkunde erfolgen. Werden über den Vertrag mehrere gleichlautende Urkunden aufgenommen, so genügt es, wenn jede Partei die für die andere Partei bestimmte Urkunde unterzeichnet.

(3) Die schriftliche Form kann durch die elektronische Form ersetzt werden, wenn sich nicht aus dem Gesetz ein anderes ergibt.

(4) Die schriftliche Form wird durch die notarielle Beurkundung ersetzt.

§ 1004 BGB

(1) Wird das Eigentum in anderer Weise als durch Entziehung oder Vorenthaltung des Besitzes beeinträchtigt, so kann der Eigentümer von dem Störer die Beseitigung der Beeinträchtigung verlangen. Sind weitere Beeinträchtigungen zu besorgen, so kann der Eigentümer auf Unterlassung klagen.

(2) Der Anspruch ist ausgeschlossen, wenn der Eigentümer zur Duldung verpflichtet ist.

§ 22 Abs. 1a BImSchG

(1a) Geräuscheinwirkungen, die von Kindertageseinrichtungen, Kinderspielplätzen und ähnlichen Einrichtungen wie beispielsweise Ballspielplätzen durch Kinder hervorgerufen werden, sind im Regelfall keine schädliche Umwelteinwirkung. Bei der Beurteilung der Geräuscheinwirkungen dürfen Immissionsgrenz- und -richtwerte nicht herangezogen werden.

Vertiefung

Zum Ganzen: OVG Münster, Beschluss vom 1.7.2010 – 7 A 1016/09; vgl. BVerwG, Beschluss vom 11.2.2003 – 7 B 88.02 –, BRS 66 Nr. 171; Urteile vom 24.4.1991 – 7 C 12.90 –, BVerwGE 88, 143 = BRS 52 Nr. 191, und vom 29.4.1988 – 7 C 33.87 –, a.a.O. 2.; OVG Bremen NVwZ-RR 1993, 469; VG Aachen, Beschluss vom 17.7.2012 – 3 L 233/ 11; zum Unterlassungsanspruch: OVG Lüneburg, Beschluss vom 14.6.2013, NVwZ-RR 2013, 831; OVG Münster, Beschluss vom 24.4.2013, NVwZ-RR 2013, 627.

Gliederung

1. Komplex: Klage bezüglich des Fußball- und Schullärms —— **159**
  A. Sachurteilsvoraussetzungen (+) —— **160**
    I. Rechtsweg (+) —— **160**
    II. Zuständigkeit (+) —— **161**
    III. Beteiligte (+) —— **161**
    IV. Statthafte Klageart —— **162**
      1. Fußballlärm —— **162**
      2. Schullärm —— **163**
      3. Objektive Klagehäufung (+) —— **163**
    V. Besondere Sachurteilsvoraussetzungen (+) —— **163**
      1. Lärm bezüglich der Fußballspiele (+) —— **164**
      2. Kinder auf nördlicher Wiese (+) —— **164**
    VI. Allgemeines Rechtsschutzbedürfnis (+) —— **165**
  B. Begründetheit (+/−) —— **165**
    I. Unterlassung des Lärms durch Fußballspiele (+) —— **165**
      1. Anspruchsgrundlage (+) —— **165**
        a) Subjektive Rechte —— **166**
        b) Vorwirkung Grundrechte —— **168**
        c) Analog § 1004 Abs. 1 S. 1 BGB —— **168**
        d) Rechtsstaatsprinzip —— **168**
        e) Gewohnheitsrecht —— **168**
      2. Voraussetzungen (+) —— **169**
        a) Positive Voraussetzungen (+) —— **169**
        b) Negative Voraussetzungen (+) —— **170**
      3. Anspruchsinhalt —— **170**
      4. Zwischenergebnis (+) —— **171**
    II. Unterlassung des Lärms durch Schulkinder (−) —— **171**
      1. Anspruchsgrundlage (+) —— **171**
      2. Voraussetzungen (−) —— **171**
        a) Positive Voraussetzungen (−) —— **171**
        b) Zwischenergebnis (−) —— **174**
  C. Ergebnis (+/−) —— **175**

2. **Komplex: Klage bezüglich der Frisbeescheiben** ── **175**
   A. Sachurteilsvoraussetzungen (+) ── **175**
      I. Rechtsweg (+) ── **175**
      II. Zuständigkeit (+) ── **176**
      III. Beteiligte (+) ── **177**
      IV. Statthafte Klageart ── **177**
         1. Unterlassen bezüglich des Überfluges der Frisbeescheiben (+) ── **177**
         2. Objektive Klagehäufung (+) ── **178**
      V. Besondere Sachurteilsvoraussetzungen (+) ── **178**
      VI. Allgemeines Rechtsschutzbedürfnis (+) ── **179**
   B. Begründetheit (+) ── **179**
      I. Vertraglicher Anspruch (–) ── **179**
         1. Öffentlich-rechtlicher Vertrag (+) ── **179**
         2. Zustandekommen (–) ── **180**
      II. Schlichter Abwehr- und Unterlassungsanspruch (+) ── **181**
         1. Anspruchsgrundlage (+) ── **181**
         2. Voraussetzungen (+) ── **181**
            a) Positive Voraussetzungen (+) ── **182**
            b) Negative Voraussetzungen (+) ── **182**
         3. Anspruchsinhalt ── **182**
         4. Zwischenergebnis (+) ── **182**
   C. Ergebnis (+) ── **182**
3. **Komplex: Gesamtergebnis** ── **183**

Lösungsvorschlag

Die folgende Lösung ist als Lösungsvorschlag zu verstehen und ausführlicher, als es in der Klausurbearbeitung verlangt werden kann. Aufgrund der wissenschaftlichen Freiheit können andere Lösungswege vertreten werden, soweit sie dogmatisch begründbar sind. Die Nachweise aus Rechtsprechung und Literatur sowie die das Verständnis fördernden Randbemerkungen sind in der Examensklausur auszusparen. Die Abkürzung „Alt." steht für Alternativfall, nicht für Alternative.

Zur Verbesserung der Methodik bei der Anfertigung eines Gutachtens in der Klausur empfiehlt sich die Lektüre des Beitrags von Heinze/Starke JURA 2012, 175 ff.

1. Komplex: Klage bezüglich des Fußball- und Schullärms

Die Klage des R hat jedenfalls Erfolg, soweit die Sachurteilsvoraussetzungen erfüllt sind und soweit sie begründet ist.

A. Sachurteilsvoraussetzungen

Hinweis: Andere Aufbauvarianten werden vertreten (z. B. dreistufig oder Prüfung des Verwaltungsrechtsweges als Untergliederungspunkt der Zuständigkeit des Gerichts). Derartige Aufbauvarianten sind aber mit § 17a Abs. 2 S. 1 GVG bzw. mit der Überschrift des 6. Abschnitts der VwGO sowie mit § 83 VwGO unvereinbar und daher bei exakter dogmatischer Zuordnung der Prüfungspunkte nicht zu empfehlen. Die Überschrift „Sachurteilsvoraussetzungen" anstelle der Überschrift „Zulässigkeit" ist sinnvoll, weil nach § 63 Nr. 3 VwGO auch der Beigeladene zu den Beteiligten gehört, das Fehlen einer notwendigen Beiladung i.S.d. § 65 Abs. 2 VwGO aber nur dazu führt, dass das Urteil keine materielle Rechtskraft entfaltet.

Die Sachurteilsvoraussetzungen können erfüllt sein.

I. Rechtsweg

Ein Rechtsweg muß eröffnet sein. Der Verwaltungsrechtsweg kann mangels aufdrängender Sonderzuweisung gemäß § 40 Abs. 1 S. 1 VwGO eröffnet sein. Im Übrigen kommt ein Verweisungsbeschluss i.S.d. § 17a Abs. 2 S. 1 GVG i.V.m. § 173 S. 1 VwGO in Betracht. Der Verwaltungsrechtsweg ist eröffnet, wenn die streitentscheidende öffentlich-rechtliche Norm einen Hoheitsträger einseitig berechtigt oder verpflichtet bzw. wenn aufgrund typisch hoheitlichen Handelns zwischen den Beteiligten ein Subordinationsverhältnis besteht. Die Norm, durch welche die Gemeinde G einseitig berechtigt oder verpflichtet wird, müsste die Gemeinde G berechtigen, Fußballspiele auf der Sportanlage auszugestalten bzw. Schüler auf der nördlichen Wiese spielen zu lassen. Eine solche Norm ist nicht ersichtlich.

Die Veranstaltung von Fußballspielen bzw. das Spielen von Kindern auf einer Wiese stellt auch kein typisch hoheitliches Handeln im Subordinationsverhältnis dar, weil nicht durch einen typischen Hoheitsakt der Verwaltung in Form eines Verwaltungsaktes, einer Verordnung, Satzung, Zusicherung oder durch öffentlichrechtlichen Vertrag gehandelt wird. Die Organisationsform der Gemeinde als Gebietskörperschaft öffentlichen Rechts lässt ebenfalls nicht auf eine öffentlichrechtliche Streitigkeit schließen, weil auch Körperschaften des öffentlichen Rechts in den Bereichen der Bedarfsdeckung, Bestandsverwaltung und wirtschaftlichen Tätigkeit – soweit erlaubt – fiskalisch handeln können.

Dass es sich um eine öffentlich-rechtliche Streitigkeit handelt, kann sich letztlich nur aus dem Sachzusammenhang zum öffentlichen Recht ergeben. Öffentlich-rechtlicher Sachzusammenhang besteht nicht deshalb, weil R sich auf seine Grundrechte aus den Artt. 14 Abs. 1, 2 Abs. 2 S. 1, 2 Abs. 1 GG beruft. Auch durch ein Handeln Privater können Grundrechtspositionen betroffen werden. Würde es sich bei der Veranstaltung der Fußballspiele und beim Spielen der Kinder um eine privatrechtliche Tätigkeit handeln, wäre gemäß § 17a Abs. 2 S. 1

GVG an das ordentliche Gericht im Sinne des § 13 GVG zu verweisen. Aus dem im Grundgesetz unter anderem in Art. 20 Abs. 3 GG verankerten Rechtsstaatsprinzip ergibt sich aber, dass öffentliche Rechtsträger im Zweifel öffentlich-rechtlich handeln. Die Gemeinde handelt bezüglich der Fußballspiele bzw. des Spielens der Kinder auf dem Schulgelände nicht etwa fiskalisch im Sinne einer Bedarfsdeckung, Bestandsverwaltung oder wirtschaftlichen Tätigkeit – soweit erlaubt –, sondern die Gemeinde betreibt insoweit kommunale Daseinsvorsorge. Es besteht somit ein hoheitlicher Funktionszusammenhang. Da ein Rechtsträger öffentlichen Rechts im Zweifel ohnehin hoheitlich handelt, besteht ein Sachzusammenhang zum öffentlichen Recht.

Weil auch keine Verfassungsorgane über Verfassungsrecht streiten, besteht keine doppelte Verfassungsunmittelbarkeit, sodass die Streitigkeit nicht verfassungsrechtlicher Art ist. Eine abdrängende Sonderzuweisung ist nicht ersichtlich. Der Verwaltungsrechtsweg ist eröffnet.

II. Zuständigkeit

Das Verwaltungsgericht ist gemäß § 45 VwGO als Eingangsinstanz für den Streit zwischen R und G zuständig, soweit die Voraussetzungen abweichender Regelungen wie z. B. die §§ 47, 50 VwGO bei besonderen Verfahren nicht erfüllt sind. Das Verwaltungsgericht ist auch i.S.d. § 52 VwGO örtlich zuständig, sodass kein Verweisungsbeschluss gemäß § 17a Abs. 2 S. 1 GVG i.V.m. § 83 VwGO gefasst werden wird.

Die örtliche Zuständigkeit ist nur anzusprechen, wenn es dafür im Sachverhalt Anhaltspunkte gibt. Gegebenenfalls ist die örtliche Zuständigkeit grundsätzlich im Anschluss an die sachliche Zuständigkeit zu prüfen. Ist sie jedoch gemäß § 52 Nr. 2 VwGO ausnahmsweise von der Klageart abhängig, sollte sie offen mit Verweis auf § 17a Abs. 2 S. 1 GVG i.V.m. § 83 VwGO formuliert werden.

III. Beteiligte

R und G als Gebietskörperschaft öffentlichen Rechts können Beteiligte des Verfahrens sein. Beteiligte sind nach § 63 Nr. 1, 2 VwGO unter anderem der Kläger und der Beklagte, beteiligungsfähig nach § 61 Nr. 1 Alt. 1, 2 VwGO natürliche und juristische Personen. Behörden sind im Bundesland B nicht i.S.d. § 61 Nr. 3 VwGO beteiligungsfähig. Als Kläger ist gemäß § 61 Nr. 1 Alt. 1 VwGO R als natürliche Person beteiligungsfähig. R ist gemäß § 62 Abs. 1 Nr. 1 VwGO mangels gegenteiliger Anhaltspunkte prozessfähig.

Beklagte ist die Gemeinde G als Gebietskörperschaft des öffentlichen Rechts, vertreten durch die Behörde. Sie ist gemäß den §§ 63 Nr. 2, 61 Nr. 1 Alt. 2 VwGO beteiligungs- und mangels Anhaltspunkten bezüglich des für die Behörde handelnden Organwalters gemäß § 62 Abs. 1, 3 VwGO prozessfähig.

IV. Statthafte Klageart

Die statthafte Klageart richtet sich i.S.d. § 88 VwGO nach dem klägerischen Begehren unter Berücksichtigung des Anwendungsvorrangs maßnahmespezifischer Rechtsschutzformen und des rechtsstaatlichen Grundsatzes der Effektivität des Rechtsschutzes. Dem klägerischen Begehren entspricht i.d.R. die effektivste Klageart, also nach Möglichkeit die Anfechtungsklage gemäß § 42 Abs. 1 Alt. 1 VwGO als Gestaltungsklage der Verwaltungsgerichtsordnung. Voraussetzung der Anfechtungsklage ist, dass der Kläger die Aufhebung eines gegenwärtig wirkenden Verwaltungsaktes erstrebt. Ein Verwaltungsakt ist gemäß § 35 S. 1 VwVfG i.V.m. § 1 VwVfG jede Verfügung, Entscheidung oder andere hoheitliche Maßnahme, die eine Behörde zur Regelung eines Einzelfalls auf dem Gebiet des öffentlichen Rechts trifft und die auf unmittelbare Rechtswirkung nach außen gerichtet ist.

1. Fußballlärm

Eine maßgebliche anzufechtende Regelung könnte eine etwaige Erlaubnis der Kommune gegenüber den Fußballvereinen, dort zu spielen, sein. Einerseits ist eine derartige Erlaubnis in der Gestalt eines Verwaltungsaktes nicht ersichtlich, andererseits sind die Fußballspiele und der damit verbundene Lärm der Kommune zuzurechnen, da sie das Sportzentrum im Rahmen der kommunalen Daseinsvorsorge selbst betreibt. Somit wäre es nur denkbar, dass R eine Verpflichtung i.S.d. § 42 Abs. 1 Alt. 2 VwGO erstrebt. Da die Sportanlage aber von G betrieben wird, ist von G direkt Unterlassung zu fordern, denn G wird an sich selbst keinen Verwaltungsakt erlassen. Selbst wenn die Gewerbeaufsicht nicht der Gemeinde, sondern dem Land zugeordnet wäre und möglicherweise ein Verwaltungsakt der Gewerbeaufsicht als Behörde, die zum Bundesland als gegenüber der Gemeinde eigenständigem Rechtsträger gehört, gegenüber dem störenden Hoheitsträger möglich wäre, ist dies seitens des R nicht beantragt worden, zumal er nicht das Bundesland oder die Gewerbeaufsicht, sondern die Gemeinde verklagt hat. Somit ist das Lärmen beim Fußballspielen, welches der G als Betreiberin zurechenbar ist, als Realhandeln der G einzustufen. Folglich erstrebt R mit der Klage die Unterlassung verwaltungsrechtlichen Realhandelns, sodass bezüglich des Lärmens durch die Fußballspiele die allgemeine Leistungsklage, welche in der

Verwaltungsgerichtsordnung zwar nicht ausdrücklich geregelt ist, jedoch z. B. in den §§ 43 Abs. 2, 111 VwGO vorausgesetzt wird, statthaft ist.

2. Schullärm

Auch bezüglich des Schullärms ist kein Verwaltungsakt ersichtlich, den R beseitigen möchte. Im Übrigen ist die Situation ebenso wie beim Lärm durch die Fußballspiele. Der Lärm durch die Schüler erfolgt im Rahmen der Daseinsvorsorge in Form der Bereitstellung einer Schule. Dieser Lärm ist der Kommune zurechenbar, sodass das Lärmen durch die Schüler der Gemeinde als schlichtes Verwaltungshandeln zuzurechnen ist. R erstrebt diesbezüglich auch kein Handeln einer Gewerbeaufsicht, da er die Gemeinde in Anspruch nimmt. Somit ist auch bezüglich des Schullärms durch die Schüler die allgemeine Leistungsklage statthaft.

3. Objektive Klagehäufung

Zulässig sind gemäß § 44 VwGO die kumulative und eventuale Klagehäufung. Unzulässig sind hingegen die alternative Klagehäufung und grundsätzlich die Stufenklage (Ausnahmen bei Stufenklagen: §§ 113 Abs. 1 S. 2, 113 Abs. 4 VwGO).

Die objektive Klagehäufung kann möglich sein. Die Klagen auf Unterlassung des Fußball- und des Schullärms können verbunden werden, wenn die Voraussetzungen des § 44 VwGO erfüllt sind. Dazu müssen die Parteien und das Gericht identisch und Konnexität muss gegeben sein. Parteien sind jeweils R und G. Das Verwaltungsgericht ist jeweils zuständig und Konnexität ist wegen des Sachzusammenhanges zum Schulgelände und zum Grundstück des R gegeben. Ungeschriebenes Merkmal ist aufgrund des Grundsatzes der Gewaltenteilung i.S.d. Art. 20 Abs. 3 GG die gleichzeitige Entscheidungsreife. Die Judikative darf nicht über einen Streitgegenstand entscheiden, soweit das Verwaltungsverfahren nicht beendet ist. Es geht R bezüglich des Fußball- und des Schullärms um zwei Unterlassungsbegehren, die nicht in einem Stufenverhältnis stehen und für die kein Verwaltungsverfahren vorgesehen ist. Die gleichzeitige Entscheidungsreife ist gegeben. Die objektive Klagehäufung ist als kumulative Klagehäufung zulässig.

V. Besondere Sachurteilsvoraussetzungen

Die besonderen Sachurteilsvoraussetzungen der allgemeinen Leistungsklage müssen erfüllt sein. Da die allgemeine Leistungsklage nicht ausdrücklich geregelt ist, fehlt es auch an Regelungen über deren besondere Sachurteilsvoraussetzungen. Zwecks Vermeidung einer Popularklage muss R analog § 42 Abs. 2 VwGO klagebefugt sein. Die Klagebefugnis nach § 42 Abs. 2 VwGO setzt die Möglichkeit der Verletzung eines subjektiven Rechts voraus. Subjektive Rechte leiten sich aus Sonderbeziehungen, einfachen Gesetzen, subsidiär aus Grundrechten und unter Umständen Unionsrecht ab, wobei aufgrund des weiten Schutzbereiches des Art. 2 Abs. 1 GG bei unmittelbaren Grundrechtseingriffen für das subjektive Recht direkt auf Grundrechte abgestellt werden kann. In Betracht kommen unmittelbare Eingriffe in die Grundrechte des R aus den Art. 14 Abs. 1, Art. 2 Abs. 2 S. 1, Art. 2 Abs. 1 GG.

Da die Substanz des Eigentums, welches gemäß Art. 14 Abs. 1 S. 2 GG einfachgesetzlich definiert wird, durch den Lärm nicht unmittelbar beeinträchtigt ist und ein Eingriff in Art. 2 Abs. 2 S. 1 GG mangels einer Gesundheitsbeeinträchtigung nicht ersichtlich ist, muss primär auf eine einfachgesetzliche Regelung abgestellt werden. Insoweit ist zwischen den veranstalteten Fußballspielen und den auf der nördlichen Wiese spielenden Kindern zu trennen.

1. Lärm bezüglich der Fußballspiele

Bezüglich der veranstalteten Fußballspiele besteht zumindest die Möglichkeit, dass R aus seinem subjektiven Recht i.S.d. § 23 Abs. 1 S. 1 BImSchG i.V.m. § 2 der 18. BImSchV verletzt ist, denn in § 23 Abs. 1 S. 1 BImSchG wird neben der Allgemeinheit der Nachbar – R ist aufgrund der Nähe seines Grundstückes zur Schule Nachbar im Sinne des BImSchG – einer nicht genehmigungsbedürftigen Anlage i.S.d. §§ 22 ff. BImSchG geschützt, soweit der Betreiber seine Betreiberpflichten i.S.d. § 22 BImSchG verletzt.

Der Nachbarschaftsbegriff des BImSchG ist weiter als der des Baurechts, weil Baurecht Bodenrecht i.S.d. Art. 74 Abs. 1 Nr. 18 GG ist.

Subsidiär ist es zumindest möglich, dass sich ein subjektives Recht aus Art. 14 Abs. 1 GG ergibt, da jedenfalls die Möglichkeit eines mittelbaren Grundrechtseingriffes bei R in dessen i.S.d. § 903 BGB und des BImSchG definiertes Eigentum besteht, wenngleich die Eigentumsnutzung uneingeschränkt möglich ist.

2. Kinder auf nördlicher Wiese

Bezüglich der nördlichen Wiese, die nicht zur Sportanlage, sondern zur Schule gehört, besteht keine Verordnung, in der entsprechende Lärmpegel vorgegeben sind. Somit ist die allgemeinere Regelung bezüglich schädlicher Umwelteinwirkungen gemäß den § 22 Abs. 1 Nr. 1 BImSchG i.V.m. § 3 Abs. 1 BImSchG anwendbar. Auch insoweit wird neben der Allgemeinheit die Nachbarschaft im immissionsrechtlichen Sinne geschützt mit der Folge, dass zumindest die Möglichkeit besteht, dass R durch den durch die spielenden Kinder verursachten Lärm in diesem einfachgesetzlichen subjektiven Recht verletzt ist. Subsidiär ist es zumindest möglich, dass sich ein subjektives Recht aus Art. 14 Abs. 1 GG ergibt, da jedenfalls die Möglichkeit eines mittelbaren Grundrechtseingriffes bei R in dessen i.S.d. § 903 BGB, des BauGB und des BImSchG definiertes Eigentum besteht, wenngleich die Eigentumsnutzung uneingeschränkt möglich ist.

VI. Allgemeines Rechtsschutzbedürfnis
Für das Fehlen des allgemeinen Rechtsschutzbedürfnisses sind keine Anhaltspunkte ersichtlich, insbesondere, weil R sich mit seinen Begehren zuvor an G gewandt hatte.

B. Begründetheit

Die Klagen des R sind begründet, soweit Unterlassungsansprüche des R gegen G bestehen.

I. Unterlassung des Lärms durch Fußballspiele
R kann gegen G einen Anspruch auf Unterlassung des Lärms durch die Veranstaltung der Fußballspiele haben.

1. Anspruchsgrundlage

Vertretbar ist auch ein an den Grundrechten orientierter Aufbau (Schutzbereichseingriff, Rechtfertigung), jedoch ist dieser nicht empfehlenswert, da er nicht für alle schlichten Abwehr- und Unterlassungsansprüche angewandt werden kann, denn z.T. folgt der Anspruch nicht aus den Grundrechten. Sinnvoll erscheint daher der an § 1004 BGB orientierte Aufbau, der abgesehen von einer spezialgesetzlichen Regelung stets anwendbar ist.

Da es sich um die Abwehr gegenwärtigen nichtregelnden Verwaltungshandelns handelt, kommen als Ansprüche der schlichte Abwehr- und Unterlassungsanspruch oder der allgemeine Folgenbeseitigungsanspruch in Betracht, während ein Vollzugsfolgenbeseitigungsanspruch nicht anzunehmen ist, weil nicht die Beseitigung der Vollzugsfolgen eines Verwaltungsaktes, sondern die Unterlassung eines sich wiederholenden schlichten Verwaltungshandelns erstrebt wird.

Mit dem schlichten Abwehr- und Unterlassungsanspruch kann gegenwärtiges, sich gegebenenfalls wiederholendes Verwaltungshandeln abgewehrt werden, während der allgemeine Folgenbeseitigungsanspruch auf die Beseitigung der Folgen nichtregelnden Verwaltungshandelns in der Vergangenheit gerichtet ist. Da der Lärm durch die Fußballspiele regelmäßig wiederkehrt, erstrebt R die Unterlassung gegenwärtigen Handelns. R kann einen schlichten Abwehr- und Unterlassungsanspruch geltend machen. Fraglich ist aber, woraus sich der schlichte Abwehr- und Unterlassungsanspruch ergibt.

Merke: Bei Abwehran-sprüchen ist abzugren-zen zwischen subjekti-ven Rechten, den ör. Abwehr- und Unterlas-sungsansprüchen (schicht oder vorbeu-gend) sowie dem FBA:

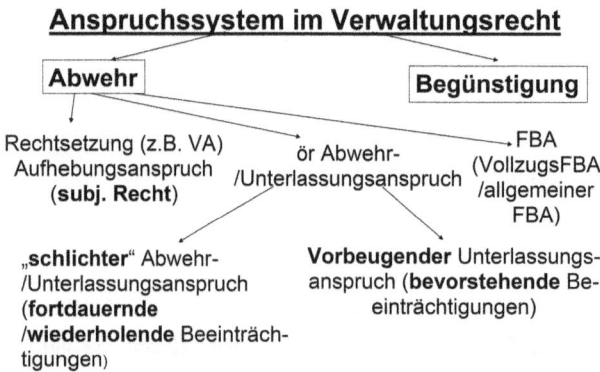

Anspruchssystem im Verwaltungsrecht

| Abwehr | Begünstigung |

Rechtsetzung (z.B. VA)
Aufhebungsanspruch
(subj. Recht)

ör Abwehr-
/Unterlassungsanspruch

FBA
(VollzugsFBA
/allgemeiner
FBA)

„schlichter" Abwehr-
/Unterlassungsanspruch
**(fortdauernde
/wiederholende** Beeinträchtigungen)

Vorbeugender Unterlassungsanspruch (**bevorstehende** Beeinträchtigungen)

Schema 11

a) Subjektive Rechte

Unproblematisch ist der schlichte Abwehr- und Unterlassungsanspruch, soweit er ausdrücklich gesetzlich geregelt oder ein Grundrechtseingriff gegeben ist. Insoweit ergibt er sich aus der einfachgesetzlichen Norm oder aus dem Grundrecht in seiner Funktion als Abwehrrecht. Wird lediglich in ein einfachgesetzliches subjektives Recht eingegriffen, ohne dass ein Abwehranspruch formuliert ist, könnte sich der Anspruch aus dem einfachgesetzlichen subjektiven Recht in Ersetzung des Grundrechtes als Abwehrrecht ergeben. Da es jedoch einfachgesetzlich formulierte schlichte Abwehr- und Unterlassungsansprüche gibt und bei der erweiterten Auslegung einer einfachgesetzlich subjektivierten Norm die gesetzliche

Vorgabe überschritten würde – anderenfalls hätte der Gesetzgeber ausdrücklich formulierte Ansprüche an anderer Stelle nicht zu schaffen brauchen –, ist in solchen Konstellationen nicht auf das einfachgesetzliche subjektive Recht, sondern auf den allgemeinen schlichten Abwehr- und Unterlassungsanspruch abzustellen. Anders als bei Grundrechten, deren klassische Funktion die Abwehr staatlicher Eingriffsverwaltung ist, muss die Funktion eines einfachgesetzlichen subjektiven Rechts nämlich keine Abwehrfunktion gegen Eingriffsverwaltung sein.

Es ist vertretbar, das einfachgesetzliche subjektive Recht als Anspruchsgrundlage einzustufen, selbst wenn der Anspruch einfachgesetzlich nicht geregelt ist.

Ein Grundrechtseingriff ist bei R nicht ersichtlich. Eine Substanzverletzung des i.S.d. Art. 14 Abs. 1 S. 2 GG definierten Eigentums besteht nicht, da allenfalls ein mittelbarer Eingriff in Betracht kommt. Insoweit ist weder eine Intensität noch eine Intention erkennbar, da es weder Ziel der Gemeinde ist, R in seinen Grundrechten zu verletzen noch schwer und unerträglich hinsichtlich der Eigentumsnutzung des R ist, den Lärm zu ertragen. Auch Körper und Gesundheit i.S.d. Art. 2 Abs. 2 S. 1 GG sind nicht betroffen, da die Überschreitung der Grenzwerte nicht zu einer Gesundheitsbeeinträchtigung führt. Zwar mag es sich bei der Grenzwertüberschreitung um schädliche Umwelteinwirkungen i.S.d. § 3 Abs. 1 BImSchG handeln, jedoch ist die Schwelle eines Grundrechtseingriffes noch nicht erreicht.

Achtung: Die Überschreitung der Werte des BImSchG führt nicht zwingend zu einem Grundrechtseingriff.

Ebenso fehlt es an der Intention und der Intensität bezüglich des Art. 2 Abs. 1 GG. Ein schlichter Abwehr- und Unterlassungsanspruch des R ergibt sich nicht aus den Grundrechten.

Es ist auch vertretbar, nicht schon bei der Ableitung des Anspruches den Grundrechtseingriff zu prüfen. Dogmatisch wäre es konsequenter, zunächst einen grundrechtlichen Abwehranspruch mit einem Grundrecht als Anspruchsgrundlage zu prüfen (Ausnahme: spezialgesetzliche Regelung besteht), um ggf. mangels Eingriffes die Voraussetzungen als nicht erfüllt anzusehen und mit einer neuen Prüfung des Anspruches einschließlich der Ableitungsproblematik zu beginnen. Da dies für den Korrektor jedoch eher unübersichtlich wirkt, erscheint es sinnvoll, die Prüfung eines Grundrechtseingriffes klausurtaktisch schon bei der Ableitung des Anspruches zu erörtern.

---

b) Vorwirkung Grundrechte

Da die Schwelle eines Grundrechtseingriffes noch nicht erreicht ist, kann sich der schlichte Abwehr- und Unterlassungsanspruch aus einer Vorwirkung der Grundrechte ergeben. Dies könnte allerdings zu einer Konturenlosigkeit der ohnehin schon weit formulierten Freiheitsrechte führen.

c) Analog § 1004 Abs. 1 S. 1 BGB

Der öffentlich-rechtliche schlichte Abwehr- und Unterlassungsanspruch könnte sich aus einer analogen Anwendung des § 1004 Abs. 1 S. 1 BGB ergeben. Zwar besteht eine planwidrige Regelungslücke im öffentlichen Recht, jedoch ist die vergleichbare Interessenlage problematisch, weil § 1004 Abs. 1 S. 1 BGB im Privatrecht gilt, welches dem Ausgleich zwischen Personen auf gleicher Ebene dient, während es im öffentlichen Recht um staatsbezogenes Handeln juristischer Personen des öffentlichen Rechts geht.

d) Rechtsstaatsprinzip

Der schlichte Abwehr- und Unterlassungsanspruch kann sich i.d.R. nicht aus dem unter anderem in Art. 20 Abs. 3 GG verankerten Rechtsstaatsprinzip ergeben, weil mangels i.d.R. nicht subjektivierter rechtsstaatlicher Bindungen – zumindest bei erstmaligem gegenwärtigem Eingriff – rechtsstaatswidrig ein Gesetzesvollziehungsanspruch gewährt werden würde. Art. 20 Abs. 3 GG kommt daher nur im Rahmen eines Folgenbeseitigungsanspruches in Betracht, da insoweit durch den erforderlichen Eingriff in der Vergangenheit bereits ein öffentlich-rechtliches Handeln des Staates in der Vergangenheit zugrunde liegt, welches ein subjektives Recht betrifft.

e) Gewohnheitsrecht

Ob der schlichte Abwehr- und Unterlassungsanspruch ursprünglich aus einer Vorwirkung der Grundrechte oder analog § 1004 Abs. 1 S. 1 BGB abgeleitet werden sollte, kann letztlich dahinstehen, da der Anspruch nach jahrzehntelanger Praktizierung Gewohnheitsrecht ist. Auch für den Maßstab der Duldungspflicht ist die genaue Ableitung unerheblich, denn im öffentlichen Immissionsschutzrecht der §§ 3 Abs. 1, 5 Abs. 1 Nr. 1, 22 Abs. 1 BImSchG und im privaten Immissionsrecht des § 906 BGB besteht die gleiche Zumutbarkeitsgrenze – jeweils unterhalb der Gesundheitsschädigung (OVG Bremen, NVwZ-RR 1993, 469). Maßgebliche Anspruchsgrundlage ist der schlichte Abwehr- und Unterlassungsanspruch.

2. Voraussetzungen

Die Anspruchsvoraussetzungen können erfüllt sein.

a) Positive Voraussetzungen

Sollte Anspruchsgrundlage ein Grundrecht sein, wären die positiven Voraussetzungen weitgehend bereits bei der Prüfung der Anspruchsgrundlage impliziert, sodass die Prüfung bei den positiven Voraussetzungen entsprechend kurz auszugestalten wäre.

Positiv bedarf es eines gegenwärtigen bzw. sich wiederholenden Eingriffes in ein subjektives Recht des Anspruchsstellers. Ein Eingriff in ein subjektives Recht des R kann durch die Überschreitung der Grenzwerte des § 2 Abs. 2 Nr. 4 der 18. BImSchV i.V.m. § 23 Abs. 1 S. 1 BImSchG gegeben sein. Das Fußballfeld ist als ortsfeste Einrichtung eine Anlage i.S.d. § 3 Abs. 5 Nr. 1 BImSchG. Einrichtungen sind dabei der wirtschaftlichen Betätigung im weitesten Sinne dienende Gebäude oder bewegliche Sachen, die ortsfest sind, sofern ihnen nach ihrer Zweckbestimmung keine Änderung widerfahren soll (Schulte/Michalk, in: BeckOK Umweltrecht, 52. Ed. 01.07.2019, BImSchG § 3 Rn. 75). Der Fußballplatz dient als feste Einrichtung der wirtschaftlichen Betätigung im weiten Sinne, wobei eine Gewinnerzielung nicht erheblich ist. Er ist eine Einrichtung in diesem Sinne und damit eine Anlage im Sinne des Gesetzes. Zwar sind die insoweit vorgegebenen Werte mit 65 dB(A) überschritten, jedoch ist Voraussetzung für die Anwendbarkeit der Werte gemäß § 1 Abs. 1 18. BImSchVO i.V.m. § 23 Abs. 1 BImSchG die Genehmigungsfreiheit der Anlage.

Vertretbar ist es, die Genehmigungsfreiheit der Anlage schon in der Klagebefugnis zu prüfen. Insoweit würden allerdings materielle Aspekte detailliert in der Prozessstation erörtert und die Klausur würde eventuell zu „kopflastig".

Eine Anlage ist genehmigungsfrei i.S.d. §§ 22 ff. BImSchG, soweit sie nicht genehmigungspflichtig i.S.d. § 4 Abs. 1 S. 1, 3 BImSchG i.V.m. 4. BImSchVO ist. Sportanlagen sind in der 4. BImSchVO nicht genannt und somit i.S.d. § 23 Abs. 1 BImSchG genehmigungsfrei, weshalb die diesbezüglichen Grenzwerte in der 18. BImSchVO geregelt sind. Folglich sind die Werte in § 2 der 18. BImSchVO maßgeblich, welche gemäß Abs. 2 Nr. 4 außerhalb der Ruhezeiten 50 dB(A) betragen. Wenngleich nach § 2 Abs. 5 am Ende 18. BImSchVO mangels der Überschreitung des Zeitraumes von vier Stunden die Werte innerhalb der Ruhezeiten i.S.d. § 2 Abs. 2 Nr. 4 der 18. BImSchVO von 45 dB(A) nicht gelten, ist zumindest die ebenfalls überschrittene Grenze des § 2 Abs. 2 Nr. 4 der 18. BImSchVO von 50 dB(A) außerhalb der Ruhezeiten anwendbar. Somit wird durch die Überschreitung der Grenzwerte in das subjektive Nachbarrecht des R aus § 2 Abs. 2 Nr. 4 der 18. BImSchVO i.V.m. § 23 Abs. 1 S. 1 BImSchG eingegriffen.

b) Negative Voraussetzungen
Negativ darf es für den Anspruchsteller – R – keine Duldungspflicht geben. Eine solche ist nicht ersichtlich.

3. Anspruchsinhalt
Anspruchsinhalt ist die Unterlassung des Lärms. Die Unterlassung kann aber nur gefordert werden, soweit sie möglich und zumutbar ist.

Bei einem grundrechtlichen Anspruch wären Unmöglichkeit bzw. Unzumutbarkeit im Rahmen der Verhältnismäßigkeit als Schranken-Schranke im Rahmen der Wechselwirkung zu erörtern.

Das ergibt sich analog § 74 Abs. 2 S. 3 VwVfG, wonach bei einem Planfeststellungsverfahren bei Unmöglichkeit oder Unzumutbarkeit nur eine Billigkeitsentschädigung gewährt wird.

Achtung: Bei Unmöglichkeit oder Unzumutbarkeit ist der Anspruch entsprechend des Antrages nicht auf Zahlung gerichtet; Billigkeitsentschädigung muss gesondert analog § 74 Abs. 2 S. 3 VwVfG geltend gemacht werden. Prozessual ist der Antrag umzustellen.

Dies ist auf den schlichten Abwehr- und Unterlassungsanspruch zu übertragen, um einen verhältnismäßigen Ausgleich zwischen betroffenen und geschützten Rechten bzw. Rechtsgütern zu schaffen.

Eine Unmöglichkeit oder Unzumutbarkeit ist nicht ersichtlich.

Vertretbar ist es, diese Aspekte schon bei der Duldungspflicht zu erörtern.

Allerdings steht es im Ermessen der Behörde, mittels welcher Maßnahmen die Störungen beseitigt bzw. unterlassen werden. Neben der Errichtung der Lärmschutzwälle besteht jedenfalls auch die abstrakte Möglichkeit, die Fußballspiele auf andere Fußballplätze in der Umgebung zu verlegen. Dass die Wälle die einzige Möglichkeit der Bekämpfung des Lärms sind und daher das Ermessen der Behörde entsprechend reduziert ist, ist nicht ersichtlich.

4. Zwischenergebnis

R hat einen Anspruch auf Unterlassung des Lärmens durch die Fußballspiele, wobei es G überlassen ist, wie dies umgesetzt wird.

II. Unterlassung des Lärms durch Schulkinder

R kann gegen G einen Anspruch auf Unterlassung des Lärms durch die auf der nördlichen Wiese spielenden Kinder haben.

1. Anspruchsgrundlage

Da es sich um die Abwehr gegenwärtigen nichtregelnden Verwaltungshandelns handelt, kommt als Anspruch der schlichte Abwehr- und Unterlassungsanspruch in Betracht. Fraglich ist jedoch, woraus sich der Anspruch ergibt. Er ergibt sich aus Art. 14 Abs. 1 GG, soweit ein Grundrechtseingriff in Art. 14 GG besteht. Das Eigentum i.S.d. Art. 14 Abs. 1 S. 2 GG ist einfachgesetzlich definiert. Da die Eigentumssubstanz i.S.d. in § 903 BGB definierten Eigentums uneingeschränkt nutzbar ist, kommt nur eine baurechtliche Eigentumsdefinition in Betracht, die betroffen sein kann. Eine eindeutige einfachgesetzliche Definition zugunsten des R ist nicht ersichtlich, da weder der im beplanten Gebiet aus Art. 14 Abs. 1 S. 2 GG i.V.m. den §§ 30 Abs. 1, 9 BauGB abzuleitende Gebietserhaltungsanspruch noch die Feinsteuerung des § 15 Abs. 1 S. 2 BauNVO eine klare Eigentumsvorgabe enthalten, die aus Sicht des R verletzt ist.

Die Anspruchsgrundlage ist – mangels Ersichtlichkeit einer betroffenen Eigentumsposition – der zumindest gewohnheitsrechtlich geltende schlichte Abwehr- und Unterlassungsanspruch.

2. Voraussetzungen

Die Anspruchsvoraussetzungen können erfüllt sein.

a) Positive Voraussetzungen

Positiv bedarf es eines gegenwärtigen bzw. sich wiederholenden Eingriffes in ein subjektives Recht des Anspruchsstellers. Insoweit kommen einerseits baurechtliche subjektive Rechte des R, andererseits immissionsrechtliche Rechte des R in Betracht.

aa) Baurechtliches subjektives Recht

Baurechtlich kann sich für R grundsätzlich nur aus den planungsrechtlichen Nachbarrechten des Gebietserhaltungsanspruches aus Art. 14 Abs. 1 S. 2 GG i.V.m. den §§ 30 Abs. 1, 9 BauGB und der Feinsteuerung des § 15 Abs. 1 S. 2 BauNVO eine klare Eigentumsvorgabe ergeben, welche nicht eindeutig anzunehmen sind. Aus den Bauplänen für die Schule bzw. der Baugenehmigung für die Schule könnte sich ein subjektives Recht des R ergeben, in welches durch die spielenden Kinder auf der nördlichen Wiese eingegriffen worden sein könnte. Als Rechtssetzungsakt der Verwaltung i.S.d. § 35 S. 1 VwVfG gilt eine etwaige Baugenehmigung nur zwischen den Beteiligten, nämlich dem Bauherrn und dem Rechtsträger der Genehmigungsbehörde, sodass sich daraus keine Bindung gegenüber R ergibt. Baurechtlich ist letztlich nur noch ein subjektives Recht aus einer besonderen Bindung z. B. in Form einer Zusicherung i.S.d. § 38 VwVfG denkbar. Eine Zusicherung ist zwar nicht ersichtlich, möglicherweise sind aber der Bauplan der Schule bzw. eine etwaige Widmung zielführend.

Vor diesem Hintergrund ist der baurechtliche Aspekt, G habe die streitbetroffene Rasenfläche entgegen deren Zweckbestimmung faktisch zu einer Spielwiese umgewidmet, bereits im Ansatz nicht zielführend. Maßgeblich könnte allenfalls sein, dass G aufgrund der expliziten Festlegung einer Fläche für Ballspiele auf dem südlichen Schulgelände dahingehend gebunden ist, lediglich diese Fläche für Ballspiele zu nutzen. Selbst wenn aber unterstellt würde, dass das Spielen der Kinder auf der nördlichen Rasenfläche deren Zweckbestimmung widerspräche, führte dies nicht dazu, dass R losgelöst von den immissionsschutzrechtlichen subjektiven Rechten und im Hinblick auf die Voraussetzungen eines schlichten Abwehr- und Unterlassungsanspruches auf die Nutzung des Schulgeländes entsprechend Einfluss nehmen könnte. Das Abwehrrecht ist vielmehr auch insoweit davon abhängig, dass auf das Grundstück der Klägerin wesentliche Belästigungen einwirken. Ausschließlich aus der Feststellung einer zweckfremden Nutzung auf dem Nachbargrundstück – der G – ergäbe sich keine Rechtsverletzung bei R. Es ist für einen Eingriff in ein subjektives Recht auch unerheblich, ob der beanstandete Lärm durch eine Verlegung des Spielens der Kinder auf die für Ballspiele hergerichtete Fläche im südlichen Bereich des Grundstücks der G vermieden werden könnte.

Darüber hinaus ist eine „Umwidmung" der streitbetroffenen nördlichen Rasenfläche zu einem „Platz für Ballspiele" ohnehin nicht ersichtlich, da dies eine rechtlich bindende Zweckbestimmung der Rasenfläche als von regelmäßigen Ballspielen freizuhaltende Fläche voraussetzen würde, für die es keine Anhaltspunkte gibt.

Auch die Verbindlichkeit einer etwaigen Zweckbestimmung ist nicht maßgeblich. Selbst bei einer Festlegung der nördlichen Wiese als Rasenfläche wäre damit keine Nutzungseinschränkung verbunden. Der baurechtliche Genehmigungsstatus des Grundstücks ist der einer Schule. Zur schulischen Nutzung eines Grundstückes zählt auch die Nutzung der Außenanlagen zum Zweck der körperlichen Betätigung der Schulkinder. Für die seitens des R angenommene Bindungswirkung dahingehend, dass lediglich die südliche Fläche zum Spielen zu nutzen sei, fehlt jegliche Grundlage. Es handelt sich bei der Errichtung des Spielfeldes in Bezug auf den Bauplan der Schule nicht – wie R meint – um eine förmliche Festlegung eines Platzes für Ballspiele, sondern um einen dem innerorganisatorischen schulischen Bereich zuzurechnenden Realakt, der nicht einmal ansatzweise einen Rechtsbindungswillen erkennen lässt, sich gegenüber außenstehenden Dritten wie R bestehender Nutzungsmöglichkeiten des Schulgrundstücks zu begeben (zum Ganzen: OVG Münster, Beschluss vom 1.7.2010 – 7 A 1016/09).

Nach alledem ist kein baurechtliches subjektives Recht ersichtlich, in welches eingegriffen worden sein könnte.

bb) Immissionsrechtliches Nachbarrecht

Durch den durch die spielenden Kinder verursachten Lärm kann aber in allgemeine immissionsrechtliche subjektive Rechte des R gemäß § 22 Abs. 1 Nr. 1 BImSchG i.V.m. § 3 Abs. 1 BImSchG eingegriffen worden sein, weil spezielle Grenzwerte in einer Verordnung i.S.d. § 23 Abs. 1 BImSchG für Schulen nicht festgesetzt worden sind. Die Schule ist als ortsfeste Einrichtung eine Anlage gemäß § 3 Abs. 5 Nr. 1 BImSchG. Gemäß § 22 Abs. 1 S. 1 Nr. 1 BImSchG sind nicht genehmigungsbedürftige Anlagen so zu betreiben, dass schädliche Umwelteinwirkungen verhindert werden, die nach dem Stand der Technik vermeidbar sind. Gemäß § 3 Abs. 1 BImSchG sind schädliche Umwelteinwirkungen im Sinne des BImSchG Immissionen, die nach Art, Ausmaß oder Dauer geeignet sind, Gefahren, erhebliche Nachteile oder erhebliche Belästigungen für die Allgemeinheit oder die Nachbarschaft herbeizuführen. Der Anwendungsbereich des § 3 Abs. 1 BImSchG ist durch die Spezialregelung des § 22 Abs. 1a BImSchG nicht grundsätzlich ausgeschlossen, da insoweit lediglich geregelt worden ist, dass es sich im Regelfall bei Geräuscheinwirkungen, die von Kindertageseinrichtungen, Kinderspielplätzen und ähnlichen Einrichtungen ausgehen, nicht um schädliche Umwelteinwirkungen handelt. Ausnahmen bleiben möglich. Immissionen im Sinne des Bundes-Imissionschutzgesetzes sind gemäß § 3 Abs. 2 BImSchG auf Menschen, Tiere und Pflanzen, den Boden, das Wasser, die Atmosphäre sowie Kultur- und sonstige Sachgüter einwirkende Luftverunreinigungen, Geräusche, Erschütterungen, Licht, Wärme, Strahlen und ähnliche Umwelteinwirkungen.

Fall 7: „Der gestörte Rentner"

Zunächst ist die Schule keine i.S.d. § 4 Abs. 1 S. 1, 3 BImSchG i.V.m. 4. BImSchVO genehmigungsbedürftige Anlage, sodass sie genehmigungsfrei ist, sodass die §§ 22 ff. BImSchG anwendbar sind. Bei dem durch die spielenden Kinder verursachten Lärm müsste es sich aber um schädliche Umwelteinwirkungen handeln. *„Die Beurteilung der Erheblichkeit eines Lärms setzt eine tatrichterliche Wertung im Einzelfall voraus, die im Sinne einer Güterabwägung nach der durch die Gebietsart und die tatsächlichen Verhältnisse bestimmten Schutzwürdigkeit und Schutzbedürftigkeit ausgerichtet ist. Dabei sind wertende Elemente wie Herkömmlichkeit, soziale Adäquanz und allgemeine Akzeptanz ebenso mitbestimmend wie eine eventuelle tatsächliche oder rechtliche Vorbelastung des Grundstücks des Immissionsbetroffenen (vgl. BVerwG, Beschluss vom 11.2.2003 – 7 B 88.02 –, BRS 66 Nr. 171; Urteile vom 24.4.1991 – 7 C 12.90 –, BVerwGE 88, 143 = BRS 52 Nr. 191, und vom 29.4.1988 – 7 C 33.87 –, a.a.O. 2.; OVG Münster, Beschluss vom 1.7.2010 – 7 A 1016/09; zu wertenden Elementen: OVG Lüneburg, Beschluss vom 14.6.2013 NVwZ-RR 2013, 831; OVG Münster, Beschluss vom 24.4.2013 NVwZ-RR 2013, 627)".* Somit ist nicht nur maßgeblich, ob der von den Kindern ausgehende Lärm eine Belästigung für R darstellt, sondern ebenso, ob dieser Lärm sozialadäquat und gesellschaftlich erwünscht ist. Kinderlärm in einem reinen Wohngebiet ist sozialadäquat, insbesondere, wenn mit 40 dB(A) keine unerträglichen Werte erreicht werden, die üblicherweise in entsprechenden Verordnungen als erhebliche Überschreitung von Grenzwerten einzustufen wären. Auch aus der in Art. 6 GG verankerten Schutz- und Förderungspflicht für Familien und der Gewährleistung eines angemessenen Schulwesens in Art. 7 GG ergibt sich, dass Kinder auch in ihren Aktivitäten einen hohen Stellenwert haben. Die Möglichkeit der Verlagerung des Lärms auf die südliche Wiese ist für den Eingriff nicht maßgeblich, sondern allenfalls Maßstab bei einer etwaigen Duldung eines Eingriffes. Eine Ausnahme vom Regelfall des § 22 Abs. 1a BImSchG – z. B. aufgrund einer am Vereinssport orientierten Anlage (vgl. VG Aachen, Beschluss vom 17.7.2012 – 3 L 233/11 zum DFB Minispielfeld) – ist nicht ersichtlich.

Aus dem Regelfall des § 22 Abs. 1a BImSchG ergibt sich, dass der durch Ballspiele von Kindern verursachte Lärmpegel in der Regel nicht als schädliche Umwelteinwirkung einzustufen ist. Sogar sonstige Richtwerte wären insoweit irrelevant. Mangels erheblichen Lärmpegels ist durch die den Lärm verursachenden Kinder nach Abwägung gesellschaftlicher Interessen in kein subjektives Recht des R eingegriffen worden.

b) Zwischenergebnis
Die Voraussetzungen des Anspruches sind nicht erfüllt.

C. Ergebnis

Die Klage bezüglich der Unterlassung des Lärmens durch die Fußballspiele hat – wenngleich das „Wie" des Unterlassens der Behörde überlassen bleibt – Erfolg, während die Klage bezüglich des durch die Kinder verursachten Lärms abgewiesen wird.

2. Komplex: Klage bezüglich der Frisbeescheiben

Die Klage des R hat jedenfalls Erfolg, soweit die Sachurteilsvoraussetzungen erfüllt sind und soweit sie begründet ist.

Es ist vertretbar, alle Klagen in einer Prozessstation zu prüfen. Da die Klage bzgl. der Frisbeescheiben aber insoweit abweicht, als eine vertragliche Vereinbarung sowie eine unmittelbare Grundrechtsbeeinträchtigung in Betracht kommen, ist die gesonderte Prüfung der dritten Klage empfehlenswert.

A. Sachurteilsvoraussetzungen

Die Sachurteilsvoraussetzungen können erfüllt sein.

I. Rechtsweg

Ein Rechtsweg muß eröffnet sein. Der Verwaltungsrechtsweg kann mangels aufdrängender Sonderzuweisung gemäß § 40 Abs. 1 S. 1 VwGO eröffnet sein. Im Übrigen kommt ein Verweisungsbeschluss i.S.d. § 17a Abs. 2 S. 1 GVG i.V.m. § 173 S. 1 VwGO in Betracht. Der Verwaltungsrechtsweg ist eröffnet, wenn die streitentscheidende öffentlich-rechtliche Norm einen Hoheitsträger einseitig berechtigt oder verpflichtet bzw. wenn aufgrund typisch hoheitlichen Handelns zwischen den Beteiligten ein Subordinationsverhältnis besteht. Die Norm, durch welche die Gemeinde G einseitig berechtigt oder verpflichtet wird, müsste die Gemeinde G berechtigen, die nördliche Wiese durch die Lehrer derart zu nutzen, dass aus dem Spielbetrieb heraus Frisbeescheiben auf das Grundstück des R fliegen dürfen. Eine solche Norm ist nicht ersichtlich.

Die Veranstaltung von Lehrerfreizeit auf der Wiese eines Schulgeländes stellt auch kein typisch hoheitliches Handeln im Subordinationsverhältnis dar, weil nicht durch einen typischen Hoheitsakt der Verwaltung in Form eines Verwaltungsaktes, einer Verordnung, Satzung, Zusicherung oder durch öffentlich-rechtlichen Vertrag gehandelt wird. Die Organisationsform der Gemeinde als Gebietskörperschaft öffentlichen Rechts lässt ebenfalls nicht auf eine öffentlich-rechtliche Streitigkeit schließen, weil auch Körperschaften des öffentlichen Rechts in den Bereichen der Bedarfsdeckung, Bestandsverwaltung und wirtschaftlichen Tätigkeit – soweit erlaubt – fiskalisch handeln können.

Dass es sich um eine öffentlich-rechtliche Streitigkeit handelt, kann sich letztlich nur aus dem Sachzusammenhang zum öffentlichen Recht ergeben. Ein öffentlich-rechtlicher Sachzusammenhang besteht nicht deshalb, weil R sich auf seine Grundrechte aus den Artt. 14 Abs. 1, 2 Abs. 2 S. 1, 2 Abs. 1 GG beruft. Auch durch ein Handeln Privater können Grundrechtspositionen betroffen werden. Würde es sich bei der Veranstaltung der Fußballspiele und beim Spielen der Kinder um eine privatrechtliche Tätigkeit handeln, wäre gemäß § 17a Abs. 2 S. 1 GVG an das ordentliche Gericht im Sinne des § 13 GVG zu verweisen. Aus dem im gesamten Grundgesetz und unter anderem in Art. 20 Abs. 3 GG verankerten Rechtsstaatsprinzip ergibt sich aber, dass öffentliche Rechtsträger im Zweifel öffentlich-rechtlich handeln. Die Gemeinde handelt mittels der für die Lehrer vorgesehenen Freizeitaktivität in Form des Frisbeespielens auf der Wiese nicht etwa fiskalisch im Sinne einer Bedarfsdeckung, Bestandsverwaltung oder wirtschaftlichen Tätigkeit – soweit erlaubt –, sondern die Gemeinde betreibt insoweit beamtenrechtliche Fürsorge. Es besteht somit ein hoheitlicher Funktionszusammenhang. Da ein Rechtsträger öffentlichen Rechts im Zweifel ohnehin hoheitlich handelt, besteht ein Sachzusammenhang zum öffentlichen Recht.

Weil auch keine Verfassungsorgane über Verfassungsrecht streiten, besteht keine doppelte Verfassungsunmittelbarkeit, sodass die Streitigkeit nicht verfassungsrechtlicher Art ist. Eine abdrängende Sonderzuweisung ist nicht ersichtlich. Der Verwaltungsrechtsweg ist eröffnet.

II. Zuständigkeit

Das Verwaltungsgericht ist gemäß § 45 VwGO als Eingangsinstanz für den Streit zwischen R und G zuständig, soweit die Voraussetzungen abweichender Regelungen wie z. B. die §§ 47, 50 VwGO bei besonderen Verfahren nicht erfüllt sind. Das Verwaltungsgericht ist auch i.S.d. § 52 VwGO örtlich zuständig, sodass kein Verweisungsbeschluss gemäß § 17a Abs. 2 S. 1 GVG i.V.m. § 83 VwGO gefasst werden wird.

III. Beteiligte

R und G als Gebietskörperschaft öffentlichen Rechts können Beteiligte des Verfahrens sein. Beteiligte sind nach § 63 Nr. 1, 2 VwGO unter anderem der Kläger und der Beklagte, beteiligungsfähig nach § 61 Nr. 1 Alt. 1, 2 VwGO natürliche und juristische Personen. Behörden sind im Bundesland B nicht i.S.d. § 61 Nr. 3 VwGO beteiligungsfähig. Als Kläger ist gemäß § 61 Nr. 1 Alt. 1 VwGO R als natürliche Person beteiligungsfähig. R ist gemäß § 62 Abs. 1 Nr. 1 VwGO mangels gegenteiliger Anhaltspunkte prozessfähig.

Beklagte ist die Gemeinde G als Gebietskörperschaft des öffentlichen Rechts, vertreten durch die Behörde. Sie ist gemäß den §§ 63 Nr. 2, 61 Nr. 1 Alt. 2 VwGO beteiligungs- und mangels Anhaltspunkten bezüglich des für die Behörde handelnden Organwalters gemäß § 62 Abs. 1, 3 VwGO prozessfähig.

IV. Statthafte Klageart

Die statthafte Klageart richtet sich i.S.d. § 88 VwGO nach dem klägerischen Begehren unter Berücksichtigung des Anwendungsvorrangs maßnahmespezifischer Rechtsschutzformen und des rechtsstaatlichen Grundsatzes der Effektivität des Rechtsschutzes.

1. Unterlassen bezüglich des Überfluges der Frisbeescheiben

Dem klägerischen Begehren entspricht i.d.R. die effektivste Klageart, also nach Möglichkeit die Anfechtungsklage gemäß § 42 Abs. 1 Alt. 1 VwGO als Gestaltungsklage der Verwaltungsgerichtsordnung. R geht es darum, den Überflug der Frisbeescheiben auf sein Grundstück zu unterbinden, nicht jedoch um die Unterlassung von Lärm, da die Lehrer solchen nicht produzieren. Ein Verwaltungsakt i.S.d. § 35 S. 1, 2 VwVfG, den R beseitigen wollen könnte, ist bezüglich des Fliegens der Frisbeescheiben nicht ersichtlich. Denkbar wäre allenfalls, dass R seitens der Gemeinde erstrebt, einen Verwaltungsakt an die Lehrer zu erlassen, das Frisbeespiel auf der nördlichen Wiese zu unterlassen. Einerseits würde es sich – soweit die Lehrer Beamte im statusrechtlichen Sinne sind – insoweit allerdings nicht um das beamtenrechtliche Grundverhältnis, sondern um das beamtenrechtliche Betriebsverhältnis handeln, in dem typischerweise durch beamtenrechtliche Weisungen und somit nicht durch Verwaltungsakte gehandelt wird. Andererseits ist es für R nicht relevant, wie die Gemeinde das Überfliegen der Frisbeescheiben auf sein Grundstück, welches der Gemeinde als Betreiberin der Schule zurechenbar ist, unterbindet. Für R ist nur maßgeblich, dass die Gemeinde das Überfliegen der Frisbeescheiben unterlässt. Folglich erstrebt R mit der Klage die Unterlassung verwaltungsrechtlichen Realhandelns in Form des Werfens der Frisbeescheiben auf sein Grundstück, sodass diesbezüglich die allgemeine Leistungsklage, welche in der Verwaltungsgerichtsordnung zwar nicht ausdrücklich geregelt ist, jedoch z. B. in den §§ 43 Abs. 2, 111 VwGO vorausgesetzt wird, statthaft ist.

2. Objektive Klagehäufung

Die objektive Klagehäufung hätte auch nach der Begründetheit als geordneter Komplex geprüft werden können. Da die Überschrift der Prozessstation aber „Sachurteilsvoraussetzungen" lautet, ist die Prüfung der objektiven Klagehäufung auch bei der statthaften Klageart möglich. Sie ist aber keine Zulässigkeitsvoraussetzung!

Die objektive Klagehäufung mit den Klagen bezüglich des Lärms durch die Fußballspiele und die spielenden Kinder kann möglich sein. Die Klagen auf Unterlassung des Fußball- und des Schullärms können mit der Klage auf Unterlassung des Werfens der Frisbeescheiben verbunden werden, wenn die Voraussetzungen des § 44 VwGO erfüllt sind. Dazu müssen die Parteien und das Gericht identisch und Konnexität muss gegeben sein. Parteien sind jeweils R und G. Das Verwaltungsgericht ist jeweils zuständig und Konnexität ist wegen des Sachzusammenhanges zum Schulgelände und zum Grundstück des R gegeben. Ungeschriebenes Merkmal ist aufgrund des Grundsatzes der Gewaltenteilung i.S.d. Art. 20 Abs. 3 GG die gleichzeitige Entscheidungsreife. Die Judikative darf nicht über einen Streitgegenstand entscheiden, soweit das Verwaltungsverfahren nicht beendet ist. Es geht R bezüglich des Fußball- und des Schullärms sowie des Überfluges der Frisbeescheiben um drei Unterlassungsbegehren, die nicht in einem Stufenverhältnis stehen und für die kein Verwaltungsverfahren vorgesehen ist. Die gleichzeitige Entscheidungsreife ist gegeben. Die objektive Klagehäufung ist als kumulative Klagehäufung zulässig.

V. Besondere Sachurteilsvoraussetzungen

Die besonderen Sachurteilsvoraussetzungen der allgemeinen Leistungsklage müssen erfüllt sein. Da die allgemeine Leistungsklage nicht ausdrücklich geregelt ist, fehlt es auch an Regelungen über deren besondere Sachurteilsvoraussetzungen. Zwecks Vermeidung einer Popularklage muss R analog § 42 Abs. 2 VwGO klagebefugt sein. Die Klagebefugnis nach § 42 Abs. 2 VwGO setzt die Möglichkeit der Verletzung eines subjektiven Rechts voraus. Subjektive Rechte leiten sich aus Sonderbeziehungen, einfachen Gesetzen, subsidiär aus Grundrechten und unter Umständen Unionsrecht ab, wobei aufgrund des weiten Schutzbereiches des

Art. 2 Abs. 1 GG bei unmittelbaren Grundrechtseingriffen für das subjektive Recht direkt auf Grundrechte abgestellt werden kann. Es besteht die Möglichkeit, dass ein subjektives Recht des R auf Unterlassen des Überfluges der Frisbeescheiben auf das Grundstück aus der Sonderbeziehung eines öffentlich-rechtlichen Vertrages verletzt ist, der mit G mittels L wirksam geschlossen worden sein könnte.

Außerdem kommt ein unmittelbarer Eingriff in die Grundrechte des R – das Eigentum aus Art. 14 Abs. 1 GG, subsidiär jedenfalls aus dem Auffanggrundrecht des Art. 2 Abs. 1 GG – in Betracht. Da die Frisbeescheiben nämlich auf dem Grundstück des R landen, besteht die Möglichkeit der Verletzung der Substanz des Eigentums, welches gemäß Art. 14 Abs. 1 S. 2 GG z.B. in § 903 BGB einfachgesetzlich definiert wird.

VI. Allgemeines Rechtsschutzbedürfnis
Für das Fehlen des allgemeinen Rechtsschutzbedürfnisses sind keine Anhaltspunkte ersichtlich, insbesondere, weil R sich mit seinen Begehren zuvor an G gewandt hatte.

B. Begründetheit

Die Klage des R ist begründet, soweit ein Unterlassungsanspruch des R gegen G bezüglich der überfliegenden Frisbeescheiben besteht.

I. Vertraglicher Anspruch
R kann gegen G einen Anspruch auf Unterlassung aus einem öffentlich-rechtlichen Vertrag i.S.d. §§ 54 ff. VwVfG haben. Dazu muss ein öffentlich-rechtlicher Vertrag zustande gekommen und wirksam sein.

1. Öffentlich-rechtlicher Vertrag
Ein Vertrag ist jedenfalls öffentlich-rechtlich i.S.d. § 54 S. 1 VwVfG, wenn in ihm Rechte und Pflichten enthalten sind, die in öffentlich-rechtlichen Normen geregelt sind. Ein Vertrag ist auch öffentlich-rechtlich, wenn eine Leistungspflicht öffentlich-rechtlich ist. Anderenfalls ist der Sachzusammenhang des Vertrages maßgeblich. Beim Frisbeespiel der Lehrersportgruppe im Rahmen des vorgegebenen Schulplanes handelt es sich um einen öffentlich-rechtlichen Betrieb der Schule in Anlehnung an den Widmungszweck – der Ausbildung junger Menschen in ein positives und ausgeglichenes Umfeld zwischen Schülern und Lehrern sowie

beider Gruppen untereinander. Selbst wenn eine Lehrerfreizeitgruppe nicht in öffentlich-rechtlichen Normen gesetzlich normiert ist und die Leistungspflicht des Unterlassens nicht zwingend öffentlich-rechtlich ist, besteht zumindest der Sachzusammenhang zum öffentlichen Recht. Der Vertrag ist öffentlich-rechtlich.

2. Zustandekommen

Unabhängig davon, um welche Art eines öffentlich-rechtlichen Vertrages es sich handelt, etwa einen subordinationsrechtlichen Vertrag i.S.d. § 54 S. 2 VwVfG, einen koordinationsrechtlichen Vertrag, einen Verpflichtungs- bzw. Verfügungs-vertrag, ist jedenfalls ein Zustandekommen nach den öffentlich-rechtlichen Normen – z.B. den §§ 57, 58 VwVfG – und den gemäß § 62 S. 2 VwVfG anwend-baren Normen des Zivilrechts – z.B. den §§ 145 ff. BGB – notwendig.

Gemäß § 57 VwVfG ist grundsätzlich die Schriftform erforderlich, die gemäß § 3a Abs. 2 S. 1 VwVfG durch die elektronische Form ersetzt werden kann. Ande-renfalls ist der Vertrag gemäß § 125 S. 1 BGB i.V.m. § 62 S. 2 VwVfG nichtig. Die Einhaltung der Schriftform könnte gemäß § 37 Abs. 3 S. 1 VwVfG zu beurteilen sein. Zwar sind in § 37 Abs. 3 S. 1 VwVfG Verwaltungsakte als einseitige Rechts-setzungsakte erfasst, jedoch gibt es gemäß § 54 S. 2 VwVfG subordinationsrecht-liche Verträge, bei denen ein Verwaltungsakt durch einen öffentlich-rechtlichen Vertrag ersetzt wird. Unabhängig davon, dass dies nur einen beschränkten Teil öffentlich-rechtlicher Verträge betrifft, ist § 37 Abs. 3 S. 1 VwVfG jedenfalls man-gels ausdrücklichen Verweises im Rahmen der Vorschriften über öffentlich-rechtliche Verträge nicht direkt anwendbar, mangels vergleichbarer Interessen-lage nicht analog anwendbar, weil ein öffentlich-rechtlicher Vertrag anders als ein Verwaltungsakt einen zweiseitigen Rechtssetzungsakt darstellt. Somit kann auch aus rechtsstaatlichen Gründen § 54 S. 2 VwVfG nicht als ausdrücklicher Verweis auf § 37 Abs. 3 S. 1 VwVfG eingestuft werden.

Somit gilt für die Schriftform i.S.d. § 57 VwVfG gemäß § 62 S. 2 VwVfG i.V.m. § 126 Abs. 2 S. 1 BGB, dass beide Unterschriften auf derselben Urkunde erfolgen müssen. Bei zwei gleichlautenden Urkunden genügt es gemäß § 126 Abs. 2 S. 2 BGB, wenn jede Partei die für die andere bestimmte Urkunde unterzeichnet. R und L haben nicht auf derselben Urkunde unterzeichnet. Selbst wenn die beiden Zettel als gleichlautende Erklärungen einzuordnen wären, wäre auch die Form i.S.d. § 126 Abs. 2 S. 2 BGB nicht eingehalten, weil jede Partei nur auf der für sie be-stimmten Urkunde unterzeichnet hat.

Darüber hinaus ist der Rechtsbindungswille des L i.S.d. §§ 145 ff. BGB i.V.m. § 62 S. 2 VwVfG problematisch. Eine Vertretungsmacht des L für die Schule i.S.d. §§ 164 ff. BGB i.V.m. § 62 S. 2 VwVfG ist ebenfalls nicht ersichtlich. Eine etwaige Vertretung ohne Vertretungsmacht ist aufgrund der Formnichtigkeit unerheblich.

Aus demselben Grund sind etwaige Rechtsscheinsvollmachten nicht ersichtlich, zumal die fehlende Vertretungsmacht des L offenkundig war. Somit ist der Vertrag jedenfalls mangels Einhaltung der vorgegebenen Form i.S.d. § 57 VwVfG i.V.m. den §§ 125 S. 1, 126 Abs. 2 BGB, 59 Abs. 1 VwVfG nichtig.

Während § 126 BGB gemäß § 62 S. 2 VwVfG anwendbar ist, muss für den Nichtigkeitsgrund aus § 125 BGB der § 59 Abs. 1 VwVfG als Spezialregelung genannt werden.

Ein vertraglicher Unterlassungsanspruch des R gegen G besteht nicht.

Es ist in Examensklausuren nicht unüblich, öffentlich-rechtliche Probleme mit solchen des Zivilrechts über den öffentlich-rechtlichen Vertrag zu verknüpfen (Willenserklärungen, Stellvertretung etc.).

II. Schlichter Abwehr- und Unterlassungsanspruch

R kann gegen G einen Anspruch auf Unterlassung der Veranlassung des Überfluges der Frisbeescheiben haben.

1. Anspruchsgrundlage

Da es sich um die Abwehr gegenwärtigen nichtregelnden Verwaltungshandelns handelt, kommt als Anspruch der schlichte Abwehr- und Unterlassungsanspruch in Betracht. Anspruchsgrundlage ist Art. 14 Abs. 1 GG, da das Eigentum gemäß Art. 14 Abs. 1 S. 2 GG bereichsspezifisch definiert und in Form der in § 903 BGB enthaltenen Eigentumsdefinition insoweit unmittelbar betroffen ist, als die Frisbeescheiben auf den Boden des Grundstückes des R fallen und somit die Grundstückssubstanz beeinträchtigen.

Wer bezüglich der Frisbeescheiben die Ableitung des schlichten Abwehr- und Unterlassungsanspruches im Hinblick auf den im 1. Komplex dargestellten Streitstand vornimmt, muss mit massiven Punktabzügen rechnen, weil insoweit mangelndes systematisches Verständnis offenbart wird.

---

2. Voraussetzungen

Die Anspruchsvoraussetzungen können erfüllt sein.

a) Positive Voraussetzungen

Positiv bedarf es eines gegenwärtigen bzw. sich wiederholenden Eingriffes in ein subjektives Recht des Anspruchstellers. Der Eingriff in das Eigentum des R i.S.d. Art. 14 Abs. 1 S. 2 GG i.V.m. § 903 BGB besteht darin, dass die Frisbeescheiben als Gegenstände unmittelbar auf dem Grundstück des R landen und somit die Eigentumssubstanz beeinträchtigt ist.

b) Negative Voraussetzungen

Negativ darf es für den Anspruchsteller – R – keine Duldungspflicht geben. Eine solche ist weder gesetzlich noch vertraglich oder in anderer Weise ersichtlich.

3. Anspruchsinhalt

Anspruchsinhalt ist die Unterlassung des Frisbeescheibenfluges auf das Grundstück des R. Die Unterlassung kann aber nur gefordert werden, soweit sie möglich und zumutbar ist. Das ergibt sich analog § 74 Abs. 2 S. 3 VwVfG, wonach bei einem Planfeststellungsverfahren bei Unmöglichkeit oder Unzumutbarkeit nur eine Billigkeitsentschädigung gewährt wird. Dies ist auf den schlichten Abwehr- und Unterlassungsanspruch zu übertragen, um einen verhältnismäßigen Ausgleich zwischen betroffenen und geschützten Rechten bzw. Rechtsgütern zu schaffen.

Eine Unmöglichkeit oder Unzumutbarkeit ist nicht ersichtlich. Allerdings steht es im Ermessen der Behörde, mittels welcher Maßnahmen die Störungen beseitigt bzw. unterlassen werden. Neben der Verlagerung des Frisbeespiels auf z.B. die südliche Wiese besteht jedenfalls auch die abstrakte Möglichkeit, Fangnetze oder einen Zaun zur Verhinderung des Überfluges zu bauen.

4. Zwischenergebnis

R hat einen Anspruch auf Unterlassung des Überfluges der Frisbeescheiben, wobei es G überlassen ist, wie dies umgesetzt wird.

C. Ergebnis

Die Klage des R hat Erfolg.

3. Komplex: Gesamtergebnis

Die Klagen bezüglich der Unterlassung des Lärms durch die Fußballspiele und auf Unterlassung des Überfluges der Frisbeescheiben haben Erfolg. Die Klage bezüglich der Unterlassung des Lärms durch spielende Kinder wird abgewiesen.

Fall 8:
„Drum schau dir deine Mieter genau an ... (Landesrecht)"

Schwerpunkte: *Annexantrag in der Hauptsache, Wohnungseinweisung im Dreipersonenverhältnis, staatliche Schutzpflicht, Stufenklage, Vollzugsfolgenbeseitigungsanspruch*

Hinweis: Diesem Fall sowie der Falllösung liegt exemplarisch das Landesrecht von **NRW** zugrunde. An die Rechtslage in **Berlin, Hamburg und Niedersachsen** angepasste Falllösungen sind **online** unter www.heinze-pruefungsanfechtung.de einsehbar.

E ist Eigentümer eines Mietshauses in der Gemeinde G in Nordrhein-Westfalen. Einer seiner Mieter, der arbeitslose und psychisch kranke M, hat mehrere Monate keine Miete gezahlt, woraufhin E nach der Kündigung gegenüber M einen vollstreckbaren und auf einem rechtskräftigen Urteil beruhenden zivilrechtlichen Räumungstitel gegen M erwirkte. Seit der Rechtshängigkeit des Räumungsanspruches sind bereits vier Monate vergangen. Kurz vor der Durchführung der Zwangsvollstreckung droht M aufgrund eines damit etwaig verbundenen Auszuges aus der Wohnung mit einem Suizid, woraufhin die zuständige Ordnungsbehörde E in einem ordnungsgemäß durchgeführten Verfahren schriftlich anweist, die Zwangsvollstreckung vorerst zu unterlassen und M noch weitere sechs Monate in der Wohnung wohnen zu lassen. Es sei der Behörde – da die Voraussetzungen erfüllt sind – allerdings möglich, M nach den §§ 10 ff. PsychKG NRW gegen dessen Willen in einer Therapieeinrichtung unterzubringen. Allerdings empfindet die Behörde diese Unterbringung als zu aufwendig. Der Bescheid enthält eine ordnungsgemäße Rechtsmittelbelehrung.

E klagte 3 Tage nachdem ihm der Bescheid bekannt gegeben worden war vor dem Verwaltungsgericht gegen die Anweisung der Ordnungsbehörde und verlangt die Herausgabe der Wohnung in geräumtem Zustand. Die Behörde wendet ein, die Anweisung sei rechtmäßig. Jedenfalls könne E von der Gemeinde nicht die Räumung der Wohnung verlangen. Insofern müsse er sich an M halten, wenngleich die Ordnungsbehörde für eine öffentlich-rechtliche Exmittierung des M formell zuständig ist.

Hat die Klage beim Verwaltungsgericht Erfolg?

https://doi.org/10.1515/9783110625707-008

§§ 10 ff. PsychKG NRW

§ 10 PsychKG – Unterbringung und Aufsicht

(1) Ziel der Unterbringung ist es, die in § 11 Absatz 1 und 2 genannten Gefahren abzuwenden und die Betroffenen nach Maßgabe dieses Gesetzes zu behandeln.

(2) Eine Unterbringung im Sinne dieses Gesetzes liegt vor, wenn Betroffene gegen ihren Willen oder gegen den Willen Aufenthaltsbestimmungsberechtigter oder im Zustand der Willenlosigkeit in ein psychiatrisches Fachkrankenhaus, eine psychiatrische Fachabteilung eines Allgemeinkrankenhauses oder einer Hochschulklinik (Krankenhaus) eingewiesen werden und dort verbleiben. Die §§ 1631b, 1800, 1915 und 1906 BGB bleiben unberührt. Die Krankenhäuser haben durch geeignete Maßnahmen sicherzustellen, dass sich die Betroffenen der Unterbringung nicht entziehen. Die Unterbringung soll so weitgehend wie möglich in offenen Formen durchgeführt werden.

(3) Die Zuständigkeit der Krankenhäuser ergibt sich aus § 2 in Verbindung mit § 16 Krankenhausgestaltungsgesetz des Landes Nordrhein-Westfalen – KHGG NRW – vom 11. Dezember 2007 (GV. NRW. S. 702, Ber. 2008, S. 157) in der jeweils geltenden Fassung.

§ 10a PsychKG – Aufgabenübertragung, Aufsicht

[...]

(2) Zuständige Aufsichtsbehörde nach diesem Gesetz ist die örtlich zuständige Bezirksregierung. Oberste Aufsichtsbehörde ist das für Gesundheit zuständige Ministerium.

(3) Die Aufsicht erstreckt sich auf die Sicherstellung der rechtmäßigen Aufgabenwahrnehmung. § 11 des Krankenhausgestaltungsgesetzes des Landes Nordrhein-Westfalen bleibt unberührt.

§ 11 PsychKG – Voraussetzungen der Unterbringung

(1) Die Unterbringung Betroffener ist nur zulässig, wenn und solange durch deren krankheitsbedingtes Verhalten gegenwärtig eine erhebliche Selbstgefährdung oder eine erhebliche Gefährdung bedeutender Rechtsgüter anderer besteht, die nicht anders abgewendet werden kann. Die fehlende Bereitschaft, sich behandeln zu lassen, rechtfertigt allein keine Unterbringung.

(2) Von einer gegenwärtigen Gefahr im Sinne von Absatz 1 ist dann auszugehen, wenn ein schadenstiftendes Ereignis unmittelbar bevorsteht oder sein Eintritt zwar unvorhersehbar, wegen besonderer Umstände jedoch jederzeit zu erwarten ist.

(3) Die Anordnung der Unterbringung ist aufzuheben, wenn Maßnahmen nach den in § 1 Abs. 3 genannten Bestimmungen erfolgt sind.

§ 12 PsychKG – Sachliche Zuständigkeit

Die Unterbringung wird auf Antrag der örtlichen Ordnungsbehörde im Benehmen mit dem Sozialpsychiatrischen Dienst vom zuständigen Amtsgericht angeordnet. Dem Antrag ist ein den §§ 321 und 331 FamFG, bei Minderjährigen in Verbindung mit §§ 167 Absatz 1 und 6 sowie 151 Nummer 7 FamFG entsprechendes ärztliches Zeugnis beizufügen. Antragstellung und Unterbringung sind von der örtlichen Ordnungsbehörde zu dokumentieren und dem Sozialpsychiatrischen Dienst der unteren Gesundheitsbehörde unverzüglich mitzuteilen.

§ 13 PsychKG – Anwendung der Vorschriften über die freiwillige Gerichtsbarkeit

(1) Für einstweilige, längerfristige und Unterbringungen zur Begutachtung [sowie für das gerichtliche Verfahren gelten die Vorschriften des Gesetzes über das Verfahren in Familiensachen und in den Angelegenheiten der freiwilligen Gerichtsbarkeit (FamFG).] [...]

(2) Gemäß §§ 320 in Verbindung mit 315 Absatz 4 FamFG, bei Minderjährigen in Verbindung mit § 167 Absatz 1 FamFG gibt das Gericht vor Unterbringungsmaßnahmen auch dem Sozialpsychiatrischen Dienst der unteren Gesundheitsbehörde Gelegenheit zur Äußerung und teilt ihm die Entscheidung mit.

§ 14 PsychKG – Sofortige Unterbringung

(1) Ist bei Gefahr im Verzug eine sofortige Unterbringung notwendig, kann die örtliche Ordnungsbehörde die sofortige Unterbringung ohne vorherige gerichtliche Entscheidung vornehmen, wenn ein ärztliches Zeugnis über einen entsprechenden Befund vorliegt, der nicht älter als vom Vortag ist. Zeugnisse nach Satz 1 sind grundsätzlich von Ärztinnen oder Ärzten auszustellen, die im Gebiet der Psychiatrie und Psychotherapie weitergebildet oder auf dem Gebiet der Psychiatrie erfahren sind. Sie haben die Betroffenen persönlich zu untersuchen und die Notwendigkeit einer sofortigen Unterbringung schriftlich zu begründen. Will die örtliche Ordnungsbehörde in der Beurteilung der Voraussetzungen für eine sofortige Unterbringung von einem vorgelegten ärztlichen Zeugnis abweichen, hat sie den Sozialpsychiatrischen Dienst der unteren Gesundheitsbehörde zu beteiligen.

(2) Nimmt die örtliche Ordnungsbehörde eine sofortige Unterbringung vor, ist sie verpflichtet, unverzüglich beim zuständigen Amtsgericht einen Antrag auf Unterbringung zu stellen. In diesem Antrag ist darzulegen, warum andere Hilfsmaßnahmen nicht ausreichen und eine gerichtliche Entscheidung nicht möglich war. Ist die Unterbringung und deren sofortige Wirksamkeit nicht bis zum Ablauf des auf den Beginn der sofortigen Unterbringung folgenden Tages durch das Gericht angeordnet, so sind die Betroffenen von der ärztlichen Leitung des Krankenhauses, bei selbstständigen Abteilungen von der fachlich unabhängigen ärztlichen Leitung der Abteilung (ärztliche Leitung), zu entlassen.

Vertiefung

Vgl. zum Beispiel BVerwG, Beschluss vom 12.7.2013 – 9 B 12.13; OVG Lüneburg – E 8, 484; VG Saarlouis – L 662/10; OVG Greifswald – 3 M 92/09; VG Neustadt NJW 1965, 833 und die weiteren Nachweise bei Drews/Wacke/Vogel/Martens, Gefahrenabwehr, 9. Aufl., S. 340; vgl. F. Schoch, Folgenbeseitigung und Wiedergutmachung im öffentlichen Recht, in: VerwArch 1988, 1 ff., 32 ff.; R. Steinberg/A. Lubberger, Aufopferung – Enteignung und Staatshaftung, 1991, S. 375 ff.; zum Ganzen vgl. VGH Kassel – 11 TG 1515/93; PR OVGE 92, 108 ff.; vgl. Meixner, HSOG, 5. Aufl., Rn 10 zu § 9 HSOG; VGH Baden-Württemberg, Beschlüsse vom 20.1.1987, NVwZ 1987, 1101, und vom 22.2.1990, DÖV 1990, 573.

Gliederung

1. Komplex: Klage gegen die Einweisungsverfügung ── **189**
  A. Sachurteilsvoraussetzungen (+) ── **189**
    I. Rechtsweg (+) ── **189**
    II. Zuständigkeit (+) ── **189**
    III. Beteiligte (+) ── **190**
    IV. Statthafte Klageart ── **190**
    V. Besondere Sachurteilsvoraussetzungen (+) ── **191**
      1. Besondere Prozessführungsbefugnis (+) ── **191**
      2. Klagebefugnis (+) ── **191**
      3. Ordnungsgemäßes Vorverfahren (+) ── **192**
      4. Klagefrist (+) ── **192**
    VI. Zwischenergebnis (+) ── **192**
  B. Begründetheit (+) ── **192**
    I. Rechtswidrigkeit der Verfügung ── **192**
      1. Rechtsgrundlage (+) ── **193**
        a) § 24 Nr. 12 OBG NRW i.V.m. § 43 PolG NRW (–) ── **193**
        b) § 14 Abs. 1 OBG NRW (+) ── **193**

2. Voraussetzungen (–) ⸺ 193
   a) Formelle Voraussetzungen (+) ⸺ 193
   b) Materielle Voraussetzungen (–) ⸺ 194
3. Zwischenergebnis (–) ⸺ 197
II. Rechtsverletzung (+) ⸺ 197
C. Ergebnis (+) ⸺ 197
2. Komplex: Klageantrag bezüglich der Räumung der Wohnung ⸺ 197
I. Anspruchsgrundlage (+) ⸺ 201
   1. § 113 Abs. 1 S. 2 VwGO (–) ⸺ 201
   2. Spezialgesetz (–) ⸺ 201
   3. Nachwirkung Grundrechte (+/–) ⸺ 203
   4. Rechtsstaatsprinzip (+/–) ⸺ 203
   5. Analog Zivilrecht (+/–) ⸺ 203
   6. Gewohnheitsrecht (+) ⸺ 203
II. Voraussetzungen (+) ⸺ 204
   1. Positive Voraussetzungen (+) ⸺ 204
      a) Eingriff in ein subjektives Recht in der Vergangenheit (+) ⸺ 204
      b) Zurechenbare Folge dauert an (+) ⸺ 205
   2. Negative Voraussetzung (+) ⸺ 205
III. Anspruchsinhalt ⸺ 206
   1. Rechtsgrundlage (+) ⸺ 206
   2. Voraussetzungen (+) ⸺ 207
      a) Formelle Voraussetzungen (+) ⸺ 207
      b) Materielle Voraussetzungen (+) ⸺ 207
   3 Rechtsfolge ⸺ 208
      a) Vollzugsfolgenbeseitigungslast (+) ⸺ 208
      b) Umfang der Vollzugsfolgenbeseitigungspflicht ⸺ 209
IV. Zwischenergebnis ⸺ 210
3. Komplex: Gesamtergebnis ⸺ 210

Lösungsvorschlag

Die folgende Lösung ist als Lösungsvorschlag zu verstehen und ausführlicher, als es in der Klausurbearbeitung verlangt werden kann. Aufgrund der wissenschaftlichen Freiheit können andere Lösungswege vertreten werden, soweit sie dogmatisch begründbar sind. Die Nachweise aus Rechtsprechung und Literatur sowie die das Verständnis fördernden Randbemerkungen sind in der Examensklausur auszusparen. Die Abkürzung „Alt." steht für Alternativfall, nicht für Alternative.

Zur Verbesserung der Methodik bei der Anfertigung eines Gutachtens in der Klausur empfiehlt sich die Lektüre des Beitrags von Heinze/Starke JURA 2012, 175 ff.

---

1. Komplex: Klage gegen die Einweisungsverfügung

A. Sachurteilsvoraussetzungen

Hinweis: Andere Aufbauvarianten werden vertreten (z. B. dreistufig oder Prüfung des Verwaltungsrechtsweges als Untergliederungspunkt der Zuständigkeit des Gerichts). Derartige Aufbauvarianten sind aber mit § 17a Abs. 2 S. 1 GVG bzw. mit der Überschrift des 6. Abschnitts der VwGO sowie mit § 83 VwGO unvereinbar und daher bei exakter dogmatischer Zuordnung der Prüfungspunkte nicht zu empfehlen. Die Überschrift „Sachurteilsvoraussetzungen" anstelle der Überschrift „Zulässigkeit" ist sinnvoll, weil nach § 63 Nr. 3 VwGO auch der Beigeladene zu den Beteiligten gehört, das Fehlen einer notwendigen Beiladung i.S.d. § 65 Abs. 2 VwGO aber nur dazu führt, dass das Urteil keine materielle Rechtskraft entfaltet.

Die Klage des E hat jedenfalls Erfolg, soweit die Sachurteilsvoraussetzungen erfüllt sind und die Klage begründet ist.

I. Rechtsweg

Ein Rechtsweg muß eröffnet sein. Der Verwaltungsrechtsweg kann mangels aufdrängender Sonderzuweisung gemäß § 40 Abs. 1 S. 1 VwGO eröffnet sein. Im Übrigen kann mittels eines Verweisungsbeschlusses i.S.d. § 17a Abs. 2 S. 1 GVG i.V.m. § 173 S. 1 VwGO gegebenenfalls an ein anderes Gericht verwiesen werden. Der Verwaltungsrechtsweg ist eröffnet, wenn die streitentscheidende öffentlich-rechtliche Norm einen Hoheitsträger einseitig berechtigt oder verpflichtet bzw. wenn aufgrund typisch hoheitlichen Handelns zwischen den Beteiligten ein Subordinationsverhältnis besteht.

Als streitentscheidende Normen kommen § 24 Nr. 12 OBG NRW i.V.m. § 43 PolG NRW oder § 14 Abs. 1 OBG NRW in Betracht, durch welche die Behörden berechtigt werden, Verfügungen zu erlassen. Zudem ist die seitens der Behörde gegenüber E erlassene Verfügung, M in der Wohnung zu belassen, ein hoheitlicher Rechtssetzungsakt und somit typisch hoheitliches Handeln. Da die Streitigkeit mangels doppelter Verfassungsunmittelbarkeit nicht verfassungsrechtlicher Art und eine abdrängende Sonderzuweisung nicht ersichtlich ist, bleibt es bei der Eröffnung des Verwaltungsrechtsweges. Der Verwaltungsrechtsweg ist gemäß § 40 Abs. 1 S. 1 VwGO eröffnet.

II. Zuständigkeit

Das Verwaltungsgericht ist gemäß § 45 VwGO als Eingangsinstanz für die von der Behörde gegenüber E erlassene Verfügung sachlich zuständig, da Anhaltspunkte für abweichende Regelungen wie z.B. § 50 VwGO nicht ersichtlich sind, sodass kein Verweisungsbeschluss gemäß §§ 17a Abs. 2 S. 1 GVG, 83 VwGO gefasst werden wird. Von der örtlichen Zuständigkeit des angerufenen Verwaltungsgerichts ist auszugehen.

III. Beteiligte

E und die Gemeinde als Gebietskörperschaft öffentlichen Rechts können Beteiligte des Verfahrens sein. Beteiligte sind nach § 63 Nr. 1, 2 VwGO unter anderem der Kläger und der Beklagte, beteiligungsfähig nach § 61 Nr. 1 VwGO natürliche und juristische Personen. Behörden sind gemäß § 61 Nr. 3 VwGO i.V.m. dem Landesrecht nicht beteiligungsfähig. Als Kläger ist E gemäß § 61 Nr. 1 Alt. 1 VwGO beteiligungsfähig und gemäß § 62 Abs. 1, 3 VwGO prozessfähig.

Als Beklagte ist die Rechtsträgerin der handelnden Behörde maßgeblich. Die Verwaltung erfolgte durch die Ordnungsbehörde der Gemeinde, wobei es unerheblich ist, dass es sich um eine seitens des Landes Nordrhein-Westfalen übertragene Aufgabe handelt, weil eine Organleihe, bei der die Behörde im Rahmen unmittelbarer Staatsverwaltung für das Land handeln würde, nicht ersichtlich ist. Somit ist die Gemeinde gemäß §§ 63 Nr. 2, 61 Nr. 1 VwGO beteiligungs- und mangels Anhaltspunkten bezüglich des für die Behörde handelnden Organwalters gemäß § 62 Abs. 1, 3 VwGO prozessfähig.

Da die Entscheidung des Verwaltungsgerichts auch gegenüber dem Genehmigungsempfänger M nur einheitlich ergehen kann, ist er gemäß § 63 Nr. 3 VwGO als Beteiligter gemäß § 65 Abs. 2 VwGO notwendig beizuladen.

Die Beiladung i.S.d. § 65 VwGO ist keine Zulässigkeitsvoraussetzung. Wird eine beizuladende Person nicht beigeladen, entfaltet das Urteil gegenüber dem nicht Beigeladenen keine materielle Rechtskraft. Es ergeht somit kein Sachurteil, aus dem sich eine materielle Rechtskraft gegenüber dem nicht Beigeladenen ergibt. Die Beiladung kann somit als Sachurteilsvoraussetzung geprüft werden (vgl. Überschrift).

Er ist als natürliche Person gemäß § 61 Nr. 1 VwGO beteiligungs- und gemäß § 62 Abs. 1, 3 VwGO prozessfähig.

IV. Statthafte Klageart

Die statthafte Klageart richtet sich gemäß § 88 VwGO nach dem klägerischen Begehren unter Berücksichtigung des Anwendungsvorrangs maßnahmespezifischer Rechtsschutzformen und des rechtsstaatlichen Grundsatzes der Effektivität des Rechtsschutzes. Dem klägerischen Begehren entspricht i.d.R. die effektivste Klageart, also nach Möglichkeit die Anfechtungsklage gemäß § 42 Abs. 1 Alt. 1

VwGO als Gestaltungsklage der Verwaltungsgerichtsordnung. Voraussetzung der Anfechtungsklage ist, dass es dem Kläger um die Aufhebung eines Verwaltungsaktes geht. Ein Verwaltungsakt ist gemäß § 35 S. 1 VwVfG NRW jede Verfügung, Entscheidung oder andere hoheitliche Maßnahme, die eine Behörde zur Regelung eines Einzelfalls auf dem Gebiet des öffentlichen Rechts trifft und die auf unmittelbare Rechtswirkung nach außen gerichtet ist. E erhält eine Verfügung seitens der Ordnungsbehörde, die ihn dazu verpflichtet, M weiterhin in der Wohnung zu belassen. Das ist eine Einzelfallregelung im Außenverhältnis, die E mittels der Klage beseitigen möchte. Es handelt sich insoweit um einen Verwaltungsakt, gegen den die Anfechtungsklage statthaft ist.

Es ist vertretbar, beide Klagen zusammen zu prüfen und schon bei der statthaften Klageart den Annexantrag i.S.d. § 113 Abs. 1 S. 2 VwGO zu prüfen. Die Klageverbindung – § 113 Abs. 1 S. 2 VwGO stellt eine Ausnahme vom grundsätzlichen Verbot der Stufenklage dar – ist aber keine Zulässigkeitsvoraussetzung, sodass dies nur im Rahmen der Überschrift „Sachurteils-/Sachentscheidungsvoraussetzungen" möglich ist. Sollte einmal nach der Zulässigkeit und Begründetheit einer Klage gefragt sein, dürften bei genauer Beantwortung der Fallfrage weder die Beiladung i.S.d. § 65 VwGO noch die Klageverbindung i.S.d. §§ 44, 113 Abs. 1 S. 2, 113 Abs. 4 VwGO in der Falllösung geprüft werden.

V. Besondere Sachurteilsvoraussetzungen

Die besonderen Sachurteilsvoraussetzungen können erfüllt sein.

1. Besondere Prozessführungsbefugnis

Besonders prozessführungsbefugt ist gemäß § 78 Abs. 1 Nr. 1 VwGO die Gemeinde als Gebietskörperschaft öffentlichen Rechts.

2. Klagebefugnis

E muss klagebefugt sein. Die Klagebefugnis nach § 42 Abs. 2 VwGO setzt die Möglichkeit der Verletzung eines subjektiven Rechts voraus. Subjektive Rechte ergeben sich aus Sonderbeziehungen, einfachen Gesetzen, subsidiär aus Grundrechten, wobei jedenfalls aufgrund des weiten Schutzbereiches des Art. 2 Abs. 1 GG bei unmittelbaren Grundrechtseingriffen für das subjektive Recht direkt auf Grundrechte abgestellt werden kann. Ob ein Kläger tatsächlich in einem subjektiven Recht verletzt ist, ist für die Klagebefugnis irrelevant, da die Möglichkeit der Verletzung eines subjektiven Rechts genügt. E ist Adressat eines sein Eigentum i.S.d. Art. 14 Abs. 1 S. 1 GG möglicherweise belastenden Verwaltungsaktes. Das

Eigentum ist gemäß Art. 14 Abs. 1 S. 2 GG bereichsspezifisch definiert. Als insoweit möglicherweise aus Sicht des E verletztes Eigentum kommt das zivilrechtlich in § 903 BGB i.V.m. Art. 14 Abs. 1 S. 2 GG definierte Eigentum in Betracht. Somit besteht für E die Möglichkeit der Rechtsverletzung, sodass E klagebefugt i.S.d. § 42 Abs. 2 VwGO ist.

3. Ordnungsgemäßes Vorverfahren

Ein Vorverfahren des E könnte gemäß den §§ 68 ff. VwGO ordnungsgemäß durchzuführen gewesen sein. Das Vorverfahren kann gemäß § 68 Abs. 1 S. 2 VwGO i.V.m. § 110 Abs. 1 S. 1 JustizG entbehrlich sein. Das ist in Nordrhein-Westfalen grundsätzlich vorgegeben, soweit keine Rückausnahme besteht. Eine Rückausnahme z.B. i.S.d. § 110 Abs. 3 S. 1 JustizG ist für eine Ordnungsverfügung zur Einweisung in eine Wohnung nicht ersichtlich. Das Vorverfahren bezüglich der Einweisungsverfügung war somit entbehrlich und seitens des E nicht durchzuführen.

4. Klagefrist

Die für die Anfechtungsklage bei ordnungsgemäßer Rechtsmittelbelehrung geltende Klagefrist von einem Monat nach Bekanntgabe des Verwaltungsaktes gemäß § 74 Abs. 1 S. 1, 2 VwGO wurde von E eingehalten, da er schon 3 Tage nach Bekanntgabe der Verfügung die Klage erhoben hat.

VI. Zwischenergebnis

Die Sachurteilsvoraussetzungen für die Klage des E gegen die ihm gegenüber ausgesprochene Einweisungsverfügung sind erfüllt. Die Klage ist auch zulässig.

B. Begründetheit

Die Klage ist gemäß § 113 Abs. 1 S. 1 VwGO begründet, soweit der Verwaltungsakt rechtswidrig und der Kläger dadurch in seinen Rechten verletzt ist.

I. Rechtswidrigkeit der Verfügung

Die Verfügung muss rechtswidrig sein.

1. Rechtsgrundlage

Als Rechtsgrundlagen kommen § 24 Nr. 12 OBG NRW i.V.m. § 43 PolG NRW oder § 14 Abs. 1 OBG NRW in Betracht.

a) § 24 Nr. 12 OBG NRW i.V.m. § 43 PolG NRW

§ 24 Nr. 12 OBG NRW i.V.m. § 43 PolG NRW kann als Rechtsgrundlage maßgeblich sein. Insoweit ist die Sicherstellung geregelt. Voraussetzung einer Sicherstellung ist eine Inbesitznahme der sichergestellten Sache durch die Behörde mit anschließender öffentlich-rechtlicher Verwahrung im Sinne des § 24 Nr. 12 OBG NRW i.V.m. § 44 PolG NRW. Die Wohnung des E war zu keinem Zeitpunkt im Besitz der Behörde, sondern im unmittelbaren Besitz des M gemäß § 854 Abs. 1 BGB und gegebenenfalls im mittelbaren Besitz des E aufgrund eines Besitzmittlungsverhältnisses i.S.d. § 868 BGB. Die Wohnung des E wurde nicht hoheitlich in Besitz genommen, um anschließend eine Person dort einzuweisen. Vielmehr befand sich M bereits in der Wohnung und seine Verweildauer sollte durch die Verfügung der Behörde an E verlängert werden. Mangels Inbesitznahme der Wohnung durch die Behörde bzw. deren Rechtsträgerin kann es sich – unabhängig davon, ob in § 24 Nr. 12 OBG NRW i.V.m. § 44 PolG NRW eine Befugnis zum Erlass von Verwaltungsakten enthalten ist – nicht um eine Standardmaßnahme in Form der Sicherstellung handeln. § 24 Nr. 12 OBG NRW i.V.m. § 44 PolG NRW ist als Rechtsgrundlage nicht maßgeblich.

b) § 14 Abs. 1 OBG NRW

Als maßgebliche Rechtsgrundlage kommt somit lediglich die ordnungsbehördliche Generalklausel des § 14 Abs. 1 OBG NRW in Betracht.

2. Voraussetzungen

Die Voraussetzungen des § 14 Abs. 1 OBG NRW können erfüllt sein.

a) Formelle Voraussetzungen

Formell hat die zuständige Ordnungsbehörde die Einweisungsverfügung gegenüber E in einem ordnungsgemäß durchgeführten Verfahren erlassen. Die in § 20 Abs. 1 S. 1 OBG NRW für Ordnungsverfügungen vorgegebene Form ist ebenfalls eingehalten worden, sodass die gegenüber E ausgesprochene Einweisungsverfügung formell rechtmäßig ist.

b) Materielle Voraussetzungen
Die materiellen Voraussetzungen des § 14 Abs. 1 OBG NRW können erfüllt sein.
Dazu bedarf es einer Gefahr und Ordnungspflicht des E.

aa) Gefahr
Eine konkrete Gefahr für die öffentliche Sicherheit, welche gegenüber der bezüglich der Bestimmtheit im Sinne des sich unter anderem aus Art. 20 Abs. 3 GG
ergebenden Rechtsstaatsprinzips möglicherweise verfassungswidrig tatbestandlich normierten öffentlichen Ordnung jedenfalls primär maßgeblich ist, kann
bestehen. Eine konkrete Gefahr ist eine Sachlage, bei der im Einzelfall die hinreichende Wahrscheinlichkeit besteht, dass in absehbarer Zeit ein Schaden für die
öffentliche Sicherheit oder Ordnung eintreten wird. Vom Merkmal der öffentlichen
Sicherheit sind der Staat und seine Einrichtungen, Individualrechtsgüter bzw.
-rechte sowie die öffentliche Rechtsordnung umfasst. Als Schutzgüter kommen
Körper, Leben und Gesundheit des M i.S.d. Art. 2 Abs. 2 S. 1 GG, also Individualgüter, in Betracht.

Allerdings kann die Gefahr insoweit abzulehnen sein, als es sich um eine
Selbstgefährdung des psychisch kranken M handelt, der mit einem Suizid droht.
Schließlich sind Körper und Gesundheit des M nicht gefährdet, weil er möglicherweise obdachlos würde – er könnte in einer Therapieeinrichtung im Sinne der
§§ 10 ff. PsychKG sicher untergebracht werden –, sondern weil er sich zu töten
erwägt. Eine Gefahr für die öffentliche Sicherheit kann insoweit nur angenommen
werden, wenn das vom allgemeinen Persönlichkeitsrecht gemäß Art. 2 Abs. 1 GG
i.V.m. Art. 1 Abs. 1 GG erfasste Selbstbestimmungsrecht des M hinter grundrechtlichen Schutzpflichten des Staates aus Art. 2 Abs. 2 S. 1 GG derart subsidiär
ist, dass entgegen des Selbstbestimmungsrechts des M eine Gefahr anzunehmen
wäre.

Durch Grundrechte werden nicht nur Abwehrrechte, sondern im Rahmen
ihrer Funktion als objektive Werteordnung i.S.d. Art. 1 Abs. 3 GG auch Schutzpflichten begründet, wenn im Rahmen eines verfassungsrechtlich gewährten
subjektiven Rechts eine eingriffsadäquate bedeutsame Grundrechtsbeeinträchtigung bei hinreichender Schadenswahrscheinlichkeit und Schutzbedürftigkeit des
Betroffenen gegeben ist. Körper und Gesundheit im Sinne des Art. 2 Abs. 2 S. 1 GG
sind subjektivierte Schutzgüter, die bei M durch dessen Tod beeinträchtigt würden. Diese Beeinträchtigungen sind eingriffsadäquat, da sie, würden sie von
staatlicher Seite kommen, einen unmittelbaren Grundrechtseingriff darstellen.
Die Schadenswahrscheinlichkeit ergibt sich aus der konkreten Suiziddrohung des
M. M muss allerdings auch schutzwürdig sein. Die Schutzwürdigkeit könnte
aufgrund der Eigenbestimmtheit des M nicht gegeben sein. Dies wäre mögli

cherweise bei einem frei bestimmten Suizid z.B. in Form eines Bilanzsuizides wenigstens diskutabel, nicht aber bei M, der psychisch krank und insoweit nicht selbstbestimmt ist. Eine grundrechtliche Schutzpflicht des Staates gegenüber M ist somit anzunehmen mit der Folge, dass seine Individualgüter durch seine Suiziddrohung letztlich schutzwürdig gefährdet sind. Eine Gefahr für die öffentliche Sicherheit besteht.

Eine staatliche Schutzpflicht besteht typischerweise nicht bei Risikosport wie z.B. Bungee-Springen. Insoweit überwiegt das Selbstbestimmungsrecht des „Sportlers". In Suizidfällen ist hingegen i.d.R. die staatliche Schutzpflicht anzunehmen (a.A. ggf. vertretbar).

---

bb) Ordnungspflicht

Handelt die Behörde, ist die „Ordnungspflicht" maßgeblich, während bei polizeilichem Handeln der Terminus „Polizeipflicht" verwendet werden sollte.

E kann Störer und somit ordnungspflichtig sein.

(1) Handlungsstörer

E könnte Handlungsstörer gemäß § 17 Abs. 1 OBG NRW sein. Ordnungspflichtig ist insoweit, wer die Gefahr durch seine Handlung verursacht. E betreibt die Zwangsvollstreckung derart, dass M die Wohnung verlassen muss, sodass eine Handlung des E der Suizidgefahr bei M, welche mit einem etwaigen Auszug zusammenhängt, zugrunde liegt. Allerdings kann § 17 Abs. 1 OBG NRW insoweit verfassungskonform auszulegen bzw. zu reduzieren sein. Voraussetzung dafür sind verfassungsrechtliche Vorgaben, die sonst ungerechtfertigt verletzt würden. Im Grundgesetz sind in dem sich unter anderem aus Art. 20 Abs. 3 GG ergebenden Rechtsstaatsprinzip ein staatliches Gewaltmonopol und die Gewährung eines ordnungsgemäßen Rechtsweges enthalten. E ergreift keine Eigeninitiative, sondern beschreitet mit der in der Zivilprozessordnung geregelten Zwangsvollstreckung rechtmäßig den vorgesehenen Rechtsweg. Insoweit wäre es im Rahmen einer einheitlichen Rechtsordnung verfassungswidrig, ihn aufgrund dieser Vollstreckung zum Störer zu erklären, dem gegenüber grundrechtsintensive Maßnahmen ohne Erfüllung besonders enger Voraussetzungen erlassen werden könnten. E handelte rechtmäßig und ist somit kein Handlungsstörer.

(2) Nichtstörer

E kann als Nichtstörer in Form der Notstandspflicht in Anspruch genommen worden sein. Voraussetzung für eine Inanspruchnahme eines Notstandspflichtigen ist – unabhängig von der erforderlichen gegenwärtigen erheblichen Gefahr i.S.d. § 19 Abs. 1 Nr. 1 OBG NRW – gemäß § 19 Abs. 1 OBG NRW im Rahmen der doppelten Subsidiarität unter anderem, dass gemäß § 19 Abs. 1 Nr. 2 OBG NRW Maßnahmen gegen die nach den §§ 17, 18 OBG NRW Verantwortlichen nicht oder nicht rechtzeitig möglich sind oder keinen Erfolg versprechen und die Behörde die Gefahr gemäß § 19 Abs. 1 Nr. 3 OBG NRW nicht oder nicht rechtzeitig selbst oder durch Beauftragte abwehren kann.

Typische Fallkonstellationen sind in diesem Zusammenhang solche zur Vermeidung der Obdachlosigkeit. Insoweit kann zu diskutieren sein, ob die Behörde die Gefahr selbst beseitigen kann, ohne den Mieter weiterhin in die Wohnung einzuweisen. **Insoweit gilt:**

- zumutbar sind Wohncontainer
- zumutbar sind Mehrbettzimmer
- zumutbar sind ein Wechsel der Tag- und Nachtunterkunft für Bedürftige sowie die Zusammenarbeit mit caritativen Einrichtungen
- zu gewährleisten ist allerdings ein durchgängiger Schutz vor schlechtem Wetter, sodass 24 Stunden am Tag eine Aufenthaltsmöglichkeit zur Verfügung stehen muss
- Grundlage: Menschenwürde aus Art. 1 GG und das Sozialstaatsprinzip i.S.d. Art. 20 Abs. 1 GG

Eigentlicher Störer i.S.d. § 17 Abs. 1 OBG NRW ist M, der trotz des rechtskräftigen Räumungstitels die Wohnung nicht räumt. M hat keine Möglichkeit, die Gefahr abzuwenden. Selbst durch eine Zahlung der offenen Miete würde der Vollstreckungstitel nicht beseitigt werden. Die Kündigung des E gegenüber M ist zudem auch nicht gemäß § 569 Abs. 3 Nr. 2 S. 1 BGB unwirksam geworden, weil jedenfalls bereits vier Monate seit der Rechtshängigkeit vergangen sind – unabhängig vom rechtskräftigen Titel. M als Handlungsstörer kann die Störung nicht aus eigener Kraft heraus beseitigen.

Allerdings kann die Behörde M als Störer effektiv in Anspruch nehmen bzw. die Gefahr durch eine Unterbringung des M in einer Therapieeinrichtung gemäß den §§ 10 ff. PsychKG NRW abwehren. Selbst wenn dies für die Behörde aufwendig sein mag, ist dies gegenüber einer Inanspruchnahme des E im Hinblick auf dessen Eigentum, welches auch durch die erschwerten Anforderungen in § 19 Abs. 1 OBG NRW geschützt wird, primär notwendig. Der etwaigen Selbstgefährdung des M aufgrund der Räumung kann also durch Maßnahmen begegnet werden, die sowohl die Selbstgefährdung mindern als auch dem grundrechtlich geschützten Eigentumsrecht des Antragstellers Rechnung tragen. *„Insbesondere können psychisch Kranke gemäß den §§ 10 ff. PsychKG NRW nämlich gegen oder* *ohne ihren Willen untergebracht werden, wenn sie durch ihr krankheitsbedingtes Verhalten ihr Leben bzw. ihre Gesundheit i.S.d. Art. 2 Abs. 2 S. 1 GG oder sonst bedeutende eigene oder bedeutende Rechtsgüter Dritter in erheblichem Maße gefährden und diese Gefahr nicht anders als durch stationäre Aufnahme in einem Krankenhaus abgewendet werden kann (VG Saarlouis – 6 L 662/10)."* Somit ist E nicht ordnungspflichtig.

3. Zwischenergebnis

Die seitens der Behörde gegenüber E ausgesprochene Einweisungsverfügung ist rechtswidrig.

II. Rechtsverletzung

Als Adressat der belastenden Verfügung ist E auch in seinem Grundrecht aus Art. 14 Abs. 1 GG verletzt worden.

C. Ergebnis

Die Anfechtungsklage bezüglich der Einweisungsverfügung hat Erfolg.

2. Komplex: Klageantrag bezüglich der Räumung der Wohnung

Die Klage des E hat jedenfalls Erfolg, soweit die Sachurteilsvoraussetzungen erfüllt sind und die Klage begründet ist. Die Sachurteilsvoraussetzungen müssen erfüllt sein, und die Klage bezüglich der Räumung der Wohnung könnte im Rahmen einer objektiven Klagehäufung mit der ersten Klage bezüglich der Einweisungsverfügung verbindbar sein. Möglicherweise sind insoweit keine weiteren Sachurteilsvoraussetzungen erforderlich. Die Grundregel für die objektive Klagehäufung ist § 44 VwGO.

Zulässig sind gemäß § 44 VwGO die kumulative und eventuale Klagehäufung. Unzulässig sind hingegen die alternative Klagehäufung und grundsätzlich die Stufenklage (Ausnahmen bei Stufenklagen: §§ 113 Abs. 1 S. 2, 113 Abs. 4 VwGO)

Eine objektive Klagehäufung ist gemäß § 44 VwGO möglich, wenn sich die Klagen gegen denselben Beklagten richten, im Zusammenhang stehen und dasselbe

Gericht zuständig ist. Zudem ist eine gleichzeitige Entscheidungsreife erforderlich, weil anderenfalls rechtsstaatswidrig und damit unter anderem entgegen Art. 20 Abs. 3 GG die Judikative entscheiden würde, obwohl das Verfahren der Exekutive noch nicht abgeschlossen wäre.

Die Stufenklage ist gemäß § 44 VwGO mangels gleichzeitiger Entscheidungsreife nicht erlaubt. Soweit das BVerwG bezüglich der Prozesszinsen in der 2. Stufe mit Verweis auf den BFH dennoch davon ausgeht, sind Prozesszinsen als Eigenart der Verzögerung durch den Prozess einerseits nicht mit einer originären Leistung einer Behörde vergleichbar, andererseits müsste dies dann konsequent für alle Stufenverhältnisse (auch bei Leistung in beiden Stufen wie z.B. bei Subventionen) gelten. Dies würde eine unzulässige Durchbrechung der Gewaltenteilung darstellen, da der Verwaltungsakt in der 1. Stufe nicht vom Gericht erlassen werden kann. Zudem würde § 113 Abs. 4 VwGO dann i.d.R. nur noch die Funktion zukommen, das Vorverfahren in der 2. Stufe verzichtbar werden zu lassen. Dies hätte der Gesetzgeber aber dann ausdrücklich geregelt, zumal zumindest das Vorverfahren im Beamtenrecht i.S.d. § 54 Abs. 2 BeamtStG und des § 126 Abs. 2 BBG nicht durch die allgemeine Norm des § 113 Abs. 4 VwGO ausgehebelt werden darf. Somit sind Stufenklagen nur in den Ausnahmen nach § 113 Abs. 1 S. 2 und Abs. 4 VwGO sowie bei 2 Anfechtungsklagen (z.B. vollstreckbarer Verwaltungsakt und Androhung im Stufenverhältnis) möglich (bei 2 Anfechtungen im Stufenverhältnis nach h.M. direkt § 44 VwGO bei „Nichtanwendung" der „gleichzeitigen Entscheidungsreife" i.S.d. Art. 20 Abs. 3 GG – nicht analog § 113 Abs. 4 VwGO).

Möglich sind im Sinne des § 44 VwGO somit die kumulative Klagehäufung sowie die eventuale Klagehäufung in Form eines Haupt- und eines Hilfsantrages. Während eine alternative Klagehäufung mangels Bestimmtheit des Klageantrages nicht möglich ist, ist eine objektive Klagehäufung im Sinne der Stufenklage grundsätzlich ausgeschlossen, weil aufgrund des Erfordernisses, zunächst über die erste Stufe zu entscheiden, keine gleichzeitige Entscheidungsreife besteht. Für E kommt es zunächst auf die Anfechtung der Einweisungsverfügung auf der ersten Stufe an, um anschließend die Räumung der Wohnung einzuklagen. Diese Stufenklage ist gemäß § 44 VwGO nicht möglich.

Eine Stufenklage kann gemäß den Spezialregelungen der §§ 113 Abs. 1 S. 2 VwGO, 113 Abs. 4 VwGO als Ausnahmen vom grundsätzlichen Verbot der Stufenklage dennoch möglich sein.

Der Antrag auf Räumung stellt einen gesonderten Klageantrag dar. Sollte ein Annexantrag in einem Verfahren versäumt werden, wäre es denkbar, später in einem gesonderten Verfahren Folgenbeseitigung zu verlangen, wobei dann eine vollständige Prozessstation zu prüfen wäre.

Es ist vertretbar, die Klagehäufung in Form des Annexantrages gemäß § 113 Abs. 1 S. 2 VwGO im Rahmen der statthaften Klageart der ersten Klage zu prüfen, da die Überschrift „Sachurteilsvoraussetzungen" verwendet wurde. Auch § 44 VwGO kann – soweit maßgeblich – vertretbar auf unterschiedliche Weisen eingearbeitet werden.

Vertretbar bei Verwendung des Terminus „Sachurteils-/Sachentscheidungs-voraussetzungen":
- 2 Klagen zusammen und bei der Klageart § 44 VwGO
- Prozessstation erste Klage, Prozessstation zweite Klage und anschließend Begründetheit
- beide Klagen vollständig und dann § 44 VwGO.

Nicht möglich: erste Klage, dann § 44 VwGO, dann zweite Klage, da in § 44 VwGO dann einige Sachurteilsvoraussetzungen der zweiten Klage inzident geprüft werden müssten.

Während von § 113 Abs. 4 VwGO als gegenüber § 113 Abs. 1 S. 2 VwGO allgemeinerer Regelung Konstellationen erfasst sind, in denen ein materiell-rechtlicher Anspruch, der nicht Vollzugsfolgenbeseitigungsanspruch ist, prozessual mit einer Anfechtungsklage in der ersten Stufe verknüpft werden soll, sind von § 113 Abs. 1 S. 2 VwGO solche Konstellationen erfasst, in denen materiell-rechtlich ein Vollzugsfolgenbeseitigungsanspruch auf der zweiten Stufe mit der Anfechtungsklage auf der ersten Stufe verknüpft werden soll. In beiden Normen wird in der ersten Stufe jedoch eine Anfechtungsklage als Gestaltungsklage der Verwaltungsgerichtsordnung vorausgesetzt, weil das Gericht nur insoweit in der ersten Stufe mit Rechtskraft des Urteils selbst verbindlich gestalten kann, sodass keine unzulässige Durchbrechung der Gewaltenteilung seitens der Judikative in Bereiche der Exekutive erfolgt.

E erstrebt mit seinem zweiten Antrag, die Behörde zu verpflichten, M mittels einer Verfügung aus der Wohnung zu verweisen. Dabei kann es sich um einen schlichten Abwehr- und Unterlassungsanspruch oder um einen Vollzugsfolgenbeseitigungsanspruch handeln. Bei gegenwärtigen, sich wiederholenden Beeinträchtigungen besteht ein schlichter Abwehr- und Unterlassungsanspruch. Geht es jedoch lediglich um die Beseitigung der Folgen, handelt es sich, soweit es um die Folgen schlichten Verwaltungshandelns geht, um einen allgemeinen Folgenbeseitigungsanspruch, soweit es um die Folgen eines Verwaltungsaktes geht, um einen Vollzugsfolgenbeseitigungsanspruch. Maßgeblich ist zur Abgrenzung der Folgenbeseitigungsansprüche gegenüber dem schlichten Abwehr- und Unterlassungsanspruch, ob es sich schwerpunktmäßig um ein weiter andauerndes oder sich wiederholendes aktives Tun der Behörde oder um eine passiv fortwirkende Gegebenheit handelt. Zudem muss der Schwerpunkt der Folge auf öffentlich-rechtliches, darf hingegen nicht auf privatrechtliches Handeln rückführbar sein.

„Stellt sich das Wohnen eines Mieters nach einer behördlichen Wohnungseinweisung als Folge der erlassenen Einweisungsverfügung dar, hat die Abwicklung dieses Rechtsverhältnisses bzw. seiner Folgen allein aufgrund öffentlich-rechtlicher Vorschriften zu erfolgen. Entfallen die Voraussetzungen für eine derartige Notstandsverfügung, muss die Maßnahme aufgehoben werden, sofern sie nicht aufgrund einer Befristung automatisch endet. Bleibt in derartigen Konstellationen dennoch eine Rechtsbeeinträchtigung bestehen, zum Beispiel in der Form, dass der

Mieter trotz Aufhebung der Einweisungsverfügung oder ihres Außerkrafttretens infolge des Ablaufs der Befristung die Wohnung nicht auf Aufforderung des Berechtigten freiwillig räumt bzw. an diesen herausgibt, kann Folgenbeseitigung geltend gemacht werden. Eine Folgenbeseitigung kommt sowohl nach dem Geltungsende einer befristeten Verfügung als auch nach der Aufhebung eines Verwaltungsakts mit Dauerwirkung wegen Wegfalls seiner Voraussetzungen in Betracht (VGH Kassel – 11 TG 1515/93)."

M befindet sich lediglich deshalb noch in der Wohnung, weil er von der Behörde dort eingewiesen war. Der Aufenthalt des M in der Wohnung des E stellt sich nicht als aktives Tun der Behörde dar und ist auch nicht als aktives Tun des M, welches der Behörde zurechenbar ist, einzustufen. Ohne die Einweisungsverfügung hätte M die Wohnung aufgrund der Zwangsvollstreckung aus dem Räumungstitel bereits verlassen. Das Verbleiben des M in der Wohnung des E ist somit eine Folge der Einweisungsverfügung der Behörde gegenüber E, also eine Folge eines Verwaltungsaktes. Materiell-rechtlich kommt somit ein Vollzugsfolgenbeseitigungsanspruch in Betracht, der prozessual gemäß § 113 Abs. 1 S. 2 VwGO mittels des von E gestellten Annexantrages als ausnahmsweise mögliche Stufenklage geltend gemacht werden kann.

Achtung: § 113 Abs. 1 S. 2 VwGO ist lediglich eine prozessuale Norm, die der Verknüpfung materiell-rechtlicher Ansprüche gilt. Ihre Anwendbarkeit ist jedoch davon abhängig, dass es sich bei dem materiell geltend gemachten Anspruch um einen Vollzugsfolgenbeseitigungsanspruch handelt.

Da eine Stufenklage gemäß § 113 Abs. 1 S. 2 VwGO jederzeit „auf Antrag" im Gerichtsverfahren erfolgen kann, basiert der zweite Antrag auf den Prozessvoraussetzungen des ersten Antrages, sodass keine besonderen Sachurteilsvoraussetzungen erforderlich sind. Der Annexantrag muss aber auch begründet sein.

Der Annexantrag ist begründet, soweit ein Anspruch des E gegenüber der Gemeinde dahingehend besteht, M der Wohnung des E zu verweisen.

Der Vollzugsfolgenbeseitigungsanspruch ist zwar ein Abwehranspruch, jedoch ist er aufgrund seiner prozessualen Einkleidung in einen Leistungsantrag auf der „zweiten Stufe" im Anspruchsaufbau zu prüfen. In der Literatur wird z. T. sogar für die Abwehr wirksamer Verwaltungsakte ein Anspruchsaufbau vertreten. Insoweit ist ein Anspruchsaufbau im Examen aber jedenfalls aufgrund der prozessualen Vorgaben in z. B. den §§ 113 Abs. 1 S. 1; 80 Abs. 5 S. 1 VwGO nicht empfehlenswert.

I. Anspruchsgrundlage

Es bedarf für den Vollzugsfolgenbeseitigungsanspruch einer Anspruchsgrundlage.

1. § 113 Abs. 1 S. 2 VwGO

Da es sich bei § 113 Abs. 1 S. 2 VwGO um eine prozessuale Norm handelt, durch die materiell-rechtliche Ansprüche lediglich in einem Verfahren durchgesetzt werden können, stellt die Norm keine Anspruchsgrundlage für einen materiell-rechtlichen Anspruch dar.

2. Spezialgesetz

Anspruchsgrundlage für den Vollzugsfolgenbeseitigungsanspruch kann eine spezialgesetzliche Norm sein. Als Anspruchsgrundlage für die Vollzugsfolgenbeseitigung kommt § 14 Abs. 1 OBG NRW in Betracht. Eine Rechts- bzw. Ermächtigungsgrundlage ist gleichzeitig eine Anspruchsgrundlage, soweit sie ein subjektives Recht enthält. In § 14 Abs. 1 OBG NRW geht es primär um den Schutz der öffentlichen Sicherheit. Davon sind auch Individualrechte und -rechtsgüter, also subjektive Rechte erfasst. § 14 Abs. 1 OBG NRW kann also eine Anspruchsgrundlage für Leistungen darstellen.

„Die Folgenbeseitigung der Exmittierung des eingewiesenen psychisch Kranken nach Aufhebung oder Ablauf einer befristeten Einweisungsverfügung kann dem Wohnungsinhaber grundsätzlich zuerkannt werden (vgl. zum Beispiel OVG Lüneburg – E 8, 484; VG Neustadt, NJW 1965, 833 und die weiteren Nachweise bei Drews/ Wacke/Vogel/Martens, Gefahrenabwehr, 9. Aufl. 1986, S. 340)," wobei wegen des Grundsatzes der Verhältnismäßigkeit – dieser ergibt sich primär aus den Grundrechten des Betroffenen M und subsidiär aus dem unter anderem aus Art. 20 Abs. 3 GG abgeleiteten Rechtsstaatsprinzip – eine Rechtsgrundlage erforderlich ist. Eine derartige Räumungsverfügung kann auf die ordnungsbehördliche Generalklausel des § 14 Abs. 1 OBG NRW gestützt werden, *„wenn der Eingewiesene durch sein Verbleiben in den ihm zugewiesenen Räumen trotz Beendigung der Wirksamkeit der Einweisungsverfügung fremdes Eigentum verletzt und sich überdies möglicherweise wegen Hausfriedensbruchs nach § 123 StGB strafbar macht, sofern er sich auf Aufforderung des Berechtigten nicht entfernt, und dadurch die öffentliche Sicherheit möglicherweise stört (zum Ganzen: VGH Kassel – 11 TG 1515/93)."*

Dieses Erfordernis einer Rechtsgrundlage betrifft jedoch nicht das für den Annexantrag maßgebliche Verhältnis des Eigentümers E gegenüber dem Staat, sondern lediglich das Verhältnis des öffentlichen Rechtsträgers gegenüber M hinsichtlich der Frage, ob es seitens des öffentlichen Rechtsträgers möglich ist, M aus der Wohnung zu exmittieren.

Vereinzelt ist die komplexe dogmatische Verknüpfung der Vollzugsfolgen mit der Ausgangsbelastung von Gerichten nicht exakt erschlossen und auf das Verhältnis zwischen dem öffentlichen
Rechtsträger und dem Mieter abgestellt worden. Dies ist grundrechtsdogmatisch nicht begründbar.

Außerdem macht E keinen gesonderten Leistungsanspruch gegenüber der Gemeinde geltend, sondern einen Abwehranspruch bezüglich der Folgen. Sowohl
die prozessuale Verknüpfung mittels des Annexantrages i.S.d. § 113 Abs. 1 S. 2
VwGO als auch die materielle Verknüpfung der Einweisungsverfügung mit einer
etwaigen Vollzugsfolgenbeseitigungslast ist dogmatisch nur möglich, wenn der
Antrag des E auf Vollzugsfolgenbeseitigung als folgenbezogener Abwehranspruch
eingestuft wird. Auch die Reichweite des Abwehranspruches ist in der Regel
weitergehend als bei Leistungsansprüchen, weil – zumindest soweit es um
grundrechtsbezogene Ansprüche oder um einfachgesetzliche Regelungen im
Gefahrenabwehrrecht geht, die zumindest auf Grundrechte rückführbar sind – die
Grundrechte in ihrer klassischen Funktion als Abwehrrechte zur Anwendung
gelangen, während sie nur ausnahmsweise als originäre bzw. derivative Leistungsrechte anwendbar sind. Dem steht nicht entgegen, dass der Abwehranspruch auf Vollzugsfolgenbeseitigung im Falle eines Nichtbestehens des § 113
Abs. 1 S. 2 VwGO mit einer Leistungsklage geltend gemacht würde. Einerseits
handelt es sich beim Vollzugsfolgenbeseitigungsanspruch um einen materiell-
rechtlichen Anspruch, der lediglich prozessual durchgesetzt werden muss, während andererseits eine materiell-rechtliche Vollzugsfolgenbeseitigungslast lediglich bei Abwehransprüchen, nicht aber bei von der Grundverfügung unabhängigen Leistungsverfügungen geltend gemacht werden kann. Es ist im Sinne des sich
unter anderem aus Art. 20 Abs. 3 GG ergebenden Rechtsstaatsprinzips zwischen
der Herstellung eines rechtswidrigen Zustandes durch die Behörde – diese ist an
die Pflicht zum rechtmäßigen Handeln gebunden – und der Herstellung eines
rechtswidrigen Zustandes durch Private zu unterscheiden. Dies ergibt sich zudem
daraus, dass bei Pflichtverletzungen der Verwaltung im Vorfeld Ersatzleistungen
auf der Sekundärebene in Betracht kommen – nicht aber bei rechtswidrigem
Handeln Privater.

Nach alledem kann § 14 Abs. 1 OBG NRW nicht Anspruchsgrundlage für die
Vollzugsfolgenbeseitigung im Verhältnis des Eigentümers E zur Gemeinde, son-
dern allenfalls im Rahmen der Duldungspflicht oder im Anspruchsinhalt des
Folgenbeseitigungsanspruches maßgeblich sein.

3. Nachwirkung Grundrechte

Da den beim allgemeinen Folgenbeseitigungsanspruch zu beseitigenden Folgen ein öffentlich-rechtliches Handeln – regelmäßig in Form eines Grundrechtseingriffes – in der Vergangenheit zugrunde liegt, kann sich der Folgenbeseitigungsanspruch aus einer Nachwirkung der Grundrechte ergeben. Dies könnte allerdings zu einer Konturenlosigkeit der ohnehin bereits weit formulierten Freiheitsrechte führen, zumal nicht jedes den Folgen zugrunde liegende öffentliche Handeln einen Grundrechtseingriff darstellen muss.

4. Rechtsstaatsprinzip

Der Folgenbeseitigungsanspruch kann sich aus dem unter anderem in Art. 20 Abs. 3 GG verankerten Rechtsstaatsprinzip ergeben. Während Art. 20 Abs. 3 GG bei schlichtem Abwehr- und Unterlassungsanspruch nicht zur Anspruchsbegründung führen kann – sonst würde rechtsstaatswidrig ein Gesetzesvollziehungsanspruch gewährt werden – liegt bei der Folgenbeseitigung bereits ein öffentlich-rechtliches Handeln des Staates in der Vergangenheit zugrunde, welches ein subjektives Recht betrifft, sodass die Folgenbeseitigung aufgrund der im Hinblick auf das vergangene Handeln erfolgten Subjektivierung konstruktiv auf Art. 20 Abs. 3 GG gestützt werden könnte.

5. Analog Zivilrecht

Eine analoge Anwendung des § 1004 Abs. 1 BGB erscheint mangels vergleichbarer Interessenlage – § 1004 Abs. 1 BGB ist grundsätzlich nicht auf vergangenes, sondern gegenwärtiges oder zukünftiges Handeln gerichtet – ebenso wenig maßgeblich wie eine analoge Anwendung des § 823 Abs. 1 BGB mit dem Inhalt der Naturalrestitution aus § 249 Abs. 1 BGB. Insoweit kann zwar die Beseitigung bezüglich in der Vergangenheit liegender Beeinträchtigungen verlangt werden, jedoch fehlt aufgrund des insoweit erforderlichen Verschuldens die Vergleichbarkeit.

6. Gewohnheitsrecht

Ob der allgemeine Folgenbeseitigungsanspruch ursprünglich aus einer Nachwirkung der Grundrechte oder aus Art. 20 Abs. 3 GG abgeleitet werden sollte, ist letztlich irrelevant, da der Anspruch nach jahrzehntelanger Praktizierung Gewohnheitsrecht ist. Im Sinne eines effektiven Rechtsschutzes gegen exekutivisches Handeln gemäß Art. 19 Abs. 4 GG ist es erforderlich, rechtswidrige Beeinträchtigungen, welche einem Träger hoheitlicher Macht zuzurechnen sind, zu beseitigen. Das ist nicht nur rechtspolitisch zu fordern, sondern ein Grundsatz geltenden Rechts und gilt vor allem, wenn sich rechtswidrige Beeinträchtigungen auf den Schutzbereich eines Grundrechts auswirken. Aus diesem grundgesetzlich gewährten Anspruch auf effektiven Rechtsschutz ergibt sich nicht nur ein Gebot zur Schaffung eines gerichtlichen Verfahrens, in dem eine Rechtsverletzung festgestellt wird, sondern auch der Anspruch auf Folgenbeseitigung als ein wirksames Sanktionsrecht gegen eingetretene Rechtsverletzungen. Zwar besteht aus dem sich unter anderem aus Art. 20 Abs. 3 GG ergebenden Rechtsstaatsprinzip die Pflicht eines öffentlichen Rechtsträgers, rechtmäßige Zustände herzustellen, jedoch muss i.S.d. Art. 19 Abs. 4 GG auch ein gerichtlich durchsetzbarer Anspruch gewährt werden.

Zwar ist die Ableitung des Folgenbeseitigungsanspruches dogmatisch problematisch (vgl. F. Schoch, Folgenbeseitigung und Wiedergutmachung im öffentlichen Recht, in: VerwArch 1988, 1 ff., 32 ff.; R. Steinberg/A. Lubberger, Aufopferung – Enteignung und Staatshaftung, 1991, S. 375 ff.), jedoch überwiegen durch Richterrecht geprägte gewohnheitsrechtliche Gesichtspunkte insoweit, als der Bundes- bzw. die Landesgesetzgeber ihre Regelungskompetenz nicht wahrgenommen haben (vgl. BVerfGE 61, 149, 203; BVerwG – 4 C 24/91). Maßgebliche Anspruchsgrundlage ist der Vollzugsfolgenbeseitigungsanspruch aus Gewohnheitsrecht.

II. Voraussetzungen
Die Voraussetzungen des Folgenbeseitigungsanspruches müssen erfüllt sein.

1. Positive Voraussetzungen
Positiv ist ein Eingriff in der Vergangenheit erforderlich, dessen Folgen andauern.

a) Eingriff in ein subjektives Recht in der Vergangenheit
Der Eingriff in ein subjektives Recht des E besteht in der ihm gegenüber erlassenen Einweisungsverfügung. Dadurch wird in sein i.S.d. Art. 14 Abs. 1 S. 2 GG in § 903 BGB definiertes Privateigentum eingegriffen, da er trotz des gerichtlich erwirkten Vollstreckungstitels gegen M nicht vollstrecken kann. Da Gegenstand des Klageantrages die Folgen des Eingriffes sind, nicht aber der Eingriff selbst, ist es nicht erforderlich, dass der Eingriff in der Vergangenheit rechtswidrig war, denn er stellt lediglich die Grundlage für den eigentlichen Klagegegenstand in Form der Folgen dar.

b) Zurechenbare Folge dauert an

Ein Folgenbeseitigungsanspruch setzt des Weiteren voraus, dass eine dem Eingriff in der Vergangenheit zurechenbare Folge andauert, weil öffentliche Rechtsträger nicht für zufällige Folgen und aus rechtsstaatlichen Gründen grundsätzlich nicht für das Verhalten Dritter oder für allgemeine Lebensrisiken verantwortlich gemacht werden können. Zurechenbare Folge kann das Verweilen des M in der Wohnung des E sein. Die Einweisungsverfügung gegenüber E ist für das Verweilen des M in der Wohnung des E zumindest äquivalent kausal. Lediglich die Zurechenbarkeit im engen Sinn ist problematisch. Es könnte davon ausgegangen werden, dass es an der Zurechenbarkeit fehlt, weil es als Folge eingestuft werden soll, dass M sich noch in der Wohnung befindet, obwohl er sich bereits vor der Einweisungsverfügung dort befand. Maßgeblich ist insoweit jedoch, dass E schon einen vollstreckbaren Titel erwirkt hatte, der vollstreckt werden sollte. Bei ordnungsgemäßer Durchführung des Vollstreckungsverfahrens wäre die Wohnung geräumt worden, weil M die Vollstreckung – auch durch eine Mietzahlung – nicht mehr verhindern konnte. Somit ist das Verweilen des M in der Wohnung des E letztlich zurechenbar auf die Einweisungsverfügung rückführbar. Die positiven Voraussetzungen sind erfüllt.

2. Negative Voraussetzung

Negative Voraussetzung des Vollzugsfolgenbeseitigungsanspruches ist, dass keine Duldungspflicht bezüglich der Folgen bestehen darf. Eine Duldungspflicht kann sich insoweit allenfalls aus dem Verwaltungsakt ergeben, welcher der Einweisungsverfügung gegenüber E zugrunde liegt. Eine Duldungspflicht kann sich allerdings nur aus einem Verwaltungsakt ergeben, der wirksam und vollziehbar ist, während die Rechtmäßigkeit eines Verwaltungsaktes für das Bestehen einer Duldungspflicht nicht maßgeblich ist, denn auch aus rechtswidrigen bestandskräftigen Verwaltungsakten können sich unter Umständen zu duldende Folgen ergeben. Die gegenüber E seitens der Behörde ausgesprochene Einweisungsverfügung ist nicht nur rechtswidrig, sondern wird mit Rechtskraft des gleichzeitig für den Annexantrag maßgeblichen Urteils aufgrund der vorgelagerten erfolgreichen Anfechtungsklage rückwirkend aufgehoben worden sein. Somit kann sich aus dieser Verfügung keine Duldungspflicht für E bezüglich der sich daraus ergebenden Folgen ergeben, da andere Duldungsgründe nicht ersichtlich sind. Die negativen Voraussetzungen sind erfüllt.

III. Anspruchsinhalt

Anspruchsinhalt ist die Beseitigung der Folgen in Form des Verbleibens des M in der Wohnung. Durch den Vollzugsfolgenbeseitigungsanspruch wird aber nur die Beseitigung der Folgen begründet, wenn die Beseitigung möglich und zumutbar ist. Das ergibt sich analog § 74 Abs. 2 S. 3 VwVfG NRW bzw. aus § 113 Abs. 1 S. 3 VwGO, wonach bei einem Planfeststellungsverfahren bei Unmöglichkeit oder Unzumutbarkeit nur eine Billigkeitsentschädigung gewährt wird. Dies ist auf den Vollzugsfolgenbeseitigungsanspruch insoweit übertragbar, als auch diesbezüglich der sich primär aus den Grundrechten, subsidiär aus dem Rechtsstaatsprinzip ergebende Grundsatz der Verhältnismäßigkeit als Grundlage des § 74 Abs. 2 S. 3 VwVfG NRW und des § 113 Abs. 1 S. 3 VwGO anwendbar ist. Die Annahme einer Unmöglichkeit oder Unverhältnismäßigkeit führt nicht dazu, dass der Anspruch auf Vollzugsfolgenbeseitigung auf Zahlung gerichtet ist, da der Vollzugsfolgenbeseitigungsanspruch ein Abwehranspruch ist und die Geldzahlung zudem nicht vom Klageantrag erfasst ist. Insoweit wäre prozessual gegebenenfalls eine Klageänderung i.S.d. § 91 VwGO möglich, wobei sich der Anspruch in der Regel aus einer Billigkeitsentschädigung analog § 74 Abs. 2 S. 3 VwVfG NRW ergäbe.

Achtung: Bei Unmöglichkeit oder Unzumutbarkeit ist der Anspruch entsprechend des Antrages nicht auf Zahlung gerichtet: Billigkeitsentschädigung muss gesondert analog § 74 Abs. 2 S. 3 VwVfG geltend gemacht werden. Prozessual ist der Antrag umzustellen.

Anspruchsinhalt ist somit eine Vollzugsfolgenbeseitigung, soweit diese möglich und zumutbar ist. Die Vollzugsfolgenbeseitigung ist der Gemeinde nur möglich, wenn sie gegenüber M eine Exmittierungsverfügung erlassen kann.

Nunmehr kommt es auf die Möglichkeit der Behörde an, M aus der Wohnung des E zu exmittieren. Somit muss inzident geprüft werden, ob die Behörde einen rechtmäßigen Verwaltungsakt im Sinne der ordnungsbehördlichen Generalklausel an M erlassen kann. Die Norm durfte jedoch nicht als Anspruchsgrundlage für den Vollzugsfolgenbeseitigungsanspruch benannt werden, weil es E um die Geltendmachung eines Abwehranspruches, nicht eines Leistungsanspruches geht, wenngleich der Abwehranspruch prozessual mit einer Leistungsklage geltend gemacht würde, wenn es § 113 Abs. 1 S. 2 VwGO nicht gäbe.

---

1. Rechtsgrundlage

Rechtsgrundlage ist § 14 Abs. 1 OBG NRW.

2. Voraussetzungen
Die Voraussetzungen des § 14 Abs. 1 OBG NRW können erfüllt sein.

a) Formelle Voraussetzungen
Formell ist die Ordnungsbehörde für den Erlass einer Exmittierungsverfügung gegenüber M ebenso zuständig wie für die Einweisungsverfügung gegenüber E. Die Verfahrensvoraussetzungen wie die in § 20 Abs. 1 S. 1 OBG NRW für Ordnungsverfügungen vorgegebene Schriftform würden eingehalten werden, sodass eine Exmittierungsverfügung formell rechtmäßig erlassen werden könnte.

b) Materielle Voraussetzungen
Die materiellen Voraussetzungen des § 14 Abs. 1 OBG NRW können erfüllt sein. Dazu bedarf es einer Gefahr und einer Ordnungspflicht des M.

aa) Gefahr
Eine konkrete Gefahr für die öffentliche Sicherheit, welche gegenüber der bezüglich der Bestimmtheit im Sinne des sich unter anderem aus Art. 20 Abs. 3 GG ergebenden Rechtsstaatsprinzips möglicherweise verfassungswidrig tatbestandlich normierten öffentlichen Ordnung jedenfalls primär maßgeblich ist, kann bestehen. Eine konkrete Gefahr ist eine Sachlage, bei der im Einzelfall die hinreichende Wahrscheinlichkeit besteht, dass in absehbarer Zeit ein Schaden für die öffentliche Sicherheit oder Ordnung eintreten wird. Vom Merkmal der öffentlichen Sicherheit sind der Staat und seine Einrichtungen, Individualrechtsgüter bzw. -rechte sowie die öffentliche Rechtsordnung umfasst. Durch das Verbleiben des M in der Wohnung des E ist das Eigentum des E, welches in § 903 BGB i.S.d. Art. 14 Abs. 1 S. 2 GG als Individualrecht zugunsten des E definiert ist, verletzt, weil die Einweisungsverfügung mit Rechtskraft des Urteils rückwirkend aufgehoben worden sein wird und somit keinen Rechtsgrund mehr darstellt. Somit besteht eine Gefahr für die öffentliche Sicherheit.

bb) Ordnungspflicht
M ist Handlungsstörer .i.S.d. § 17 Abs. 1 OBG NRW, weil er sich stetig in der Wohnung aufhält, obwohl er dazu nicht berechtigt ist, während eine Zustandsstörereigenschaft des M i.S.d. § 18 Abs. 1 OBG nicht in Betracht kommt, weil er nicht zum Verweilen in der Wohnung berechtigt und somit nicht für den Zustand der Wohnung verantwortlich ist.

3 Rechtsfolge

Rechtsfolge des § 14 Abs. 1 OBG NRW ist Ermessen, wobei Ermessen ordnungsgemäß im Sinne des § 16 OBG ausgeübt werden müsste. Das Ermessen der Behörde kann zugunsten des E dahingehend auf Null reduziert sein, dass die Behörde gegenüber M eine Exmittierungsverfügung erlassen muss. Maßgeblich ist eine Reduktion auf Null aufgrund der gemäß § 113 Abs. 1 S. 3 VwGO geregelten Spruchreife.

a) Vollzugsfolgenbeseitigungslast

Insoweit wird der Unterschied des Vollzugsfolgenbeseitigungsanspruches zur direkten Anwendung der Generalklausel im Verhältnis des Eigentümers zur Behörde offenbar. Eine Vollzugsfolgenbeseitigungslast ist nur beim Vollzugsfolgenbeseitigungsanspruch denkbar.

Eine derartige Reduktion kann sich aus der Vollzugsfolgenbeseitigungslast ergeben. Eine Vollzugsfolgenbeseitigungslast beinhaltet, dass die Behörde die Folgen ihres vorausgegangenen rechtswidrigen Verwaltungshandelns beseitigen muss. Eine Vollzugsfolgenbeseitigungslast könnte abzulehnen sein, weil ein rechtswidrig in eine Wohnung Eingewiesener bei einer Reduktion auf Null schlechter stünde als ein Hausbesetzer, welchem gegenüber die Behörde lediglich unter Beachtung grundrechtlicher und rechtsstaatlicher Aspekte außerhalb der Vollzugsfolgenbeseitigungslast einen Ermessensspielraum hätte. Die Folgenbeseitigungslast könnte abzulehnen sein, weil jemand, der eigenmächtig handeln würde, bei deren Annahme besser stünde als jemand, der aufgrund einer rechtswidrigen Verfügung der Behörde seine Rechtsposition erhalten hätte. Dem steht entgegen, dass sich aus Art. 20 Abs. 3 GG einerseits eine besondere staatliche Pflicht zur Wiederherstellung rechtmäßiger Zustände ergibt, andererseits auch bei Annahme einer Folgenbeseitigungslast ein Ausgleich auf der Sekundärebene erfolgen kann, sodass der von der rechtswidrigen Verfügung begünstigte letztlich doch besser steht als ein eigenmächtig rechtswidrig Handelnder. Zudem ergibt sich aus der prozessualen Verknüpfungsnorm des § 113 Abs. 1 S. 3 VwGO, dass der Gesetzgeber von einer Reduktion auf Null durch die Folgenbeseitigungslast ausgeht, weil die prozessuale Verknüpfung eines materiellen Vollzugsfolgenbeseitigungsanspruches mit der ersten Stufe mittels eines Annexantrages im Sinne des § 113 Abs. 1 S. 2 VwGO Spruchreife, also eine gebundene Entscheidung voraussetzt.

Allerdings ergibt sich die Vollzugsfolgenbeseitigungslast schon aus dem unter anderem in Art. 20 Abs. 3 GG enthaltenen Rechtsstaatsprinzip (zum Ganzen vgl. VGH Kassel – 11 TG 1515/93; PR OVGE 92, 108 ff.; vgl. Meixner, HSOG, 5. Aufl.,

Rn 10 zu § 9 HSOG; VGH Baden-Württemberg, Beschlüsse vom 20.1.1987, NVwZ 1987, 1101, und vom 22.2.1990, DÖV 1990, 573). Die Verwaltung ist rechtsstaatlich verpflichtet, die Folgen rechtswidrigen Verwaltungshandelns zu beseitigen und rechtmäßige Zustände herzustellen.

Zum Teil wird die Folgenbeseitigungslast abgelehnt, weil jemand, der eigenmächtig handeln würde, bei deren Annahme besser stünde als jemand, der aufgrund einer rechtswidrigen Verfügung der Behörde seine Rechtsposition erhalten hätte (z. B. Schwarzbauer, Hausbesetzer). Dem steht entgegen, dass sich aus Art. 20 Abs. 3 GG einerseits eine besondere staatliche Pflicht zur Wiederherstellung rechtmäßiger Zustände ergibt, andererseits auch bei Annahme einer Folgenbeseitigungslast ein Ausgleich auf der Sekundärebene erfolgen kann, sodass der von der rechtswidrigen Verfügung Begünstigte letztlich doch besser steht als ein eigenmächtig rechtswidrig Handelnder.

Die Inanspruchnahme eines Vermieters einer Wohnung als Nichtstörer kommt nur als letztes Mittel und nur so lange in Betracht, wie die Beseitigung der Gefahr für die eingewiesenen früheren Mieter nicht auf andere Weise beseitigt werden kann. *„Mit der Einweisung von Personen in eine Privatwohnung übernimmt daher die einweisende Behörde auch die Verantwortung für die schnellstmögliche Beseitigung der mit der Einweisung für den Wohnungseigentümer verbundenen Belastungen, die sich als Vollzugsfolgen der Einweisung darstellen. Dabei ist es letztlich sogar unerheblich, ob die Einweisung selbst rechtmäßig oder rechtswidrig war und ob sie der betroffene Wohnungseigentümer hingenommen oder mit Rechtsbehelfen angegriffen hat. Ist nämlich eine Einweisungsverfügung aufgehoben oder wegen Ablaufs einer Befristung gegenstandslos geworden, ist sie als Rechtsgrund für den fortdauernden Aufenthalt des Eingewiesenen in der Wohnung entfallen, sodass sich jedenfalls von diesem Zeitpunkt an die Vollzugsfolgen als rechtswidrig erweisen, sofern nicht ein neuer Rechtsgrund für den weiteren Aufenthalt des Eingewiesenen in der Wohnung entstanden ist."*

Somit ist das Ermessen der zuständigen Ordnungsbehörde gegenüber M aufgrund der Vollzugsfolgenbeseitigungslast reduziert, wobei der Umfang der Vollzugsfolgenbeseitigungspflicht problematisch ist.

b) Umfang der Vollzugsfolgenbeseitigungspflicht

Die Vollzugsfolgenbeseitigungspflicht könnte lediglich dazu führen, dass seitens der Behörde eine Verfügung gegenüber M mit dem Inhalt, die Wohnung zu verlassen, zu erlassen ist. Auch insoweit ist die Pflicht zur Vollzugsfolgenbeseitigung allerdings rechtsstaatlich i.S.d. Art. 20 Abs. 3 GG verfassungskonform auszugestalten (vgl. VGH Kassel – 11 TG 1515/93), sodass die Behörde von M sogar die

Herausgabe der geräumten Wohnung verlangen und eine Anordnung in dieser Weise treffen muss.

Es ist diesbezüglich unerheblich, dass E gegenüber M einen rechtskräftigen Räumungstitel erwirkt hat, aus dem er alsbald die Zwangsräumung der Wohnung bewirken könnte. Somit würden nämlich die mit der Zwangsräumung verbundenen Risiken und Kosten auf E abgewälzt, obwohl die Gemeinde mittels der Behörde für die Beseitigung rechtswidriger Folgen des Verwaltungshandelns zu sorgen hat. Ein Anspruch des E auf Herausgabe der Wohnung im geräumten Zustand kann nicht mit der Erwägung abgelehnt werden, der Vollzugsfolgenbeseitigungsanspruch sei auf Naturalrestitution gerichtet und beschränke sich daher auf die Wiederherstellung desjenigen Zustandes, der unmittelbar vor der Zwangseinweisung des M in die Wohnung bestanden habe. Denn seinerzeit hatte E mit dem Vollstreckungsauftrag an einen Gerichtsvollzieher bereits alles veranlasst, um die Zwangsräumung der Wohnung durchzusetzen. Mit der erstmaligen Einweisungsverfügung gegenüber E hat die Behörde die unmittelbar bevorstehende zwangsweise Räumung verhindert und eine weitere Rechtsgrundlage für den Aufenthalt des M in der Wohnung geschaffen, der als nunmehr rechtswidrige Vollzugsfolge fortbesteht. Die Behörde muss M aufgrund der Ermessensreduktion auf Null verpflichten, die Wohnung des E geräumt herauszugeben.

IV. Zwischenergebnis

Anspruchsinhalt des Vollzugsfolgenbeseitigungsanspruches des E gegenüber der Gemeinde ist im Rahmen der Vollzugsfolgenbeseitigungslast somit deren Verpflichtung, eine Verfügung an M zu erlassen, nach der M die Wohnung geräumt herausgeben muss.

3. Komplex: Gesamtergebnis

Die Einweisungsverfügung der Behörde wird aufgehoben und die Gemeinde wird verurteilt, die Folgen dieser Verfügung zu beseitigen, indem eine Verfügung an M erlassen wird, die Wohnung des E geräumt herauszugeben.

Beachte: Ein Vollzugsfolgenbeseitigungsanspruch kann verjähren i.S.d. Art. 20 Abs. 3 GG i.V.m. § 195 BGB. Allerdings bleibt der durch den Hoheitsträger geschaffene Zustand rechtswidrig, sodass für diesen eine Duldungspflicht hinsichtlich der Beseitigung durch den Anspruchsinhaber besteht. Der Anspruch auf Duldung selbst unterliegt nicht der Verjährung (BVerwG, Beschluss vom 12. 7. 2013 – 9 B 12.13).

Fall 9:
„Der Traumjob"

Schwerpunkte: Vorbeugender Unterlassungsanspruch, Einstweilige Anordnung (§ 123 Abs. 1 S. 1 Alt. 2 VwGO), Bewerbungsverfahrensanspruch (Art. 33 Abs. 2 GG, § 9 BeamtStG), Ämterstabilität (Art. 33 Abs. 4 GG), Beurteilungsspielraum

A ist Deutscher und als Staatsanwalt in der – wie er meint – „objektivsten Behörde der Welt" im Bundesland S tätig, verbeamtet auf Lebenszeit und überaus ambitioniert. Als in seinem Gerichtsbezirk eine Beamtenplanstelle für den Posten des Oberstaatsanwaltes frei und neu ausgeschrieben wird, bewirbt er sich sofort. Der Posten des Oberstaatsanwaltes ist eine Führungsposition – ähnlich der eines Polizeipräsidenten. Durch die von seinem Dienstvorgesetzten alle vier Jahre erstellten Regelbeurteilungen werden ihm eine überragende fachliche Qualifikation sowie gute Führungsqualitäten bescheinigt. Der einzige – ebenfalls deutsche – Mitbewerber ist der bisherige Beamte auf Lebenszeit im höheren Dienst B, aus dessen Regelbeurteilungen sich ebenfalls gute Führungsqualitäten des B ergeben. B ist jedoch bezüglich der fachlichen Qualifikation eine Notenstufe unter der für A gewählten Notenstufe eingeordnet worden.

Allerdings ist die kurz vor der Beförderung vorgeschriebene Anlassbeurteilung (eine nur bei bestimmten Anlässen wie der Beförderung vorgesehene Beurteilung) des B etwas besser als die des A, da der Dienstvorgesetzte des A den Eindruck hatte, dass A „aufgrund der anstehenden Beförderung durch die Erfüllung seiner Aufgaben mehr geistige und körperliche Kraft abverlangt wird als bisher" und dies sich auf seine Leistungen auswirke.

Die zur Ernennung zum Oberstaatsanwalt zuständige Landesjustizverwaltung informiert daher A und B, dass sie beabsichtigt, B zum Oberstaatsanwalt zu ernennen. A ist darüber empört. Die letzte Regelbeurteilung (Beamte bekommen in regelmäßigen Abständen eine Beurteilung), durch welche ihm seine überragenden Fähigkeiten bescheinigt wurden, liegt erst ein Jahr zurück. Er habe sich – das trifft zu – in diesem Jahr nicht so sehr verschlechtert, dass er fachlich gegenüber B nachrangig einzustufen sei. Außerdem kenne er sich als jahrelang tätiger Staatsanwalt in der Materie deutlich besser aus als irgendein Beamter im höheren Dienst. A trägt auch vor, dass keine Bestenauslese mittels eines besonderen Auswahlverfahrens stattgefunden hat. Ein solches Verfahren, bei dem neben den dienstlichen Beurteilungen eine spezielle Qualifikationseruierung z. B. mittels eines Auswahlinterviews, eines strukturierten Auswahlgespräches oder gruppenbezogenen Auswahlverfahrens hätte stattfinden müssen und bei dem

https://doi.org/10.1515/9783110625707-009

eine fachkundige Person hätte hinzugezogen werden müssen, die nicht in der auswählenden Dienststelle beschäftigt sein dürfe, sei erforderlich gewesen.

A will daher auf seine Ernennung klagen, beantragt aber schon jetzt beim Verwaltungsgericht, es der Landesjustizverwaltung im Wege des einstweiligen Rechtsschutzes vorläufig zu verbieten, B zum Oberstaatsanwalt zu ernennen. Einen derartigen Antrag des A hatte die Landesjustizverwaltung zuvor abgelehnt, weil bei der Auswahl der Bewerber die Anlassbeurteilung wichtiger als die Regelbeurteilung sei. Hat der Antrag beim Gericht Erfolg?

Bearbeitungsvermerk

Gehen Sie davon aus, dass die Behörden im Bundesland S weder beteiligungsfähig, noch besonders prozessführungsbefugt sind. Unterstellen Sie zudem, dass es im Bundesland S keine Ausführungsvorschriften zur VwGO gibt, nach denen ein Vorverfahren entbehrlich ist. Sollte das VwVfG des Landes maßgeblich sein, ist das VwVfG des Bundes anzuwenden. Gehen Sie zudem davon aus, dass im Landesbeamtenrecht keine maßgeblichen Kriterien für beamtenrechtliche Beurteilungen enthalten sind, die sich nicht bereits aus den für Landesbeamte anwendbaren Normen des Bundesrechts ergeben.

Vertiefung

VG Berlin, Beschluss vom 12.7.2011 – VG 5 L 176.11; BVerwG – 2 C 16.09; BVerwG – 2 C 31.01; BVerwG – 2 C 16.02; BVerwG, Urteil vom 10.2.2000 – 2 A 10.98 – juris; OVG Bauzen – 2 B 2/10; BVerwGE 122, 53, 55 f.; 126, 182; 118, 370, 372 f.; 115, 58, 60 f.; 122, 147, 150 f.; 124, 99, 102.

Gliederung

Falllösung —— 213
    A. Sachentscheidungsvoraussetzungen (+) —— 214
        I. Rechtsweg (+) —— 214
        II. Zuständigkeit (+) —— 214
        III. Beteiligte (+) —— 215
        IV. Statthafte Verfahrensart —— 216
            1. Verfahren i.S.d. §§ 80a Abs. 1 Nr. 1, 2, 80a Abs. 2 i.V.m. § 80a Abs. 3 S. 1 VwGO (–) —— 216
            2. Verfahren i.S.d. § 80 Abs. 5 S. 1 VwGO (–) —— 217
            3. Verfahren i.S.d. § 123 Abs. 1 S. 1, 2 VwGO (+) —— 218

    V. Besondere Sachentscheidungsvoraussetzungen (+) ━ **219**
        1. Besondere Verfahrensführungsbefugnis (+/–) ━ **219**
        2. Antragsbefugnis (+) ━ **219**
           a) Vorbeugender Unterlassungsanspruch (+) ━ **220**
           b) Bewerbungsverfahrensanspruch (+) ━ **222**
           c) Art. 33 Abs. 2 GG (+) ━ **223**
           d) Zwischenergebnis (+) ━ **224**
    VI. Allgemeines Rechtsschutzbedürfnis ━ **224**
    VII. Zwischenergebnis ━ **225**
  B. Begründetheit ━ **225**
    I. Anordnungsanspruch (+) ━ **225**
        1. Anspruchsgrundlage (+) ━ **226**
           a) Vorwirkung Grundrechte ━ **227**
           b) Analog § 1004 Abs. 1 S. 2 BGB ━ **227**
           c) Rechtsstaatsprinzip ━ **228**
           d) Gewohnheitsrecht ━ **228**
        2. Voraussetzungen (+) ━ **228**
           a) Eingriff durch die Ernennung des B (+) ━ **228**
           b) Keine Duldungspflicht (+) ━ **230**
        3. Anspruchsinhalt ━ **235**
    II. Anordnungsgrund (+) ━ **236**
    III. Glaubhaftmachung (+) ━ **236**
  C. Ergebnis (+) ━ **237**

Lösungsvorschlag

Die folgende Lösung ist als Lösungsvorschlag zu verstehen und ausführlicher, als es in der Klausurbearbeitung verlangt werden kann. Aufgrund der wissenschaftlichen Freiheit können andere Lösungswege vertreten werden, soweit sie dogmatisch begründbar sind. Die Nachweise aus Rechtsprechung und Literatur sowie die das Verständnis fördernden Randbemerkungen sind in der Examensklausur auszusparen. Die Abkürzung „Alt." steht für Alternativfall, nicht für Alternative.

Zur Verbesserung der Methodik bei der Anfertigung eines Gutachtens in der Klausur empfiehlt sich die Lektüre des Beitrags von Heinze/Starke JURA 2012, 175 ff.

Falllösung

Der Antrag des A hat jedenfalls Erfolg, soweit die Sachentscheidungsvoraus-setzungen erfüllt sind, der Antrag zulässig und soweit er begründet ist.

A. Sachentscheidungsvoraussetzungen

Hinweis: Andere Aufbauvarianten werden vertreten (z. B. dreistufig oder Prüfung des Verwaltungsrechtsweges als Untergliederungspunkt der Zuständigkeit des Gerichts). Derartige Aufbauvarianten sind aber mit § 17a Abs. 2 S. 1 GVG bzw. mit der Überschrift des 6. Abschnitts der VwGO sowie mit § 83 VwGO unvereinbar und daher bei exakter dogmatischer Zuordnung der Prüfungspunkte nicht zu empfehlen. Die Überschrift „Sachurteilsvoraussetzungen" bzw. „Sachentscheidungsvoraussetzungen" anstelle der Überschrift „Zulässigkeit" ist sinnvoll, weil nach § 63 Nr. 3 VwGO auch der Beigeladene zu den Beteiligten gehört, das Fehlen einer notwendigen Beiladung i.S.d. § 65 Abs. 2 VwGO aber nur dazu führt, dass das Urteil keine materielle Rechtskraft entfaltet.

Wichtig ist, bei **Verfahren im einstweiligen Rechtsschutz** die Überschrift „Sachentscheidungsvoraussetzungen", nicht aber „Sachurteilsvoraussetzungen" zu verwenden, weil kein Urteil ausgesprochen, sondern ein Beschluss gefasst wird.

Die Sachentscheidungsvoraussetzungen müssen erfüllt sein.

I. Rechtsweg

Ein Rechtsweg muß eröffnet sein. Der Verwaltungsrechtsweg kann eröffnet sein. Anderenfalls kommt ein Verweisungsbeschluss i.S.d. § 17a Abs. 2 S. 1 GVG i.V.m. § 173 S. 1 VwGO in Betracht. Unabhängig von der Generalklausel des § 40 Abs. 1 S. 1 VwGO als Auffangregelung und einer etwaigen abdrängenden Sonderzuweisung ist primär eine aufdrängende Sonderzuweisung maßgeblich. Während für alle Klagen der Beamtinnen, Beamten, Ruhestandsbeamtinnen, Ruhestandsbeamten, früheren Beamtinnen, früheren Beamten und der Hinterbliebenen aus dem Beamtenverhältnis sowie für Klagen des Dienstherrn auf Bundesebene in § 126 Abs. 1 BBG eine zum Verwaltungsgericht aufdrängende Sonderzuweisung enthalten ist, ergibt sich eine solche für Landesbeamte aus § 54 Abs. 1 BeamtStG. A ist Landesbeamter und hat sich auf eine seitens des Landes S ausgeschriebene Beamtenstelle beworben. Der Verwaltungsrechtsweg ist gemäß § 54 Abs. 1 BeamtStG eröffnet, wobei etwaige abdrängende Sonderzuweisungen i.S.d. § 40 Abs. 2 S. 1 VwGO im Rahmen beamtenrechtlicher Streitigkeiten gemäß § 40 Abs. 2 S. 2 VwGO nicht anwendbar sind.

II. Zuständigkeit

In Verfahren des einstweiligen Rechtsschutzes ist unabhängig davon, um welches Verfahren im einstweiligen Rechtsschutz es sich handelt, gemäß den §§ 123 Abs. 2 S. 1, 80 Abs. 5 S. 1, 80a Abs. 3 S. 1, 2 VwGO das Gericht der Hauptsache zuständig. In der Hauptsache ist gemäß § 45 VwGO das Verwaltungsgericht als Eingangsinstanz für den von der zuständigen Behörde erlassenen Verwaltungsakt sachlich zuständig, solange kein Verfahren i.S.d. § 47 Abs. 6 VwGO statthaft ist, da insoweit das Oberverwaltungsgericht zuständig wäre. Anhaltspunkte für sonstige abweichende Regelungen wie z.B. § 50 VwGO sind nicht ersichtlich. Gegebenenfalls wird ein Verweisungsbeschluss gemäß §§ 17a Abs. 2 S. 1 GVG, 83 VwGO gefasst werden.

Die Zuständigkeit des Gerichts kann offen formuliert werden, da die statthafte Verfahrensart u. a. wegen der gesetzlichen Abschnittsüberschrift vor § 40 Abs. 1 VwGO nicht vorab geprüft werden sollte, die Zuständigkeit aber von ihr abhängig sein kann.

III. Beteiligte

A und die zuständige Landesbehörde können Beteiligte des Verfahrens sein. Ob sich die Beteiligungsfähigkeit aus der direkten Anwendung der §§ 63, 61, 62, 65 VwGO ergibt oder ob sie wegen des Wortlautes in § 63 VwGO – Kläger und Beklagter – analog anzuwenden sind, ist irrelevant, wenngleich sich aus der gesetzlichen Abschnittsüberschrift „Allgemeine Verfahrensvorschriften" ergeben kann, dass sämtliche Verfahren und damit auch die Verfahren des einstweiligen Rechtsschutzes von der direkten Anwendung erfasst sind. Beteiligte sind nach § 63 Nr. 1, 2 VwGO jedenfalls unter anderem der Antragsteller und der Antragsgegner, beteiligungsfähig nach § 61 Nr. 1 VwGO natürliche und juristische Personen. Behörden sind gemäß § 61 Nr. 3 VwGO i.V.m. dem Landesrecht in S nicht beteiligungsfähig. Als Antragsteller ist A gemäß § 61 Nr. 1 Alt. 1 VwGO beteiligungsfähig und gemäß § 62 Abs. 1 Nr. 1 VwGO prozessfähig.

Als Antragsgegner ist der Rechtsträger der Behörde maßgeblich. Die Landesjustizverwaltung ist dem Bundesland S zuzuordnen. Das Land S ist gemäß den §§ 63 Nr. 2, 61 Nr. 1 VwGO beteiligungs- und mangels Anhaltspunkten bezüglich des für die Behörde handelnden Organwalters gemäß § 62 Abs. 3, 1 VwGO prozessfähig.

Da die Entscheidung des Verwaltungsgerichts auch gegenüber dem einzigen Mitbewerber B nur einheitlich ergehen kann und dieser bereits informiert worden ist, ist er gemäß § 63 Nr. 3 VwGO als Beteiligter gemäß § 65 Abs. 2 VwGO notwendig beizuladen. Er ist als natürliche Person gemäß § 61 Nr. 1 Alt. 1 VwGO beteiligungs- und gemäß § 62 Abs. 1 Nr. 1 VwGO prozessfähig.

Die Beiladung i.S.d. § 65 VwGO ist keine Zulässigkeitsvoraussetzung. Wird eine beizuladende Person nicht beigeladen, entfaltet die Entscheidung gegenüber dem nicht Beigeladenen keine materielle Rechtskraft. Es ergeht somit keine Sachentscheidung, aus der sich eine materielle Rechtskraft gegenüber dem nicht Beigeladenen ergibt. Die Beiladung kann somit als Sachentscheidungsvoraussetzung geprüft werden (vgl. Überschrift).

IV. Statthafte Verfahrensart

Die statthafte Verfahrensart richtet sich gemäß den §§ 88, 122 Abs. 1 VwGO i.V.m. § 80 Abs. 7 VwGO oder § 123 Abs. 4 VwGO oder § 80a Abs. 3 S. 2 VwGO nach dem Antragsbegehren.

Beim einstweiligen Rechtsschutz muss das Antragsbegehren anders als das Klagebegehren in der Hauptsache nicht um maßnahmespezifische Aspekte und den rechtsstaatlichen Grundsatz der Effektivität ergänzt werden, weil es insoweit eine gesetzlich vorgegebene Rangfolge in § 123 Abs. 5 VwGO gibt.

Gemäß § 123 Abs. 5 VwGO sind die Verfahren nach den §§ 80, 80a VwGO gegenüber der einstweiligen Anordnung nach § 123 Abs. 1 VwGO spezieller.

1. Verfahren i.S.d. §§ 80a Abs. 1 Nr. 1, 2, 80a Abs. 2 i.V.m. § 80a Abs. 3 S. 1 VwGO

In den Verfahren i.S.d. §§ 80a Abs. 1 Nr. 1, 2, 80a Abs. 2 VwGO i.V.m. § 80a Abs. 3 S. 1 VwGO wird ein bereits bestehender Verwaltungsakt vorausgesetzt. Ein Verwaltungsakt ist gemäß § 35 S. 1 VwVfG jede Verfügung, Entscheidung oder andere hoheitliche Maßnahme, die eine Behörde zur Regelung eines Einzelfalls auf dem Gebiet des öffentlichen Rechts trifft und die auf unmittelbare Rechtswirkung nach außen gerichtet ist. Im Beamtenrecht ist bezüglich der Außenwirkung des Verwaltungshandelns zwischen der Abordnung – gegebenenfalls in Form einer Versetzung –, der Umsetzung sowie der Ernennung und Entlassung zu unterscheiden. Dabei ist die Differenzierung zwischen dem Grund- und dem Dienstverhältnis maßgeblich. Das Grundverhältnis betrifft den Status des Beamten gegenüber dem öffentlich-rechtlichen Rechtsträger und somit das Außenverhältnis, während das Dienstverhältnis, welches auch als Betriebsverhältnis bezeichnet werden kann, verwaltungsinterne Angelegenheiten betrifft, somit den Status des Beamten nicht berührt und somit grundsätzlich keine Verwaltungsakte zur Folge haben kann.

Die Abordnung ist die vorübergehende vollständige oder teilweise Zuweisung eines Dienstpostens bei einer anderen Dienststelle und wirkt sich zumindest im weiten Sinne auf den Status des Beamten aus, wobei sie nicht zwingend der Tätigkeit entsprechen muss, die der Tätigkeit in seinem Amt entspricht. Eine Versetzung hingegen ist eine dauerhafte Übertragung eines Dienstpostens bei einer anderen Behörde. Abordnung und Versetzung betreffen im weiten Sinne das Grundverhältnis und stellen Verwaltungsakte dar, während eine Umsetzung die beamtenrechtliche Zuweisung eines anderen Dienstpostens innerhalb derselben Behörde, also Dienststelle und somit das Dienstverhältnis betrifft, sodass es an der Außenwirkung und somit der Verwaltungsaktqualität fehlt. Die Ernennung und die Entlassung eines Beamten betreffen das Statusverhältnis, also das Grundverhältnis.

Zwar betrifft die Ernennung eines Beamten bezüglich eines bestimmten Postens im Hinblick auf die Beförderung das beamtenrechtliche Grundverhältnis und stellt somit einen Verwaltungsakt dar, jedoch ist eine Ernennung des B oder des A jedenfalls bisher nicht erfolgt. Es ist vielmehr nur ein informatorisches Beabsichtigungsschreiben seitens der Landesjustizverwaltung an A und B übermittelt worden. Die Verfahren i.S.d. §§ 80a Abs. 1 Nr. 1, 2, 80a Abs. 2 VwGO i.V.m. § 80a Abs. 3 S. 1 VwGO sind nicht statthaft.

2. Verfahren i.S.d. § 80 Abs. 5 S. 1 VwGO

Der Antrag nach § 80 Abs. 5 S. 1 VwGO ist statthaft, soweit der Antragsteller die Suspendierung, also die Herstellung oder Wiederherstellung der aufschiebenden Wirkung eines Rechtsbehelfes bzw. Rechtsmittels bezüglich eines Verwaltungsaktes begehrt.

Die häufig verwendete „Faustformel", dass ein Verfahren nach § 80 Abs. 5 VwGO statthaft ist, wenn es sich in der Hauptsache um eine Anfechtungsklage handelt, während eine einstweilige Anordnung nach § 123 VwGO danach bei Leistungs- und Feststellungsklagen in der Hauptsache statthaft sein soll, ist falsch. Es gibt Fälle, in denen Begehren in der Hauptsache und im einstweiligen Rechtsschutz divergieren (vgl. § 81 Abs. 3 AufenthaltsG).

A erstrebt keine Suspendierung eines bereits erlassenen Verwaltungsaktes, da B noch nicht zum Beamten in der von A und B gewünschten Position ernannt und somit die Planstelle noch nicht besetzt worden ist. Das Verfahren i.S.d. § 80 Abs. 5 S. 1 VwGO ist nicht statthaft.

3. Verfahren i.S.d. § 123 Abs. 1 S. 1, 2 VwGO

Die einstweilige Anordnung i.S.d. § 123 Abs. 1 VwGO kann als Verfahrensart statthaft sein. Die einstweilige Anordnung ist statthaft, soweit der Antragsteller die Sicherung des bestehenden Zustandes i.S.d. § 123 Abs. 1 S. 1 VwGO oder die vorübergehende Regelung zur Veränderung des bestehenden Zustandes i.S.d. § 123 Abs. 1 S. 2 VwGO erstrebt. Trotz der Regelung beider Begehren in unterschiedlichen Sätzen der Norm handelt es sich bei der Sicherungs- und bei der Regelungsanordnung nicht um verschiedene Verfahren, sondern um ein einheitliches Verfahren der einstweiligen Anordnung sodass eine exakte Zuordnung letztlich rechtlich irrelevant ist. A geht es jedenfalls nicht um eine einstweilige Regelung i.S.d. § 123 Abs. 1 S. 2 VwGO – etwa bezüglich der eigenen Ernennung zum Oberstaatsanwalt. Vielmehr erstrebt A die Erhaltung und damit die Sicherung des bestehenden Zustandes, um eine Ernennung des B bezüglich der Planstelle und damit deren Besetzung zu vermeiden. Die einstweilige Anordnung ist als Sicherungsanordnung i.S.d. § 123 Abs. 1 S. 1 VwGO die statthafte Verfahrensart. (siehe Schema 12)

Weiterführender Hinweis: Es ist auch möglich, dass eine einstweilige Anordnung auf Feststellung gerichtet ist. Sollte es jedoch um die Feststellung des Suspensiveffektes gehen, ist § 80 Abs. 5 VwGO gemäß § 123 Abs. 5 VwGO vorrangig, wobei in Feststellungskonstellationen entweder beide Normen analog anwendbar sind – Feststellung ist nicht ausdrücklich vorgesehen – oder direkt, weil die Feststellung als Minus enthalten ist. Dogmatisch inkonsequent wäre es, § 80 Abs. 5 VwGO bei Feststellungen analog anzuwenden, § 123 VwGO hingegen direkt, um dann z.B. die Anwendung mangels planwidriger Regelungslücke bei § 80 Abs. 5 VwGO abzulehnen. Bei Suspendierung bzw. deren Feststellung ist § 80 Abs. 5 VwGO gegenüber § 123 VwGO vorrangig.

Einstweilige Anordnung gem. § 123 VwGO

Sicherungsanordnung § 123 I 1 VwGO	Regelungsanordnung § 123 I 2 VwGO
• Dient **Erhaltung** eines Rechts bzw. eines status quo • Bsp.: Abwehransprüche gegen Realakte; Hauptsache dann: allgemeine Leistungsklage statthaft; EA bzgl. Immissionen • Auch: vorbeugender einstw Rechtsschutz; (z.B. gegen Beförderung eines Konkurrenten)	• Dient Einräumung/Erweiterung eines Rechts bzw. der **Veränderung** eines status quo • Bsp.: Begünstigungsansprüche; in der Hauptsache Verpflichtungsklage oder allgemeine (positive) Leistungsklage; (vorläufige) Erteilung von Genehmigungen; (vorläufige) Zulassung zum Studium

Schema 12

V. Besondere Sachentscheidungsvoraussetzungen

Die besonderen Sachentscheidungsvoraussetzungen müssen erfüllt sein. Ausdrückliche Regelungen über die besonderen Sachentscheidungsvoraussetzungen gibt es für das Verfahren nach § 123 Abs. 1 VwGO nicht. Eine analoge Anwendung der besonderen Prozessführungsbefugnis i.S.d. § 78 VwGO und der Klagebefugnis als Antragsbefugnis i.S.d. § 42 Abs. 2 VwGO kommen in Betracht.

1. Besondere Verfahrensführungsbefugnis

§ 78 VwGO als Regelung der besonderen Prozessführungsbefugnis ist gemäß der Abschnittsüberschrift des 8. Abschnitts der Verwaltungsgerichtsordnung bei Anfechtungs- und Verpflichtungsklagen anwendbar. Analog ist § 78 VwGO bei Verfahren anwendbar, bei denen es um Verwaltungsakte geht, weil insoweit eine vergleichbare Interessenlage bei planwidriger Regelungslücke besteht. Bei konsequenter dogmatischer Betrachtung ist innerhalb des § 123 Abs. 1 VwGO zu differenzieren. Soweit es um einen Verwaltungsakt geht – z.B. einstweilige Regelung – ist § 78 VwGO als besondere Verfahrensbefugnis analog anwendbar, während im Übrigen keine vergleichbare Interessenlage besteht. A erstrebt nicht den einstweiligen Erlass eines Verwaltungsaktes, sodass keine planwidrige Regelungslücke bei vergleichbarer Interessenlage besteht und § 78 VwGO somit nicht analog anwendbar ist. Da es sich bei der besonderen Verfahrensführungsbefugnis um eine Art Prozessstandschaft handelt, bedarf es einer solchen auch nicht zwingend, sodass es insoweit keinen besonderen Verfahrensführungsbefugten gibt.

2. Antragsbefugnis

A muss zwecks der Vermeidung eines Popularantrages analog § 42 Abs. 2 VwGO antragsbefugt sein. Die Antragsbefugnis nach § 42 Abs. 2 VwGO setzt die Möglichkeit der Verletzung eines subjektiven Rechts voraus. Subjektive Rechte leiten sich aus Sonderbeziehungen, einfachen Gesetzen, subsidiär aus Grundrechten und unter Umständen Unionsrecht ab, wobei aufgrund des weiten Schutzbereiches des Art. 2 Abs. 1 GG bei unmittelbaren Grundrechtseingriffen für das subjektive Recht direkt auf Grundrechte abgestellt werden kann.

A erstrebt prozessual die Sicherung des bisherigen Zustandes und somit die Abwehr einer zukünftig eintretenden Veränderung. Insoweit bedarf es eines materiellen subjektiven Rechts, nicht lediglich der prozessualen Möglichkeit der vorgezogenen Geltendmachung eines Anspruches. Als subjektive Rechte sind die Grundrechte des A nur subsidiär maßgeblich, da einerseits noch kein Eingriff in die Grundrechte des A erfolgt ist – A erhielt ebenso wie B lediglich eine Information und B ist nicht zum Oberstaatsanwalt ernannt worden –, andererseits könnte die Ernennung des B aus der Sicht des A möglicherweise keinen unmittelbaren Eingriff, sondern lediglich einen mittelbaren Eingriff darstellen, da A nicht Adressat der Ernennungsverfügung wäre.

Maßgeblich ist letztlich, dass ein subjektives Recht besteht, welches wegen des durch die Ernennung des B bevorstehenden Eingriffes vorbeugend geltend gemacht werden darf und somit zum gegenwärtigen subjektiven Recht wird.

a) Vorbeugender Unterlassungsanspruch

Zunächst muss es für A möglich sein, prozessual ein Recht geltend zu machen, bezüglich dessen ein Eingriff zwar droht, jedoch noch nicht erfolgt ist. Das ist anzunehmen, wenn zumindest die Möglichkeit eines vorbeugenden Unterlassungsanspruches besteht. Ein vorbeugender Unterlassungsanspruch ist ein materieller Anspruch, der gesetzlich ausdrücklich geregelt sein kann, in der Regel aber nicht ausdrücklich gesetzlich verfasst worden und dessen Ableitung ähnlich problematisch ist, wie die des schlichten Abwehr- und Unterlassungsanspruches bzw. der Folgenbeseitigungsansprüche. Prozessual kann der vorbeugende Unterlassungsanspruch im einstweiligen Rechtsschutz mittels einer einstweiligen Anordnung i.S.d. § 123 Abs. 1 VwGO geltend gemacht werden – im Hauptsacheverfahren soweit möglich mittels der allgemeinen Leistungs- oder Feststellungsklage. Die Möglichkeit des Bestehens eines solchen Anspruches ist nur gegeben, soweit durch die Gewährung eines solchen materiellen Anspruches nicht die prozessualen Voraussetzungen eines einstweiligen Rechtsschutzes in Verbindung mit einem Abwarten der Beeinträchtigung unterlaufen wird. Nur soweit es unzumutbar ist, die Beeinträchtigung abzuwarten, um dann den maßgeblichen materiellen Abwehranspruch prozessual im einstweiligen Rechtsschutz geltend zu machen, ist zur Gewährung des in Art. 19 Abs. 4 S. 1 GG verankerten Prinzips des effektiven Rechtsschutzes gegen Exekutivhandeln ein vorbeugender Unterlassungsanspruch zu gewähren. Maßgeblich ist also, ob es A zumutbar wäre, die Ernennung des B abzuwarten, um anschließend diesbezüglich den einstweiligen Rechtsschutz zu betreiben. Dazu müsste es möglich sein, einen Beamten nach dessen Ernennung wieder zu entlassen und die Stelle anschließend neu zu besetzen.

aa) Ämterstabilität

Gemäß Art. 33 Abs. 5 GG ist das Recht des öffentlichen Dienstes unter Berücksichtigung der hergebrachten Grundsätze des Berufsbeamtentums zu regeln und fortzuentwickeln. Dazu gehört auch der Grundsatz der Ämterstabilität als Ausdruck des beamtenrechtlichen Lebenszeitprinzips, welches durch das unter anderem in Art. 20 Abs. 3 GG verankerte Rechtsstaatsprinzip, zu welchem die effektive Verwaltung und die Rechtssicherheit gehören, verstärkt wird. Eine repressive Maßnahme durch die Entlassung eines bereits ernannten Beamten ist danach grundsätzlich nicht möglich. Demnach ist eine Ernennung rechtsbeständig, wenngleich ein Bewerbungsverfahrensanspruch des unterlegenen Bewerbers mit verändertem Inhalt fortbesteht. Ein Abwarten wäre für A bei Zugrundelegung dieser Grundsätze unzumutbar, weil er nach der Besetzung der Planstelle durch die Ernennung des B dessen Entlassung und damit die eigene Ernennung nicht mehr erreichen könnte.

bb) Anfechtbarkeit der Ernennung

Möglicherweise ist ausnahmsweise ein repressives Vorgehen gegen die Ernennung eines Mitbewerbers möglich (zum Ganzen: BVerwG – 2 C 16.09). Das ist anzunehmen, soweit im Rahmen einer praktischen Konkordanz maßgeblicher verfassungsrechtlicher Normen die Interessen des Dienstherrn gegenüber denen des nicht Ernannten geringwertiger sind.

Verstößt der Dienstherr vor der Ernennung gegen die Grundsätze aus den Artt. 19 Abs. 4 S. 1, 33 Abs. 2 GG, muss der verfassungsrechtlich gebotene Rechtsschutz nach der Ernennung nachgeholt werden. *„Der Dienstherr kann sich auf die Ämterstabilität nicht berufen, um Verletzungen des vorbehaltlos gewährleisteten Grundrechts aus Art. 19 Abs. 4 S. 1 GG zu decken, weil die Grundrechte unterlegener Bewerber durch vorzeitige Ernennungen anderenfalls wertlos würden. Gefährdungen der Funktionsfähigkeit der Justiz bzw. der Verwaltung kann der Dienstherr vermeiden, indem er die Anforderungen der Rechtsschutzgarantie beachtet. Nach der Ernennung des ausgewählten Bewerbers könnte unterlegenen Bewerbern gerichtlicher Rechtsschutz nur durch die Suspendierungsmöglichkeit bezüglich der Ernennung im einstweiligen Rechtsschutz oder in der Hauptsache gewährt werden.“* Insoweit muss der einstweilige Rechtsschutz in derartigen Konstellationen jedoch im Hinblick auf die sich aus den beamtenrechtlichen Grundsätzen i.S.d. Art. 33 Abs. 5 GG ergebende Ämterstabilität ausgeschlossen und der Rechtsschutz auf eine endgültige Entscheidung in der Hauptsache reduziert werden. *„Eine andere Möglichkeit zur Durchsetzung des Bewerbungsverfahrensanspruchs eines nicht Ernannten als die Klage in der Hauptsache besteht somit nicht. Verstößt die Ernennung gegen die Rechte eines nicht ernannten Klägers aus Art. 33 Abs. 2 GG, ist sie mit Wirkung für die Zukunft aufzuheben. Die Aufhebung mit Rückwirkung auf den Zeitpunkt der Vornahme scheidet aus, weil die mit der Ernennung verbundene Statusänderung jedenfalls ohne gesetzliche Grundlage nicht nachträglich ungeschehen gemacht werden kann“* und eine rückwirkende Aufhebung in § 12 Abs. 1, 2 BeamtStG nur bei Erfüllung eines Rücknahmetatbestandes vorgesehen ist. Auch aus § 8 Abs. 4 BeamtStG, wonach eine rückwirkend erfolgende Ernennung unzulässig und unwirksam ist, ergibt sich, dass eine Rückwirkung im Beamtenrecht grundsätzlich nicht möglich ist, sodass dies auch für die Aufhebung der Ernennung gilt. Die Rechte des nicht ernannten Bewerbers sind im Rahmen der praktischen Konkordanz allerdings nur entscheidend, wenn der Rechtsschutz entgegen Art. 19 Abs. 4 S. 1 GG verhindert werden sollte. Allerdings enthält Art. 19 Abs. 4 S. 1 GG keine Vorgabe für die Gewährleistung eines bestimmten Rechtsschutzes, sondern es ist nur das „Ob" des Rechtsschutzes verfassungsrechtlich vorgegeben.

A ist im Vorfeld von der Entscheidung in Kenntnis gesetzt worden, sodass ihm zumindest die Möglichkeit gegeben worden ist, die Durchsetzung seiner Rechte voranzutreiben. Diese setzt allerdings die Durchsetzung im Vorfeld der Ernennung voraus, welche nur im Rahmen eines vorbeugenden Unterlassungsanspruches erfolgen kann. Zur Vermeidung eines Zirkelschlusses kann die Gewährung eines vorbeugenden Unterlassungsanspruches nicht ausgeschlossen werden, weil in Ausnahmekonstellationen die repressive Anfechtung der Ernennung mittels eines materiellen Abwehranspruches gegen die Ernennung möglich ist. Vielmehr muss ein repressives Vorgehen aufgrund der beamtenrechtlichen Grundsätze i.S.d. Art. 33 Abs. 5 GG einschließlich der Ämterstabilität die Ausnahme bleiben, sodass als milderes Mittel die Gewährung eines vorbeugenden Unterlassungsanspruches erforderlich ist, weil der nicht ernannte Bewerber seine Rechte anderenfalls nämlich nicht mehr durchsetzen könnte, denn die Bereitstellung einer weiteren Planstelle ergibt für funktionsgebundene Ämter keinen Sinn, weil es an der Möglichkeit einer amtsangemessenen Beschäftigung fehlt (vgl. Schnellenbach, ZBR 2004, 104, 105), sodass sie rechtsstaatswidrig wäre. Hinzu kommt, dass auch ein neues Amt nach den Vorgaben des Art. 33 Abs. 2 GG vergeben werden müsste.

Nach alledem ist ein Abwarten für A unzumutbar, sodass zumindest die Möglichkeit der Geltendmachung eines vorbeugenden Unterlassungsanspruches besteht, soweit ein in diesem Anspruch geltend zu machendes subjektives Recht besteht.

b) Bewerbungsverfahrensanspruch

Ein subjektives Recht des A kann sich aus § 9 BeamtStG ergeben. Gemäß § 1 BeamtStG gilt das Beamtenstatusgesetz unter anderem für Landesbeamte, für deren Ernennung in § 9 BeamtStG vorgegeben ist, dass sie nach Eignung, Befähigung und fachlicher Leistung ohne Rücksicht auf Geschlecht, Abstammung, Rasse oder ethnische Herkunft, Behinderung, Religion oder Weltanschauung, politische

Anschauungen, Herkunft, Beziehungen oder sexuelle Identität vorzunehmen ist. Zwar ist die Regelung nicht zwingend als subjektiviert formuliert einzustufen, jedoch ist sie bei verfassungskonformer Auslegung i.S.d. Art. 33 Abs. 2 GG – jeder Deutsche hat nach seiner Eignung, Befähigung und fachlicher Leistung gleichen Zugang zu jedem öffentlichen Amt – dahingehend auszulegen, dass ein Bewerbungsverfahrensanspruch enthalten ist. § 9 BeamtStG enthält somit ein subjektives Recht zur Gewährung eines ordnungsgemäßen Bewerbungsverfahrens. Dazu zählt insbesondere bei der Besetzung von Führungspositionen eine Bestenauslese mittels eines besonderen Auswahlverfahrens, bei dem neben den dienstlichen Beurteilungen eine spezielle Qualifikationseruierung z.B. mittels eines Auswahlinterviews, eines strukturierten Auswahlgespräches oder gruppenbezogenen Auswahlverfahrens stattfinden muss und bei dem eine fachkundige Person hinzugezogen werden muss, die nicht in der auswählenden Dienststelle beschäftigt sein darf (VG Berlin, Beschluss vom 12.7.2011 – VG 5 L 176.11). Es ist zumindest nicht ausgeschlossen, dass dieser Anspruch des A durch die bevorstehende Ernennung des B verletzt werden wird.

c) Art. 33 Abs. 2 GG

In Anlehnung an den Bewerbungsverfahrensanspruch kann aber zumindest ein sich unmittelbar aus der Verfassung ergebendes subjektives Recht des A aus Art. 33 Abs. 2 GG verletzt worden sein. Durch Art. 33 Abs. 2 GG wird jedem Deutschen nach seiner Eignung, Befähigung und fachlichen Leistung ein gleicher Zugang zum öffentlichen Amt gewährt. In dieses Recht des A kann durch die Ernennung des B eingegriffen werden. Das ist anzunehmen, soweit die Ernennung als drittbelastender Verwaltungsakt einzustufen ist. Ein Verwaltungsakt ist gemäß § 35 S. 1 VwVfG jede Verfügung, Entscheidung oder andere hoheitliche Maßnahme, die eine Behörde zur Regelung eines Einzelfalls auf dem Gebiet des öffentlichen Rechts trifft und die auf unmittelbare Rechtswirkung nach außen gerichtet ist.

„Einer Ernennung bedarf es gemäß § 8 Abs. 1 Nr. 3 BeamtStG, um einem Beamten auf Lebenszeit ein höherwertiges, nämlich einer höheren Besoldungsgruppe zugeordnetes Amt im statusrechtlichen Sinne zu verleihen. Die Ernennung erfolgt gemäß § 8 Abs. 2 S. 1 BeamtStG durch Aushändigung der Ernennungsurkunde. Dadurch wird der Beamte Inhaber des höherwertigen Amtes einschließlich der daraus folgenden Rechte und Pflichten. Durch die Ernennung werden Ansprüche auf die Einweisung in die zu dem Amt gehörende Planstelle und auf eine dem neuen Amt angemessene Beschäftigung bei dem Gericht oder der Behörde, der die Planstelle zugeordnet ist, begründet (BVerwGE 122, 53, 55 f.; BVerwGE 126, 182)."

Die Zielrichtung müsste aber auf den nicht ernannten Bewerber gerichtet sein. *„Die Ernennung des ausgewählten Bewerbers ist Ziel und Abschluss des Auswahlverfahrens. Aufgrund dieser Zielrichtung ist der sich aus Art. 33 Abs. 2 GG ergebende Bewerbungsverfahrensanspruch an ein laufendes Auswahlverfahren zur Vergabe eines bestimmten Amtes geknüpft. Die Bewerber um dieses Amt stehen in einem Wettbewerb, dessen Regeln durch den Leistungsgrundsatz vorgegeben sind. Ihre Ansprüche stehen nicht isoliert nebeneinander, sondern sind aufeinander bezogen. Sie werden in Ansehung des konkreten Bewerberfeldes, also des Leistungsvermögens der Mitbewerber, inhaltlich konkretisiert.*

Jede Benachteiligung oder Bevorzugung eines Bewerbers wirkt sich auch auf die Erfolgsaussichten der Mitbewerber aus. Dies gilt umso mehr, je weniger Bewerber um das Amt konkurrieren. Somit ist die Ernennung nach ihrem Regelungsgehalt auf unmittelbare Rechtswirkungen auch für diejenigen Bewerber gerichtet, die sich erfolglos um die Verleihung des Amtes beworben haben (vgl. zum Ganzen: Schenke, in: Festschrift für Schnapp 2008, S. 655, 667 f.; Laubinger, ZBR 2010, 289, 292 f.; a.A. frühere Rspr. vgl. BVerwG – 2 C 4.87; BVerwGE 118, 370, 372 f.)."

Die Ernennung eines nach Maßgabe des Art. 33 Abs. 2 GG ausgewählten Bewerbers für ein Amt stellt somit einen Verwaltungsakt dar, der darauf gerichtet ist, unmittelbare Rechtswirkungen für die unmittelbar durch Art. 33 Abs. 2 GG gewährleisteten Bewerbungsverfahrensansprüche der unterlegenen Bewerber zu entfalten (BVerwG – 2 C 16.09). Durch die Ernennung wird in deren Rechte aus Art. 33 Abs. 2 GG eingegriffen, weil sie in einen untrennbaren rechtlichen Zusammenhang mit der Entscheidung des Dienstherrn über die Bewerberauswahl gesetzt und rechtlich unmittelbar mit ihr verknüpft ist. Durch die Ernennung des B würde auch das sich für A direkt aus dem Grundgesetz ergebende Recht aus Art. 33 Abs. 2 GG verletzt werden.

d) Zwischenergebnis

Da die Möglichkeit besteht, dass A in seinem subjektiven Recht aus § 9 BeamtStG, zumindest aber seinem verfassungsrechtlich gewährten subjektiven Recht aus Art. 33 Abs. 2 GG verletzt und ein Abwarten für ihn unzumutbar ist, besteht zumindest die Möglichkeit des Bestehens eines vorbeugenden Unterlassungsanspruches, sodass A analog § 42 Abs. 2 VwGO antragsbefugt ist.

VI. Allgemeines Rechtsschutzbedürfnis

Aus dem unter anderem in Art. 20 Abs. 3 GG verankerten Rechtsstaatsprinzip ergibt sich das Erfordernis des allgemeinen Rechtsschutzbedürfnisses als allgemeine Sachentscheidungsvoraussetzung. Ein Rechtsschutzbedürfnis des Antragstellers besteht nicht, wenn nicht zuvor ein Antrag an die Behörde gestellt worden, die Hauptsache offensichtlich unzulässig ist oder grundlos vorweggenommen wird.

A hatte einen Antrag an die zuständige Landesjustizbehörde gestellt, B nicht zu ernennen. Eine offensichtliche Unzulässigkeit der Hauptsache – insbesondere eine Verfristung – ist nicht ersichtlich. Die Hauptsache darf im einstweiligen Rechtsschutz aus rechtsstaatlichen Gründen nicht vorweggenommen werden, weil anderenfalls durch die Glaubhaftmachung eines Anspruches endgültige Tatsachen geschaffen werden könnten, die trotz in der Hauptsache nach Eruierung der Tatsachen anders gelagerter Aktenlage irreversibel wären.

Die Hauptsache wird durch den Antrag des A ebenfalls nicht vorweggenommen. Einerseits führt eine vorläufige Nichternennung des B nicht zu einer Besetzung der Planstelle durch z. B. A, sodass dieser ernannt würde. Selbst bei Erlass einer einstweiligen Anordnung zur vorläufigen Nichtbesetzung der Stelle kann B später noch ernannt werden. Andererseits ist eine Vorwegnahme der Hauptsache – sogar die Verpflichtung zu einer vorläufigen Ermessensentscheidung – möglich, wenn anderenfalls wider die verfassungsrechtlichen Vorgaben kein effektiver Rechtsschutz i.S.d. Art. 19 Abs. 4 GG gegen Exekutivhandeln möglich wäre. Das allgemeine Rechtsschutzbedürfnis ist A nicht abzusprechen.

VII. Zwischenergebnis

Die Sachentscheidungsvoraussetzungen sind erfüllt und der Antrag des A ist zulässig.

B. Begründetheit

Der Antrag ist gemäß § 123 Abs. 1 S. 1, Abs. 3 VwGO i.V.m. den §§ 920 Abs. 2, 294 ZPO im Rahmen der Sicherungsanordnung begründet, soweit der Antragsteller einen Anordnungsanspruch und einen Anordnungsgrund glaubhaft macht. (siehe Schema 13)

I. Anordnungsanspruch

Es kann ein Anordnungsanspruch des A bestehen.

Begründetheit einer EA

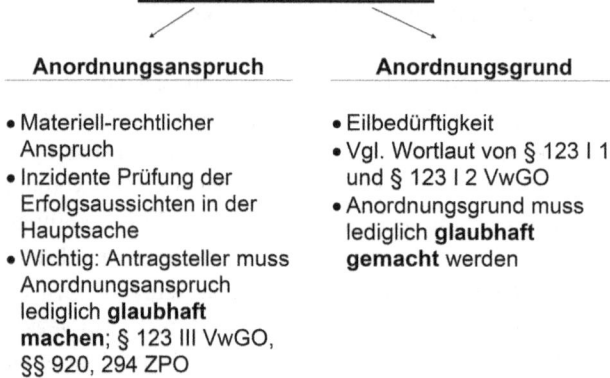

Anordnungsanspruch

- Materiell-rechtlicher
  Anspruch
- Inzidente Prüfung der
  Erfolgsaussichten in der
  Hauptsache
- Wichtig: Antragsteller muss
  Anordnungsanspruch
  lediglich **glaubhaft
  machen**; § 123 III VwGO,
  §§ 920, 294 ZPO

Anordnungsgrund

- Eilbedürftigkeit
- Vgl. Wortlaut von § 123 I 1
  und § 123 I 2 VwGO
- Anordnungsgrund muss
  lediglich **glaubhaft
  gemacht** werden

Schema 13

1. Anspruchsgrundlage

Es bedarf einer Anspruchsgrundlage. Eine einfachgesetzliche Anspruchsgrundlage ist für die seitens des A erstrebte vorbeugende Unterlassung nicht ersichtlich. In Betracht kommt jedoch ein ungeschriebener vorbeugender Unterlassungsanspruch.

Bei der Ableitung des vorbeugenden Unterlassungsanspruches ist es sinnvoll, vereinzelt materielle Voraussetzungen zur Ermittlung der Anspruchsgrundlage heranzuziehen. Anderenfalls müsste bis zu den materiellen Voraussetzungen geprüft werden, um dann abzubrechen und neu anzusetzen.

Ein vorbeugender Unterlassungsanspruch ist ein materieller Anspruch, der gesetzlich ausdrücklich geregelt sein kann, in der Regel aber nicht ausdrücklich gesetzlich verfasst worden und dessen Ableitung ähnlich problematisch ist wie die des schlichten Abwehr- und Unterlassungsanspruches bzw. der Folgenbeseitigungsansprüche. Die Möglichkeit des Bestehens eines solchen Anspruches ist nur gegeben, soweit durch die Gewährung eines solchen materiellen Anspruches nicht die prozessualen Voraussetzungen eines einstweiligen Rechtsschutzes in Verbindung mit einem Abwarten der Beeinträchtigung zwecks Geltendmachung eines im Fall der Beeinträchtigung gegenwärtig bestehenden Abwehranspruches unterlaufen wird. Nur soweit es unzumutbar ist, die Beeinträchtigung abzuwarten, um dann den maßgeblichen materiellen Abwehranspruch prozessual z.B. im einstweiligen Rechtsschutz geltend zu machen, ist zur Gewährung des in Art. 19 Abs. 4 S. 1 GG verankerten Prinzips des effektiven Rechtsschutzes gegen Exekutivhandeln ein vorbeugender Unterlassungsanspruch zu gewähren. Würde A die Ernennung des B abwarten, wäre die Planstelle besetzt, sodass eine Revidierung der Ernennung des Konkurrenten B nicht mehr möglich ist, weil A von der Ernennung des B zuvor in Kenntnis gesetzt worden war. Eine Ausnahme vom Grundsatz der Ämterstabilität wäre ebenso wie eine Neuausschreibung der Planstelle nicht möglich. Somit werden Möglichkeiten des prozessualen einstweiligen Rechtsschutzes in Verbindung mit anderen materiell-rechtlichen Ansprüchen nicht unterlaufen. Ein vorbeugender Unterlassungsanspruch, der auf das Unterlassen schlichten Verwaltungshandelns sowie auf das Unterlassen eines Verwaltungsaktes gerichtet sein kann, muss bestehen.

Direkt aus dem Grundrecht kann sich der vorbeugende Unterlassungsanspruch nicht ergeben, wenngleich die Grundrechte klassische Abwehrrechte gegen öffentlich-rechtliche Hoheitsträger darstellen. Voraussetzung eines grundrechtlichen Abwehranspruches ist ein Schutzbereichseingriff. Erfolgt ein solcher, ist der Eingriff jedoch gegenwärtig, sodass bei schlichtem Verwaltungshandeln ein schlichter Abwehr- und Unterlassungsanspruch und bei einem Verwaltungsakt ein Anspruch auf die Abwehr des wirksamen Verwaltungsaktes bestünde. Der vorbeugende Unterlassungsanspruch kann sich also mangels erfolgten Eingriffes allenfalls aus einer zeitlichen Vorwirkung der Grundrechte ergeben.

a) Vorwirkung Grundrechte

Da die Schwelle eines Grundrechtseingriffes zeitlich noch nicht erreicht ist, kann sich der vorbeugende Unterlassungsanspruch aus einer Vorwirkung der Grundrechte ergeben. Dies könnte allerdings zu einer Konturenlosigkeit der ohnehin schon weit formulierten Freiheitsrechte führen.

Während es bei Nichtbestehen eines Grundrechtseingriffes beim schlichten Abwehr- und Unterlassungsanspruch um eine Vorwirkung der Grundrechte bezüglich der Intensität geht, ist beim vorbeugenden Unterlassungsanspruch die zeitliche Komponente entscheidend.

---

b) Analog § 1004 Abs. 1 S. 2 BGB

Die Ableitung des vorbeugenden Unterlassungsanspruches erfolgt im Übrigen wie beim schlichten Abwehr- und Unterlassungsanspruch.

Der öffentlich-rechtliche vorbeugende Unterlassungsanspruch könnte sich aus einer analogen Anwendung des § 1004 Abs. 1 S. 2 BGB ergeben. Zwar besteht eine planwidrige Regelungslücke im öffentlichen Recht, jedoch ist die vergleichbare Interessenlage problematisch, weil § 1004 Abs. 1 S. 2 BGB im Privatrecht gilt, welches dem Ausgleich zwischen Personen auf gleicher Ebene dient, während es im öffentlichen Recht um staatsbezogenes Handeln juristischer Personen des öffentlichen Rechts geht.

c) Rechtsstaatsprinzip

Der vorbeugende Unterlassungsanspruch kann sich in der Regel nicht aus dem unter anderem in Art. 20 Abs. 3 GG verankerten Rechtsstaatsprinzip ergeben, weil mangels in der Regel nicht subjektivierter rechtsstaatlicher Bindungen – zumindest bei erstmaligem gegenwärtigem Eingriff – rechtsstaatswidrig ein Gesetzesvollziehungsanspruch gewährt werden würde. Art. 20 Abs. 3 GG kommt daher nur im Rahmen eines Folgenbeseitigungsanspruches in Betracht, da insoweit durch den erforderlichen Eingriff in der Vergangenheit bereits ein öffentlich-rechtliches Handeln des Staates in der Vergangenheit zugrunde liegt, welches ein subjektives Recht betrifft.

d) Gewohnheitsrecht

Ob der vorbeugende Unterlassungsanspruch ursprünglich aus einer Vorwirkung der Grundrechte oder analog § 1004 Abs. 1 S. 2 BGB abgeleitet werden sollte, ist letztlich nicht entscheidend, da der Anspruch nach jahrzehntelanger Praktizierung Gewohnheitsrecht darstellt. Maßgebliche Anspruchsgrundlage ist der vorbeugende Unterlassungsanspruch.

2. Voraussetzungen

Die Voraussetzungen müssen erfüllt sein. Es muss positiv also ein zukünftiger Eingriff in ein subjektives Recht des Antragstellers ersichtlich sein, der negativ nicht zu dulden und bezüglich dessen ein Abwarten unzumutbar ist. Ein Eingriff in die subjektiven Rechte des A aus dem Bewerbungsverfahrensanspruch aus § 9 BeamtStG sowie aus Art. 33 Abs. 2 GG kann durch eine Ernennung des B erfolgen.

a) Eingriff durch die Ernennung des B

Durch die Ernennung des B wird die Planstelle besetzt und der Bewerbungsverfahrensanspruch des A aus § 9 BeamtStG sowie Rechte des A aus Art. 33 Abs. 2 GG können dadurch beeinträchtigt sein.

Durch Art. 33 Abs. 2 GG soll das öffentliche Interesse an der bestmöglichen Besetzung der Stellen des öffentlichen Dienstes gewährleistet werden.

Bezüglich des Art. 33 Abs. 2 GG sind der Schutzbereichseingriff und die Rechtfertigung i.S.d. Duldungspflicht nur bedingt trennbar. Erfolgt eine ordnungsgemäße leistungsbezogene Abwägung, wird der Schutzbereich des Art. 33 Abs. 2 GG nicht betroffen. Erfolgt keine ordnungsgemäße Gewichtung der Leistungskriterien, besteht ein Eingriff, der i. d. R. nicht gerechtfertigt ist.

„Fachliches Niveau und rechtliche Integrität des öffentlichen Dienstes sollen durch die ungeschmälerte Anwendung des Leistungsgrundsatzes gewährleistet werden. Gleichzeitig wird Bewerbern durch Art. 33 Abs. 2 GG ein grundrechtsgleiches Recht auf leistungsgerechte Einbeziehung in die Bewerberauswahl gewährt. Jeder Bewerber um das Amt – auch A – hat einen Anspruch darauf, dass der Dienstherr seine Bewerbung nur aus Gründen zurückweist, die durch den Leistungsgrundsatz gedeckt sind. Als Anspruch auf leistungsgerechte Einbeziehung in die Bewerberauswahl wird der Bewerbungsverfahrensanspruch auch erfüllt, wenn der Dienstherr die Bewerbung ablehnt, weil er in Einklang mit Art. 33 Abs. 2 GG einen anderen Bewerber für am besten geeignet hält. Nur insoweit, als der dem Dienstherrn durch Art. 33 Abs. 2 GG eröffnete Beurteilungsspielraum für die Gewichtung der Leistungskriterien auf Null reduziert ist, also ein Bewerber eindeutig am Besten geeignet ist, ergibt sich für diesen Bewerber aus Art. 33 Abs. 2 GG ein Anspruch auf Erfolg im Auswahlverfahren. Dessen Bewerbungsverfahrensanspruch erstarkt zum Anspruch auf Vergabe des höheren Amtes. Aufgrund seiner Zielrichtung ist der Bewerbungsverfahrensanspruch an ein laufendes Auswahlverfahren zur Vergabe eines bestimmten Amtes geknüpft. Die Bewerber um dieses Amt stehen in einem Wettbewerb, dessen Regeln durch den Leistungsgrundsatz vorgegeben sind. Ihre Ansprüche stehen nicht isoliert nebeneinander, sondern sind aufeinander bezogen. Sie werden in Ansehung des konkreten Bewerberfeldes, also bezüglich des Leistungsvermögens der Mitbewerber, inhaltlich konkretisiert. Jede Benachteiligung oder Bevorzugung eines Bewerbers wirkt sich auch auf die Erfolgsaussichten der Mitbewerber aus. Dies gilt umso mehr, je weniger Bewerber um das Amt konkurrieren.

Ein Eingriff in das subjektive Recht aus Art. 33 Abs. 2 GG kann sich daraus ergeben, dass ein Leistungsvergleich gar nicht möglich ist, weil es bereits an tragfähigen Erkenntnissen über das Leistungsvermögen, also an aussagekräftigen dienstlichen Beurteilungen, fehlt. Durch den eigentlichen Leistungsvergleich wird in Art. 33 Abs. 2 GG eingegriffen, wenn nicht unmittelbar leistungsbezogene Gesichtspunkte in der Auswahlentscheidung berücksichtigt oder die Leistungsmerkmale fehlerhaft gewichtet werden. Aus der gegenseitigen Abhängigkeit der Bewerbungen folgt, dass es jedem Bewerber möglich sein muss, sowohl eigene Benachteiligungen als auch Bevorzugungen eines anderen zu verhindern, die nicht mit Art. 33 Abs. 2 GG vereinbar sind. Daher kann sich eine Verletzung seines Bewerbungsverfahrensanspruchs auch aus der Beurteilung eines Mitbewerbers oder aus dem Leistungsvergleich zwischen ihnen ergeben. Voraussetzung ist nur, dass sich ein derartiger Verstoß auf die Erfolgsaussichten der eigenen Bewerbung auswirken kann. Deren Erfolg muss bei rechtsfehlerfreiem Verlauf zumindest ernsthaft möglich sein (BVerfG NVwZ 2008, 194 und BVerfG NVwZ 2008, 69)." Der wechselseitige inhaltliche Bezug der Rechte der Bewerber aus Art. 33 Abs. 2 GG wird in der Entscheidung des Dienstherrn zum Ausdruck gebracht, welchen Bewerber er für am besten geeignet für das zu vergebende Amt hält. Diese Auswahlentscheidung betrifft nach ihrem Inhalt alle Bewerber gleichermaßen, da mit der Auswahl eines Bewerbers zwangsläufig die Ablehnung der Mitbewerber erfolgt. Somit würde durch die Ernennung des B in das sich für A aus Art. 33 Abs. 2 GG ergebende subjektive Recht eingegriffen. Ein Eingriff wäre gegeben.

b) Keine Duldungspflicht

Ein vorbeugender Unterlassungsanspruch besteht nur, soweit der zukünftige Eingriff nicht zu dulden ist. Da bestandskräftige Rechtssetzungsakte oder ähnliche Duldungspflichten nicht ersichtlich sind, durch die auch ein rechtswidriger zukünftiger Eingriff zu dulden sein könnte, besteht keine Duldungspflicht, soweit der zukünftige Eingriff in die Rechte des A durch die Ernennung des B rechtswidrig ist.

aa) Rechtswidrigkeit der Ernennung des B

Die zukünftige Ernennung des B zum Oberstaatsanwalt kann rechtswidrig sein.

(1) Rechtsgrundlage

Rechtsgrundlage für die Heraufstufung eines Landesbeamten ist § 8 Abs. 1 Nr. 3 BeamtStG.

(2) Voraussetzungen

Die Voraussetzungen können erfüllt sein.

(a) Formell

Formell wird bei der Ernennung des B mit der Landesjustizverwaltung die formell zuständige Behörde handeln.

(b) Materiell

Materiell können gemäß § 7 Abs. 1 Nr. 1 BeamtStG grundsätzlich nur Deutsche ernannt werden, wobei eine Ernennung auf Lebenszeit gemäß § 10 S. 1 BeamtStG nur zulässig ist, wenn der Beamte sich in einer Probezeit von mindestens 6 Monaten und höchstens 5 Jahren bewährt hat. B ist Deutscher und schon Beamter auf Lebenszeit, sodass er seine Probezeit ordnungsgemäß absolviert hat. Gemäß § 9 BeamtStG, der durch das grundsätzliche Recht auf Zugang zum öffentlichen Amt aus Art. 33 Abs. 2 GG verstärkt wird, sind im Rahmen des Beurteilungsspielraumes die Ernennungskriterien der Eignung, Befähigung und fachlichen Leistung der Bewerber maßgeblich.

Beurteilungsspielräume sind ebenso wie Ermessensspielräume nur begrenzt gerichtlich überprüfbar. Sie sind wegen des Gebotes effektiven Rechtsschutzes gegen Exekutivhandeln aus Art. 19 Abs. 4 GG selten und nur bei wenigen unbestimmten Rechtsbegriffen anzunehmen.
Fallgruppen:
- Prüfungsrecht
- Beamtenrecht
- Gremienentscheidungen wertender Art
- Prognoseentscheidungen und Risikobewertungen
- Entscheidungen verwaltungspolitischer Art

Während es auf Tatbestandsebene darauf ankommt, dass der zu ernennende Bewerber bei ordnungsgemäßer Beurteilung durch die Ernennungsbehörde die Beurteilungskriterien erfüllt, ist die Auswahl eines von mehreren Bewerbern nicht Bestandteil des Tatbestandes, sondern bei der Ausübung eines ordnungsgemäßen Auswahlermessens maßgeblich. Für eine mangelnde Eignung, Befähigung bzw. fachliche Leistungsfähigkeit des B gibt es keine Anhaltspunkte, sodass Beurteilungsfehler in Form der Beurteilungsunvollständigkeit, Beurteilungsfehleinschätzung oder sachfremder Erwägungen bei gesonderter Betrachtung des B nicht ersichtlich sind. Die materiellen Tatbestandsvoraussetzungen sind erfüllt.

(3) Rechtsfolge

Rechtsfolge zur Ernennung eines Beamten ist Ermessen i.S.d. § 40 VwVfG. Die Voraussetzungen für eine Ermessensreduktion des Auswahlermessens auf Null sind mangels hinreichender, der Ernennung des B entgegenstehender gewichtiger Rechte bzw. Rechtsgüter nicht erfüllt. Ermessensfehler sind der Ermessensausfall, die Ermessensüberschreitung und der Ermessensfehlgebrauch.

Ein Ermessensausfall ist nicht ersichtlich. Das Ermessen kann aber wegen einer Ermessensüberschreitung fehlerhaft ausgeübt worden sein.

Im Rahmen des Auswahlermessens kommt es nunmehr auf Beurteilungsfehler bei der Bewertung einzelner Bewerber – auch des A – an.

Das ist nach dem primär aus den Grundrechten, sekundär aus dem unter anderem in Art. 20 Abs. 3 GG verankerten Rechtsstaatsprinzip abzuleitenden Grundsatz der Verhältnismäßigkeit der Fall, wenn unverhältnismäßig in Grundrechte oder sonstige subjektive Rechte Dritter eingegriffen wird. Insoweit ist der Bewerbungsverfahrensanspruch des A aus § 9 BeamtStG verstärkt durch dessen grundsätzliches Recht auf Zugang zum öffentlichen Amt aus Art. 33 Abs. 2 GG maßgeblich, insbesondere im Hinblick auf die nach § 9 BeamtStG zu berücksichtigenden Ernennungskriterien der Eignung, Befähigung und fachlichen Leistung der Bewerber. Somit wäre eine Ernennung des B unverhältnismäßig und würde somit eine Ermessensüberschreitung darstellen, wenn bei Berücksichtigung der Eignung, Befähigung und fachlichen Leistung nicht B ernannt werden dürfte (zum Ganzen: BVerwG – 2 C 16.09).

„Bei der Entscheidung über die Vergabe eines Amtes im statusrechtlichen Sinne dürfen nur leistungsbezogene Gesichtspunkte zugrunde gelegt werden, die darüber Aufschluss geben, in welchem Maß die Bewerber den Anforderungen ihres Amtes genügen und sich in einem höheren Amt voraussichtlich bewähren werden. Die Entscheidung des Dienstherrn, welche Bedeutung er den einzelnen Gesichtspunkten beimisst, ist aufgrund des Ermessensspielraumes der Behörde gerichtlich nur eingeschränkt überprüfbar (BVerwGE 115, 58, 60 f.; BVerwGE 122, 147, 150 f.; BVerwGE 124, 99, 102 f.). Der für die Bewerberauswahl maßgebende Leistungsvergleich ist anhand aktueller dienstlicher Beurteilungen vorzunehmen. Voraussetzung für deren Eignung als Vergleichsgrundlage ist, dass sie inhaltlich aussagekräftig sind. Hierfür ist erforderlich, dass die dienstliche Tätigkeit im maßgebenden Beurteilungszeitraum durch die Beurteilungen vollständig erfasst wird, diese auf zuverlässige Erkenntnisquellen gestützt wird, das zu erwartende Leistungsvermögen in Bezug auf das angestrebte Amt auf der Grundlage der im innegehabten Amt erbrachten Leistungen hinreichend differenziert dargestellt ist sowie auf gleichen Bewertungsmaßstäben beruht. Primär maßgeblich ist für den Leistungsvergleich das abschließende Gesamturteil, das durch eine Würdigung, Gewichtung und Abwägung der einzelnen leistungsbezogenen Aspekte zu bilden ist. Sind danach mehrere Bewerber als im Wesentlichen gleich geeignet einzustufen, kann der Dienstherr auf

einzelne Gesichtspunkte abstellen, wobei er deren besondere Bedeutung begründen muss. So kann er der dienstlichen Erfahrung, der Verwendungsbreite oder der Leistungsentwicklung, wie sie sich aus dem Vergleich der aktuellen mit früheren Beurteilungen ergibt, besondere Bedeutung beimessen (Urteile des BVerwG – 2 C 31.01 und 2 C 16.02).

Im Rahmen der Konkordanz der Bewerber A und B kann das Verhältnis der Anlassbeurteilung zur Regelbeurteilung maßgeblich sein (OVG Bautzen – 2 B 2/10), wobei stets zu berücksichtigen ist, dass die Entscheidung des Dienstherrn darüber, welcher Beamte der bestgeeignete für ein Beförderungsamt ist, als Akt wertender Erkenntnis des für die Beurteilung zuständigen Organs gerichtlich nur eingeschränkt überprüft werden kann. Die Auswahl beruht auf der Bewertung der durch Art. 33 Abs. 2 GG i.V.m. § 9 BeamtStG, das Landes-Richtergesetz und Landes-Beamtengesetz vorgegebenen Kriterien. Welchen der zu den Kriterien der Eignung, Befähigung und fachlichen Leistung zu rechnenden Umständen der Dienstherr das größere Gewicht beimisst, bleibt aber seiner Entscheidung überlassen. Das Gericht ist auf die Kontrolle des Verfahrens, der Einhaltung vom Dienstherrn erlassener Beurteilungsrichtlinien und darauf beschränkt, ob der Begriff der Eignung oder die gesetzlichen Grenzen der Beurteilungsermächtigung verkannt worden sind oder ob der Beurteilung ein unrichtiger Sachverhalt zugrunde liegt, allgemein gültige Bewertungsmaßstäbe nicht beachtet oder sachfremde Erwägungen angestellt worden sind (vgl. BVerwG, Urteil vom 10.2.2000 – 2 A 10.98 – juris).

Erkenntnisse über Eignung, Befähigung und fachliche Leistung ergeben sich primär aus dienstlichen Beurteilungen, die daher vorrangig zur Ermittlung des Leistungsstandards zugrunde zu legen sind. Hierbei kommt neben den aktuellen Anlassbeurteilungen den aktuellsten Regelbeurteilungen eine besondere Bedeutung zu (vgl. BVerwG – 2 C 41.00; BVerwG – 2 VR 3.03; BVerwG – 2 B 350/08; BVerwG SächsVBl. 2005, 295). Die Anlassbeurteilung enthält eine aktuelle Beurteilung der Befähigung, Leistung und Eignung, sodass durch eine vergleichende Wertung von Anlassbeurteilungen ein zeitnaher und an dem Prinzip der Bestenauslese orientierter Beurteilungsvergleich ermöglicht wird. Allerdings muss dabei berücksichtigt werden, dass Anlassbeurteilungen voluntativ von anstehenden Personalmaßnahmen beeinflusst werden können und mangelnde Objektivität des Beurteilenden bei solchen Beurteilungen nicht unwahrscheinlich ist. Um die Gefährdung der Objektivität im Auswahlverfahren zumindest graduell verringern zu können, ist deshalb neben der Anlassbeurteilung auch die letzte Regelbeurteilung zu berücksichtigen. Denn die Regelbeurteilung ist, gerade wenn sie als Stichtagsbeurteilung erfolgt, in besonderem Maße geeignet, eine Wettbewerbssituation zu klären, da eine gleichmäßige Anwendung des gewählten Beurteilungssystems erfolgt (SächsOVG SächsVBl. 2001, 196, 198 f. m.w.N.).

Inhaltlich müssen in dem Auswahlvermerk Leistung, Eignung und Befähigung auf der Grundlage der dienstlichen Beurteilungen bewertet, das heißt nachvollziehbar begründet und gewichtet werden. Dies setzt voraus, dass die aktuellen Beurteilungen einer wertenden Betrachtung und Gewichtung unterzogen und die wesentlichen Erwägungen im Auswahlvermerk niedergeschrieben werden (SächsOVG SächsVBl. 2010, 43). Für eine konkrete Verwendungsentscheidung ist auf den aktuellen Stand der Beurteilung abzustellen, weshalb der letzten dienstlichen Beurteilung gewöhnlich ausschlaggebende Bedeutung zukommt (BVerwG – 2 C 41.00)." Das gilt jedenfalls dann, wenn die vorangegangene Beurteilung länger zurückliegt und keine Anhaltspunkte dafür bestehen, dass der Leistungsstand des Bewerbers in der jüngeren Entscheidung nicht realistisch wiedergegeben wird.

Je älter die Regelbeurteilung ist, desto größer ist die Möglichkeit, dass sich aus dem in der Regelbeurteilung geschilderten Leistungsniveau kein aktueller Stand mehr ergibt. Einerseits können sich die Leistungen eines Beamten im höheren Dienst bzw. Staatsanwaltes ändern, andererseits können auch Veränderungen in der Vergleichsgruppe zu anderen Bewertungen führen, da eine dienstliche Beurteilung ihre wesentliche Aussagekraft erst aufgrund ihrer Relation zu den Bewertungen in anderen dienstlichen Beurteilungen erhält (BVerwG – 2 C 41.00). Es können leistungsstarke Bewerber hinzukommen oder aber die Vergleichsgruppe verlassen. Darüber hinaus können sich auch die Bewertungsmaßstäbe oder die Bewertungspraxis ändern, z. B. infolge einer Änderung der Verwaltungsvorschriften oder der Verwaltungspraxis. Je länger deshalb die Regelbeurteilung *„zum Zeitpunkt der Auswahlentscheidung zurückliegt, desto mehr ist der Dienstherr berechtigt und gehalten zu prüfen, ob das in der Regelbeurteilung vergebene Prädikat noch den aktuellen Leistungsstand des Bewerbers im Vergleich zu vergleichbaren Bewerbern wiedergibt."*

Seit der letzten Regelbeurteilung des A ist erst ein Jahr vergangen. Ihm wurden insoweit überragende Fachkenntnisse und gute Führungsqualitäten bescheinigt. Auch in vorherigen Regelbewertungen erhielt A ähnliche Bewertungen, die besser als die des B waren. Seitens der Landesjustizbehörde wurde aber die Anlassbeurteilung als entscheidend eingestuft, obwohl diese extrem fehleranfällig hinsichtlich mangelnder Objektivität ist. Die Regelbewertungen hätten daher bei fehlerfreier Ermessensausübung stärker gewichtet werden müssen, da sie zumeist objektiver erfolgen als Anlassbeurteilungen. Die Ermessensbetätigung ist wegen Ermessensüberschreitung fehlerhaft, wenn der Dienstherr allein aufgrund einer besseren Anlassbeurteilung zugunsten eines Mitbewerbers entscheidet, der schlechtere Regelbeurteilungen hatte.

Die Ernennung des B wäre somit rechtswidrig.

bb) Unzumutbarkeit des Abwartens

Zwar ist in der repräsentativen Demokratie des Grundgesetzes in Verbindung mit der Verwaltungsgerichtsordnung grundsätzlich ein repressives Anspruchssystem bezüglich hoheitlichen Handelns vorgesehen, jedoch ist wegen der in Art. 19 Abs. 4 S. 1 GG enthaltenen Gewähr des effektiven Rechtsschutzes bei Unzumutbarkeit des Abwartens ein vorbeugender materieller Unterlassungsanspruch zu gewähren. Aufgrund der grundsätzlich – auch im Konkurrenzverhältnis zwischen A und B – geltenden Ämterstabilität im Rechtsstaat – A wurde schließlich benachrichtigt – ist ein Abwarten mit anschließender Anfechtungsklage bezüglich der Ernennung im Konkurrenzverhältnis oder die Betreibung des einstweiligen Rechtsschutzes nach Eintritt des Eingriffes durch die Ernennung unzumutbar.

Ein Abwarten war für A unzumutbar, da jedenfalls keine außergewöhnlichen Aspekte wie etwa ein kollusives Zusammenwirken zwischen Dienstherrn und Bewerber, die bei Ernennung zu deren Aufhebung führen könnten, ersichtlich sind.

3. Anspruchsinhalt

Anspruchsinhalt ist das Unterlassen, soweit es möglich und zumutbar ist. Das ergibt sich analog § 74 Abs. 2 S. 3 VwVfG, wonach bei einem Planfeststellungsverfahren bei Unmöglichkeit oder Unzumutbarkeit nur eine Billigkeitsentschädigung gewährt wird. Dies ist auf den vorbeugenden öffentlich-rechtlichen Unterlassungsanspruch zu übertragen, um einen verhältnismäßigen Ausgleich zwischen betroffenen und geschützten Rechten bzw. Rechtsgütern zu schaffen. Eine Unmöglichkeit oder Unzumutbarkeit ist – insbesondere mangels überwiegender Interessen des B – nicht ersichtlich. Zugunsten des A besteht ein vorbeugender öffentlich-rechtlicher Unterlassungsanspruch.

II. Anordnungsgrund

Inhaltliche Grenzen der EA

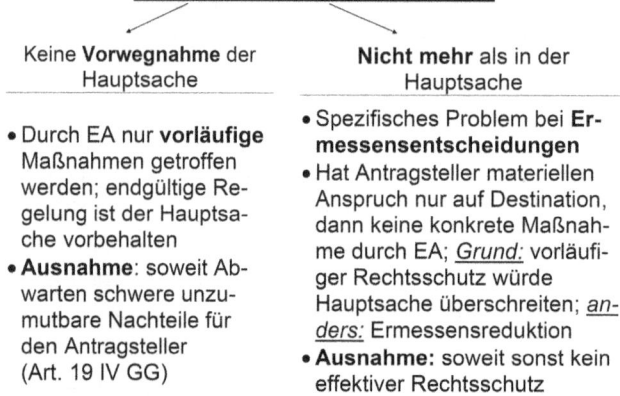

Keine **Vorwegnahme** der Hauptsache	**Nicht mehr** als in der Hauptsache
• Durch EA nur **vorläufige** Maßnahmen getroffen werden; endgültige Regelung ist der Hauptsache vorbehalten • **Ausnahme**: soweit Abwarten schwere unzumutbare Nachteile für den Antragsteller (Art. 19 IV GG)	• Spezifisches Problem bei **Ermessensentscheidungen** • Hat Antragsteller materiellen Anspruch nur auf Destination, dann keine konkrete Maßnahme durch EA; *Grund:* vorläufiger Rechtsschutz würde Hauptsache überschreiten; *anders:* Ermessensreduktion • **Ausnahme:** soweit sonst kein effektiver Rechtsschutz

Schema 14

Ein Anordnungsgrund besteht bei Eilbedürftigkeit, wobei zu berücksichtigen ist, dass die Hauptsacheentscheidung durch eine einstweilige Anordnung grundsätzlich nicht vorweggenommen werden darf, es sei denn, ein effektiver Rechtsschutz i.S.d. Art. 19 Abs. 4 S. 1 GG wäre anderenfalls nicht möglich, sodass sogar Ermessensentscheidungen Gegenstand der einstweiligen Anordnung sein können. Eine Vorwegnahme der Hauptsache erfolgt, wenn die Entscheidung und ihre Folgen aus rechtlichen oder tatsächlichen Gründen auch nach der Hauptsacheentscheidung nicht mehr rückgängig gemacht werden können. Zwar kann Ermessen dem Grundsatz nach in einer Sache nur einmal endgültig in der Hauptsache ausgeübt werden, jedoch ist im Rahmen des effektiven Rechtsschutzes auch eine Verpflichtung der Behörde im Wege der einstweiligen Anordnung möglich, einstweilen fehlerfrei zu bescheiden. Bei Erlass einer einstweiligen Anordnung wird keine vorläufige Ernennung des B erfolgen, sodass das Ernennungsermessen nicht vor der Hauptsache ausgeübt wird. Es wird lediglich der bisherige Zustand gesichert. Im Rahmen einer endgültigen Abwägung und Hauptsacheentscheidung kann B in der Zukunft noch ernannt werden, ebenso A. Eine Vorwegnahme der Hauptsache ist nicht ersichtlich.

III. Glaubhaftmachung

Entsprechend der Aktenlage hat A den Anordnungsanspruch und den Anordnungsgrund gemäß § 123 Abs. 3 VwGO i.V.m. den §§ 920, 294 ZPO glaubhaft gemacht.

C. Ergebnis

Das Bundesland S als Antragsgegner wird im Wege der einstweiligen Anordnung verpflichtet, die Ernennung des B zum Oberstaatsanwalt vorläufig zu unterlassen.

Fall 10:
„The American Dream (Landesrecht)"

Schwerpunkte: Fortsetzungsfeststellungsklage in Abgrenzung zur allgemeinen Feststellungsklage, Marktzugang, Teilnahme an festgesetzter Veranstaltung (§ 70 GewO)

Hinweis: Diesem Fall sowie der Falllösung liegt exemplarisch das Landesrecht von **NRW** zugrunde. An die Rechtslage in **Berlin, Hamburg und Niedersachsen** angepasste Falllösungen sind **online** unter www.heinze-pruefungsanfechtung.de einsehbar.

A betreibt mit seinen Söhnen seit Jahren den als besonders „cool" geltenden 2-Säulen-Autoscooter „American Dream" und konnte von dem sich aus dem Betrieb des Fahrgeschäftes ergebenden Gewinn ein Leben auf der Überholspur führen. Für fast alle jugendlichen Jahrmarkt- und Festbesucher in Deutschland war er ein Vorbild. Doch auch im einst so umsatzstarken und prestigeträchtigen Schaustellergewerbe werden die Zeiten schlechter. A ist nunmehr darauf angewiesen, an jedem Wochenende in einer anderen Stadt den Autoscooter aufzustellen, um zumindest kostendeckend arbeiten zu können. In den letzten zwei Jahren hatte er sich vergeblich für ein Volksfest namens „Herbstmesse" in der Stadt G in Nordrhein-Westfalen beworben. Die Stadt richtet dieses Volksfest als Veranstalterin jedes Jahr im September aus und lässt verschiedentliche Schausteller und Händler aus der Region zu, wobei stets darauf geachtet wird, dass das traditionelle Bild der Veranstaltung und die gewachsene Beziehung zu den Besuchern gewahrt werden.

Auch in diesem Jahr soll die Herbstmesse am letzten Septemberwochenende stattfinden. Auf ein Neues versucht A sein Glück in G und bewirbt sich Anfang September bei der zuständigen Behörde der Gemeinde rechtzeitig um einen Standplatz. Eine Woche vor dem maßgeblichen Wochenende – Marktbeginn – wird seine Bewerbung durch den Bürgermeister als zuständige Behörde der Gemeinde abgelehnt. Zwar werde auch auf die Zugangschancen neuer Bewerber geachtet, jedoch seien wegen des Platzmangels vorrangig bekannte und bewährte Bewerber – C, D und E – berücksichtigt worden. Dies seien die einzigen maßgeblichen Aspekte.

A meint, er würde es im nächsten Jahr gerne erneut versuchen, wobei er der Auffassung ist, dass er bei der Vergabepraxis der Stadt G niemals eine Chance erhalten werde, sich auf der Herbstmesse zu beweisen. Er meint, G dürfe das Volksfest nicht dadurch für ihn sperren, dass nur altbekannte Fahrgeschäfte zugelassen würden, außerdem sei sein Autoscooter viel attraktiver als die von C, D und E betriebenen letztlich zugelassenen drei Autoscooter. Er hielt es allerdings

https://doi.org/10.1515/9783110625707-010

nicht für notwendig, gegen die Zulassungen der Konkurrenten vorzugehen. Im November erhebt A eine Klage beim Verwaltungsgericht mit dem Antrag festzustellen, dass er einen Anspruch auf zumindest fehlerfreie Bescheidung bezüglich der Zulassung zur Herbstmesse hatte. Mit Erfolg?

Abwandlung

Vor mehreren der zugelassenen Fahrgeschäfte hat die zuständige Polizei mit Videokameras Stellung bezogen und filmt die Kundschaft und die Mitarbeiter der Betriebe. Dadurch bleiben potenzielle Kunden in erheblicher Anzahl den Fahrgeschäften fern. Auf Anfrage eines der betroffenen Schausteller teilt die Polizei mit, dass sie der Ansicht sei, im Milieu der Schausteller gäbe es etliche Kriminelle und die Polizei wolle zeigen, dass sie präsent sei. Der Schausteller B verlangt die Löschung der Videoaufzeichnungen. Nach Klageerhebung teilt die Polizei mit, die Daten seien bereits gelöscht worden. Wären die Sachurteilsvoraussetzungen einer Klage des B trotzdem erfüllt, wenn er nunmehr „Feststellung" beantragt und die Polizei angekündigt hat, zukünftig in gleicher Weise agieren zu wollen?

Zusatzfrage

Was ändert sich an der Lösung im Ausgangsfall bezüglich der Klageart und der Stellung des Klageantrages, wenn A sich schon Anfang Juni ordnungsgemäß als Schausteller bewirbt, im Juli eine zulässige Verpflichtungsklage auf Zulassung zur Herbstmesse erhebt, über die vor Oktober nicht mehr entschieden wird, falls A nach Beendigung der Herbstmesse beim Gericht den Antrag stellt, festzustellen, das der Ablehnungsbescheid rechtswidrig war?

Bearbeitungsvermerk

Gehen Sie davon aus, dass der Bürgermeister als Behörde der Stadt G im Ausgangsfall für den Zugang zu Märkten zuständig ist.

Vertiefung

VG Bremen, Beschluss vom 2.10.2012 – 1 B 102/12; VG Neustadt – 4 K 939/10; zum Ganzen: VG Bremen, Entscheidung vom 28.9.2011 – 5 V 655/11; VGH Baden-Württemberg, Urteil vom 1.10.2009 – 6 S 99/09.

Gliederung

1. Komplex: Ausgangsfall —— **241**

  A. Sachurteilsvoraussetzungen (+) —— **241**

     I. Rechtsweg (+) —— **241**

     II. Zuständigkeit (+) —— **242**

     III. Beteiligte (+) —— **242**

     IV. Statthafte Klageart —— **243**

        1. Systematik und Wortlaut (–) —— **244**

        2. Analogie vor Klageerhebung (+) —— **245**

        3. Analogie in Verpflichtungskonstellationen (+) —— **249**

          a) Untätigkeitsklage (+/–) —— **250**

          b) Versagungsgegenklage (+) —— **253**

        4. Zwischenergebnis —— **254**

     V. Besondere Sachurteilsvoraussetzungen (+) —— **255**

        1. Besondere Prozessführungsbefugnis (+) —— **255**

        2. Fortsetzungsfeststellungsinteresse (+) —— **255**

        3. Weitere besondere Sachurteilsvoraussetzungen i.S.d. §§ 42 Abs. 2, 68 ff. VwGO (+) —— **256**

          a) Zeitraum vor der Erledigung (+) —— **257**

          b) Zeitraum nach Erledigung (–) —— **258**

     VI. Allgemeines Rechtsschutzbedürfnis (+) —— **259**

     VII. Zwischenergebnis —— **260**

  B. Begründetheit (+) —— **260**

     I. Anspruchsgrundlage (+) —— **260**

        1. § 8 GO NRW (–) —— **261**

        2. § 70 Abs. 1 GewO (+) —— **261**

     II. Voraussetzungen (+) —— **261**

        1. Formell (+) —— **261**

        2. Materiell (+) —— **262**

     III. Rechtsfolge —— **262**

  C. Ergebnis (+) —— **264**

2. Komplex: Abwandlung —— **264**

  A. Sachurteilsvoraussetzungen (+) —— **264**

     I. Rechtsweg (+) —— **264**

     II. Zuständigkeit (+) —— **265**

     III. Beteiligte (+) —— **265**

     IV. Statthafte Klageart —— **265**

     V. Besondere Sachurteilsvoraussetzungen (+) —— **266**

        1. Besondere Prozessführungsbefugnis (–) —— **267**

        2. Feststellungsinteresse (+) —— **267**

        3. Keine Subsidiarität (+) —— **267**

     VI. Klagebefugnis (+/–) —— **268**

     VII. Vorverfahren (–) —— **268**

  B. Ergebnis (+) —— **268**

3. Komplex: Zusatzfrage —— **268**

Lösungsvorschlag

*Die folgende Lösung ist als Lösungsvorschlag zu verstehen und ausführlicher, als es
in der Klausurbearbeitung verlangt werden kann. Aufgrund der wissenschaftlichen
Freiheit können andere Lösungswege vertreten werden, soweit sie dogmatisch begründbar sind. Die Nachweise aus Rechtsprechung und Literatur sowie die das
Verständnis fördernden Randbemerkungen sind in der Examensklausur auszusparen. Die Abkürzung „Alt." steht für Alternativfall, nicht für Alternative.*

Zur Verbesserung der Methodik bei der Anfertigung eines Gutachtens in der Klausur empfiehlt
sich die Lektüre des Beitrags von Heinze/Starke JURA 2012, 175 ff.

---

1. Komplex: Ausgangsfall

Die Klage des A hat jedenfalls Erfolg, soweit die Sachurteilsvoraussetzungen erfüllt sind, die Klage zulässig und begründet ist.

A. Sachurteilsvoraussetzungen

Hinweis: Andere Aufbauvarianten werden vertreten (z. B. dreistufig oder Prüfung des Verwal-
tungsrechtsweges als Untergliederungspunkt der Zuständigkeit des Gerichts). Derartige Auf-
bauvarianten sind aber mit § 17a Abs. 2 S. 1 GVG bzw. mit der Überschrift des 6. Abschnitts der
VwGO sowie mit § 83 VwGO unvereinbar und daher bei exakter dogmatischer Zuordnung der
Prüfungspunkte nicht zu empfehlen. Die Überschrift „Sachurteilsvoraussetzungen" anstelle der
Überschrift „Zulässigkeit" ist sinnvoll, weil nach § 63 Nr. 3 VwGO auch der Beigeladene zu den
Beteiligten gehört, das Fehlen einer notwendigen Beiladung i.S.d. § 65 Abs. 2 VwGO aber nur
dazu führt, dass das Urteil keine materielle Rechtskraft entfaltet.

Die Sachurteilsvoraussetzungen können erfüllt sein.

I. Rechtsweg

Ein Rechtsweg muß eröffnet sein. Der Verwaltungsrechtsweg kann mangels aufdrängender Sonderzuweisung gemäß § 40 Abs. 1 S. 1 VwGO eröffnet sein. Im
Übrigen kommt ein Verweisungsbeschluss i.S.d. § 17a Abs. 2 S. 1 GVG i.V.m. § 173
S. 1 VwGO in Betracht. Der Verwaltungsrechtsweg ist eröffnet, wenn die streitentscheidende öffentlich-rechtliche Norm einen Hoheitsträger einseitig berechtigt

oder verpflichtet bzw. wenn aufgrund typisch hoheitlichen Handelns zwischen den Beteiligten ein Subordinationsverhältnis besteht.

Als streitentscheidende Normen kommen § 8 Abs. 2, 3 GO NRW sowie § 70 Abs. 1 GewO in Betracht, da sich aus § 8 Abs. 2, 3 GO NRW eine Verpflichtung eines öffentlichen Rechtsträgers ergibt, unter bestimmten Voraussetzungen den Zugang zu einer kommunalen Einrichtung zu gewähren, während sich aus § 70 Abs. 1 GewO unter anderem eine Verpflichtung eines öffentlichen Rechtsträgers ergibt, einem Kläger einen Marktzugang zu gewähren. Weil durch § 70 Abs. 1 GewO auch gegenüber Privaten ein Anspruch begründet werden kann, ist der Sachzusammenhang zum öffentlichen Recht in Form der öffentlich-rechtlichen Organisation der Herbstmesse maßgeblich. Da die Streitigkeit mangels doppelter Verfassungsunmittelbarkeit nicht verfassungsrechtlicher Art und eine abdrängende Sonderzuweisung nicht ersichtlich ist, bleibt es bei der Eröffnung des Verwaltungsrechtsweges. Der Verwaltungsrechtsweg ist gemäß § 40 Abs. 1 S. 1 VwGO eröffnet.

II. Zuständigkeit

Das Verwaltungsgericht ist gemäß § 45 VwGO als Eingangsinstanz für öffentlich-rechtliche Streitigkeiten sachlich zuständig, da Anhaltspunkte für abweichende Regelungen wie z. B. § 50 VwGO nicht ersichtlich sind, sodass kein Verweisungsbeschluss gemäß § 17a Abs. 2 S. 1 GVG i.V.m. § 83 VwGO gefasst werden wird.

Die örtliche Zuständigkeit ist nur anzusprechen, wenn es dafür im Sachverhalt Anhaltspunkte gibt. Gegebenenfalls ist die örtliche Zuständigkeit grundsätzlich im Anschluss an die sachliche Zuständigkeit zu prüfen. Ist sie jedoch gemäß § 52 Nr. 2 VwGO ausnahmsweise von der Klageart abhängig, sollte sie offen mit Verweis auf § 17a Abs. 2 S. 1 GVG i.V.m. § 83 VwGO formuliert werden.

III. Beteiligte

A und die zuständige Landesbehörde können Beteiligte des Verfahrens sein. Beteiligte sind nach § 63 Nr. 1, 2 VwGO jedenfalls unter anderem Kläger und Beklagter, beteiligungsfähig nach § 61 Nr. 1 VwGO natürliche und juristische Personen. Behörden sind gemäß § 61 Nr. 3 VwGO i.V.m. dem Landesrecht in Nordrhein-Westfalen nicht beteiligungsfähig. Als Kläger ist A gemäß § 61 Nr. 1 Alt. 1 VwGO beteiligungsfähig und gemäß § 62 Abs. 1 Nr. 1 VwGO prozessfähig.

Als Beklagte ist der Rechtsträger der Behörde maßgeblich. Da der Bürgermeister als Behörde zuständig ist, ist die Stadt G als Rechtsträgerin gemäß §§ 63 Nr. 2, 61 Nr. 1 Alt. 2 VwGO beteiligungs- und mangels Anhaltspunkten bezüglich des für die Behörde handelnden Organwalters gemäß § 62 Abs. 3, Abs. 1 Nr. 1 VwGO prozessfähig.

Fraglich ist, ob andere Schausteller gemäß § 63 Nr. 3 VwGO als Beteiligte gemäß § 65 Abs. 2 VwGO notwendig beizuladen sind. In Betracht kommen allenfalls die Konkurrenten des A – C, D, E. Dazu müsste ein etwaiges Urteil einheitlich gegenüber C, D und E ergehen. Zwar bedeutet die begrenzte Anzahl von Plätzen für Schausteller bei Zugangsgewährung für den einen die Versagung des Zuganges für einen anderen, jedoch fehlt die Einheitlichkeit der Entscheidung, weil selbst bei bereits erfolgter Zulassung eines Schaustellers die Anfechtung derselben anders als bei beamtenrechtlichen Statusverhältnissen stets möglich ist. Die Zulassung eines Schaustellers z. B. mittels eines Gerichtsurteils impliziert nicht die Aufhebung der Erlaubnis eines anderen. Hinzu kommt, dass die Herbstmesse vorüber ist, sodass ein Urteil zumindest keine faktischen Auswirkungen mehr auf C haben wird. Somit ist C allenfalls einfach i.S.d. § 65 Abs. 1 VwGO aufgrund des insoweit bestehenden richterlichen Ermessens beizuladen.

IV. Statthafte Klageart

Die statthafte Klageart richtet sich gemäß § 88 VwGO nach dem klägerischen Begehren unter Berücksichtigung des Anwendungsvorranges maßnahmespezifischer Rechtsschutzformen und des rechtsstaatlichen Grundsatzes der Effektivität des Rechtsschutzes. Dem klägerischen Begehren entspricht i.d.R. die effektivste Klageart, also nach Möglichkeit die Anfechtungsklage gemäß § 42 Abs. 1 Alt. 1 VwGO als Gestaltungsklage der Verwaltungsgerichtsordnung, es sei denn, es gibt einen ausdrücklichen Antrag, der nicht überschritten werden darf.

Die Anfechtungsklage ist besonders rechtsschutzintensiv, weil das Gericht als Judikative mittels einer Durchbrechung der Gewaltenteilung einen Verwaltungsakt als Rechtssetzungsakt der Exekutive aufhebt.

Voraussetzung der Anfechtungsklage ist, dass der Kläger die Aufhebung eines gegenwärtig wirkenden Verwaltungsaktes erstrebt. Ein Verwaltungsakt ist gemäß § 35 S. 1 NRW VwVfG jede Verfügung, Entscheidung oder andere hoheitliche Maßnahme, die eine Behörde zur Regelung eines Einzelfalls auf dem Gebiet des öffentlichen Rechts trifft und die auf unmittelbare Rechtswirkung nach außen gerichtet ist. A möchte zwar keinen Verwaltungsakt beseitigen, jedoch erstrebte er den Erlass einer verbindlichen Zugangsregelung zu seinen Gunsten bezüglich der Schaustellung auf der Herbstmesse. Die verbindliche Zulassung stellt einen Verwaltungsakt dar.

Das von A ursprünglich Erstrebte kann sich allerdings erledigt haben. Eine Erledigung kann gemäß § 43 Abs. 2 NRW VwVfG durch Rücknahme, Widerruf, anderweitige Aufhebung, Zeitablauf oder andere Weise erfolgen. Mit Ablauf des Monats September war die Herbstmesse vorüber, sodass A die Zulassung zur Herbstmesse im laufenden Jahr nicht mehr erreichen konnte. Mit Beendigung der Herbstmesse ist Erledigung durch Zeitablauf eingetreten.

In Betracht kommt als statthafte Klageart eine Fortsetzungsfeststellungsklage gemäß § 113 Abs. 1 S. 4 VwGO als besondere und damit gegenüber der allgemeinen Feststellungsklage gemäß § 43 Abs. 1 VwGO speziellere Feststellungsklage, die wegen der Formulierung „auf Antrag" – ähnlich wie beim jederzeit möglichen Annexantrag in § 113 Abs. 1 S. 2 VwGO jederzeit bei Erledigung auf Antrag begehrt werden kann – in § 113 Abs. 1 S. 4 VwGO nicht als Konstellation der allgemeinen Klageänderung gemäß § 91 VwGO VwGO einzustufen ist, sondern als eigenständiger Spezialfall derselben, so dass es mangels Regelungslücke in der Verwaltungsgerichtsordnung auch keiner Fiktion der Nichteinstufung als Klägeänderung gemäß § 173 S. 1 VwGO i.V.m. § 264 ZPO bedarf.

Die FFK ist nach h.M. eine eigenständige besondere Feststellungsklage, nicht jedoch ein Unterfall der allgemeinen Feststellungsklage, weil die allgemeine Feststellungsklage anders als die FFK nicht von einer anderen Klageart abhängig ist (Heinze/Sahan JA 2007, 806 ff. m.w.N.). Deshalb kann nicht beim Prüfungspunkt „statthafte Klageart" zunächst nur die Feststellungsklage genannt werden, um dann erst bei den besonderen Sachurteilsvoraussetzungen die Merkmale der FFK zu nennen. Im Übrigen müsste dies ggf. konsequent dann auch für die Verpflichtungsklage gelten, die lediglich eine besondere Leistungsklage ist.

---

1. Systematik und Wortlaut

Von der im Gesetz ausdrücklich geregelten Konstellation der Fortsetzungsfeststellungsklage ist die Erledigung des Verwaltungsaktes nach Klageerhebung erfasst. Zwar hat der Gesetzgeber in § 113 Abs. 1 S. 4 VwGO die Formulierung „vorher" gewählt, jedoch ist damit nicht eine Erledigung vor Klageerhebung, sondern der Zeitpunkt vor der letzten mündlichen Tatsachenverhandlung bzw. bei Entbehrlichkeit einer mündlichen Verhandlung z. B. gemäß § 101 Abs. 2 VwGO der Zeitpunkt des Urteilsspruches gemeint. Wie sich nämlich der Überschrift des 9. Abschnittes der Verwaltungsgerichtsordnung entnehmen lässt, sind in den §§ 81 ff. VwGO – also auch in § 113 Abs. 1 S. 4 VwGO – Geschehnisse nach dem Eintritt der Rechtshängigkeit geregelt. Zudem besteht ein Annex des § 113 Abs. 1 S. 4 VwGO zu § 113 Abs. 1 S. 1 VwGO, in dem die Anhängigkeit einer Klage vorausgesetzt wird. Die Erledigung aus der Sicht des A erfolgte mit Beendigung der Herbstmesse, sodass die Erledigung bereits vor Klageerhebung im November eingetreten ist. Insofern ist das Begehren des A von der gesetzlichen Konstellation des § 113 Abs. 1 S. 4 VwGO nicht erfasst.

2. Analogie vor Klageerhebung

Fraglich ist, ob die Fortsetzungsfeststellungsklage über den Gesetzeswortlaut bei Erledigung vor Klageerhebung analog anwendbar ist.

Unabhängig von einer möglichen gewohnheitsrechtlichen Anerkennung der Anwendung der Fortsetzungsfeststellungsklage bei einer Erledigung eines Verwaltungsaktes vor Klageerhebung kann die Analogie auch dogmatisch begründbar sein. Voraussetzung einer analogen Anwendung der Fortsetzungsfeststellungsklage bei einer Erledigung des Verwaltungsaktes vor Klageerhebung ist zunächst eine planwidrige Gesetzeslücke. Es darf daher keine andere normierte Klageart bei Erledigung vor Klageerhebung einschlägig sein. Eine Anfechtungs- bzw. Verpflichtungsklage kommt jedenfalls deshalb nicht in Betracht, weil dem Kläger wegen des Wegfalls der Beschwer bzw. des Begehrens das Rechtsschutzbedürfnis, dessen besondere Ausprägung die Klagebefugnis darstellt, fehlt. Eine Nichtigkeitsfeststellungsklage ist nur bei einem nach § 44 NRW VwVfG nichtigen Verwaltungsakt die geeignete Klageart, jedoch nicht bei der Feststellung der bloßen Rechtswidrigkeit eines Verwaltungsaktes. Die einzige in Betracht kommende Klageart ist die allgemeine Feststellungsklage nach § 43 Abs. 1 Alt. 1 VwGO, von der auch erledigte konkrete Rechtsverhältnisse erfasst sind. Es müsste somit die zur analogen Anwendung der Fortsetzungsfeststellungsklage bei einer Erledigung des Verwaltungsaktes vor Klageerhebung erforderliche gesetzliche Regelungslücke abgelehnt werden, wenn die allgemeine Feststellungsklage einschlägig wäre. Eine Voraussetzung der allgemeinen Feststellungsklage ist es aber, dass das Bestehen oder Nichtbestehen eines konkreten Rechtsverhältnisses festgestellt werden soll.

Ein konkretes Rechtsverhältnis ist eine rechtliche Beziehung zwischen Personen oder von Personen zu Sachen, die sich aus einer rechtlichen Regelung ergibt. Ein Verwaltungsakt ist jedoch selbst ein Rechtssetzungsakt der Exekutive und stellt daher eine rechtliche Regelung dar. Ein Verwaltungsakt kann daher zwar auf einem Rechtsverhältnis beruhen oder ein solches begründen, jedoch kann er selbst kein solches darstellen, weil zwischen der Regelung selbst und der von ihr ausgehenden Rechtsbeziehung zu trennen ist.

Auf das dem Verwaltungsakt vor- oder nachgelagerte Rechtsverhältnis als konkretes Rechtsverhältnis im Rahmen einer allgemeinen Feststellungsklage kann für die Ablehnung einer gesetzlichen Regelungslücke bei der Erwägung einer analogen Anwendung der Fortsetzungsfeststellungsklage nicht abgestellt werden, weil das vor- oder nachgelagerte Rechtsverhältnis nicht Gegenstand des

Klageantrages und des Klagebegehrens – an letzteres ist das Gericht gemäß § 88 VwGO gebunden – ist. Zwar ist eine derartige allgemeine Feststellungsklage bezüglich des dem Verwaltungsakt vor- bzw. nachgelagerten Rechtsverhältnisses denkbar, jedoch entspricht dessen Prüfung nicht dem Klagebegehren, denn das vorgelagerte Rechtsverhältnis würde, selbst wenn es trotz des anders lautenden Klageantrages als konkretes Rechtsverhältnis herangezogen werden würde, keinen zwingenden Schluss auf die Rechtswidrigkeit des erledigten Verwaltungsaktes zulassen.

Auch eine die Feststellung des Bestehens oder des Nichtbestehens des nachgelagerten Rechtsverhältnisses betreffende Klage ließe keinen zwingenden Rückschluss auf die Rechtmäßigkeit bzw. Rechtswidrigkeit des dem Kläger gegenüber erlassenen bzw. von ihm erstrebten Verwaltungsaktes zu, weil ein solcher schon mit seiner Rechtswirksamkeit unabhängig von seiner Rechtmäßigkeit Wirkung entfaltet und trotz Rechtswidrigkeit bestandskräftig werden kann. Des Weiteren spricht für einen Ausschluss der allgemeinen Feststellungsklage, dass eine Anfechtungs- bzw. eine Verpflichtungsklage stets entsprechend dem Gesetzeswortlaut des § 43 Abs. 2 S. 1 VwGO „hätte erhoben werden können", wenn sich der Verwaltungsakt nicht erledigt hätte. Zudem erscheint es systemfremd, je nach dem zufälligen Zeitpunkt der Erledigung des Verwaltungsaktes unterschiedliche Klagearten – Anfechtung und allgemeine Feststellung – mit einem jeweils unterschiedlichen Klagegegenstand und unterschiedlichen Voraussetzungen für dasselbe Klagebegehren heranzuziehen, während bei einer Fortsetzungsfeststellungsklage im Sinne des § 113 Abs. 1 S. 4 VwGO ebenso wie bei einer Anfechtungs- und Verpflichtungsklage gemäß § 42 Abs. 1 Alt. 2 VwGO ein Verwaltungsakt den Klagegegenstand darstellt.

Ein weiteres Argument für die Annahme einer planwidrigen Gesetzeslücke und somit für eine analoge Anwendung der Fortsetzungsfeststellungsklage bei einer Erledigung des Verwaltungsaktes vor Klageerhebung ergibt sich aus dem Sinn und Zweck der Regelung des § 113 Abs. 1 S. 4 VwGO. Der Gesetzgeber sah offenbar ein Bedürfnis für die Schaffung einer Regelung, die eine Klagemöglichkeit bei Erledigung eines Verwaltungsaktes gewährte. Für den Fall der Erledigung eines Verwaltungsaktes nach Klageerhebung wurde deshalb § 113 Abs. 1 S. 4 VwGO geschaffen. Die Schaffung einer lediglich deklaratorischen Norm wäre überflüssig gewesen und somit kaum erfolgt. Wäre ein Verwaltungsakt ein konkretes Rechtsverhältnis, hätte § 113 Abs. 1 S. 4 VwGO keinen Regelungsinhalt mehr. Zwar könnte darauf abgestellt werden, dass durch § 113 Abs. 1 S. 4 VwGO geregelt würde, dass eine Umstellung der Klage unabhängig von § 91 VwGO jederzeit auf Antrag erfolgen könnte, jedoch ist dies bei der Erledigung konkreter Rechtsverhältnisse im Rahmen der allgemeinen Feststellungsklage ebenfalls ohne Klageänderung nach § 264 Nr. 3 ZPO i.V.m. § 173 S. 1 VwGO möglich, da § 173

S. 1 VwGO i.V.m. § 264 ZPO nur anwendbar ist, weil dort anders als in § 91 VwGO keine Klageänderung geregelt ist, sondern fingiert wird, dass es sich nicht um eine Klageänderung handelt (vgl. Wolff, in: Posser/Wolff (Hg.) BeckOK VwGO, 52. Ed. 01.01.2019, § 91 Rn. 9, 11.2).

Würde § 113 Abs. 1 S. 4 VwGO bei der Einordnung eines Verwaltungsaktes als konkretes Rechtsverhältnis also überflüssig, bedeutet dies, dass der Gesetzgeber zumindest die Erledigung eines Verwaltungsaktes nach Klageerhebung als nicht von der allgemeinen Feststellungsklage erfasst ansah. Daraus folgt, dass der Gesetzgeber selbst davon ausging, die Feststellung der Rechtswidrigkeit von Verwaltungsakten als Rechtssetzungsakte sei nicht von der allgemeinen Feststellungsklage im Sinne des § 43 Abs. 1 Alt. 1 VwGO erfasst – seien sie erledigt oder nicht. Vielmehr lässt sich aus der Schaffung der Fortsetzungsfeststellungsklage in § 113 Abs. 1 S. 4 VwGO für die Erledigung eines Verwaltungsaktes nach Klageerhebung schließen, dass die allgemeine Feststellungsklage lediglich bei Realakten oder sonstigen Rechtsbeziehungen die statthafte Klageart darstellt. Würde die allgemeine Feststellungsklage auch Verwaltungsakte als Rechtssetzungsakte erfassen, hätte der Gesetzgeber für den Fall der Erledigung eines Verwaltungsaktes nach Klageerhebung nämlich keine Fortsetzungsfeststellungsklage zu regeln brauchen. Vielmehr wäre mit der allgemeinen Feststellungsklage schon eine einschlägige Klageart vorhanden gewesen.

Die Regelung über die Feststellung der Nichtigkeit eines Verwaltungsaktes nach § 43 Abs. 1 Alt. 2 VwGO i.V.m. § 43 Abs. 2 S. 2 VwGO steht dieser Argumentation nicht entgegen. Zwar könnte der analogen Anwendung der Fortsetzungsfeststellungsklage entgegengehalten werden, dass die Nennung der Feststellung der Nichtigkeit eines Verwaltungsaktes zeige, dass Verwaltungsakte als Rechtssetzungsakte von der allgemeinen Feststellungsklage sowohl bezüglich ihrer Nichtigkeit als auch bezüglich ihrer Rechtmäßigkeit erfasst seien. Jedoch muss die in § 43 Abs. 1 Alt. 2 VwGO i.V.m. § 43 Abs. 2 S. 2 VwGO genannte Nichtigkeitsfeststellung als vom Gesetzgeber gewollte Ausnahmeregelung dahingehend betrachtet werden, dass nichtige Verwaltungsakte von der allgemeinen Feststellungsklage erfasst sind. Wäre nämlich schon die Feststellung der Rechtswidrigkeit eines Verwaltungsaktes von der allgemeinen Feststellungsklage erfasst, wäre die Benennung des nichtigen Verwaltungsaktes in § 43 Abs. 1 Alt. 2 VwGO überflüssig, weil dieser dann „erst recht" von der allgemeinen Feststellungsklage umfasst wäre – schließlich ist ein nichtiger Verwaltungsakt auch rechtswidrig.

Auch aus der in § 43 Abs. 2 S. 1 VwGO benannten Voraussetzung der Subsidiarität der allgemeinen Feststellungsklage gegenüber der Gestaltungsklage ergibt sich nicht, die Feststellung der Rechtswidrigkeit von Verwaltungsakten sei von der allgemeinen Feststellungsklage erfasst. Es könnte zwar darauf abgestellt werden, dass die Anfechtungsklage, welche die Aufhebung rechtswidriger Verwaltungsakte betrifft, die einzige in der Verwaltungsgerichtsordnung vorgesehene Gestaltungsklage ist, sodass schon aus dem Vorhandensein der Subsidiaritätsregelung des § 43 Abs. 2 S. 1 VwGO bezüglich der Feststellungsklage gegenüber der Gestaltungsklage geschlossen werden könnte, dass rechtswidrige Verwaltungsakte von § 43 Abs. 1 Alt. 1 VwGO grundsätzlich erfasst seien. Die Subsidiaritätsregelung in § 43 Abs. 2 S. 1 VwGO könnte in Bezug auf die Gestaltungsklage nämlich überflüssig sein, wenn rechtswidrige Verwaltungsakte nicht von der Feststellungsklage erfasst wären, weil die Feststellungsklage dann niemals in Konkurrenz zur Anfechtungsklage als einziger Gestaltungsklage stehen könnte.

Gegen eine solche Argumentation spricht allerdings, dass sich ein Konkurrenzverhältnis der Klagearten im Sinne der Subsidiaritätsregelung des § 43 Abs. 2 S. 1 VwGO nicht nur ergeben kann, wenn in dem durch die Gestaltungsklage anfechtbaren Verwaltungsakt das Rechtsverhältnis der Feststellungsklage gesehen wird. Erfasst die allgemeine Feststellungsklage nur das dem Verwaltungsakt nachgelagerte Rechtsverhältnis, kann aber der Verwaltungsakt als vorgelagerter Rechtssetzungsakt durch eine Gestaltungsklage in Form der Anfechtungsklage beseitigt werden, besteht schon insoweit ein Konkurrenzverhältnis der Gestaltungsklage zur Feststellungsklage, als eine allgemeine Feststellungsklage bezüglich des dem Verwaltungsakt nachgelagerten Rechtsverhältnisses ebenso wie eine Anfechtungsklage bezüglich des Verwaltungsaktes selbst möglich ist. Durch die Subsidiaritätsklausel wird somit sichergestellt, dass primär die Anfechtung des vorgelagerten Verwaltungsaktes verfolgt wird, bevor eine mangels vollstreckbaren Tenors ineffektivere allgemeine Feststellungsklage bezüglich des nachgelagerten Rechtsverhältnisses erhoben wird. Es besteht also ein Konkurrenzverhältnis der Anfechtungsklage zur allgemeinen Feststellungsklage, obwohl der anfechtbare Verwaltungsakt kein Rechtsverhältnis im Sinne des § 43 Abs. 1 Alt. 1 VwGO darstellt, sodass die Subsidiaritätsklausel nicht überflüssig ist, wenn Verwaltungsakte als von der allgemeinen Feststellungsklage nicht erfasst eingestuft werden. Aus dem Bestehen der Subsidiaritätsklausel lässt sich daher nicht schließen, dass rechtswidrige Verwaltungsakte von § 43 VwGO erfasst sind.

Die Feststellung der Rechtswidrigkeit von Verwaltungsakten ist von der allgemeinen Feststellungsklage somit nicht erfasst. Wäre das anders, wäre schon die Erschaffung der Fortsetzungsfeststellungsklage für die Erledigung nach Klageerhebung überflüssig, weil die allgemeine Feststellungsklage insoweit hinreichend gewesen wäre.

Sind von der allgemeinen Feststellungsklage im Sinne des § 43 Abs. 1 Alt. 1 VwGO Verwaltungsakte nach alledem nicht erfasst, ist die allgemeine Feststellungsklage bei der Erledigung eines Verwaltungsaktes vor Klageerhebung nicht statthaft. Auch eine von einem Kläger begehrte Feststellung des Bestehens eines Anspruches auf Aufhebung eines Verwaltungsaktes ist somit sogar unabhängig davon, dass sie nicht dem Klageantrag entspricht, nicht von der allgemeinen Feststellungsklage nach § 43 Abs. 1 Alt. 1 VwGO erfasst. Da der Gesetzgeber die Fortsetzungsfeststellungsklage nur für die Konstellation der Erledigung nach Klageerhebung geschaffen und dabei die Möglichkeit der Erledigung vor Klageerhebung übersehen hat, besteht insoweit eine Regelungslücke im Gesetz. Um den in Art. 19 Abs. 4 S. 1 GG verfassungsrechtlich vorgesehenen Rechtsschutz zu gewähren und diesen nicht vom Zufall abhängig zu machen – ob die Erledigung vor oder nach Klageerhebung erfolgt, ist häufig vom Zufall abhängig – ist die Regelungslücke planwidrig. Aufgrund der vorstehend angeführten identischen Interessenlage ist § 113 Abs. 1 S. 4 VwGO bei einer Erledigung vor Klageerhebung analog anzuwenden.

Die Ausführungen zur Analogie bei Verpflichtungskonstellationen können in der Examensklausur auch undifferenzierter erfolgen, ohne dass eine Prädikatsbewertung entfällt. Schon aus Zeitgründen wird sich der Kandidat auf die wesentlichen Argumente beschränken müssen.

---

3. Analogie in Verpflichtungskonstellationen

A erstrebte ursprünglich keine Anfechtung, sondern eine Leistung in Form des Erlasses eines Verwaltungsaktes in Gestalt der Zugangserlaubnis zur Herbstmesse. Auch in Verpflichtungskonstellationen kann eine Erweiterung des Anwendungsbereiches der Fortsetzungsfeststellungsklage mittels einer Analogie möglich sein. Das gilt sowohl bei einer Erledigung nach Klageerhebung – einfach analoge Anwendung – als auch bei einer Erledigung vor Klageerhebung – doppelt analoge Anwendung. Die Erledigung bezieht sich im Verpflichtungsfall auf die Pflicht der Behörde, einen Verwaltungsakt zu erlassen oder zumindest fehlerfrei zu bescheiden. Für eine analoge Anwendung der Fortsetzungsfeststellungsklage vor oder nach der Erhebung einer Verpflichtungsklage bedarf es einer planwidrigen Regelungslücke im Gesetz. Eine solche bestünde nicht, wenn die allgemeine Feststellungsklage i.S.d. § 43 Abs. 1 VwGO anwendbar wäre. Ob es aufgrund der Anwendbarkeit der allgemeinen Feststellungsklage nach § 43 Abs. 1 VwGO an einer für die analoge Anwendung des § 113 Abs. 1 S. 4 VwGO erforderlichen Regelungslücke fehlt, ist im Hinblick auf die Art der Verpflichtungsklage vor der Erledigung – Versagungsgegenklage oder Untätigkeitsklage – differenziert zu betrachten.

a) Untätigkeitsklage

Da es keine Untätigkeit der Behörde gibt, ist die ausführliche Argumentation mit anschließender Ablehnung nicht zwingend. Sie kann in anders gelagerten Fällen aber geboten sein.

Die analoge Anwendung des § 113 Abs. 1 S. 4 VwGO im Rahmen einer Untätigkeitsklage i.S.d. § 75 VwGO ist problematisch. Man könnte der Auffassung sein, eine analoge Anwendung der Fortsetzungsfeststellungsklage sei abzulehnen, weil es wegen der Anwendbarkeit der allgemeinen Feststellungsklage einerseits an einer Regelungslücke fehle und andererseits keine mit § 113 Abs. 1 S. 4 VwGO vergleichbare Interessenlage bestehe, da nicht die Rechtmäßigkeit eines Verwaltungsaktes zu prüfen sei, sondern ein Untätigbleiben der Verwaltung (zum Ganzen: Ehlers Jura 2001, 415 ff.). Lediglich, wenn die Vornahme eines Verwaltungsaktes abgelehnt wurde und über den Widerspruch nicht beschieden wird, würde ein Verwaltungsakt mit Sperrwirkung bestehen, sodass § 113 Abs. 1 S. 4 VwGO insoweit analog anwendbar wäre. Im Übrigen könnte es an einem eine Sperrwirkung entfaltenden Verwaltungsakt fehlen, sodass nicht die Rechtmäßigkeit eines ablehnenden Verwaltungsaktes, sondern das Untätigbleiben der Verwaltung maßgeblich wäre. Allerdings bestehen gewichtige Argumente gegen die Ablehnung der analogen Anwendung des § 113 Abs. 1 S. 4 VwGO bei Verpflichtungsklagen in Form der Untätigkeit.

Eine Regelungslücke besteht, wenn die Feststellung der Verpflichtung der Exekutive zum Erlass eines Verwaltungsaktes von der allgemeinen Feststellungsklage nicht erfasst ist. Zwar könnte darauf abgestellt werden, dass bei der Erledigung der Verpflichtung der Verwaltung zum Erlass eines Verwaltungsaktes ein Untätigbleiben der Verwaltung zu prüfen ist, jedoch ist für die Rechtmäßigkeit des Untätigbleibens der Verwaltung nicht zwingend zu erörtern, ob ein zu erlassender Verwaltungsakt rechtmäßig gewesen wäre. Die sogenannte Untätigkeitsklage ist keine eigenständige Klageart, sondern modifiziert nur die Sachurteilsvoraussetzungen der Klage auf Verpflichtung zum Erlass eines Verwaltungsaktes, bei der es um die Prüfung eines Anspruches auf Erlass eines Verwaltungsaktes geht. Aufgrund eines entsprechenden Feststellungsinteresses kann es dem Kläger aber darum gehen, nicht nur den Anspruch auf den Erlass eines Verwaltungsaktes prüfen zu lassen, sondern auch dessen Rechtmäßigkeit, vorausgesetzt dem Kläger wird insoweit das Rechtsschutzbedürfnis nicht abgesprochen. Ebenso wie die Anwendbarkeit der allgemeinen Feststellungsklage bei einer Erledigung vor Klageerhebung im Anfechtungsfall mit der Begründung abgelehnt worden ist, ein vorgelagertes Rechtsverhältnis lasse keinen zwingenden Schluss auf die Rechtmäßigkeit eines Verwaltungsaktes zu, sodass dieser im Rahmen einer analogen Anwendung der Fortsetzungsfeststellungsklage zu erörtern sei, ist die allgemeine

Feststellungsklage, welche das dem Verwaltungsakt vorgelagerte Rechtsverhältnis – dieses ist gleichzeitig das einem in der Regel höherrangigen Rechtssetzungsakt nachgelagerte Rechtsverhältnis – erfasst, auch dann nicht einschlägig,
wenn es dem Kläger um die Feststellung der Pflicht der Verwaltung zum Erlass
eines Verwaltungsaktes geht.

Ist die Verwaltung z. B. aufgrund eines Vorbescheides zum Erlass eines Verwaltungsaktes gezwungen oder wegen der Bestandskraft des Vorbescheides zur
Ablehnung des Verwaltungsaktes berechtigt, kann sich aus dem vorgelagerten
Rechtsverhältnis des Verwaltungsaktes das Recht der Verwaltung zur Ablehnung
bzw. die Pflicht zur ermessensfehlerfreien Bescheidung ergeben, obwohl sich aus
der Prüfung der Rechtmäßigkeit des angestrebten Verwaltungsaktes am Gesetz
z. B. im Hinblick auf eine etwaige Wiederholungsgefahr wegen einer Ermessensreduktion die Pflicht zum Erlass oder das Recht zur Ablehnung ergeben würden.
Gleiches gilt beispielsweise bei Abschluss eines öffentlich-rechtlichen Vertrages
mit einem Dritten unter Zustimmung des Klägers, der den Anspruch auf Erlass
eines Verwaltungsaktes ausschließt. Die Verwaltung hätte grundsätzlich die
Möglichkeit der Ermessensbescheidung auch zugunsten des Klägers, während bei
Betrachtung des zu erlassenden Verwaltungsaktes aufgrund des Vertrages das
Ermessen reduziert ist, sodass sich aus dem vorgelagerten Rechtsverhältnis keine
zwingende Tätigkeit der Verwaltung ergibt. Aus dem vorgelagerten Rechtsverhältnis des Untätigbleibens ergibt sich in Ausnahmefällen – soweit es um eine
Wiederholungsgefahr geht – daher kein zwingender Rückschluss auf die Rechtmäßigkeit eines nach der Gesetzeslage erstrebten Verwaltungsaktes bei drohen-
der Wiederholung, weil die gesetzlichen Regeln in der erledigten Situation anders
als in der zukünftig drohenden Situation durch andere Rechtssetzungsakte
überlagert gewesen sein können. Die allgemeine Feststellungsklage führt insoweit
nicht zur Erreichung des vom Kläger verfolgten Klagezieles.

Die erstrebte Feststellung bezieht sich zudem nicht auf irgendein Handeln, zu
welchem die Verwaltung verpflichtet gewesen wäre, sondern es soll festgestellt
werden, ob die Verwaltung einen bestimmten Verwaltungsakt hätte erlassen
müssen, also ob ein Anspruch auf den Erlass eines Verwaltungsaktes zumindest
in Form einer fehlerfreien Bescheidung bestand. Darin ist eine qualifizierte Tätigkeit der Verwaltung zu sehen. Gegenstand der Klage ist daher die Pflicht zum
Erlass eines Verwaltungsaktes als Rechtssetzungsakt, welcher von der allgemeinen Feststellungsklage nicht erfasst ist. Die Feststellung der Rechtswidrigkeit des
Nichterlasses eines Verwaltungsaktes trotz eines insoweit bestehenden Anspruches geht nämlich über die bloße Feststellung der Rechtswidrigkeit des Untätigbleibens der Verwaltung hinaus.

Darüber hinaus ist der beim Verhältnis der allgemeinen Leistungsklage zur
Verpflichtungsklage zugrunde liegende Rechtsgedanke zu beachten. Der Gesetz-

geber ist offenbar davon ausgegangen, dass die Überprüfung des Untätigbleibens der Verwaltung bezüglich des Erlasses eines Verwaltungsaktes nicht von solchen Klagearten erfasst sein soll, welche regelmäßig ein Tun oder Unterlassen durch reales Verwaltungshandeln beinhalten. Anderenfalls hätte der Gesetzgeber in § 42 Abs. 1 Alt. 2 VwGO nämlich keine Verpflichtungsklage zu regeln brauchen, aufgrund derer die Verwaltung zum Handeln in Form eines Verwaltungsaktes verurteilt werden kann. Dort ist ebenfalls ein Untätigbleiben der Verwaltung Gegenstand der Klage. Vielmehr hätte – da eine Handlungspflicht Gegenstand des Klageantrages ist – die allgemeine Leistungsklage, welche z. B. in den §§ 43 Abs. 2, 111 VwGO vorausgesetzt ist, zur Verfolgung des Klagezieles – der Verpflichtung zum Handeln der Verwaltung durch einen Verwaltungsakt – genügt. Auch eine Feststellung der Pflicht zum Erlass eines Verwaltungsaktes hätte die Verwaltung aufgrund ihrer aus Art. 20 Abs. 3 GG folgenden Pflicht zum rechtmäßigen Handeln gebunden, wenngleich ein Feststellungstitel anders als ein Leistungstitel nicht vollstreckbar ist. Dennoch sah der Gesetzgeber die Leistung in der Form des Erlasses eines Verwaltungsaktes als Rechtssetzungsakt offenbar als von der allgemeinen Leistungsklage nicht erfasst an und schuf die Verpflichtungsklage. Wird dies auf die Feststellungsfälle übertragen, besteht eine Parallele der allgemeinen Leistungsklage zur allgemeinen Feststellungsklage, welche die Prüfung der Rechtmäßigkeit von erlassenen oder zu erlassenden Verwaltungsakten als Rechtssetzungsakte ebenfalls nicht beinhaltet. Bedurfte es für den Zeitraum vor Erledigung aufgrund des Untätigbleibens der Verwaltung bezüglich des Erlasses eines Verwaltungsaktes mit der Verpflichtungsklage einer besonderen maßnahmespezifischen Klageart, ist der Nichterlass eines Verwaltungsaktes auch für den Zeitraum nach der Erledigung als qualifiziertes Untätigbleiben der Verwaltung einzuordnen, welches entsprechend der Verpflichtungsklage im Verhältnis zur allgemeinen Leistungsklage vor Erledigung einer über die allgemeine Feststellungsklage hinausgehenden gesonderten Klageart bedurft hätte. Diese Parallelwertung ist zulässig, obwohl eine allgemeine Leistungsklage anders als die allgemeine Feststellungsklage im Gesetz nicht gesondert geregelt ist, denn ihr Bestehen wird in den genannten Normen vorausgesetzt.

Der Unterschied besteht darin, dass der Gesetzgeber jedoch die Erledigung eines Untätigbleibens bezogen auf ein Handeln der Verwaltung in Form eines Verwaltungsaktes nicht bedacht hat und daher nicht parallel zur Verpflichtungsklage im Verhältnis zur allgemeinen Leistungsklage eine vergleichbare Fortsetzungsfeststellungsklage im Verhältnis zur allgemeinen Feststellungsklage geschaffen hat. Folglich besteht insoweit eine planwidrige Regelungslücke im Gesetz, welche durch die analoge Anwendung der Fortsetzungsfeststellungsklage zu schließen ist. Die vergleichbare Interessenlage besteht, weil die Prüfung der Untätigkeit der Verwaltung auch die Prüfung der Verpflichtung der Verwaltung zum Erlass eines Verwaltungsaktes erfordert. Die Fortsetzungsfeststellungsklage ist folglich auch im Rahmen der Verpflichtung der Verwaltung zum Erlass eines Verwaltungsaktes bei Erledigung vor – doppelte Analogie – oder nach – einfache Analogie – Klageerhebung bei Untätigkeit der Verwaltung grundsätzlich analog anwendbar.

Eine Einschränkung des Anwendungsbereiches dieser analogen Anwendung der Fortsetzungsfeststellungsklage aus § 113 Abs. 1 S. 4 VwGO bei Erledigung von Verpflichtungsfällen könnte sich aus einer Differenzierung zwischen dem Anspruch auf Erlass eines Verwaltungsaktes und dem bloßen Bescheidungsanspruch, welcher auch durch eine ablehnende Bescheidung erfüllt werden kann, ergeben. Ein qualifiziertes Untätigbleiben mit Bezug zum Verwaltungsakt könnte lediglich beim Anspruch auf Erlass eines Verwaltungsaktes angenommen und beim Bescheidungsanspruch könnte auf ein einfaches Untätigbleiben der Verwaltung abgestellt werden, dessen Rechtswidrigkeit auch Gegenstand der allgemeinen Feststellungsklage sein kann. Bei Erledigung eines Bescheidungsanspruches wäre dann die allgemeine Feststellungsklage nach § 43 Abs. 1 VwGO statthaft, während es bei Erledigung eines Anspruches auf Erlass des Verwaltungsaktes bei der Analogie zu § 113 Abs. 1 S. 4 VwGO bliebe. Eine solche Differenzierung ist abzulehnen. Wie bereits dargelegt, ist von der allgemeinen Feststellungsklage nicht die Prüfung von Ansprüchen auf den Erlass bestimmter Verwaltungsakte erfasst. Auch für den Fall der Bescheidung verlangt der Kläger bei Untätigkeit der Verwaltung aber nach Erledigung die Feststellung, dass ein bestimmter Verwaltungsakt, nämlich ein fehlerfrei beschiedener Verwaltungsakt, hätte erlassen werden müssen. Der Antrag überschreitet also die Grenze des von der allgemeinen Feststellungsklage erfassten schlichten Handelns, sodass insoweit eine gesetzliche Regelungslücke besteht. Bei Untätigkeit der Verwaltung im Verpflichtungsfall ist nach Erledigung die Fortsetzungsfeststellungsklage aus § 113 Abs. 1 S. 4 VwGO analog anwendbar.

Letztlich ist die analoge Anwendung der Fortsetzungsfeststellungsklage bei Untätigkeit der Behörde jedoch nicht entscheidend, da die Behörde einen Ablehnungsbescheid erlassen hatte – unabhängig davon, ob sie dies musste oder nicht.

b) Versagungsgegenklage

A hatte eine Woche vor Beginn der Herbstmesse einen ablehnenden Bescheid von der Behörde erhalten, sodass er vor der Erledigung die Erteilung der Zugangserlaubnis unter Aufhebung des ablehnenden Bescheides und eines eventuell noch erforderlichen Widerspruchsbescheides – also einschließlich eines gestaltenden Elementes in Form der Versagungsgegenklage – bei Nichterledigung gerichtlich erstrebt hätte. Bei der Erledigung einer Verpflichtungskonstellation für den Fall einer Versagungsgegenklage ist die Fortsetzungsfeststellungsklage nach § 113 Abs. 1 S. 4 VwGO ebenfalls analog anwendbar, denn die Ablehnung des Verwaltungsaktes erfolgt ihrerseits in Gestalt eines Verwaltungsaktes, welcher nicht Gegenstand der allgemeinen Feststellungsklage sein kann. Ebenso wie in der Anfechtungskonstellation kann nicht auf das vorgelagerte Rechtsverhältnis zurückgegriffen werden. Wie bei Untätigkeit der Verwaltung ist auch eine Differenzierung zwischen dem Anspruch auf Erlass eines Verwaltungsaktes und dem bloßen Bescheidungsanspruch nicht vorzunehmen, weil auch bei einem bloßen Bescheidungsanspruch festgestellt werden soll, ob die Verwaltung verpflichtet war, durch einen Verwaltungsakt fehlerfrei zu bescheiden. Insoweit ist bei Versagung des Verwaltungsaktes ebenso wie bei Untätigkeit der Verwaltung nicht zwischen dem Anspruch auf Erlass eines Verwaltungsaktes und dem auf fehlerfreie Bescheidung zu differenzieren. Eine das dem Ablehnungsbescheid vorgelagerte Rechtsverhältnis betreffende allgemeine Feststellungsklage nach § 43 Abs. 1 VwGO ist aufgrund dessen Sperrwirkung bei der Versagungsgegenklage nicht möglich, sodass die für eine Analogie erforderliche planwidrige Regelungslücke besteht und die Fortsetzungsfeststellungsklage aus § 113 Abs. 1 S. 4 VwGO auch bei Erledigung im Verpflichtungsfall der Versagungsgegenklage analog anwendbar ist.

4. Zwischenergebnis

Die Fortsetzungsfeststellungsklage gemäß § 113 Abs. 1 S. 4 VwGO ist aufgrund der Erledigung des Marktes vor Klageerhebung in analoger Anwendung die statthafte Klageart.

Die These, dass es einer Erörterung des Streitstandes nicht mehr bedarf, weil das BVerwG die analoge Anwendung der FFK gelegentlich nicht mehr ausdrücklich benennt, überzeugt nicht. Zwar erörtert das BVerwG die genaue Klageart nicht immer, jedoch prüft es bei erledigten Verwaltungsakten eingeschränkt die besonderen Sachurteilsvoraussetzungen der §§ 68 ff. VwGO und stellt insoweit eine Abhängigkeit zur Anfechtungs- bzw. Verpflichtungsklage her. Eine solche Abhängigkeit von einer anderen Klageart gibt es bei der allgemeinen Feststellungsklage nicht. Somit ergibt sich aus den Erörterungen des BVerwG, dass es bei Erledigung vor Klageerhebung eine analoge Anwendung des § 113 Abs. 1 S. 4 VwGO annimmt, nicht aber auf eine allgemeine Feststellungsklage gemäß § 43 Abs. 1 VwGO abstellt.

Klausurhinweis: Auch mit etwas weniger Begründungsaufwand bei der Herleitung der analogen Anwendung lässt sich eine Prädikatsnote erreichen. Nur ein Verweis auf Gewohnheitsrecht genügt aufgrund des Streitstandes zu diesem Thema hingegen nicht einmal im Ansatz überdurchschnittlichen Anforderungen. Zur Fortsetzungsfeststellungsklage insgesamt: Heinze/ Sahan JA 2007, 806 ff. m.w.N.

V. Besondere Sachurteilsvoraussetzungen

Die besonderen Sachurteilsvoraussetzungen können erfüllt sein.

1. Besondere Prozessführungsbefugnis

§ 78 VwGO als Regelung der besonderen Prozessführungsbefugnis ist gemäß der Abschnittsüberschrift des 8. Abschnitts der Verwaltungsgerichtordnung bei Anfechtungs- und Verpflichtungsklagen anwendbar. Analog ist § 78 VwGO in Verfahren anwendbar, bei denen es um Verwaltungsakte geht, weil insoweit eine vergleichbare Interessenlage bei planwidriger Regelungslücke besteht. Da mit der Fortsetzungsfeststellungsklage gemäß § 113 Abs. 1 S. 4 VwGO die Feststellung der Rechtswidrigkeit eines Verwaltungsaktes erstrebt wird, ist § 78 VwGO insoweit analog anwendbar. Besonders prozessführungsbefugt ist analog § 78 Abs. 1 Nr. 1 VwGO die Stadt G vertreten durch den Bürgermeister.

---

§ 78 VwGO enthält nach h.M. eine Regelung über die besondere Prozessführungsbefugnis, die von der Beteiligungsfähigkeit und der Passivlegitimation zu trennen ist (MA: § 78 VwGO als Sonderregelung der Passivlegitimation, die aber in der Sachstation, also der Begründetheit, zu prüfen ist, da Passivlegitimation der Terminus für den materiell richtigen Klagegegner ist). Die besondere Prozessführungsbefugnis ist ein Unterpunkt bei den besonderen Sachurteilsvoraussetzungen und wird teilweise (vertretbar aber bzgl. der materiell-rechtlichen Passivlegitimation verwechslungsfähig) mit „Klagegegner" überschrieben.
Einige Argumente für die h.M.:
– § 78 VwGO steht systematisch bei den besonderen Sachurteilsvoraussetzungen
– Gesetzgebungskompetenzen
– falsche Behörde bzw. falscher Rechtsträger können nicht zum materiell richtigen Anspruchsgegner i.S. einer Passivlegitimation werden (zum Ganzen: Ehlers, Festschrift für Menger, S. 379 ff.; Hufen, Verwaltungsprozessrecht, 11. Aufl. 2019, § 12, Rn 38 ff. m.w.N.; vgl. OVG Münster NVwZ 1990, 188)

---

2. Fortsetzungsfeststellungsinteresse

Da es sich bei der Fortsetzungsfeststellungsklage um eine besondere Feststellungsklage handelt, ist ein Feststellungsinteresse in der Form eines Fortsetzungsfeststellungsinteresses erforderlich, für dessen Beurteilung der Zeitpunkt der letzten mündlichen Tatsachenverhandlung oder – bei Entscheidung ohne mündliche Verhandlung – der Zeitpunkt des Urteilsspruches maßgeblich ist. Dabei gibt es drei berücksichtigenswerte Interessen, die Wiederholungsgefahr, das Rehabilitierungsinteresse, welches besonders schwerwiegende Grundrechtseingriffe und effektiven Rechtsschutz i.S.d. Art. 19 Abs. 4 S. 1 GG impliziert, und die Vorbereitung eines Amtshaftungsanspruches als Präjudizinteresse.

Das Fortsetzungsfeststellungsinteresse der Vorbereitung eines Amtshaftungsanspruches kann nur in dem bezüglich des Erledigungszeitpunktes gesetzlich ausdrücklich geregelten Fall der Fortsetzungsfeststellungsklage ein solches Interesse begründen – bei Erledigung nach Klageerhebung in Anfechtungs- oder bei einfach analoger Anwendung des § 113 Abs. 1 S. 4 VwGO in Verpflichtungskonstellationen. Sollte die Fortsetzungsfeststellungsklage auch bei Erledigung des Verwaltungsaktes vor Klageerhebung analog anwendbar sein, lässt sich aus der Prozessökonomie insoweit kein Fortsetzungsfeststellungsinteresse ableiten, denn in dieser Konstellation könnte der Betroffene unmittelbar das für das z. B. im Amtshaftungsrecht gemäß Art. 34 S. 3 GG zuständige ordentliche Gericht anrufen, welches dann auch für die inzident relevanten öffentlich-rechtlichen Rechtsprobleme zuständig wäre, wenngleich beim Verwaltungsgericht anders als beim ordentlichen Gericht gemäß § 86 VwGO der Amtsermittlungsgrundsatz gilt. Unabhängig davon, ob dieses Interesse auch bei einer Erledigung vor Klageerhebung besteht, geht es A jedenfalls nicht um eine Amtshaftung oder andere Ersatzleistungen.

Ein Rehabilitierungsinteresse des A ist nicht ersichtlich. Jedenfalls besteht aber eine Wiederholungsgefahr, weil A sich im nächsten Jahr erneut für einen Schaustellplatz auf der Herbstmesse bewerben möchte und somit unter im Wesentlichen unveränderten tatsächlichen und rechtlichen Umständen mit beachtlicher Wahrscheinlichkeit erneut nicht zugelassen werden wird.

3. Weitere besondere Sachurteilsvoraussetzungen i.S.d. §§ 42 Abs. 2, 68 ff. VwGO

Möglicherweise sind die besonderen Sachurteilsvoraussetzungen der Anfechtungs- bzw. Verpflichtungsklage aus den §§ 42 Abs. 2, 68 ff. VwGO bei der Fortsetzungsfeststellungsklage analog anwendbar. Relevant ist dabei der Zeitpunkt der Erledigung, sodass für die analoge Anwendbarkeit der §§ 42 Abs. 2, 68 ff. VwGO zwischen dem Zeitraum vor der Erledigung und dem Zeitraum nach der Erledigung zu differenzieren ist.

Es handelt sich um eine analoge Anwendung der §§ 42 Abs. 2, 68 ff. VwGO, weil nunmehr aus der Sicht der FFK geprüft wird (Zeitraum vor und nach Erledigung), obwohl die FFK vor der Erledigung tatsächlich noch eine Anfechtungs- bzw. Verpflichtungsklage war, bei der die Voraussetzungen direkt anwendbar sind.

a) Zeitraum vor der Erledigung

Jedenfalls für den Zeitraum vor der Erledigung des Verwaltungsaktes sind die §§ 42 Abs. 2, 68 ff. VwGO analog anwendbar; anderenfalls könnte aus einer mangels Klagebefugnis oder aufgrund einer Verfristung unzulässigen Anfechtungs- oder Verpflichtungsklage eine zulässige Fortsetzungsfeststellungsklage werden. Die besonderen Sachurteilsvoraussetzungen der Verpflichtungsklage würden umgangen, sodass die für eine analoge Anwendung der §§ 42 Abs. 2, 68 ff. VwGO erforderliche planwidrige Gesetzeslücke und die vergleichbare Interessenlage insoweit gegeben sind.

aa) Klagebefugnis

A muss bis zur Erledigung klagebefugt gewesen sein. Die Klagebefugnis nach § 42 Abs. 2 VwGO setzt die Möglichkeit der Verletzung eines subjektiven Rechts voraus. Subjektive Rechte leiten sich aus Sonderbeziehungen, einfachen Gesetzen, subsidiär aus Grundrechten und unter Umständen Unionsrecht ab, wobei aufgrund des weiten Schutzbereiches des Art. 2 Abs. 1 GG bei unmittelbaren Grundrechtseingriffen für das subjektive Recht direkt auf Grundrechte abgestellt werden kann. Ein unmittelbarer Grundrechtseingriff in z. B. die Berufsfreiheit aus Art. 12 Abs. 1 GG ist bei A nicht ersichtlich, da er mit dem Zugang zur Herbstmesse eine Leistung begehrt. Die Versagung einer Leistung stellt nur einen Grundrechtseingriff dar, wenn ein grundrechtlicher Anspruch auf die Leistung bestand. Maßgeblich ist für A ein möglicherweise bestehender Anspruch aus § 70 Abs. 1 GewO bezüglich des Zuganges zu einem Markt oder ein Anspruch auf Zugang zu einer kommunalen Einrichtung gemäß § 8 Abs. 2, 3 GO NRW.

Zur Klagebefugnis: Ist jemand Adressat eines belastenden Verwaltungsaktes, kann beim subjektiven Recht wegen des unmittelbaren Grundrechtseingriffes nach h.M. direkt auf Grundrechte abgestellt werden. Mittlerweile wird (dogmatisch überzeugend) auch insoweit vermehrt auf vorrangige speziellere subjektive Rechte abgestellt, wenn es sie gibt.

---

bb) Vorverfahren und Widerspruchsfrist

Ein Vorverfahren war gemäß § 68 Abs. 1 S. 2 VwGO i.V.m. § 110 Abs. 1 S. 1 JustizG entbehrlich, weil Ausnahmeregelungen für Marktzugangserlaubnisse i.S.d. § 110 Abs. 2, 3 S. 1 JustizG nicht bestehen.

cc) Klagefrist

Die Klagefrist von einem Monat nach Zustellung des Bescheides gemäß § 74 Abs. 1
S. 1 VwGO muss bis zur Erledigung des Veranstaltungsverbotes eingehalten worden sein. Dabei ist nicht maßgeblich, ob A tatsächlich Klage erhoben hatte,
sondern nur, ob er bis zur Erledigung noch hätte Klage erheben können. Der
ablehnende Bescheid wurde A eine Woche vor Beginn der Herbstmesse in der
zweiten Septemberhälfte bekannt gegeben, wobei die Erledigung mit Beendigung
der Herbstmesse ebenfalls in der zweiten Hälfte des Monats September erfolgte,
sodass ein Monat nicht verstrichen war. A hätte bis zum Zeitpunkt der Erledigung
eine Verpflichtungsklage erheben können.

b) Zeitraum nach Erledigung

Für den Zeitraum nach der Erledigung des Verwaltungsaktes wären die beson-
deren Sachentscheidungsvoraussetzungen aus den §§ 42 Abs. 2, 68 ff. VwGO nur
anwendbar, wenn die Fortsetzungsfeststellungsklage einen Sonderfall der
Anfechtungsklage darstellen würde. Es müsste insoweit gegebenenfalls noch
ein Fortsetzungsfeststellungswiderspruchsverfahren durchgeführt sowie die
Klagefrist aus § 74 VwGO auch für diesen Zeitraum beachtet werden. Da der
Fortsetzungsfeststellungsklage aber das für die Anfechtungsklage typische
Alleinstellungsmerkmal der Gestaltungsfunktion fehlt, ist die Fortsetzungsfeststellungsklage als besondere Feststellungsklage einzuordnen. Für den Zeitraum nach der Erledigung bedarf es daher keiner entsprechenden Heranziehung
der §§ 42 Abs. 2, 68 ff. VwGO. Eine für die analoge Anwendung der §§ 42 Abs. 2,
68 ff. VwGO erforderliche planwidrige Gesetzeslücke besteht, anders als für den
Zeitraum vor Klageerhebung, nicht. Deshalb besteht für den Zeitraum nach der
Erledigung eines Verwaltungsaktes weder eine Bindung an ein Vorverfahren
noch eine Bindung an Fristen, es sei denn, ein Vorverfahren ist – so grundsätzlich im Beamtenrecht nach den §§ 126 Abs. 2 BBG, 54 Abs. 2 BeamtenStG
i.V.m. dem Landesrecht – vorgesehen. Nach Ablauf eines längeren Zeitraumes
kann das Fortsetzungsfeststellungsinteresse allenfalls z. B. wegen des Wegfalls
der Rehabilitierungsmöglichkeit verwirkt sein.

Auch eine Verwirkung der FFK ist gemäß § 242 BGB i.V.m. Art. 20 Abs. 3 GG denkbar.

Für den Zeitraum nach Erledigung gelten für A keine weiteren besonderen
Sachurteilsvoraussetzungen.

Nach h.M. sind besondere Voraussetzungen für den Zeitraum nach der Erledigung nicht erforderlich. **Ausnahme:** Im Beamtenrecht ist nach den §§ 54 Abs. 2 BeamtenStG, 126 Abs. 2 BBG grundsätzlich ein Vorverfahren erforderlich. Das Landesrecht kann aber Ausnahmen i.S.d. § 54 Abs. 2 S. 3 BeamtenStG enthalten.

VI. Allgemeines Rechtsschutzbedürfnis

Fraglich ist, ob A rechtsschutzbedürftig ist. Am allgemeinen Rechtsschutzbedürfnis des A fehlt es, wenn ihm bezüglich seines Antrages schon vor Erledigung das Rechtsschutzbedürfnis fehlte. Das wäre anzunehmen, wenn A vor Stellung eines Leistungsantrages bei der Behörde bzw. vor der Erhebung einer Verpflichtungsklage einen Anfechtungsantrag bei der Behörde bzw. beim Gericht bezüglich der Zugangserlaubnisse der anderen Bewerber – C, D, E – hätte stellen müssen.

Ob es bei Nichterledigung vor Stellung eines Leistungsantrages einer Abwehr der Zulassungen der Konkurrenten bedarf, ist strittig.

Ein solches Vorgehen gegen die Zugangserlaubnisse zugunsten der C, D und E könnte erforderlich gewesen sein, weil es sich mangels Kapazitätsbeschränkungen nicht um ein Konkurrentengleichstellungsbegehren, sondern um einen Konkurrentenverdrängungsbegehren handelt und durch ihre Zulassung zur Herbstmesse Plätze besetzt werden, welches bei begrenzter Kapazität das Zugangsrecht des A beeinträchtigen kann. Insoweit könnte – zumindest bei einer geringen und überschaubaren Anzahl von Konkurrenten – ein Vorgehen gegen deren Zulassungen notwendig sein, um erst die Voraussetzungen für den Leistungsanspruch des Klägers zu schaffen. Dies wäre aber bezüglich des sich unter anderem aus Art. 20 Abs. 3 GG ergebenden Rechtsstaatsprinzips problematisch, da bei Bestehen des Leistungsanspruches des A die Behörde gegenüber den Konkurrenten die Möglichkeit hat, aus ihrer Pflicht zum rechtmäßigen Handeln heraus durch Rücknahme und Widerruf gegebenenfalls i.S.d. §§ 48, 49 NRW VwVfG tätig zu werden. Es bestehen anders als bei der Aufhebung der Ernennung eines statusrechtlichen Beamten keine besonderen Hindernisse. Es ist einem Kläger auch rechtsstaatlich nicht zumutbar, eine Vielzahl von Konkurrenten ausfindig zu machen, um gegen deren Zulassungen vorzugehen. Zwar könnte dies bei einer begrenzten Anzahl von Konkurrenten – wie C, D und E – ohne besonderen Aufwand möglich sein, gegen deren Zulassungen vorzugehen, jedoch wäre dies jedenfalls im Hinblick auf ein Prozesskostenrisiko bei einem Konkurrentenverdrängungsbegehren nicht zumutbar. Selbst wenn einer von mehreren Konkurrenten aufgrund einer Anfechtung seine Zulassung verlieren und der Kläger diesen Platz erhalten und sein Begehren durchsetzen würde, müsste der Kläger dennoch die Kosten der übrigen Anfechtungsverfahren, die er verliert, tragen. Dies wäre mit dem Rechtsstaatsprinzip sowie der Gewährung eines effektiven Rechtsschutzes nicht vereinbar.

Ein Vorgehen gegen die Zulassungen der C, D und E war seitens des A somit nicht erforderlich, sodass dessen Unterlassen einem allgemeinen Rechtsschutzbedürfnis für eine Klage nicht entgegenstehen kann. Darüber hinaus ist zu berücksichtigen, dass es sich bei der Fortsetzungsfeststellungsklage um erledigte Verwaltungsakte handelt. Insoweit darf nicht durch die Erledigung, welche zufallsabhängig sein kann, die Frist für ein Vorgehen gegen die Zulassungen Dritter verkürzt werden, welche je nach Konstellation durch § 70 VwGO, § 74 VwGO oder § 58 Abs. 2 VwGO zu bemessen wäre. Selbst falls ein vorheriges Vorgehen gegen die Zulassungen der Konkurrenten bis zur Erledigung erforderlich gewesen wäre, wäre allenfalls maßgeblich gewesen, ob es bis zum Zeitpunkt der Erledigung möglich gewesen wäre, mittels eines Widerspruches oder einer Klage gegen die Zulassungen der Konkurrenten vorzugehen.

Nach alledem ist A rechtsschutzbedürftig.

VII. Zwischenergebnis

Nach alledem sind die Sachurteilsvoraussetzungen der Klage des V erfüllt und die Klage ist zulässig.

B. Begründetheit

Die Klage ist analog § 113 Abs. 1 S. 4 VwGO i.V.m. § 113 Abs. 5 S. 1, 2 VwGO begründet, soweit die Ablehnung der Zulassung des A zur Herbstmesse rechtswidrig war, der Kläger dadurch in seinen Rechten verletzt worden und die Sache spruchreif gewesen ist bzw. soweit die Unterlassung der diesbezüglichen Bescheidung rechtswidrig war oder die erfolgte Bescheidung fehlerhaft und der Kläger dadurch in seinen Rechten verletzt worden ist. Somit ist die Klage begründet, soweit der Kläger einen Anspruch auf zumindest fehlerfreie Bescheidung hatte.

I. Anspruchsgrundlage

Es kann eine Anspruchsgrundlage bestehen, aus der sich ein Anspruch des A auf Zugang zur Herbstmesse ergab.

1. § 8 GO NRW

Als Anspruchsgrundlage kommt § 8 Abs. 2 GO NRW i.V.m. § 8 Abs. 3 GO NRW in Betracht. Gemäß § 8 Abs. 2 GO NRW sind Einwohner einer Gemeinde im Rahmen des geltenden Rechts berechtigt, Einrichtungen der Gemeinde zu benutzen, während sich eine solche Berechtigung gemäß § 8 Abs. 3 GO NRW auch für Gewerbetreibende ergibt, die – wie A – nicht Einwohner der Gemeinde sind. Eine öffentliche Einrichtung ist ein Sachbestand im Bereich der kommunalen Daseinsvorsorge, der zum zulassungsbedürftigen Gebrauch unabhängig von Organisationsform und Ausgestaltung des Benutzungsverhältnisses gewidmet ist, soweit der Einfluss der Gebietskörperschaft des öffentlichen Rechts zur Sicherstellung der Daseinsvorsorge gewährleistet ist. Bei teleologischer Auslegung der Norm ist der Begriff der Einrichtung im Sinne der Norm jedoch dahingehend eng auszulegen, dass es sich um eine gefestigte Gewährung der kommunalen Daseinsvorsorge handeln, also eine feste Anlage bestehen muss, zu deren Erhaltung die Bewohner der Gebietskörperschaft oder die dort Gewerbetreibenden regelmäßig Beiträge durch Gemeindelasten leisten. Nur gelegentlich stattfindende Märkte sind nicht hinreichend gefestigt und stellen somit keine Einrichtungen i.S.d. § 8 Abs. 2, 3 GO NRW dar. Die Herbstmesse ist eine jährlich stattfindende und somit vorübergehende Veranstaltung in Form eines Jahrmarktes i.S.d. § 69 Abs. 1 GewO i.V.m. § 68 Abs. 2 GewO, da sie jährlich wiederkehrt und eine Vielzahl von Anbietern Waren aller Art anbietet. Es fehlt somit an der notwendigen Festigkeit und den erforderlichen regelmäßigen Beiträgen durch Gemeindelasten. § 8 Abs. 2 GO NRW i.V.m. § 8 Abs. 3 GO NRW ist nicht die maßgebliche Anspruchsgrundlage. Zudem wird § 8 GO NRW zumindest bei einer Kollision von speziellen bundesrechtlichen Regelungen verdrängt, da Landesrecht gemäß Art. 31 GG durch Bundesrecht gebrochen wird (vgl. Tettinger/Wank/Enuschat, GewO, 8. Aufl. 2011, § 70 Rn. 5; Dietlein, JURA 2002, 445 ff.; Spannowsky, GewArch 1995, 265 ff.).

2. § 70 Abs. 1 GewO

Anspruchsgrundlage ist somit § 70 Abs. 1 GewO.

II. Voraussetzungen

Die Voraussetzungen des § 70 Abs. 1 GewO können erfüllt gewesen sein.

1. Formell

Formell hatte A ordnungsgemäß einen Antrag bei der zuständigen Behörde gestellt.

2. Materiell

Materiell bedarf es gemäß § 70 Abs. 1 GewO einer nach § 69 GewO festgesetzten Veranstaltung und der Zugehörigkeit des Klägers zum Teilnehmerkreis. Die Herbstmesse ist eine jährlich stattfindende und somit vorübergehende Veranstaltung in Form eines Jahrmarktes i.S.d. § 69 Abs. 1 GewO i.V.m. § 68 Abs. 2 GewO, da sie jährlich wiederkehrt und eine Vielzahl von Anbietern Waren aller Art anbietet, wobei gemäß § 68 Abs. 3 GewO auch Tätigkeiten i.S.d. § 60b Abs. 1 GewO ausgeübt werden können, also solche unterhaltende Tätigkeiten i.S.d. § 55 Abs. 1 Nr. 2 GewO, die auch auf Volksfesten üblich sind. Dazu gehört gemäß § 55 Abs. 1 Nr. 2 GewO auch die unterhaltende Tätigkeit als Schausteller oder nach Schaustellerart. Die Betreibung eines Autoscooters, in dem Besucher der Herbstmesse sich vergnügen können, diente der Unterhaltung und stellte somit eine Tätigkeit als Schausteller bzw. nach Schaustellerart dar. A gehört als Betreiber eines Autoscooters auch zum Adressatenkreis, sodass die materiellen Voraussetzungen des § 70 Abs. 1 GewO erfüllt waren.

III. Rechtsfolge

Die Rechtsfolge könnte gemäß § 70 Abs. 1 GewO gebunden gewesen sein, sodass A berechtigt gewesen wäre, an der Herbstmesse teilzunehmen und die Behörde verpflichtet gewesen wäre, seinen Antrag positiv zu bescheiden. Eine Beschränkung der Veranstaltung auf bestimmte Ausstellergruppen, Anbietergruppen oder Besuchergruppen i.S.d. § 70 Abs. 2 GewO ist nicht ersichtlich mit der Folge, dass A nicht aufgrund des § 70 Abs. 2 GewO der Zugang verweigert werden durfte.

Gemäß § 70 Abs. 3 GewO kann ein Veranstalter – auch die Stadt G als Veranstalterin der Herbstmesse – aus sachlich gerechtfertigten Gründen, insbesondere wenn der zur Verfügung stehende Platz nicht ausreicht, einzelne Aussteller, Anbieter oder Besucher von der Teilnahme an der Veranstaltung ausschließen. Insoweit besteht in der Rechtsfolge Ermessen. Mangels Anhaltspunkten für eine Ermessensreduktion auf Null ist maßgeblich, ob Ermessensfehler bestanden. Ein Ermessensausfall und eine Ermessensüberschreitung z. B. wegen eines unverhältnismäßigen Eingriffes in die Berufsfreiheit des A i.S.d. Art. 12 Abs. 1 GG ist nicht ersichtlich. Möglicherweise ist die Verweigerung des Zuganges gegenüber A jedoch die Ausprägung eines Ermessensfehlgebrauches (zum Ganzen: VG Neustadt AZ 4 K 939/10). Ein Ermessensfehlgebrauch besteht bei sachfremden Erwägungen, insbesondere bei sachwidriger Kopplung nicht zusammenhängender Aspekte.

Das dem Veranstalter in § 70 Abs. 3 GewO eingeräumte Ermessen ist insoweit begrenzt, als ein Ausschluss von Bewerbern nur bei Bestehen eines sachlich gerechtfertigten Grundes erlaubt ist (vgl. BVerwG NVwZ 1984, 585; NVwZ-RR 2006,

786). Dem Veranstalter steht im Übrigen ein weiter Gestaltungs- und Ermessenspielraum zu, von dem die Festlegung des für die Veranstaltung verfügbaren Platzes sowie die räumliche und branchenmäßige Aufteilung des verfügbaren Raumes erfasst sind (vgl. VGH Baden-Württemberg, Urteil vom 1.10.2009 – 6 S 99/09 –, juris). Ein Bestandteil des konzeptionellen Gestaltungsspielraums ist auch die Festlegung sachlich gerechtfertigter Auswahlkriterien für den Fall eines Bewerberüberhanges (vgl. BVerwG, NVwZ-RR 2006, 786; OVG Rheinland-Pfalz, LKRZ 2008, 477). Durch Art. 12 GG und Art. 3 GG sowie den in § 70 Abs. 1 GewO enthaltenen Grundsatz der Marktfreiheit wird der Gestaltungsspielraum des Veranstalters jedoch eingeschränkt (vgl. VG Mainz, GewArch 2010, 313). Die Auswahlentscheidung im Falle eines Bewerberüberhanges muss deshalb auf der Grundlage eines für alle Bewerber einheitlichen, willkürfreien, nachvollziehbaren Verfahrens erfolgen (vgl. zum Grundsatz des fairen Verfahrens: OVG Niedersachsen, NVwZ-RR 2006, 177; Donhauser, NVwZ 2010, 931). Da ein bestimmter Auswahlmodus gesetzlich nicht vorgegeben ist, können zur Auswahl der Bewerber die unterschiedlichen Kriterien herangezogen werden.

Ein Rechtsgrundsatz, wonach vorrangig nur nach Attraktivität ausgewählt werden darf, ergibt sich weder aus § 70 Abs. 3 GewO noch aus den Grundrechten (vgl. OVG Rheinland-Pfalz, LKRZ 2008, 477). Die Kriterien der Attraktivität des Geschäfts und der Art und Qualität des Waren- und Leistungsangebots sind ebenso sachbezogen und sachgerecht (vgl. BVerwG, NVwZ-RR 2006, 786; OVG Nordrhein-Westfalen, Beschluss vom 2.7.2010 – 4 B 643/10 –, juris) wie die Kriterien der Größe des Geschäfts und der benötigten Anschlusswerte sowie der Lage der Stromanschlüsse des zu belegenden Standplatzes.

Das genannte Merkmal „bekannt und bewährt" stellt in diesem Kontext prinzipiell ein mögliches Differenzierungskriterium dar (OVG Rheinland-Pfalz LKRZ 2008, 477; VGH Baden-Württemberg, Urteil vom 27.2.2006 – 6 S 1508/04 –, juris). Das Merkmal ist an die Person des Stammteilnehmers gebunden und im Rahmen des Bewährten wird auch die Berücksichtigung früherer Schwierigkeiten bei der Marktabwicklung unterhalb der Schwelle der Unzuverlässigkeit erlaubt (VGH Baden-Württemberg, GewArch 1991, 344). Im Hinblick auf Art. 12 GG darf dieses Kriterium aber nicht allein für die Auswahl entscheidend sein. Die im Merkmal „bekannt und bewährt" enthaltene Tendenz zum Bestandsschutz könnte nämlich als Grundlage dazu verwendet werden, dass Neubewerbern unter Verletzung ihres grundsätzlich bestehenden Anspruchs auf Teilhabe dauerhaft jede realistische Zugangsmöglichkeit genommen wird.

Eine Auswahlentscheidung, der ein System zugrunde liegt, durch das Neubewerbern oder Wiederholungsbewerbern, die nicht kontinuierlich auf dem Markt vertreten waren, weder im Jahr der Antragstellung noch in einem erkennbaren zeitlichen Turnus eine greifbare Zulassungsmöglichkeit eingeräumt wird, besteht nicht mehr innerhalb der Ermessensgrenzen des § 70 Abs. 3 GewO (BVerwG, NVwZ 1984, 585; OVG Rheinland-Pfalz LKRZ 2008, 477). Nicht hinreichend ist insoweit die Möglichkeit, eine Zulassungschance nur durch eine höhere Attraktivität als bekannte und bewährte Mitbewerber zu erreichen (OVG Niedersachsen, NJW 2003, 531; VG Braunschweig NVwZ-RR 2008, 391; Braun, NVwZ 2009, 747, 749). Neubewerbern muss vielmehr auch bei gleicher Attraktivität und gleicher Qualität des Waren- oder Leistungsangebots nicht nur eine hypothetische, sondern eine wirkliche Zugangsmöglichkeit eröffnet sein, deren Ausgestaltung und verfahrensmäßige Absicherung den aus Art. 12 GG und Art. 3 GG folgenden Anforderungen gerecht werden muss.

Auch wenn dem Veranstalter insoweit ein gewisser Gestaltungsspielraum hinsichtlich des zeitlichen Turnus und einer bestimmten Quote zu berücksichtigender Neubewerber zukommt, kann er die Auswahl zwischen Stammteilnehmer und Neubewerber nicht nach freiem Ermessen bestimmen, sondern muss Kriterien benennen, die für jeden Bewerber voraussehbar eine reale Zulassungschance eröffnen (so auch VG Gießen, Beschluss vom 8. 3. 2006 – 8 G 245/06 –, juris; Braun NVwZ 2009, 747, 750; zum erkennbaren zeitlichen Turnus und zum Rotations- oder Losverfahren VG Braunschweig, Beschluss vom 12. 9. 2007 – 1 A 88/07 –, juris).

A gegenüber wurde für die Versagung des Zuganges lediglich auf die Bekanntheit und Bewährtheit der anderen Schausteller – C, D und E – abgestellt. Die Erwägungen waren nicht hinreichend, sodass A fehlerfrei zu bescheiden war.

C. Ergebnis

A hat mit seiner Klage Erfolg.

2. Komplex: Abwandlung

A. Sachurteilsvoraussetzungen

Die Sachurteilsvoraussetzungen können erfüllt sein.

I. Rechtsweg
Ein Rechtsweg muß eröffnet sein. Der Verwaltungsrechtsweg kann mangels aufdrängender Sonderzuweisung gemäß § 40 Abs. 1 S. 1 VwGO eröffnet sein. Im Übrigen kommt ein Verweisungsbeschluss i.S.d. § 17a Abs. 2 S. 1 GVG i.V.m. § 173 S. 1 VwGO in Betracht. Der Verwaltungsrechtsweg ist eröffnet, wenn die streit-

entscheidende öffentlich-rechtliche Norm einen Hoheitsträger einseitig berechtigt oder verpflichtet bzw. wenn aufgrund typisch hoheitlichen Handelns zwischen den Beteiligten ein Subordinationsverhältnis besteht. Streitentscheidende Norm i.S.d. § 40 Abs. 1 S. 1 VwGO ist bezüglich der Videoaufnahmen durch die Polizei § 15a Abs. 1 PolG NRW. Da die Streitigkeit mangels doppelter Verfassungsunmittelbarkeit nicht verfassungsrechtlicher Art und eine abdrängende Sonderzuweisung nicht ersichtlich ist, bleibt es bei der Eröffnung des Verwaltungsrechtsweges. Der Verwaltungsrechtsweg ist gemäß § 40 Abs. 1 S. 1 VwGO eröffnet.

II. Zuständigkeit

Das Verwaltungsgericht ist gemäß § 45 VwGO als Eingangsinstanz für öffentlich-rechtliche Streitigkeiten sachlich zuständig, da Anhaltspunkte für abweichende Regelungen wie z. B. § 50 VwGO nicht ersichtlich sind, sodass kein Verweisungsbeschluss gemäß § 17a Abs. 2 S. 1 GVG i.V.m. § 83 VwGO gefasst werden wird.

III. Beteiligte

B und die zuständige Landesbehörde können Beteiligte des Verfahrens sein. Beteiligte sind nach § 63 Nr. 1, 2 VwGO jedenfalls unter anderem Kläger und Beklagter, beteiligungsfähig nach § 61 Nr. 1 VwGO natürliche und juristische Personen. Behörden sind gemäß § 61 Nr. 3 VwGO i.V.m. dem Landesrecht in Nordrhein-Westfalen nicht beteiligungsfähig. Als Kläger ist B gemäß § 61 Nr. 1 Alt. 1 VwGO beteiligungsfähig und gemäß § 62 Abs. 1 Nr. 1 VwGO prozessfähig.

Als Beklagter ist der Rechtsträger der Behörde maßgeblich, also das Land Nordrhein-Westfalen, welches gemäß §§ 63 Nr. 2, 61 Nr. 1 Alt. 2 VwGO beteiligungs- und mangels Anhaltspunkten bezüglich des für die Behörde handelnden Organwalters gemäß § 62 Abs. 3, Abs. 1 Nr. 1 VwGO prozessfähig ist.

IV. Statthafte Klageart

Die statthafte Klageart richtet sich gemäß § 88 VwGO nach dem klägerischen Begehren unter Berücksichtigung des Anwendungsvorranges maßnahmespezifischer Rechtsschutzformen und des rechtsstaatlichen Grundsatzes der Effektivität des Rechtsschutzes. Dem klägerischen Begehren entspricht i. d. R. die effektivste Klageart, also nach Möglichkeit die Anfechtungsklage gemäß § 42 Abs. 1 Alt. 1 VwGO als Gestaltungsklage der Verwaltungsgerichtsordnung, es sei denn, es gibt einen ausdrücklichen Antrag, der nicht überschritten werden darf. Voraussetzung der Anfechtungsklage ist, dass der Kläger die Aufhebung eines gegenwärtig wirkenden Verwaltungsaktes erstrebt. Ein Verwaltungsakt ist gemäß § 35 S. 1

NRW VwVfG jede Verfügung, Entscheidung oder andere hoheitliche Maßnahme, die eine Behörde zur Regelung eines Einzelfalls auf dem Gebiet des öffentlichen Rechts trifft und die auf unmittelbare Rechtswirkung nach außen gerichtet ist. B begehrte ursprünglich die Löschung von Videoaufzeichnungen. Da es sich bei der Löschung nicht um einen Verwaltungsakt, sondern um Realhandeln der Verwaltung handelte, wäre insoweit die allgemeine Leistungsklage die statthafte Klageart gewesen, die zwar nicht ausdrücklich in der Verwaltungsgerichtsordnung geregelt ist, deren Bestehen jedoch z. B. in den §§ 43 Abs. 2, 111, 113 VwGO vorausgesetzt wird.

Nunmehr begehrt B Feststellung. In Betracht kommt als statthafte Klageart eine allgemeine Feststellungsklage i.S.d. § 43 Abs. 1 VwGO, mittels derer das Bestehen oder Nichtbestehen eines konkreten Rechtsverhältnisses festgestellt werden kann. Ein konkretes Rechtsverhältnis ist eine rechtliche Beziehung zwischen Personen oder Personen und Sachen, die sich aus einer rechtlichen Regelung ergibt. B möchte festgestellt wissen, dass sich für ihn aus § 15a Abs. 2 PolG NRW kein konkretes Rechtsverhältnis dahingehend ergab, dass Bilder von seinem Fahrgeschäft aufgenommen und gespeichert werden durften. Er erstrebt somit die Feststellung bezüglich eines bereits erledigten und einer Norm – § 15a PolG NRW – nachgelagerten Rechtsverhältnisses, welches das subjektive Recht des B auf informationelle Selbstbestimmung aus Art. 1 Abs. 1 GG i.V.m. Art. 2 Abs. 1 GG betrifft.

Mangels planwidriger Regelungslücke bei vergleichbarer Interessenlage – es geht nicht um ein auf einen Verwaltungsakt bezogenes Feststellungsbegehren – ist nicht die Fortsetzungsfeststellungsklage gemäß § 113 Abs. 1 S. 4 VwGO in analoger Anwendung, sondern die allgemeine Feststellungsklage bezüglich eines erledigten Rechtsverhältnisses statthaft. Gemäß § 173 S. 1 VwGO i.V.m. § 264 Nr. 3 ZPO ist bedarf es bezüglich des umgestellten Klageantrages nicht der Erfüllung der Voraussetzungen des § 91 VwGO, da insoweit fingiert wird, dass es sich – anders als bei § 113 Abs. 1 S. 4 VwGO als Spezialfall der Klageänderung auf Antrag – nicht um eine Klageänderung handelt. Für die Klageänderung sind in § 91 VwGO und § 113 Abs. 1 S. 4 VwGO abschließende Regelungen enthalten, so dass die ZPO gemäß § 173 S. 1 VwGO bezüglich einer Klageänderung nicht angewendet werden darf – ander als bezüglich der Fiktion, dass es sich nicht um eine Klageänderung handelt.

V. Besondere Sachurteilsvoraussetzungen

Die besonderen Sachurteilsvoraussetzungen können erfüllt sein.

1. Besondere Prozessführungsbefugnis

Mangels planwidriger Regelungslücke und vergleichbarer Interessenlage, die nur bei einem Verwaltungsakt als Streitgegenstand bestünde, ist § 78 Abs. 1 Nr. 1 VwGO als nach der gesetzlichen Überschrift des 8. Abschnittes der Verwaltungsgerichtsordnung nur direkt für Anfechtungs- und Verpflichtungsklagen geltende Norm nicht analog anwendbar. Da es sich bei der besonderen Prozessführungsbefugnis um eine Art Prozessstandschaft handelt, bedarf es einer solchen auch nicht zwingend, sodass es insoweit keinen besonders Prozessführungsbefugten gibt.

2. Feststellungsinteresse

Zugunsten des B muss ein Feststellungsinteresse bestehen. Grundsätzlich bedarf es insoweit eines rechtlichen, wirtschaftlichen oder ideellen Interesses. Da dem Kläger durch dieses weite Feststellungsinteresse weitgehende Klagemöglichkeiten ermöglicht werden, gelten sie bei gegenwärtigen Rechtsverhältnissen. Bei erledigten Rechtsverhältnissen besteht mangels gegenwärtiger Betroffenheit ein geringeres Rechtsschutzbedürfnis der Kläger, sodass insoweit erhöhte Anforderungen an das Feststellungsinteresse zu stellen sind, zumal die Gerichte aufgrund des sich unter anderem aus Art. 20 Abs. 3 GG ergebenden Rechtsstaatsprinzips entlastet werden können.

Es bedarf somit eines qualifizierten Feststellungsinteresses, welches dem der Fortsetzungsfeststellungsklage entspricht, die ebenfalls auf erledigte Konstellationen bezogen ist. Es bedarf somit einer Wiederholungsgefahr, eines Rehabilitierungsinteresses – einschließlich der Konstellationen schwerer Grundrechtseingriffe und des Art. 19 Abs. 4 S. 1 GG oder eines Präjudizinteresses, welches allerdings lediglich in Konstellationen der Erledigung nach Klageerhebung relevant sein kann.

Da B entsprechend den Ankündigungen der Polizei zukünftig erneut mit Videoaufnahmen durch die Polizei rechnen muss, besteht eine Wiederholungsgefahr.

3. Keine Subsidiarität

Die allgemeine Feststellungsklage des B ist nicht gemäß § 43 Abs. 2 S. 1 VwGO subsidiär. Eine Gestaltungsklage in Form der Anfechtungsklage ist mangels eines Verwaltungsaktes nicht möglich, während eine allgemeine Leistungsklage auf Löschung wegen der Erledigung durch die bereits erfolgte Löschung ausgeschlossen und eine Leistung in Form vorbeugender Unterlassung weder beantragt noch hinreichend konkretisiert ist.

VI. Klagebefugnis

Eine Klagebefugnis analog § 42 Abs. 2 VwGO zur Vermeidung von Popularklagen ist nur erforderlich, wenn eine planwidrige Regelungslücke bei vergleichbarer Interessenlage besteht. Während es sich in Dreipersonenkonstellationen um einen Antrag bezüglich eines Drittverhältnisses handelt, welches sich nicht auf ein subjektives Recht des Klägers bezieht und es somit einer analogen Anwendung des § 42 Abs. 2 VwGO bedarf, ist in Zweipersonenkonstellationen im konkreten Rechtsverhältnis unmittelbar das subjektive Recht des Klägers enthalten mit der Folge, dass keine planwidrige Regelungslücke besteht. B beantragt Feststellung bezüglich eines eigenen Rechtsverhältnisses, sodass es keiner analogen Anwendung des § 42 Abs. 2 VwGO bedarf.

VII. Vorverfahren

Ein Vorverfahren war nicht erforderlich, da es sich nicht um eine beamtenrechtliche Konstellation i.S.d. § 54 Abs. 2 BeamtStG oder des § 126 Abs. 2 BBG handelt.

B. Ergebnis

Die Sachurteilsvoraussetzungen sind erfüllt.

3. Komplex: Zusatzfrage

Ursprünglich begehrte A mit der Verpflichtungsklage gemäß § 42 Abs. 1 Alt. 2 VwGO ein Leistungsbegehren in Form des Erlasses eines Verwaltungsaktes. Erledigt sich nach der Klageerhebung im Juli durch das Ende der Herbstmesse das Verpflichtungsbegehren des A und beantragt dieser dann im Prozess die Feststellung, dass der Ablehnungsbescheid rechtswidrig war, entspricht dies einem Abwehrbegehren, welches zuvor einer Anfechtungsklage entsprochen hätte. Dennoch stellt dieser Antrag keine Klageänderung i.S.d. § 91 VwGO dar, weil der Verpflichtungsantrag bei der Versagungsgegenklage ein gestaltendes Element enthält, sodass der Anfechtungsantrag im Hinblick auf die Vergangenheit erfasst gewesen wäre. Dies ist nach der Erledigung im Prozess gleich zu beurteilen, sodass es sich bei der Klage des A um eine Fortsetzungsfeststellungsklage in einfach analoger Anwendung des § 113 Abs. 1 S. 4 VwGO handeln würde, ohne dass es der Voraussetzungen des § 91 VwGO bedürfte.

3. Komplex: Zusatzfrage — **269**

Es ist wissenschaftlich vertretbar, den Schwerpunkt der Argumentation nicht beim gestaltenden Element zu setzen, sondern darauf abzustellen, dass die Anfechtungs- und die Verpflichtungsklage unterschiedliche Klagen darstellen und eine Klageänderung i.S.d. § 91 VwGO anzunehmen.

Fall 11:
„Mit Alkoholpegel fährt er wohl besser ..."

Schwerpunkte: Suspendierung eines Verwaltungsaktes im Einstweiligen Rechtsschutz (§ 80 Abs. 5 VwGO) , Annexantrag und Vollzugsfolgenbeseitigung

A – ein begeisterter Autofahrer und überzeugter Gegner öffentlicher Verkehrs-mittel im Bundesland H – hat in den letzten Jahren immer wieder gegen die Straßenverkehrsordnung (StVO) und einige strafgesetzliche Normen im Zusam-menhang mit dem Straßenverkehr verstoßen. Diesbezüglich gibt es rechtskräftige Urteile. Eine Entziehung der Fahrerlaubnis erfolgte im strafrechtlichen Verfahren i.S.d. § 69 StGB nicht. Auch ein Fahrverbot i.S.d. § 44 StGB wurde nicht ausge-sprochen. Es handelte sich bei den Verkehrswidrigkeiten zumeist um schwer-wiegende Verstöße gegen die StVO im Zusammenhang mit Alkohol. Die zustän-dige Straßenverkehrsbehörde, die gleichzeitig zuständige Fahrerlaubnisbehörde ist, möchte ihm daher dauerhaft die ihm ursprünglich als Verwaltungsakt erteilte Fahrerlaubnis entziehen. In der Anhörung gibt A zu, bereits seit Jahren an einem Alkoholproblem zu leiden. Allerdings habe er immer versucht und es auch überwiegend geschafft, beim Fahren nicht zu trinken. Er habe sich im letzten Monat sogar so sehr bemüht, vor dem Fahrtantritt nicht zu trinken, dass er durch ein Alkoholentzugssyndrom fahruntüchtig geworden sei.

Die Straßenverkehrsbehörde gab A zur Vorbereitung ihrer Entscheidung auf, ein medizinisches Gutachten über eine mögliche Alkoholerkrankung beizubrin-gen und wies darauf hin, dass die Nichtbeibringung eines Gutachtens dazu führt, dass die Behörde die Ungeeignetheit zum Führen von Kraftfahrzeugen vermuten darf. Nachdem A sich geweigert hatte, ordnete die zuständige Straßenverkehrs-behörde schriftlich die Entziehung der Fahrerlaubnis und deren sofortige Voll-ziehung an – vorausgegangen war eine Anhörung bezüglich beider Aspekte. Sie begründet die Entscheidung der sofortigen Vollziehbarkeit mit der besonderen Eilbedürftigkeit in solchen Fällen. Erfahrungsgemäß würden alkoholkranke Menschen in der Regel rückfällig werden. Es könne nicht abgewartet werden, bis die Entscheidung formell rechtskräftig sei und in der Zwischenzeit Menschenle-ben gefährdet werden würden. Die Entziehung bei A stelle keine Besonderheit dar, sondern sei – dies trifft zu – eine typische Konstellation, bei der die Fahr-erlaubnis üblicherweise entzogen wird.

A schickt seinen Führerschein daraufhin an die Straßenverkehrsbehörde. Allerdings ist er mit deren Entscheidung nicht einverstanden. Jedenfalls die An-ordnung der sofortigen Vollziehung sei rechtswidrig, da eine solch pauschale Begründung nicht ausreichen könne, um einen begeisterten Autofahrer wie ihn

https://doi.org/10.1515/9783110625707-011

aus dem Verkehr zu ziehen. Die Straßenverkehrsbehörde solle sich um wichtigere Dinge wie das sogenannte „schwarze Phantom" kümmern – ein Motorradfahrer, der mit einer Hochgeschwindigkeitsmaschine mit derart hoher Geschwindigkeit über Landstraßen und Autobahnen jagt, dass er den viel zu langsamen Polizeiwagen stets entkommt. So eine Person in Freiheit – mit schwarzem Motorrad und schwarzer Kleidung sowie schwarzem Helm – stelle eine wirkliche Gefahr für die Menschheit dar. Diese Argumentation müsse der Behörde doch einleuchten. Da er sich über die Behördenmitarbeiter geärgert hat und von ihnen ein paar Tage Abstand benötigt, legt er zunächst keinen Widerspruch ein, da er der Auffassung ist, dass er dafür ein paar Tage Zeit hat. Zwei Tage nach der Zustellung des Verwaltungsaktes und der erfolgten Rückgabe des Führerscheins durch A an die Behörde am gleichen Tag ist A jedoch derart unzufrieden, dass er beim Verwaltungsgericht im einstweiligen Rechtsschutz die sofortige Rückgabe seines Führerscheins fordert. Dabei trägt er vor, dass er kein Jurist sei. Das Gericht solle einfach alles für die Herausgabe des Führerscheins Notwendige prüfen, damit es ihm endlich wieder erlaubt sei, auf öffentlichen Straßen zu fahren. Zeitgleich mit Zugang des Antrages auf einstweiligen Rechtsschutz beim Gericht geht der zuständigen Straßenverkehrsbehörde auch der Widerspruch des A zu.

Hat der Antrag des A beim Gericht Erfolg?

Bearbeitungsvermerk

Ein Widerspruchsverfahren ist im Bundesland H nicht entbehrlich. Sollte es auf ein Verwaltungsverfahrensgesetz ankommen, wenden Sie das Verwaltungsverfahrensgesetz des Bundes an. Eine Abweichung von den Strafurteilen im Sinne des § 3 Abs. 4 StVG ist nicht erfolgt.

Auszug relevanter Normen
§ 3 StVG

(1) Erweist sich jemand als ungeeignet oder nicht befähigt zum Führen von Kraftfahrzeugen, so hat ihm die Fahrerlaubnisbehörde die Fahrerlaubnis zu entziehen. [...]

(2) Mit der Entziehung erlischt die Fahrerlaubnis. Bei einer ausländischen Fahrerlaubnis erlischt das Recht zum Führen von Kraftfahrzeugen im Inland. Nach der Entziehung ist der Führerschein der Fahrerlaubnisbehörde abzuliefern oder zur Eintragung der Entscheidung vorzulegen. [...]

(3) Solange gegen den Inhaber der Fahrerlaubnis ein Strafverfahren anhängig ist, in dem die Entziehung der Fahrerlaubnis nach § 69 des Strafgesetzbuchs in Betracht kommt, darf die Fahrerlaubnisbehörde den Sachverhalt, der Gegenstand

des Strafverfahrens ist, in einem Entziehungsverfahren nicht berücksichtigen. Dies gilt nicht, wenn die Fahrerlaubnis von einer Dienststelle der Bundeswehr, der Bundespolizei oder der Polizei für Dienstfahrzeuge erteilt worden ist.

§ 6 StVG

(1) Das Bundesministerium für Verkehr und digitale Infrastruktur wird ermächtigt, Rechtsverordnungen mit Zustimmung des Bundesrates zu erlassen über

1. die Zulassung von Personen zum Straßenverkehr, insbesondere über [...]
2. die Maßnahmen bei bedingt geeigneten oder ungeeigneten oder bei nicht befähigten Fahrerlaubnisinhabern oder bei Zweifeln an der Eignung oder Befähigung nach § 3 Abs. 1 sowie die Ablieferung, die Vorlage und die weitere Behandlung der Führerscheine nach § 3 Abs. 2,

[...]

§ 24 StVG

(1) Ordnungswidrig handelt, wer vorsätzlich oder fahrlässig einer Vorschrift einer auf Grund des § 6 Abs. 1, des § 6e Abs. 1 oder des § 6 g Abs. 4 erlassenen Rechtsverordnung oder einer auf Grund einer solchen Rechtsverordnung ergangenen Anordnung zuwiderhandelt, soweit die Rechtsverordnung für einen bestimmten Tatbestand auf diese Bußgeldvorschrift verweist. Die Verweisung ist nicht erforderlich, soweit die Vorschrift der Rechtsverordnung vor dem 1. Januar 1969 erlassen worden ist.

(2) Die Ordnungswidrigkeit kann mit einer Geldbuße bis zu zweitausend Euro geahndet werden.

§ 4 FahrerlaubnisVO

[...]

(2) Die Fahrerlaubnis ist durch eine amtliche Bescheinigung (Führerschein) nachzuweisen. Beim Führen eines Kraftfahrzeuges ist ein dafür gültiger Führerschein mitzuführen und zuständigen Personen auf Verlangen zur Prüfung auszuhändigen. Der Internationale Führerschein oder der nationale ausländische Führerschein und eine mit diesem nach § 29 Abs. 2 Satz 2 verbundene Übersetzung ist mitzuführen und zuständigen Personen auf Verlangen zur Prüfung auszuhändigen.

§ 11 FahrerlaubnisVO

(1) Bewerber um eine Fahrerlaubnis müssen die hierfür notwendigen körperlichen und geistigen Anforderungen erfüllen. Die Anforderungen sind insbesondere nicht erfüllt, wenn eine Erkrankung oder ein Mangel nach Anlage 4 oder 5 vorliegt, wodurch die Eignung oder die bedingte Eignung zum Führen von Kraftfahrzeugen ausgeschlossen wird. Außerdem dürfen die Bewerber nicht erheblich oder nicht wiederholt gegen verkehrsrechtliche Vorschriften oder Strafgesetze verstoßen haben, sodass dadurch die Eignung ausgeschlossen wird. [...]

(6) Die Fahrerlaubnisbehörde legt unter Berücksichtigung der Besonderheiten des Einzelfalls und unter Beachtung der Anlagen 4 und 5 in der Anordnung zur Beibringung des Gutachtens fest, welche Fragen im Hinblick auf die Eignung des Betroffenen zum Führen von Kraftfahrzeugen zu klären sind. Die Behörde teilt dem Betroffenen unter Darlegung der Gründe für die Zweifel an seiner Eignung und unter Angabe der für die Untersuchung in Betracht kommenden Stelle oder Stellen mit, dass er sich innerhalb einer von ihr festgelegten Frist auf seine Kosten der Untersuchung zu unterziehen und das Gutachten beizubringen hat; sie teilt ihm außerdem mit, dass er die zu übersendenden Unterlagen einsehen kann. Der Betroffene hat die Fahrerlaubnisbehörde darüber zu unterrichten, welche Stelle er mit der Untersuchung beauftragt hat. Die Fahrerlaubnisbehörde teilt der untersuchenden Stelle mit, welche Fragen im Hinblick auf die Eignung des Betroffenen zum Führen von Kraftfahrzeugen zu klären sind und übersendet ihr die vollständigen Unterlagen, soweit sie unter Beachtung der gesetzlichen Verwertungsverbote verwendet werden dürfen. Die Untersuchung erfolgt auf Grund eines Auftrages durch den Betroffenen.
[...]

(8) Weigert sich der Betroffene, sich untersuchen zu lassen, oder bringt er der Fahrerlaubnisbehörde das von ihr geforderte Gutachten nicht fristgerecht bei, darf sie bei ihrer Entscheidung auf die Nichteignung des Betroffenen schließen. Der Betroffene ist hierauf bei der Anordnung nach Absatz 6 hinzuweisen.

§ 46 FahrerlaubnisVO

(1) Erweist sich der Inhaber einer Fahrerlaubnis als ungeeignet zum Führen von Kraftfahrzeugen, hat ihm die Fahrerlaubnisbehörde die Fahrerlaubnis zu entziehen. Dies gilt insbesondere, wenn Erkrankungen oder Mängel nach den Anlagen 4, 5 oder 6 vorliegen oder erheblich oder wiederholt gegen verkehrsrechtliche Vorschriften oder Strafgesetze verstoßen wurde und dadurch die Eignung zum Führen von Kraftfahrzeugen ausgeschlossen ist.
[...]

(3) Werden Tatsachen bekannt, die Bedenken begründen, dass der Inhaber einer Fahrerlaubnis zum Führen eines Kraftfahrzeugs ungeeignet oder bedingt geeignet ist, finden die §§ 11 bis 14 entsprechend Anwendung.

§ 47 FahrerlaubnisVO

(1) Nach der Entziehung sind von einer deutschen Behörde ausgestellte nationale und internationale Führerscheine unverzüglich der entscheidenden Behörde abzuliefern oder bei Beschränkungen oder Auflagen zur Eintragung vorzulegen. Die Verpflichtung zur Ablieferung oder Vorlage des Führerscheins besteht auch, wenn die Entscheidung angefochten worden ist, die zuständige Behörde jedoch die sofortige Vollziehung ihrer Verfügung angeordnet hat.

[...]

§ 75 FahrerlaubnisVO

Ordnungswidrig im Sinne des § 24 des Straßenverkehrsgesetzes handelt, wer vorsätzlich oder fahrlässig

1. entgegen § 2 Abs. 1 am Verkehr teilnimmt oder jemanden als für diesen Verantwortlicher am Verkehr teilnehmen lässt, ohne in geeigneter Weise Vorsorge getroffen zu haben, dass andere nicht gefährdet werden,

2. entgegen § 2 Abs. 3 ein Kennzeichen der in § 2 Abs. 2 genannten Art verwendet,

3. entgegen § 3 Abs. 1 ein Fahrzeug oder Tier führt oder einer vollziehbaren Anordnung oder Auflage zuwiderhandelt,

4. einer Vorschrift des § 4 Abs. 2 Satz 2 oder 3, § 5 Abs. 4 Satz 2 oder 3, § 25 Abs. 4 Satz 1, § 48 Abs. 3 Satz 2 oder § 74 Abs. 4 Satz 2 über die Mitführung, Aushändigung von Führerscheinen, deren Übersetzung sowie Bescheinigungen und der Verpflichtung zur Anzeige des Verlustes und Beantragung eines Ersatzdokuments zuwiderhandelt,

5. entgegen § 5 Absatz 1 Satz 1 ein Mofa nach § 4 Absatz 1 Satz 2 Nummer 1, ein Kraftfahrzeug nach § 4 Absatz 1 Satz 2 Nummer 1b oder einen motorisierten Krankenfahrstuhl führt, ohne die dazu erforderliche Prüfung abgelegt zu haben,

6. entgegen § 5 Absatz 2 Satz 2 oder 3 eine Ausbildung durchführt, ohne die dort genannte Fahrlehrerlaubnis zu besitzen oder entgegen § 5 Absatz 2 Satz 4 eine Ausbildungsbescheinigung ausstellt,

7. entgegen § 10 Abs. 3 ein Kraftfahrzeug, für dessen Führung eine Fahrerlaubnis nicht erforderlich ist, vor Vollendung des 15. Lebensjahres führt,

8. entgegen § 10 Abs. 4 ein Kind unter sieben Jahren auf einem Mofa (§ 4 Abs. 1 Satz 2 Nr. 1) mitnimmt, obwohl er noch nicht 16 Jahre alt ist,

9. einer vollziehbaren Auflage nach § 10 Absatz 1 Nummer 5, 7, 8 und 9, § 23 Absatz 2 Satz 1, § 28 Absatz 1 Satz 2, § 29 Absatz 1 Satz 6, § 46 Absatz 2, § 48a Absatz 2 Satz 1 oder § 74 Absatz 3 zuwiderhandelt,

10. einer Vorschrift des § 25 Absatz 5 Satz 6, des § 30 Absatz 3 Satz 2, des § 47 Absatz 1, auch in Verbindung mit Absatz 2 Satz 1 sowie Absatz 3 Satz 2, oder des § 48 Absatz 10 Satz 3 in Verbindung mit § 47 Absatz 1 über die Ablieferung oder die Vorlage eines Führerscheins zuwiderhandelt,

11. (aufgehoben),

12. entgegen § 48 Abs. 1 ein dort genanntes Kraftfahrzeug ohne Erlaubnis führt oder entgegen § 48 Abs. 8 die Fahrgastbeförderung anordnet oder zulässt,

13. entgegen § 48a Abs. 3 Satz 2 die Prüfungsbescheinigung nicht mitführt oder aushändigt.

§ 4 AG VwGO (Ausführungsgesetz zur VwGO Bundesland H)

(1) Fähig, am Verfahren beteiligt zu sein, sind auch Behörden.

(2) Die Klage ist gegen die Behörde zu richten, die den angefochtenen Verwaltungsakt erlassen bzw. den beantragten Verwaltungsakt unterlassen hat.

Vertiefung

Zum Ganzen: BVerwG, Beschluss vom 12.7.2013 – 9 B 12.13; VG Cottbus, Beschluss vom 2.11.2007 – 2 L 236/07; VGH Mannheim, Beschluss vom 8.3.2013, NJW 2013, 1896; vgl. OVG Kassel, Beschluss vom 5.11.2012 – 10 B 2015/12; OVG für das Land Brandenburg, Beschluss vom 5.2.1998 – 4 B 134/97 –, veröffentlicht in Juris; vgl. OVG Münster, OVG Magdeburg, Beschluss vom 2.8.2012, NVwZ-RR 2013, 85; vgl. BayVGH, Beschluss vom 4.1.2006 – 11 CS 05.1878 –, zitiert nach Juris; HessVGH vom 4.6.1985 VRS Bd. 70, S. 228/229; NdsOVG vom 27.9.1991 – 12 M 7440/91, juris, Rn 2; VGH BW vom 17.12.1991 VRS Bd. 82, S. 383/384; HambOVG vom 30.1.2002 VRS Bd. 102, S. 393/398 f.; VG Hamburg vom 2.5.2002 – 15 VG 1374/2002, juris, Rn 18; VG Saarlouis vom 12.9.2007 – 10 L 1012/07, juris, Rn 20 f.; BayVGH vom 25.5. 2010 – 11 CS 10.291, juris, Rn 25; vgl. VG Göttingen 1. Kammer Beschluss vom 9.1. 2013, 1 B 7/13 m.w.N.

Gliederung

Falllösung —— 277
  A. Sachentscheidungsvoraussetzungen (+) —— 277
    I. Rechtsweg (+) —— 277
    II. Zuständigkeit (+) —— 278
    III. Beteiligte (+) —— 279
    IV. Statthafte Verfahrensart —— 279
      1. Antrag gemäß § 80 Abs. 5 S. 1 VwGO (+) —— 279
      2. Antrag gemäß § 80 Abs. 5 S. 3 VwGO (+) —— 281
    V. Besondere Sachentscheidungsvoraussetzungen (+) —— 283
      1. Besondere Verfahrensführungsbefugnis (+) —— 283
      2. Antragsbefugnis (+) —— 283
    VI. Allgemeines Rechtsschutzbedürfnis (+) —— 284
      1. Gesetzliche Suspendierung (–) —— 284
      2. Aussetzungsantrag (–) —— 285
      3. Rechtsschutz in der Hauptsache (+/–) —— 286
        a) Ausnahmslose Betreibung der Hauptsache —— 286
        b) Grundsätzliche Entbehrlichkeit des Betreibens der Hauptsache —— 287
        c) Differenzierte Betrachtung —— 287
        d) Zwischenergebnis —— 288
      4. Keine offensichtliche Verfristung der Hauptsache (+) —— 288
    VII. Zwischenergebnis —— 289
  B. Begründetheit (–) —— 289
    I. Entziehung der Fahrerlaubnis —— 289
      1. Rechtmäßigkeit der Vollziehungsanordnung (+) —— 290
      2. Aussetzungs-/Vollziehungsinteresse (–) —— 292
        a) Rechtswidrigkeit der Entziehung der Fahrerlaubnis (–) —— 293
        b) Gesetzliche Wertung —— 295
        c) Eigene Wertung —— 296
    II. Vollzugsfolgenbeseitigung (–) —— 297
      1. Anspruchsgrundlage (+) —— 297
        a) § 80 Abs. 5 S. 3 VwGO (–) —— 297
        b) Spezialgesetz (–) —— 297
        c) Nachwirkung Grundrechte (+/–) —— 297
        d) Rechtsstaatsprinzip (+/–) —— 298
        e) Analog Zivilrecht (+/–) —— 298
        f) Gewohnheitsrecht (+) —— 298
      2. Voraussetzungen (–) —— 299
        a) Positive Voraussetzungen (+) —— 299
        b) Negative Voraussetzung (–) —— 300
      3. Zwischenergebnis —— 300
  C. Ergebnis —— 300

Lösungsvorschlag

Die folgende Lösung ist als Lösungsvorschlag zu verstehen und ausführlicher, als es in der Klausurbearbeitung verlangt werden kann. Aufgrund der wissenschaftlichen Freiheit können andere Lösungswege vertreten werden, soweit sie dogmatisch begründbar sind. Die Nachweise aus Rechtsprechung und Literatur sowie die das Verständnis fördernden Randbemerkungen sind in der Examensklausur auszusparen. Die Abkürzung „Alt." steht für Alternativfall, nicht für Alternative.

Zur Verbesserung der Methodik bei der Anfertigung eines Gutachtens in der Klausur empfiehlt sich die Lektüre des Beitrags von Heinze/Starke JURA 2012, 175 ff.

Falllösung

A wird mit seinem Antrag jedenfalls Erfolg haben, soweit die Sachentscheidungsvoraussetzungen erfüllt sind und der Antrag zulässig sowie begründet ist.

A. Sachentscheidungsvoraussetzungen

Hinweis: Andere Aufbauvarianten werden vertreten (z. B. dreistufig oder Prüfung des Verwaltungsrechtsweges als Untergliederungspunkt der Zuständigkeit des Gerichts). Derartige Aufbauvarianten sind aber mit § 17a Abs. 2 S. 1 GVG bzw. mit der Überschrift des 6. Abschnitts der VwGO sowie mit § 83 VwGO unvereinbar und daher bei exakter dogmatischer Zuordnung der Prüfungspunkte nicht zu empfehlen. Die Überschrift „Sachentscheidungsvoraussetzungen" anstelle der Überschrift „Zulässigkeit" ist sinnvoll, weil nach § 63 Nr. 3 VwGO auch der Beigeladene zu den Beteiligten gehört, das Fehlen einer notwendigen Beiladung i.S.d. § 65 Abs. 2 VwGO aber nur dazu führt, dass das Urteil keine materielle Rechtskraft entfaltet.

Wichtig ist, bei **Verfahren im einstweiligen Rechtsschutz** die Überschrift „Sachentscheidungsvoraussetzungen", nicht aber „Sachurteilsvoraussetzungen" zu verwenden, weil kein Urteil ausgesprochen, sondern ein Beschluss gefasst wird.

Die Sachentscheidungsvoraussetzungen können erfüllt sein.

I. Rechtsweg

Ein Rechtsweg muß eröffnet sein. Der Verwaltungsrechtsweg kann mangels aufdrängender Sonderzuweisung gemäß § 40 Abs. 1 S. 1 VwGO eröffnet sein. Gegebenenfalls kommt ein Verweisungsbeschluss i.S.d. § 17a Abs. 2 S. 1 GVG i.V.m.

§ 173 S. 1 VwGO in Betracht. Der Verwaltungsrechtsweg ist eröffnet, wenn die streitentscheidende öffentlich-rechtliche Norm einen Hoheitsträger einseitig berechtigt oder verpflichtet bzw. wenn aufgrund typisch hoheitlichen Handelns zwischen den Beteiligten ein Subordinationsverhältnis besteht.

Als Rechtsgrundlagen kommen die §§ 48, 49 VwVfG, § 3 Abs. 1 StVG oder § 46 Abs. 1 FeVO in Betracht. Durch alle diese Normen werden Hoheitsträger zum hoheitlichen Handeln gegenüber Bürgern berechtigt. Sie sind öffentlich-rechtlicher Natur. Jedenfalls hat die zuständige Straßenverkehrsbehörde als Fahrerlaubnisbehörde von ihrer Hoheitsgewalt Gebrauch gemacht, indem sie A die Fahrerlaubnis durch einen Verwaltungsakt entzog, welcher die Kehrseite der ursprünglichen Erteilung der Fahrerlaubnis als Verwaltungsakt darstellt. Wählt die Verwaltung eine typisch hoheitliche Handlungsform, entsteht zudem ein Subordinationsverhältnis, das zur Eröffnung des Verwaltungsrechtsweges führt. Da die Streitigkeit mangels doppelter Verfassungsunmittelbarkeit nicht verfassungsrechtlicher Art und eine abdrängende Sonderzuweisung nicht ersichtlich ist, bleibt es bei der Eröffnung des Verwaltungsrechtsweges.

II. Zuständigkeit

In Verfahren des einstweiligen Rechtsschutzes ist unabhängig davon, um welches Verfahren im einstweiligen Rechtsschutz es sich handelt, gemäß den §§ 123 Abs. 2 S. 1, 80 Abs. 5 S. 1, 80a Abs. 3 S. 1, 2 VwGO das Gericht der Hauptsache zuständig. Außer beim einstweiligen Rechtsschutz i.S.d. § 47 Abs. 6 VwGO – insoweit wäre wie in der Hauptsache stets das Oberverwaltungsgericht zuständig – ist in der Hauptsache in der Regel gemäß § 45 VwGO das Verwaltungsgericht als Eingangsinstanz für den von der zuständigen Behörde erlassenen Verwaltungsakt sachlich zuständig. Das wäre lediglich anders, wenn es Anhaltspunkte für abweichende Regelungen wie z. B. § 50 VwGO gäbe, die jedoch nicht ersichtlich sind, sodass kein Verweisungsbeschluss gemäß §§ 17a Abs. 2 S. 1 GVG, 83 VwGO gefasst werden wird.

Die örtliche Zuständigkeit ist nur anzusprechen, wenn es dafür im Sachverhalt Anhaltspunkte gibt. Gegebenenfalls ist die örtliche Zuständigkeit grundsätzlich im Anschluss an die sachliche Zuständigkeit zu prüfen. Ist sie jedoch gemäß § 52 Nr. 2 VwGO ausnahmsweise von der Klageart abhängig, sollte sie offen mit Verweis auf § 17a Abs. 2 S. 1 GVG i.V.m. § 83 VwGO formuliert werden.

III. Beteiligte

A und die zuständige Landesbehörde können Beteiligte des Verfahrens sein. Ob sich die Beteiligungsfähigkeit aus der direkten Anwendung der §§ 63, 61, 62, 65 VwGO ergibt oder ob sie wegen des Wortlautes in § 63 VwGO – Kläger und Beklagter – analog anzuwenden sind, ist irrelevant, wenngleich sich aus der gesetzlichen Abschnittsüberschrift des 7. Abschnitts des II. Teils der Verwaltungsgerichtsordnung „Allgemeine Verfahrensvorschriften" ergeben kann, dass sämtliche Verfahren und damit auch die Verfahren des einstweiligen Rechtsschutzes von der direkten Anwendung erfasst sind. Beteiligte sind nach § 63 Nr. 1, 2 VwGO jedenfalls unter anderem der Antragsteller und der Antragsgegner, beteiligungsfähig nach § 61 Nr. 1 VwGO natürliche und juristische Personen. Behörden sind gemäß § 61 Nr. 3 VwGO i.V.m. § 4 Abs. 1 AG VwGO des Bundeslandes H beteiligungsfähig. Als Antragsteller ist A gemäß § 61 Nr. 1 Alt. 1 VwGO beteiligungsfähig und gemäß § 62 Abs. 1 Nr. 1 VwGO prozessfähig.

Als Antragsgegner ist die Behörde maßgeblich. Die zuständige Straßenverkehrsbehörde i.S.d. § 44 Abs. 1 StVO als Fahrerlaubnisbehörde ist beteiligungsfähig. Die Straßenverkehrsbehörde als Fahrerlaubnisbehörde ist gemäß §§ 63 Nr. 2, 61 Nr. 3 VwGO i.V.m. § 4 Abs. 1 AG VwGO beteiligungs- und mangels Anhaltspunkten bezüglich des für die Behörde handelnden Organwalters gemäß § 62 Abs. 1, 3 VwGO prozessfähig.

IV. Statthafte Verfahrensart

Die statthafte Verfahrensart richtet sich gemäß den §§ 88, 122 Abs. 1 VwGO i.V.m. § 80 Abs. 7 VwGO oder § 123 Abs. 4 VwGO oder § 80a Abs. 3 S. 2 VwGO nach dem Antragsbegehren. Gemäß § 123 Abs. 5 VwGO sind die Verfahren nach den §§ 80, 80a VwGO gegenüber der einstweiligen Anordnung nach § 123 Abs. 5 VwGO spezieller.

Beim einstweiligen Rechtsschutz muss das Antragsbegehren anders als das Klagebegehren in der Hauptsache nicht um maßnahmespezifische Aspekte und den rechtsstaatlichen Grundsatz der Effektivität ergänzt werden, weil es insoweit eine gesetzlich vorgegebene Rangfolge in § 123 Abs. 5 VwGO gibt.

---

1. Antrag gemäß § 80 Abs. 5 S. 1 VwGO

Der Antrag nach § 80 Abs. 5 S. 1 VwGO ist statthaft, soweit der Antragsteller die Suspendierung, also die Herstellung oder Wiederherstellung der aufschiebenden

Wirkung eines Rechtsbehelfes oder Rechtsmittels bezüglich eines Verwaltungsaktes begehrt.

Die häufig verwendete „Faustformel", dass ein Verfahren nach § 80 Abs. 5 VwGO statthaft ist, wenn es sich in der Hauptsache um eine Anfechtungsklage handelt, während eine einstweilige Anordnung nach § 123 VwGO danach bei Leistungs- und Feststellungsklagen in der Hauptsache statthaft sein soll, ist falsch. Es gibt Fälle, in denen Begehren in der Hauptsache und im einstweiligen Rechtsschutz divergieren (vgl. § 81 Abs. 3 AufenthaltsG). Geeigneter ist die folgende Unterscheidung nach der erstrebten (bei § 80 V VwGO Suspensiv-)Wirkung der gerichtlichen Entscheidung:

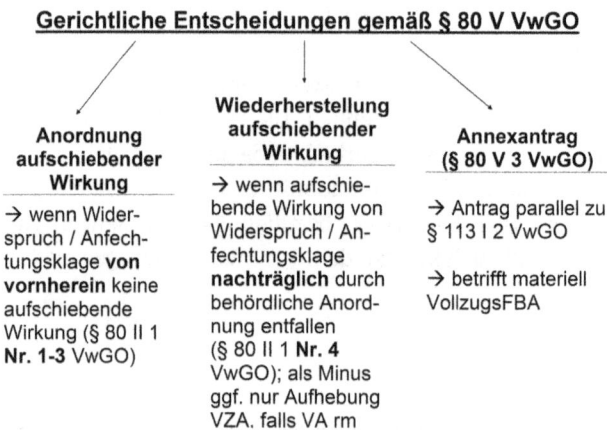

Gerichtliche Entscheidungen gemäß § 80 V VwGO

Anordnung aufschiebender Wirkung	Wiederherstellung aufschiebender Wirkung	Annexantrag (§ 80 V 3 VwGO)
→ wenn Widerspruch / Anfechtungsklage **von vornherein** keine aufschiebende Wirkung (§ 80 II 1 **Nr. 1-3** VwGO)	→ wenn aufschiebende Wirkung von Widerspruch / Anfechtungsklage **nachträglich** durch behördliche Anordnung entfallen (§ 80 II 1 **Nr. 4** VwGO); als Minus ggf. nur Aufhebung VZA, falls VA rm	→ Antrag parallel zu § 113 I 2 VwGO → betrifft materiell VollzugsFBA

Schema 15

Ein Verwaltungsakt ist gemäß § 35 S. 1 VwVfG jede Verfügung, Entscheidung oder andere hoheitliche Maßnahme, die eine Behörde zur Regelung eines Einzelfalls auf dem Gebiet des öffentlichen Rechts trifft und die auf unmittelbare Rechtswirkung nach außen gerichtet ist. A erstrebt die Rückgabe seines Führerscheins, die ein schlichtes Verwaltungshandeln, nicht aber eine verbindliche Einzelfallregelung im Außenverhältnis darstellt. Allerdings hat er auch vorgetragen, dass er kein Jurist sei und das Gericht alles tun solle, um zu ermöglichen, dass er wieder auf öffentlichen Straßen fahren dürfe. Dies ist dahingehend auszulegen, dass auch die Entziehung der Fahrerlaubnis suspendiert werden soll. Die Entziehung der Fahrerlaubnis ist als Kehrseite der als Verwaltungsakt erfolgten Erteilung der Fahrerlaubnis ebenfalls ein Verwaltungsakt, da Rechtssetzungsakte der Verwaltung schon wegen des sich unter anderem aus Art. 20 Abs. 3 GG ergebenden Rechtsstaatsprinzips durch gleichfalls hinreichend bestimmte Rechtssetzungsakte aufzuheben sind. Somit ist der Antrag des A auch als Suspendierungsantrag bezüglich der Entziehung der Fahrerlaubnis auszulegen, weil nach der Suspendierung der Entziehung der Fahrerlaubnis diese wieder gilt. Der Antrag gemäß § 80 Abs. 5 S. 1 VwGO ist statthaft.

2. Antrag gemäß § 80 Abs. 5 S. 3 VwGO

Es ist möglich, beide Anträge zusammen oder getrennt zu prüfen und schon bei der statthaften Antragsart den Annexantrag i.S.d. § 80 Abs. 5 S. 3 VwGO zu prüfen. Die Antragsverbindung – § 80 Abs. 5 S. 3 VwGO stellt eine Ausnahme vom grundsätzlichen Verbot der Stufenverfahren dar – ist aber keine Zulässigkeitsvoraussetzung, sodass dies nur im Rahmen der Überschrift „Sachentscheidungsvoraussetzungen" möglich ist. Sollte einmal nach der Zulässigkeit und Begründetheit eines Verfahrens bzw. Antrages gefragt sein, dürften bei genauer Beantwortung der Fallfrage weder die Beiladung i.S.d. § 65 VwGO noch die Antragsverbindung nach § 80 Abs. 5 S. 3 VwGO oder analog §§ 44, 113 Abs. 4 VwGO in der Falllösung geprüft werden.

Der Antrag des A bezieht sich auch auf die Herausgabe des Führerscheins als Legitimationspapier über die Fahrerlaubnis gemäß § 4 Abs. 2 S. 1 FeV. Sollte A nämlich lediglich die Suspendierung der Entziehung der Fahrerlaubnis erreichen, wäre es ihm zwar erlaubt zu fahren, jedoch könnte er seiner sich aus § 4 Abs. 2 S. 2 FeV ergebenden Pflicht, den Führerschein mit sich zu führen, nicht nachkommen. Somit würde er ordnungswidrig i.S.d. § 24 Abs. 1 StVG i.V.m. § 75 Nr. 4 FeV i.V.m. § 4 Abs. 2 S. 2 FeV handeln und ein Bußgeld i.S.d. § 24 Abs. 2 StVG riskieren mit der Folge, dass er dies vermeiden will und sein Antrag auch auf die Herausgabe des Führerscheins gerichtet ist.

Möglicherweise sind insoweit keine weiteren Sachentscheidungsvoraussetzungen erforderlich, weil der Antrag als Annex zum Hauptantrag gestellt werden kann. Die Grundregel für die objektive Klagehäufung ist § 44 VwGO, welche im einstweiligen Rechtsschutz analog anwendbar ist, da in § 122 Abs. 1 VwGO keine abschließende Regelung zur entsprechenden Anwendbarkeit anderer Normen der Verwaltungsgerichtsordnung enthalten ist und somit eine planwidrige Regelungslücke bei vergleichbarer Interessenlage besteht. Eine objektive Antragshäufung ist analog § 44 VwGO möglich, wenn sich die Anträge gegen denselben Beklagten richten, im Zusammenhang stehen und dasselbe Gericht zuständig ist. Zudem ist eine gleichzeitige Entscheidungsreife erforderlich, weil anderenfalls rechtsstaatswidrig und damit unter anderem entgegen Art. 20 Abs. 3 GG die Judikative in der zweiten Stufe entscheiden würde, obwohl das Verfahren der Exekutive noch nicht abgeschlossen wäre. Möglich sind i.S.d. § 44 VwGO somit die kumulative Antragshäufung sowie die eventuale Antragshäufung in Form eines Haupt- und eines Hilfsantrages. Während eine alternative Antragshäufung mangels Bestimmtheit des Antrages nicht möglich ist, ist eine objektive Antragshäufung bei Stufenanträgen grundsätzlich ausgeschlossen, weil aufgrund des Erfordernisses zunächst über die erste Stufe zu entscheiden keine gleichzeitige Entscheidungsreife besteht. Für A kommt es zunächst auf die Suspendierung der Entziehung der Fahrerlaubnis auf der ersten Stufe an, um anschließend die vorläufige Herausgabe des Führerscheins als Legitimationspapier über die Fahrerlaubnis zu erreichen. Dieser Stufenantrag ist analog § 44 VwGO nicht möglich.

Ein Stufenantrag kann gemäß den Spezialregelungen § 80 Abs. 5 S. 3 VwGO oder analog § 113 Abs. 4 VwGO möglich sein, während ein Stufenantrag i.S.d. § 80a Abs. 1 Nr. 2 Alt. 2 VwGO i.V.m. § 80a Abs. 3 S. 1 VwGO bzw. gemäß § 80 Abs. 5 S. 3 VwGO i.V.m. § 80 Abs. 3 S. 2 VwGO in einer Zwei-Personen-Konstellation wie bei A nicht in Betracht kommt. Während analog § 113 Abs. 4 VwGO als gegenüber § 80 Abs. 5 S. 3 VwGO subsidiärer Regelung Konstellationen erfasst sind, in denen ein materiell-rechtlicher Anspruch, der nicht Vollzugsfolgenbeseitigungsanspruch ist, prozessual mit einem Antrag gemäß § 80 Abs. 5 S. 1 VwGO in der ersten Stufe verknüpft werden soll, sind von § 80 Abs. 5 S. 3 VwGO solche Konstellationen erfasst, in denen materiell-rechtlich ein Vollzugsfolgenbeseitigungsanspruch auf der zweiten Stufe mit dem Antrag gemäß § 80 Abs. 5 S. 1 VwGO auf der ersten Stufe verknüpft werden soll. In beiden Konstellationen wird in der ersten Stufe jedoch ein Suspendierungsantrag als Gestaltungsantrag der Verwaltungsgerichtsordnung vorausgesetzt, weil das Gericht nur insoweit in der ersten Stufe mit Rechtskraft des Urteils selbst verbindlich gestalten kann, sodass keine unzulässige Durchbrechung der Gewaltenteilung seitens der Judikative in Bereiche der Exekutive erfolgt.

A erstrebt mit seinem zweiten Antrag, seinen Führerschein vorläufig herauszugeben. Dabei kann es sich materiell um einen schlichten Abwehr- und Unterlassungsanspruch oder um einen Vollzugsfolgenbeseitigungsanspruch handeln. Bei gegenwärtigen, sich wiederholenden Beeinträchtigungen besteht ein schlichter Abwehr- und Unterlassungsanspruch. Geht es jedoch lediglich um die Beseitigung der Folgen, handelt es sich, soweit es um die Folgen schlichten Verwaltungshandelns geht, um einen allgemeinen Folgenbeseitigungsanspruch, soweit es um die Folgen eines Verwaltungsaktes geht, um einen Vollzugsfolgenbeseitigungsanspruch. Maßgeblich ist zur Abgrenzung der Folgenbeseitigungsansprüche gegenüber dem schlichten Abwehr- und Unterlassungsanspruch, ob es sich schwerpunktmäßig um ein weiter andauerndes oder sich wiederholendes aktives Tun der Behörde oder um eine passiv fortwirkende Gegebenheit handelt. Zudem muss der Schwerpunkt der Folge auf öffentlich-rechtliches, darf hingegen nicht auf privatrechtliches Handeln rückführbar sein. Eine Folgenbeseitigung kommt sowohl nach dem Geltungsende einer befristeten Verfügung als auch nach der Aufhebung eines Verwaltungsakts mit Dauerwirkung wegen Wegfalls seiner Voraussetzungen in Betracht (VGH Kassel – 11 TG 1515/93).

A hatte gemäß § 3 Abs. 2 S. 3 StVG nach der Entziehung seinen Führerschein abzugeben, ohne dass ein weiteres Handeln der Behörde erforderlich war. Die Pflicht zur Abgabe des Führerscheins ist gesetzlich geregelt und somit unmittelbare, der Entziehung der Fahrerlaubnis zurechenbare Folge. Bei dem Herausgabeverlangen bezüglich des Führerscheins handelt es sich materiell somit um einen Vollzugsfolgenbeseitigungsanspruch, sodass diesbezüglich prozessual der Annexantrag gemäß § 80 Abs. 5 S. 3 VwGO statthaft ist.

Da ein Stufenantrag gemäß § 80 Abs. 5 S. 3 VwGO jederzeit auf Antrag im Gerichtsverfahren erfolgen kann, basiert der zweite Antrag auf den Verfahrensvoraussetzungen des ersten Antrages, sodass keine zusätzlichen Sachentscheidungsvoraussetzungen erforderlich sind. Der Annexantrag gemäß § 80 Abs. 5 S. 3 VwGO ist statthaft.

V. Besondere Sachentscheidungsvoraussetzungen

Die besonderen Sachentscheidungsvoraussetzungen müssen erfüllt sein. Ausdrückliche Regelungen über die besonderen Sachentscheidungsvoraussetzungen gibt es für das Verfahren nach § 80 Abs. 5 VwGO nicht.

1. Besondere Verfahrensführungsbefugnis

§ 78 VwGO als Regelung der besonderen Prozessführungsbefugnis ist gemäß der Abschnittsüberschrift des 8. Abschnitts der Verwaltungsgerichtsordnung bei Anfechtungs- und Verpflichtungsklagen anwendbar. Analog ist § 78 VwGO bei Verfahren anwendbar, bei denen es um Verwaltungsakte geht, weil insoweit eine vergleichbare Interessenlage bei planwidriger Regelungslücke besteht. Da beim Verfahren nach § 80 Abs. 5 S. 1 VwGO in der ersten Stufe die Suspendierung eines Verwaltungsaktes erstrebt wird, ist § 78 VwGO insoweit analog als Verfahrensführungsbefugnis anwendbar. Das gilt auch bezüglich des Annexantrages, weil bezüglich dessen der unmittelbare Bezug zu dem auf einen Verwaltungsakt bezogenen Suspendierungsantrag besteht. Besonders verfahrensführungsbefugt ist analog § 78 Abs. 1 Nr. 2 VwGO i.V.m. § 4 Abs. 2 AG VwGO die Straßenverkehrsbehörde als Fahrerlaubnisbehörde.

2. Antragsbefugnis

A muss zwecks der Vermeidung von Popularanträgen analog § 42 Abs. 2 VwGO antragsbefugt sein. Die Antragsbefugnis nach § 42 Abs. 2 VwGO setzt die Möglichkeit der Verletzung eines subjektiven Rechts voraus. Subjektive Rechte leiten sich aus Sonderbeziehungen, einfachen Gesetzen, subsidiär aus Grundrechten und unter Umständen Unionsrecht ab, wobei aufgrund des weiten Schutzbereiches des Art. 2 Abs. 1 GG bei unmittelbaren Grundrechtseingriffen für das subjektive Recht direkt auf Grundrechte abgestellt werden kann. Ob es sich bei der Entziehung der Fahrerlaubnis um einen belastenden Verwaltungsakt handelt, durch den klassisch und damit unmittelbar in die Grundrechte des A – jedenfalls Art. 2 Abs. 1 GG – eingegriffen wird, ist problematisch, weil die Erteilung der Fahrerlaubnis zunächst eine Leistung darstellt, welche durch die Entziehung aufgehoben wird. Die Modifizierung stellt aber nicht zwingend einen Eingriff dar, sondern nur, soweit auf die Leistung ein grundrechtlicher Anspruch bestand. Dies ist letztlich irrelevant, da durch die Entziehung der Fahrerlaubnis mit der Folge der Rückgabe des Führerscheins in das spezielle subjektive Recht des A aus der erteilten Fahrerlaubnis als Sonderrechtsbeziehung eingegriffen worden ist. Folglich ist A wegen der Möglichkeit der Rechtsverletzung seiner subjektiven Rechte aus der bereits erteilten Sonderrechtsbeziehung analog § 42 Abs. 2 VwGO antragsbefugt.

VI. Allgemeines Rechtsschutzbedürfnis

Teilweise wird die Problematik der gesetzlichen Suspendierung schon beim statthaften Antrag erörtert. Da es bei der statthaften Antragsart nur darum geht, das Begehren mit einer rechtlich vorgesehenen Antragsart zu verbinden, ist die Frage nach dem Bedürfnis für gerichtlichen Rechtsschutz weitergehend. Vertretbar – wenngleich nicht empfehlenswert – erscheint es jedoch, das allgemeine Rechtsschutzbedürfnis insoweit vorzuziehen und bei der statthaften Antragsart mitzuprüfen. Dann muss bei der Erörterung der statthaften Antragsart aber klargestellt werden, dass das allgemeine Rechtsschutzbedürfnis insoweit vorgezogen worden ist.

Aus dem unter anderem in Art. 20 Abs. 3 GG enthaltenen Rechtsstaatsprinzip ergibt sich für das Prozessrecht das Erfordernis des allgemeinen Rechtsschutzbedürfnisses als allgemeine Sachentscheidungsvoraussetzung. (siehe Schema 16)

1. Gesetzliche Suspendierung

Dem Antragsteller fehlt das allgemeine Rechtsschutzbedürfnis, wenn der Suspensiveffekt schon gemäß § 80 Abs. 1 VwGO aufgrund gesetzlicher Anordnung eingetreten ist oder vom Antragsteller außergerichtlich ohne Schwierigkeiten herbeigeführt werden kann.

Für A gab es keine andere Möglichkeit, den Suspensiveffekt herbeizuführen, da von der Behörde die sofortige Vollziehbarkeit der Entziehung der Fahrerlaubnis gemäß § 80 Abs. 2 S. 1 Nr. 4 VwGO angeordnet worden ist, sodass die Einlegung

Probleme Allg. RSB bei § 80 V VwGO

Widerspruch /AnfKl	Kein Suspensiveffekt	Aussetzungsantrag
>str.: HM erforderlich (siehe Schaubild Widerspruch /Anfechtungsklage § 80 V VwGO	>kein RSB, wenn schon ohne Antrag beim Gericht suspendiert (Widerspruch oder Klage)	>Erforderlichkeit str.: >MA: erforderlich, da § 80 VI VwGO nur deklaratorisch) >HM: nur nach § 80 VI VwGO erforderlich (Ausnahmevorschrift)

Schema 16

eines Widerspruches – soweit dieser statthaft wäre – oder die Erhebung der Klage nicht zur Suspendierung des Bescheides i.S.d. § 80 Abs. 1 VwGO geführt hätten. Insoweit ist A das allgemeine Rechtsschutzbedürfnis nicht abzusprechen.

2. Aussetzungsantrag

Um ein Rechtsschutzbedürfnis zu haben, könnte für den Antragsteller ein vorheriger Antrag nach § 80 Abs. 6 S. 1 VwGO auf Aussetzung im Sinne des § 80 Abs. 4 S. 1 VwGO erforderlich sein. Das wäre nur anzunehmen, wenn der Verweis in § 80 Abs. 6 S. 1 VwGO auf § 80 Abs. 2 S. 1 Nr. 1 VwGO nur eine deklaratorische Funktion hätte. Dem Wortlaut nach ist § 80 Abs. 6 S. 1 VwGO abschließend. Die Norm soll nur in den dort explizit benannten Konstellationen angewandt werden, zumal im Gegensatz zur Analogie eine plangemäße Regelungslücke für verbleibende Konstellationen anzunehmen ist. Aus dem Umkehrschluss aus § 80 Abs. 6 S. 1 VwGO ergibt sich somit, dass in Konstellationen außerhalb des § 80 Abs. 2 Nr. 1 VwGO vor Betreibung des einstweiligen Rechtsschutzes kein Aussetzungsantrag bei der Behörde zu stellen ist.

Die Problematik des Aussetzungsantrages ist in zweipoligen Konstellationen weniger bedeutend als bei Verfahren i.S.d. § 80a Abs. 3 S. 1, 2 VwGO, weil für die dort geregelten dreipoligen Konstellationen in S. 2 auch auf § 80 Abs. 6 VwGO verwiesen wird. Insofern handelt es sich nach h.M. um eine Rechtsgrund-, nicht um eine Rechtsfolgenverweisung (strittig).

Das Rechtsschutzbedürfnis ist A insoweit nicht abzusprechen.

3. Rechtsschutz in der Hauptsache

Es könnte erforderlich sein, vor oder gleichzeitig mit Beantragung des einstweiligen Rechtsschutzes den Rechtsschutz in der Hauptsache durch Klageerhebung bzw. durch Einlegung eines gegebenenfalls trotz Entbehrlichkeit des Vorverfahrens statthaften Widerspruches zu verfolgen.

a) Ausnahmslose Betreibung der Hauptsache

Die Erforderlichkeit der vorherigen oder gleichzeitigen Verfolgung des Rechtsschutzes in der Hauptsache könnte sich ausnahmslos daraus ergeben, dass eine Suspendierung, also eine Herstellung oder Wiederherstellung der aufschiebenden Wirkung bei Gericht sinnvoll nur erfolgen kann, wenn dies zuvor schon bei der Behörde beantragt worden ist (vgl. VG Göttingen, Beschluss vom 9.1.2013, 1 B 7/13 m.w.N.). Insbesondere dient z.B. ein Widerspruchsverfahren der Selbstkontrolle der Verwaltung i.S.d. Art. 20 Abs. 3 GG, sodass ihr selbst die Möglichkeit zur Suspendierung gegeben werden müsste. Durch die Möglichkeit der Verwaltung, jederzeit nach § 80 Abs. 4 S. 1 VwGO die Vollziehung auszusetzen, wird die effektive Selbstkontrolle noch nicht zwingend gewährleistet, weil die Verwaltung naturgemäß in der Regel nur tätig und aussetzen wird, wenn sie davon Kenntnis erlangt, dass der Bürger mit der Bescheidung nicht einverstanden ist.

Jedenfalls in den Konstellationen, in denen das Widerspruchsverfahren gemäß § 68 Abs. 1 S. 2 VwGO entbehrlich ist, bedarf es keiner vorherigen Betreibung der Hauptsache, weil in § 80 Abs. 5 S. 2 VwGO gesetzlich geregelt ist, dass der Antrag nach § 80 Abs. 5 S. 1 VwGO schon vor Erhebung der Anfechtungsklage zulässig ist (vgl. zur Fortführung in der Hauptsache: OVG Kassel, Beschluss vom 5.11.2012 – 10 B 2015/12). Das Erfordernis der vorherigen oder gleichzeitigen Verfolgung der Hauptsache kann in der Konstellation des § 80 Abs. 5 S. 2 VwGO auch nicht mittels einer verfassungskonformen Auslegung oder Reduktion im Sinne des Art. 20 Abs. 3 GG aus Gründen der Selbstkontrolle der Verwaltung notwendig sein, weil der Wortlaut die Grenze der Auslegung darstellt und der Wortlaut des § 80 Abs. 5 S. 2 VwGO insoweit nicht auslegungsfähig und nicht reduzierungsbedürftig ist. Die Annahme eines solchen Erfordernisses wäre in den Konstellationen der Entbehrlichkeit des Vorverfahrens gesetzeswidrig. Zwar ist möglicherweise auch bei der Entbehrlichkeit des Widerspruchsverfahrens ein Widerspruch statthaft, um die rechtsstaatliche Selbstkontrolle der Verwaltung i.S.d. Art. 20 Abs. 3 GG zu ermöglichen, und weil der Widerspruch in den Normen über die Entbehrlichkeit – § 68 Abs. 1 S. 2 VwGO gegebenenfalls i.V.m. Landesrecht – nicht verboten worden ist, jedoch kann insoweit jedenfalls kein Widerspruchsverfahren erzwungen werden, weil eine Entbehrlichkeit gesetzlich geregelt ist.

Da das Widerspruchsverfahren für A nicht gemäß § 68 Abs. 1 S. 2 VwGO – auch nicht i.V.m. dem Landesrecht des Bundeslandes H – entbehrlich ist, ist nicht unmittelbar die Klage statthaft mit der Folge, dass sich daraus noch keine Entbehrlichkeit des vorherigen Betreibens der Hauptsache in Form eines Widerspruchsverfahrens ergibt.

b) Grundsätzliche Entbehrlichkeit des Betreibens der Hauptsache

Unabhängig davon, ob ein Widerspruchsverfahren gemäß § 68 Abs. 1 S. 2 VwGO entbehrlich ist oder nicht, könnte das vorherige Betreiben der Hauptsache entbehrlich sein. Das könnte sich daraus ergeben, dass durch das Erfordernis des vorherigen Betreibens der Hauptsache die Überlegungsfristen des Betroffenen i.S.d. § 70 Abs. 1 S. 1 VwGO oder nach § 74 Abs. 1 S. 2 VwGO für den Betroffenen verkürzt würden, weil er, um einstweiligen Rechtsschutz zu erlangen, schon vor Ablauf dieser Fristen in der Hauptsache tätig werden müsste. § 80 Abs. 5 S. 2 VwGO wäre dann eine deklaratorische Regelung, von der auch Konstellationen erfasst wären, in denen das Widerspruchsverfahren erforderlich wäre. Sinnvoll kann eine differenzierte Betrachtung sein.

c) Differenzierte Betrachtung

Bei differenzierter Betrachtung ist zwischen Konstellationen mit dem Erfordernis eines Widerspruchsverfahrens und ohne Erfordernis eines Widerspruchsverfahrens zu trennen. Sollte ein Widerspruchsverfahren gemäß § 68 Abs. 1 S. 2 VwGO entbehrlich sein, ist der Wortlaut des § 80 Abs. 5 S. 2 VwGO maßgeblich, sodass die Klage vor Stellung des Antrages auf einstweiligen Rechtsschutz nicht erhoben worden sein muss. Ist ein Widerspruchsverfahren allerdings erforderlich, ist vor Stellung des Antrages der Widerspruch einzulegen. Einerseits ist der Wortlaut des § 80 Abs. 5 S. 2 VwGO begrenzt, sodass die Norm eine Ausnahmeregelung darstellt, andererseits kann sinnvoll nur etwas suspendiert werden, das zuvor i.S.d. in einem Rechtsstaat i.S.d. Art. 20 Abs. 3 GG erforderlichen Selbstkontrolle der Verwaltung bei der Behörde beantragt worden ist, zumal dies zu einer Entlastung der Gerichte führt.

Auch die Überlegungsfrist des § 70 Abs. 1 VwGO steht insoweit nicht entgegen. Während die Überlegungsfrist für die Klage i.S.d. § 74 Abs. 1 VwGO bei Entbehrlichkeit des Widerspruchsverfahrens nicht durch das Erfordernis des vorherigen Betreibens der Hauptsache verkürzt werden darf, ist dies bei der Widerspruchsfrist aus den genannten rechtsstaatlichen Gründen anders. Während die Hemmschwelle zur Erhebung einer Klage als Rechtsmittel höher als bei Stellung eines Antrages auf einstweiligen Rechtsschutz ist – schließlich besteht ein hohes Kostenrisiko sowie die psychische Belastung eines lange dauernden Verfahrens – ist die Hemmschwelle für die Einlegung eines Widerspruches als Rechtsbehelf geringer als beim einstweiligen Rechtsschutz. Wenn sich der Antragsteller bereits zu einem gerichtlichen Antrag im einstweiligen Rechtsschutz entschieden hat, ist es ihm daher auch zumutbar, zunächst den in der Regel kostengünstigen bzw. kostenlos rücknehmbaren Widerspruch einzulegen.

Nach alledem ist bei der Erforderlichkeit eines Vorverfahrens vor Stellung des Antrages i.S.d. § 80 Abs. 5 S. 1 VwGO die Einlegung des Widerspruches erforderlich, um zu verdeutlichen, dass die Hauptsache auch tatsächlich betrieben wird. Aus rechtsstaatlichen Gründen i.S.d. Art. 20 Abs. 3 GG sowie aus Gründen des effektiven Rechtsschutzes i.S.d. Art. 19 Abs. 4 GG genügt die Einlegung des Widerspruches zeitgleich mit der Stellung des Antrages im einstweiligen Rechtsschutz, solange die Erhebung des Widerspruches nicht rechtsmissbräuchlich spät erfolgt, obgleich die Selbstkontrolle der Verwaltung insoweit minimiert wird.

d) Zwischenergebnis
Das Widerspruchsverfahren des A war nicht entbehrlich, jedoch ist zeitgleich mit der Stellung des Antrages nach § 80 Abs. 5 S. 1 VwGO Widerspruch bei der zuständigen Behörde eingelegt worden. Eine rechtsmissbräuchliche Verzögerung des A ist nicht ersichtlich. Das allgemeine Rechtsschutzbedürfnis ist A nicht aufgrund eines Nichtbetreibens der Hauptsache abzusprechen.

Es ist strittig, ob vor Stellung eines Antrages auf einstweiligen Rechtsschutz gemäß § 80 Abs. 5 S. 1 VwGO die Klageerhebung oder gegebenenfalls die Einlegung eines Widerspruches in der Hauptsache erforderlich ist. Nach h.M. bedarf es jedenfalls bei Entbehrlichkeit des Vorverfahrens gemäß § 80 Abs. 5 S. 2 VwGO keiner vorherigen oder gleichzeitigen Erhebung der Anfechtungsklage. Dies gilt unabhängig vom Streitstand zur Statthaftigkeit des Widerspruches trotz Entbehrlichkeit des Widerspruchsverfahrens. Ist das Vorverfahren nicht entbehrlich, ist der Streitstand zu entscheiden. Da insoweit zwei verbreitete konträre Auffassungen mit jeweils guten Argumenten bestehen, ist es empfehlenswert, in diesen Fällen nach Benennung der Argumente klausurtaktisch zu entscheiden (zum Ganzen: vgl. Puttler, in: Sodan/Ziekow (Hg.) VwGO, 5. Aufl. 2018, § 80, Rn 129; Schenke, in: Kopp/Schenke (Hg.) VwGO, 25. Aufl. 2019, § 80, Rn 139 m.w.N.; Gersdorf, in: Posser/Wolff (Hg.) BeckOK VwGO, 2. Aufl. 2014, § 80, Rn 164 m.w.N.).

---

4. Keine offensichtliche Verfristung der Hauptsache
Ein Rechtsschutzbedürfnis für den einstweiligen Rechtsschutz besteht nur, soweit Rechtsschutz in der Hauptsache möglich, dessen Sachentscheidungs- bzw. Sachurteilsvoraussetzungen also nicht offensichtlich unerfüllt sind bzw. bleiben werden. Dies ist anzunehmen, wenn der Rechtsbehelf bzw. das Rechtsmittel in der

Hauptsache offensichtlich verfristet sind (vgl. OVG Magdeburg, Beschluss vom 2.8.2012, NVwZ-RR 2013, 85). Bezüglich des gegenüber A erlassenen Bescheides gibt es keine Anhaltspunkte dafür, dass der von ihm eingelegte Widerspruch verfristet ist. Vielmehr ist innerhalb der Monatsfrist i.S.d. § 70 Abs. 1 VwGO ein Widerspruch erhoben worden. A ist allgemein rechtsschutzbedürftig.

VII. Zwischenergebnis
Die Sachentscheidungsvoraussetzungen des Verfahrens nach § 80 Abs. 5 S. 1, 3 VwGO sind erfüllt.

B. Begründetheit

Der Antrag des A gemäß § 80 Abs. 5 S. 1, 3 VwGO auf Suspendierung der Entziehung der Fahrerlaubnis ist begründet, soweit die Vollziehungsanordnung nach § 80 Abs. 2 S. 1 Nr. 4 VwGO rechtswidrig ist bzw. bei summarischer Prüfung das Aussetzungsinteresse des A als Antragsteller das Vollziehungsinteresse der Behörde überwiegt bzw. soweit ein Vollzugsfolgenbeseitigungsanspruch des A besteht.

Bei der Vollziehungsanordnung (VZA) gibt es mehrere **Problembereiche:**
1. Aufbau
Denkbar wäre, die VZA nach der Erörterung des Vollziehungs-/Aussetzungsinteresses zu prüfen. Das ist nicht möglich, weil die VZA als Sonderanordnung im Rahmen eines Verwaltungsverfahrens bloß formalen Charakter hat. Formelle Voraussetzungen unterliegen klaren Vorgaben ohne Beurteilungs- und Ermessensspielräume und sind daher vor materiellen Voraussetzungen zu erörtern. Daher ist die VZA vorab zu prüfen, wobei dies problematisch ist, wenn die VZA rechtswidrig ist, weil der Antrag auf einstweiligen Rechtsschutz dann begründet ist. Vertretbar ist es insoweit, mit Verweis auf die Möglichkeit der Behörde jederzeit eine neue VZA zu erlassen, dennoch das Aussetzungs- und Vollziehungsinteresse im Anschluss an die VZA zu erörtern. Korrekt wäre es insoweit aber, die Prüfung zu beenden und in einem Hilfsgutachten fortzuführen.
2. Voraussetzungen
Nach h.M. bedarf es für die VZA keiner gesonderten Anhörung, da diese nach h.M. keinen VA darstellt und die Voraussetzungen für eine Analogie wegen der Anhörung bzgl. des Grund-VA nicht erfüllt sind.

I. Entziehung der Fahrerlaubnis
Zunächst könnte die Vollziehung der Entziehung der Fahrerlaubnis suspendiert werden.

1. Rechtmäßigkeit der Vollziehungsanordnung

Die Vollziehungsanordnung nach § 80 Abs. 2 S. 1 Nr. 4 VwGO kann rechtmäßig sein. Insoweit könnte es wegen der Formulierung „im öffentlichen Interesse" nicht nur auf formelle, sondern auch auf materielle Voraussetzungen ankommen. Die Vollziehungsanordnung gehört systematisch aber zum Verwaltungsverfahren und ist im Verwaltungsprozessrecht geregelt mit der Folge, dass es sich dabei auch mangels gegenüber dem materiellen Verwaltungsakt eigenständiger materieller Regelung nicht um einen weiteren Verwaltungsakt handelt. Vielmehr ist die Vollziehungsanordnung lediglich eine besondere Verfahrensmöglichkeit, die ausschließlich von formellen Voraussetzungen abhängig ist. Ob eine gesonderte Anhörung vor der Anordnung der sofortigen Vollziehung erforderlich oder ob die Regelung des § 80 Abs. 3 VwGO abschließend ist, kann dahinstehen, weil eine solche durch die zuständige Behörde jedenfalls erfolgte. Verfahrensfehler sind nicht ersichtlich.

Für eine ordnungsgemäße Begründung einer Vollziehungsanordnung bedarf es gemäß § 80 Abs. 3 S. 1 VwGO auch einer ordnungsgemäßen Begründung, soweit sie nicht gemäß § 80 Abs. 3 S. 2 VwGO entbehrlich ist (zum Ganzen: VG Cottbus, Beschluss vom 2.11.2007 – 2 L 236/07).

Nach § 80 Abs. 3 S. 1 VwGO hat die Behörde in den Fällen des § 80 Abs. 2 S. 1 Nr. 4 VwGO das besondere Interesse an der sofortigen Vollziehung des Verwaltungsakts schriftlich zu begründen. Durch diese Vorschrift soll die Behörde dazu angehalten werden, sich des Ausnahmecharakters der Vollziehungsanordnung mit Blick auf den grundsätzlich gemäß § 80 Abs. 1 VwGO durch Erhebung eines Rechtsbehelfs eintretenden Suspensiveffekt bewusst zu werden und die Abweichung vom Grundsatz sorgfältig zu prüfen. Zugleich soll der Betroffene über die für die Behörde maßgeblichen Gründe des ihrerseits angenommenen überwiegenden Interesses an der sofortigen Vollziehbarkeit informiert werden, damit in einem möglichen Rechtsschutzverfahren dem Gericht die Erwägungen der Behörde zur Kenntnis gebracht und zur Prüfung gereicht werden können.

Die Vorgaben des § 80 Abs. 3 S. 1 VwGO haben somit vorwiegend die Bedeutung, der Behörde den Ausnahmecharakter der sofortigen Vollziehbarkeit zu verdeutlichen. *„Ist das Interesse hinreichend erkennbar, kommt es für die formale Voraussetzung der ordnungsgemäßen Begründung gemäß § 80 Abs. 3 S. 1 VwGO nicht darauf an, ob die Annahme eines Überwiegens des sofortigen Vollzugsinteresses aus den angegebenen Gründen bereits voll zu überzeugen vermag (vgl. OVG für das Land Brandenburg, Beschluss vom 5.2.1998 – 4 B 134/97 –, veröffentlicht in Juris).*

Aus der Begründung muss hinreichend nachvollziehbar hervorgehen, dass und aus welchen besonderen Gründen die Behörde im Einzelfall das besondere öffentliche Interesse an der sofortigen Vollziehung des Verwaltungsakts als gegenüber dem Aussetzungsinteresse des Betroffenen vorrangig einstuft und aus welchen im dringenden öffentlichen Interesse liegenden Gründen sie es für gerechtfertigt bzw. geboten hält, den durch die aufschiebende Wirkung eines Rechtsbehelfs grundsätzlich eintretenden Suspensiveffekt des Betroffenen einstweilen zurückzustellen. Pauschale und nichtssagende formelhafte Wendungen genügen dem Begründungserfordernis nicht. Allerdings kann sich die Behörde auf die den Verwaltungsakt selbst tragenden Erwägungen stützen, wenn die den Erlass des Verwaltungsaktes rechtfertigenden Gründe zugleich die Dringlichkeit der Vollziehung ergeben. Das kann bei der Entziehung der Fahrerlaubnis unter dem Aspekt der Gefahrenabwehr gegeben sein (vgl. OVG Münster, Beschluss vom 22.1.2001 – 19 B 1757/00, NZV 2001, 396)."

Bei gleichartigen Tatbeständen können auch gleiche oder typisierende Begründungen ausreichen. Dies gilt insbesondere bei Fahrerlaubnisentziehungen, da insoweit die zu beurteilenden Interessenkonstellationen in der Regel gleich gelagert sind. Stets bedarf es der Abwägung zwischen den Gefahren, die für hochrangige Rechtsgüter anderer Verkehrsteilnehmer wie Leben und Gesundheit aus der weiteren Teilnahme eines ungeeigneten Kraftfahrzeugführers entstehen, und dem Interesse des Betroffenen, weiterhin als Führer eines Kraftfahrzeuges am Straßenverkehr teilnehmen zu können. In der häufig wiederkehrenden Konstellation, in der die Behörde die Fahrerlaubnis wegen Alkoholmissbrauchs oder Betäubungsmittelkonsums entzieht, ist diese Interessenlage typischerweise gleich gelagert. Insoweit ist es nicht zwingend geboten, eine ausschließlich auf den Einzelfall zugeschnittene Begründung zu geben. Es genügt, die typische Interessenlage aufzuzeigen und deutlich zu machen, dass diese Interessenlage auch im konkreten Einzelfall besteht (vgl. BayVGH, Beschluss vom 4.1.2006 – 11 CS 05.1878 –, zitiert nach Juris).

Insoweit genügt eine knappe und gleichartige Begründung dem Erfordernis nach § 80 Abs. 3 S. 1 VwGO, wenn die Behörde die typischerweise von einem ungeeigneten Kraftfahrzeugführer ausgehenden und folglich auch im zur Beurteilung anstehenden Einzelfall drohenden Gefahren für die Sicherheit des Straßenverkehrs und der damit im Zusammenhang stehenden Rechtsgüter anderer Verkehrsteilnehmer aufzeigt, sie damit eine typische Konstellation aufgreift, in der das öffentliche Interesse an einer sofortigen Vollziehung regelmäßig überwiegt, und sie hinreichend deutlich macht, dass aus ihrer Sicht diese typische wiederkehrende eindeutige Konstellation auch auf die Person des jeweiligen Fahrerlaubnisinhabers zutrifft.

Allerdings ist bei einer auf § 3 Abs. 1 StVG gestützten Entziehung der Fahrerlaubnis die Vorgabe im Gesetz zu berücksichtigen, nach welcher ein diesbezüglich eingelegter Rechtsbehelf gemäß § 80 Abs. 1 VwGO grundsätzlich zur Suspendierung führt, weil sich der Gesetzgeber – dies ergibt sich aus dem Umkehrschluss aus anderen Vorschriften wie § 2a Abs. 6 StVG und § 4 Abs. 7 S. 2 StVG – gegen einen generellen Ausschluss der aufschiebenden Wirkung entschieden hat. Daher darf der Rückgriff auf typisierende Begründungen nicht dazu führen, dass die grundsätzliche Entscheidung des Gesetzgebers umgangen wird. Soll das gesetzliche Begründungserfordernis nicht seine Bedeutung verlieren, muss die Verwaltung in jedem Einzelfall entscheiden, ob und warum eine Vollziehungsanordnung nach § 80 Abs. 2 S. 1 Nr. 4 VwGO erforderlich ist. Sie muss prüfen, ob Besonderheiten gegeben sind, aufgrund derer es beim Grundsatz des § 80 Abs. 1 VwGO und somit eines Suspensiveffektes durch einen Rechtsbehelf gegen die jeweilige Verfügung bleibt (vgl. BayVGH, Beschluss vom 4.1.2006 – 11 CS 05.1878 –, zitiert nach Juris).

Bestehen keine Besonderheiten, ist also die typische Interessenlage gegeben, kann die Behörde eine typisierende Begründung für die Anordnung der sofortigen Vollziehbarkeit benennen. Die Straßenverkehrsbehörde als Fahrerlaubnisbehörde geht auch gegenüber A davon aus, dass die bei einem Entzug der Fahrerlaubnis regelmäßig gegebene Interessenlage besteht, sich die Angelegenheit des A auch unter Berücksichtigung etwaiger Besonderheiten nicht wesentlich von den typischen Konstellationen unterscheidet.

Die Konstellation des A enthält keine Besonderheiten und ist eine typische Konstellation, bei der regelmäßig die Fahrerlaubnis entzogen wird, weil Leben und Gesundheit anderer Verkehrsteilnehmer durch einen alkoholisierten Fahrer, der sogar die Straftatbestandsgrenze überschreitet, jederzeit konkret gefährdet und sogar beschädigt werden können. Sollte die Hauptsache abgewartet werden, könnten in der Zwischenzeit Unfälle großen Ausmaßes erfolgen. Atypisch wäre die Konstellation allenfalls, wenn die Ausfallerscheinungen und Straftaten des A mehrere Jahre zurückliegen würden. A ist aber auch in den letzten Jahren rechtskräftig wegen Straftaten im Zusammenhang mit dem Straßenverkehr verurteilt worden. Die Behörde durfte auf eine typische Konstellation abstellen. Die Anordnung der sofortigen Vollziehung ist nach alledem rechtmäßig.

2. Aussetzungs-/Vollziehungsinteresse

Es gilt:
- bei rechtswidrigen Verwaltungsakten überwiegt das Aussetzungsinteresse
- bei rechtmäßigen Verwaltungsakten überwiegt in Konstellationen des § 80 Abs. 2 S. 1 Nr. 1–3 VwGO das Vollziehungsinteresse
- in Konstellationen des § 80 Abs. 2 S. 1 Nr. 4 VwGO bedarf es einer Abwägung (Ausnahmen: (1) Zeitmoment, sodass keine Hauptsache stattfinden wird; (2) Drittbetroffenheit)
- Besonderheiten auch bei § 80a VwGO

Das Aussetzungsinteresse überwiegt das Vollziehungsinteresse, soweit der Verwaltungsakt rechtswidrig ist, weil durch einen rechtswidrigen Verwaltungsakt materiell-rechtlich grundsätzlich kein Grundrechtseingriff gerechtfertigt werden soll und somit kein Vollziehungsinteresse des behördlichen Rechtsträgers bezüglich eines solchen Verwaltungsaktes besteht. Ist der Verwaltungsakt rechtmäßig, überwiegt das Vollziehungsinteresse in Konstellationen des § 80 Abs. 2 S. 1 Nr. 1–3 VwGO, weil im Gesetz insoweit eine gesetzgeberische Wertung dahingehend enthalten ist, dass in derartigen Konstellationen bei rechtmäßigen Verwaltungsakten stets vollzogen werden soll. In Konstellationen einer Vollziehungsanordnung i.S.d. § 80 Abs. 2 S. 1 Nr. 4 VwGO bedarf es hingegen grundsätzlich einer eigenen Abwägung des Gerichts, weil der Gesetzgeber insoweit die Anordnung der sofortigen Vollziehbarkeit nicht selbst getroffen, sondern sie der Behörde überlassen hat, deren diesbezügliche Entscheidung überprüfbar ist.

Eine Ausnahme erfolgt insoweit, als es in einigen Konstellationen aufgrund der Erledigung nicht zu einer Hauptsacheentscheidung kommen wird, sodass es zur Gewährung eines i.S.d. Art. 19 Abs. 4 GG effektiven Rechtsschutzes und i.S.d. sich unter anderem aus Art. 20 Abs. 3 GG ergebenden Rechtsstaatsprinzips bezüglich des Aussetzungs- und des Vollziehungsinteresses nur auf die Rechtmäßigkeit bzw. Rechtswidrigkeit des Verwaltungsaktes ankommt – auch in Konstellationen des § 80 Abs. 2 S. 1 Nr. 4 VwGO.

Maßgeblich ist somit zunächst, ob die gegenüber A ausgesprochene Entziehung der Fahrerlaubnis rechtswidrig ist.

a) Rechtswidrigkeit der Entziehung der Fahrerlaubnis
Die Entziehung der Fahrerlaubnis kann rechtswidrig gewesen sein.

aa) Rechtsgrundlage
Als Rechtsgrundlage kommt zunächst § 48 Abs. 1 S. 1 VwVfG oder § 49 Abs. 1 VwVfG in Betracht (zum Ganzen: VGH München, Beschluss vom 24. 8. 2010 – 11 CS 10.1139). Ebenso kann jedoch § 3 Abs. 1 StVG i.V.m. § 46 FeV die Rechtsgrundlage darstellen.

Innerhalb des Anwendungsbereichs der Normen – also, soweit dem Inhaber einer Fahrerlaubnis diese Berechtigung wegen fehlender Eignung oder mangelnder Befähigung i.S.d. § 3 Abs. 1 S. 1 StVG i.V.m. § 46 Abs. 1 FeV aberkannt werden soll – werden die allgemeinen Regelungen der §§ 48, 49 VwVfG durch die spezielleren straßenverkehrsrechtlichen Regelungen verdrängt (HessVGH vom 4. 6. 1985 VRS Bd. 70, S. 228/229; NdsOVG vom 27. 9. 1991 – 12 M 7440/91, juris, Rn 2; VGH BW vom 17. 12. 1991 VRS Bd. 82, S. 383/384; HambOVG vom 30. 1. 2002 VRS

Bd. 102, S. 393/398 f.; VG Hamburg vom 2. 5. 2002 – 15 VG 1374/2002, juris, Rn 18; VG
Saarlouis vom 12. 9. 2007 – 10 L 1012/07, juris, Rn 20 f.; BayVGH vom 25. 5. 2010 – 11
CS 10.291, juris, Rn 25). Die Spezialität des in § 3 Abs. 1 StVG und § 46 Abs. 1 FeV
geregelten Eingriffsinstrumentariums ergibt sich – außer aus dem generellen
Vorrang des Bundesrechts i.S.d. Art. 31 GG gegenüber dem allgemeinen Verwal-
tungsverfahrensrecht der Länder – unter anderem daraus, dass in § 3 Abs. 1 S. 1
StVG und § 46 Abs. 1 FeV anders als in den §§ 48, 49 VwVfG der zuständigen
Behörde kein Ermessen eingeräumt worden ist und die Entziehung der Fahrer-
laubnis keiner Sperrfrist unterliegt, wie sie in § 48 Abs. 4 VwVfG gegebenenfalls in
Verbindung mit § 49 Abs. 2 S. 2 VwVfG enthalten ist.

Nur soweit eine Fahrerlaubnis aus Gründen aberkannt werden soll, die unabhängig von der Eignung oder Befähigung des Inhabers sind, können die §§ 48,
49 VwVfG anwendbar sein (HambOVG vom 12. 1. 1996 – Bs VI VII 178/95, juris, Rn 9;
vgl. auch BayVGH vom 11. 6. 2007 – 11 CS 06.2244, juris, Rn 62). Sind die Rechtsgrundlagen der § 48 Abs. 1 S. 1 VwVfG und § 49 Abs. 1 VwVfG für die Rücknahme
und den Widerruf von Verwaltungsakten auf die Entziehung von Fahrerlaubnis-
sen wegen fehlender Eignung oder mangelnder Befähigung nicht anwendbar, gilt
das auch für den insoweit auf der Primär- und der Sekundärebene geregelten
Vertrauensschutz der §§ 48, 49 VwVfG (vgl. u. a. BayVGH vom 15. 4. 2010 – 11 ZB
08.2452, juris, Rn 12).

Somit ist Rechtsgrundlage § 3 Abs. 1 StVG i.V.m. dem konkretisierenden § 46
Abs. 1 FeV.

bb) Voraussetzungen
Die Voraussetzungen können erfüllt sein.

(1) Formell
Formell hat die zuständige Straßenverkehrsbehörde i.S.d. § 44 Abs. 1 StVO als
zuständige Fahrerlaubnisbehörde des Bundeslandes H i.S.d. § 46 Abs. 1 FeV gehandelt. Eine Anhörung i.S.d. § 28 Abs. 1 VwVfG ist ordnungsgemäß erfolgt. Bei
der Entziehung der Fahrerlaubnis ist mit der schriftlichen Form eine gemäß § 37
Abs. 2 S. 1 VwVfG zulässige Form gewählt worden.

(2) Materiell
Zunächst ist A Inhaber einer Fahrerlaubnis gewesen und hat wiederholt gegen die
Straßenverkehrsordnung verstoßen sowie Straftatbestände erfüllt. A muss gemäß
§ 46 Abs. 1 S. 1 FeV auch ungeeignet zum Führen von Kraftfahrzeugen sein. Eine

Nichteignung kann gemäß § 46 Abs. 1 S. 2 FeV insbesondere dann bestehen, wenn ein Fahrerlaubnisinhaber wiederholt gegen verkehrsrechtliche Vorschriften verstößt bzw. Straftatbestände erfüllt. Gemäß § 11 Abs. 8 S. 1, Abs. 1 S. 2 FeV i.V.m. § 46 Abs. 3 FeV darf die Behörde die Nichteignung vermuten, wenn wiederholt gegen die Straßenverkehrsordnung verstoßen worden ist bzw. Straftatbestände erfüllt worden sind, falls ein medizinisches Gutachten nicht beigebracht wird.

A hat mehrfach gegen die Straßenverkehrsordnung verstoßen und wurde strafrechtlich verurteilt. Er wurde seitens der zuständigen Fahrerlaubnisbehörde unter Hinweis auf die Folge der Vermutung der Nichteignung i.S.d. § 11 Abs. 8 S. 1, 2, Abs. 6 FeV aufgefordert, ein Gutachten beizubringen. Dieser Aufforderung ist er nicht nachgekommen. Seine Nichteignung ergibt sich einerseits bereits materiell aus dem wiederholten Verstoß gegen die Straßenverkehrsordnung und den strafrechtlichen Verurteilungen, andererseits aus der auf der Nichtbeibringung eines medizinischen Gutachtens basierenden Vermutung der Nichteignung (vgl. zu Eignungszweifeln: VGH Mannheim, Beschluss vom 8. 3. 2013, NJW 2013, 1896). Die materiellen Voraussetzungen sind erfüllt.

cc) Rechtsfolge
Die Rechtsfolge ist gebunden, sodass die Behörde die Fahrerlaubnis entziehen musste.

dd) Zwischenergebnis
Der Verwaltungsakt in Form der Entziehung der Fahrerlaubnis ist rechtmäßig mit der Folge, dass nicht automatisch das Aussetzungsinteresse des Antragstellers das Vollziehungsinteresse der Behörde überwiegt.

b) Gesetzliche Wertung
Da es sich um eine Konstellation i.S.d. § 80 Abs. 2 S. 1 Nr. 4 VwGO handelt, ist grundsätzlich eine eigene Abwägung des Gerichts vorzunehmen (BVerfG NVwZ 2004, 93). Die nach § 80 Abs. 1 VwGO für den Regelfall vorgeschriebene aufschiebende Wirkung eines Widerspruches bzw. einer verwaltungsgerichtlichen Klage ist nämlich insoweit eine adäquate Ausprägung der verfassungsrechtlichen *„Rechtsschutzgarantie und ein fundamentaler Grundsatz des öffentlich-rechtlichen Prozesses. Andererseits wird durch Art. 19 Abs. 4 GG die aufschiebende Wirkung der Rechtsbehelfe im Verwaltungsprozess nicht uneingeschränkt gewährleistet. Aus überwiegenden öffentlichen Belangen kann sich eine Rechtfertigung zur einstweiligen Zurückstellung des Rechtsschutzanspruches des Grundrechtsträgers ergeben,*

um unaufschiebbare Maßnahmen im Interesse des allgemeinen Wohls rechtzeitig durchführen zu können. Für die sofortige Vollziehbarkeit ist daher ein besonderes öffentliches Interesse erforderlich, das über jenes Interesse hinausgeht, durch das der Verwaltungsakt selbst gerechtfertigt wird."

Auch aus § 3 Abs. 1 StVG i.V.m. § 46 Abs. 1 FeV ergibt sich keine gegenüber § 80 Abs. 2 VwGO speziellere Wertung, durch die eine eigene Abwägung des Gerichts entbehrlich wird.

c) Eigene Wertung

Es bedarf somit einer Abwägung zwischen den Interessen des A und den gegenläufigen Rechten und Rechtsgütern Dritter (dazu VGH München, Beschluss vom 24.8.2010 – 11 CS 10.1139). Im Rahmen des staatlichen Gewaltmonopols und der damit verbundenen Schutzpflicht des Staates für die Rechtsgüter „Leben" und „Gesundheit" aus Art. 2 Abs. 2 S. 1 GG für andere Verkehrsteilnehmer (vgl. z.B. BVerfG vom 16.10.1977 – BVerfGE 46, 160/164) wäre es unverantwortlich, dem Antragsteller ohne vorherige medizinisch-psychologische Begutachtung die motorisierte Teilnahme am Straßenverkehr zu erlauben. Aus der Fahrerlaubnisverordnung ergibt sich, dass Personen, die alkoholabhängig sind, grundsätzlich – ohne dass weitere, ihnen nachteilige zusätzliche Tatsachen erforderlich sind – als zum Führen von Kraftfahrzeugen ungeeignet eingeordnet werden.

Die Wahrscheinlichkeit, dass eine solchermaßen vorbelastete Person konsequent zwischen dem Alkoholkonsum und dem Führen von Fahrzeugen zu trennen vermag, ist – auch wenn sich eine solche Möglichkeit nicht ausschließen lässt – so gering, dass eine derartige Gegebenheit im Rahmen der Interessenabwägung nicht zugunsten des Antragstellers unterstellt werden kann.

Vor allem aber steht einer Wiederherstellung der aufschiebenden Wirkung entgegen, dass der Antragsteller auch dann eine außerordentliche Gefahr für die Sicherheit des Straßenverkehrs darstellen würde, wenn er sich während sowie ausreichend lange vor der motorisierten Verkehrsteilnahme des Alkoholkonsums enthalten würde. Denn insoweit könnte bei ihm erneut ein Alkoholentzugssyndrom auftreten. Sollten ihn die zerebralen Anfälle bzw. die Deliriumszustände, mit denen nach der Vorgeschichte des A zu rechnen ist, am Steuer eines Kraftfahrzeuges überraschen, ginge das mit einer akuten Lebens- und Gesundheitsgefahr für eine Vielzahl von Personen einher. Gleiches gälte, wenn beim Antragsteller unabhängig von der Alkoholproblematik ein Anfallsleiden bestehen sollte. Nach alledem ist es zu gefährlich, A vorläufig wieder am Straßenverkehr teilnehmen zu lassen. Das Vollziehungsinteresse der Behörde überwiegt.

II. Vollzugsfolgenbeseitigung

Der Annexantrag ist begründet, soweit ein Anspruch des A gegenüber dem Rechtsträger der Fahrerlaubnisbehörde dahingehend besteht, den Führerschein zurückzugeben.

Der Vollzugsfolgenbeseitigungsanspruch ist zwar ein Abwehranspruch, jedoch ist er aufgrund seiner prozessualen Einkleidung in einen Leistungsantrag auf der „zweiten Stufe" im Anspruchsaufbau zu prüfen. In der Literatur wird z.T. sogar für die Abwehr wirksamer Verwaltungsakte ein Anspruchsaufbau vertreten. Insoweit ist ein Anspruchsaufbau im Examen aber jedenfalls aufgrund der prozessualen Vorgaben in z.B. den §§ 113 Abs. 1 S. 1; 80 Abs. 5 S. 1 VwGO nicht empfehlenswert.

---

1. Anspruchsgrundlage

Es bedarf für den Vollzugsfolgenbeseitigungsanspruch einer Anspruchsgrundlage.

a) § 80 Abs. 5 S. 3 VwGO

Da es sich bei § 80 Abs. 5 S. 3 VwGO um eine prozessuale Norm handelt, durch die materiell-rechtliche Ansprüche lediglich in einem Verfahren durchgesetzt werden können, stellt die Norm keine Anspruchsgrundlage für einen materiell-rechtlichen Anspruch dar.

b) Spezialgesetz

Anspruchsgrundlage für den Vollzugsfolgenbeseitigungsanspruch kann zwar eine spezialgesetzliche Norm sein, jedoch ist eine solche nicht ersichtlich.

c) Nachwirkung Grundrechte

Da den beim allgemeinen Folgenbeseitigungsanspruch zu beseitigenden Folgen ein öffentlich-rechtliches Handeln – regelmäßig in Form eines Grundrechtseingriffes – in der Vergangenheit zugrunde liegt, kann sich der Folgenbeseitigungsanspruch aus einer Nachwirkung der Grundrechte ergeben. Dies könnte allerdings zu einer Konturenlosigkeit der ohnehin bereits weit formulierten Freiheitsrechte führen, zumal nicht jedes den Folgen zugrunde liegende öffentliche Handeln einen Grundrechtseingriff darstellen muss. Möglicherweise erfolgte der Eingriff lediglich in ein sich aus einer Sonderrechtsbeziehung ergebendes subjektives Recht, auf welches kein grundrechtlicher Anspruch bestand.

d) Rechtsstaatsprinzip

Der Folgenbeseitigungsanspruch kann sich aus dem unter anderem in Art. 20 Abs. 3 GG verankerten Rechtsstaatsprinzip ergeben. Während Art. 20 Abs. 3 GG bei schlichtem Abwehr- und Unterlassungsanspruch nicht zur Anspruchsbegründung führen kann – sonst würde rechtsstaatswidrig ein Gesetzesvollziehungsanspruch gewährt werden – liegt bei der Folgenbeseitigung bereits ein öffentlich-rechtliches Handeln des Staates in der Vergangenheit zugrunde, welches ein subjektives Recht betrifft, sodass die Folgenbeseitigung aufgrund der im Hinblick auf das vergangene Handeln erfolgten Subjektivierung konstruktiv auf Art. 20 Abs. 3 GG gestützt werden könnte.

e) Analog Zivilrecht

Eine analoge Anwendung des § 1004 Abs. 1 BGB erscheint mangels vergleichbarer Interessenlage – § 1004 Abs. 1 BGB ist grundsätzlich nicht auf vergangenes, sondern gegenwärtiges oder zukünftiges Handeln gerichtet – ebenso wenig maßgeblich wie eine analoge Anwendung des § 823 Abs. 1 BGB mit dem Inhalt der Naturalrestitution aus § 249 Abs. 1 BGB. Insoweit kann zwar die Beseitigung bezüglich in der Vergangenheit liegender Beeinträchtigungen verlangt werden, jedoch fehlt aufgrund des insoweit erforderlichen Verschuldens die Vergleichbarkeit.

f) Gewohnheitsrecht

Ob der allgemeine Folgenbeseitigungsanspruch ursprünglich aus einer Nachwirkung der Grundrechte oder aus Art. 20 Abs. 3 GG abgeleitet werden sollte, ist letztlich irrelevant, da der Anspruch nach jahrzehntelanger Praktizierung Gewohnheitsrecht ist. Im Sinne eines effektiven Rechtsschutzes gegen exekutivisches Handeln gemäß Art. 19 Abs. 4 GG ist es erforderlich, rechtswidrige Beeinträchtigungen, welche einem Träger hoheitlicher Macht zuzurechnen sind, zu beseitigen. Das ist nicht nur rechtspolitisch zu fordern, sondern ein Grundsatz geltenden Rechts und gilt vor allem, wenn sich rechtswidrige Beeinträchtigungen auf den Schutzbereich eines Grundrechts auswirken. Aus diesem grundgesetzlich gewährten Anspruch auf effektiven Rechtsschutz ergibt sich nicht nur ein Gebot zur Schaffung eines gerichtlichen Verfahrens, in dem eine Rechtsverletzung festgestellt wird, sondern auch der Anspruch auf Folgenbeseitigung als ein wirksames Sanktionsrecht gegen eingetretene Rechtsverletzungen. Zwar besteht aus dem sich unter anderem aus Art. 20 Abs. 3 GG ergebenden Rechtsstaatsprinzip die Pflicht eines öffentlichen Rechtsträgers, rechtmäßige Zustände herzustellen, jedoch muss i.S.d. Art. 19 Abs. 4 GG auch ein gerichtlich durchsetzbarer Anspruch gewährt werden.

Zwar ist die Ableitung des Folgenbeseitigungsanspruches dogmatisch problematisch (vgl. F. Schoch, Folgenbeseitigung und Wiedergutmachung im öffentlichen Recht, in: VerwArch 1988, 1 ff., 32 ff.; R. Steinberg/A. Lubberger, Aufopferung – Enteignung und Staatshaftung, 1991, S. 375 ff.), jedoch überwiegen durch Richterrecht geprägte gewohnheitsrechtliche Gesichtspunkte insoweit, als der Bundes- bzw. die Landesgesetzgeber ihre Regelungskompetenz nicht wahrgenommen haben (vgl. BVerfGE 61, 149, 203; BVerwG AZ: 4 C 24/91). Maßgebliche Anspruchsgrundlage ist der Vollzugsfolgenbeseitigungsanspruch aus Gewohnheitsrecht.

2. Voraussetzungen

Die Voraussetzungen des Folgenbeseitigungsanspruches müssen erfüllt sein.

a) Positive Voraussetzungen

Positiv ist ein Eingriff in der Vergangenheit erforderlich, dessen Folgen andauern.

aa) Eingriff in ein subjektives Recht in der Vergangenheit

Der Eingriff in ein subjektives Recht des A besteht in der ihm gegenüber erfolgten Entziehung der Fahrerlaubnis. Durch die Entziehung der Fahrerlaubnis wurde jedenfalls in die zuvor erteilte Fahrerlaubnis als Sonderrechtsbeziehung eingegriffen. Da Gegenstand des Klageantrages die Folgen des Eingriffes sind, nicht aber der Eingriff selbst, ist es positiv nicht erforderlich, dass der Eingriff in der Vergangenheit rechtswidrig war, denn er stellt lediglich die Grundlage für den eigentlichen Klagegegenstand in Form der Folgen dar.

bb) Zurechenbare Folge dauert an

Weitere Voraussetzung des Folgenbeseitigungsanspruches ist es, dass eine dem Eingriff in der Vergangenheit zurechenbare Folge andauert, weil öffentliche Rechtsträger nicht für zufällige Folgen und aus rechtsstaatlichen Gründen grundsätzlich nicht für das Verhalten Dritter oder für allgemeine Lebensrisiken verantwortlich gemacht werden können. Zurechenbare Folge ist die Tatsache, dass der Führerschein des A im Besitz der Behörde ist. Wird die Fahrerlaubnis entzogen, besteht ohne zusätzliches Handeln der Behörde gemäß § 3 Abs. 2 StVG die gesetzliche Pflicht des Betroffenen, den Führerschein als Legitimationspapier über die Fahrerlaubnis an die Behörde zurückzugeben. Mangels erforderlicher Zwischenhandlungen der Behörde stellt der Verlust der tatsächlichen Sachherrschaft über den Führerschein als Legitimationspapier eine zurechenbare Folge dar. Die positiven Voraussetzungen sind erfüllt.

b) Negative Voraussetzung

Negative Voraussetzung des Vollzugsfolgenbeseitigungsanspruches ist es, dass keine Duldungspflicht bezüglich der Folgen bestehen darf. Eine Duldungspflicht kann sich insoweit allenfalls aus dem Verwaltungsakt ergeben, welcher der Verfügung gegenüber A zugrunde liegt. Eine Duldungspflicht kann sich allerdings nur aus einem Verwaltungsakt ergeben, der wirksam und vollziehbar ist, während die Rechtmäßigkeit eines Verwaltungsaktes für das Bestehen einer Duldungspflicht nicht maßgeblich ist, denn auch aus rechtswidrigen bestandskräftigen Verwaltungsakten können sich unter Umständen zu duldende Folgen ergeben. Die gegenüber A ausgesprochene Entziehung der Fahrerlaubnis ist wirksam, vollziehbar und sogar rechtmäßig. Somit wird durch sie eine Duldungspflicht des A begründet. Die negativen Voraussetzungen des Vollzugsfolgenbeseitigungsanspruches sind nicht erfüllt.

3. Zwischenergebnis

Es besteht kein Vollzugsfolgenbeseitigungsanspruch des A.

Beachte: Ein Vollzugsfolgenbeseitigungsanspruch könnte verjähren i.S.d. 195 BGB i.V.m. Art. 20 Abs. 3 GG. Allerdings bleibt der durch den Hoheitsträger geschaffene Zustand rechtswidrig, sodass für diesen eine Duldungspflicht hinsichtlich der Beseitigung durch den Anspruchsinhaber besteht. Der Anspruch auf Duldung selbst unterliegt nicht der Verjährung (BVerwG, Beschluss vom 12. 7. 2013 – 9 B 12.13).

C. Ergebnis

Die Anträge des A werden abgelehnt.

Fall 12:
„Subventionen und Wein für die Genossen!"

Schwerpunkte: Verfahren nach § 80a VwGO im Dreipersonenverhältnis, Annexantrag, Subvention, Konkurrentenstreit, Gesetzesvorbehalt, Wettbewerbsfreiheit, Allgemeine Verwaltungspraxis

Die A-GmbH ist ein „Verbund freier Weinbau-Unternehmen" im Bundesland H. Durch die Gesellschaft soll eine Verbundzusammenarbeit zwischen Erzeugung, Verarbeitung und Absatz hergestellt werden. Gegenüber einzelnen Winzern als Erzeugern verpflichtet sie sich vertraglich zur Abnahme einer bestimmten Menge Most zu Beginn der Weinernte eines jeden Jahres gegen ein Mindestentgelt und einen der Entwicklung der Marktlage entsprechenden, von ihr zu bestimmenden Aufpreis. Der jeweilige Winzer verpflichtet sich hingegen zur Lieferung dieser Mostmenge in durchschnittlicher Qualität.

Aufgrund des § 1 Bundeslandwirtschaftsgesetz wurden im Bundeshaushalt unter Kapitel 1002 zur Förderung des Weinanbaues (Kellerwirtschaft) Mittel in Höhe von € 5.000.000 bereitgestellt, aus denen die Bundesrepublik Deutschland 8 Winzer-Genossenschaften auf deren Antrag Subventionen gewähren möchte. Diese Winzergenossenschaften bestehen aus Winzern, denen es aus wirtschaftlichen Gründen nicht möglich ist, jeweils eine eigene Kellerei rentabel zu betreiben. Mittels der Subventionen soll es den Winzergenossenschaften ermöglicht werden, gemeinsam Kellereien zu errichten und zu betreiben.

Eine dezidiertere Verteilung der im Haushaltsplan enthaltenen Posten ist in einer Verwaltungsrichtlinie des zuständigen Landwirtschaftsministeriums niedergeschrieben worden. In § 2 der Richtlinie heißt es, dass lediglich solche Genossenschaften Subventionen erhalten sollen, deren zur Verfügung stehende Traubenmenge jedenfalls nicht zu einer Produktion von mehr als 6.000 Liter Most täglich führen kann, weil – dies ist zutreffend – derart kleine Genossenschaften besonders gefährdet sind. Faktisch wird über mehrere Monate auch solchen Genossenschaften eine Subvention gewährt, deren zur Verfügung stehende Traubenmenge zu einer Tagesproduktion von bis zu 7.000 Liter Most führt, weil – auch das trifft zu – auch derartige Genossenschaften noch zu den kleineren gehören und im Rahmen der Erhaltung der Weinkultur schützenswert sind.

Der zuständige Landwirtschaftsminister des Landes H hat die Bewilligungsbescheide an die Genossenschaften im Bundesland H in der Regel für sofort vollziehbar erklärt. Zur Begründung heißt es jeweils, dass die sofortige Unterstützung der Weinbauern dringend notwendig und im öffentlichen Interesse sei, da ein Stück regionaler Kultur nur dadurch erhalten werden könne, dass auch

https://doi.org/10.1515/9783110625707-012

kleineren Winzern die Möglichkeit erhalten bleibe, ihren eigenen Wein zu erzeugen. Es seien bereits mehrere Kleinwinzer im Bundesland H in ihrer Existenz bedroht. Daher sei ein sofortiges Handeln geboten. Die EU-Kommission hatte in einem abschließenden Beschluss keine Bedenken gegen die Subventionen geäußert – so wie sie in der Praxis erfolgten. Das gilt auch für die Subvention an die S-Genossenschaft, welche in derselben Region im Bundesland H tätig ist wie die A-GmbH und in unmittelbarer Konkurrenz zu ihr steht. Die S-Genossenschaft erreicht mit ihrem Traubenvolumen eine Tagesproduktion in Höhe von 6.500 Litern. Sie hat am 10. Mai dieses Jahres einen mit der gängigen Begründung als sofort vollziehbar angeordneten Subventionsbescheid vom zuständigen Landwirtschaftsministerium des Landes zugestellt bekommen.

Um den Zahlungsverkehr zu vereinfachen, ist gegenüber der S-Genossenschaft wie gegenüber den anderen subventionierten Genossenschaften im Bundesland H wie folgt vorgegangen worden:

Es ist mit dem nach Durchführung aller erforderlichen Anhörungen für sofort vollziehbar erklärten Subventionsbescheid ein elektronischer Geheim-Code versendet worden, dessen Eingabe im Online-System der Bank des Bundes als Subventionierenden den Zahlungsverkehr an die Empfängerin in Höhe des vollen jeweiligen Subventionsbetrages ohne weiteres Zutun der Behörde zur Folge hat. Seitens der S-Genossenschaft als Empfängerin wurde der Code unmittelbar nach Erhalt eingegeben, sodass der volle Subventionsbetrag in Höhe von € 500.000,– bereits am 14. Mai auf dem Konto der Empfängerin als Forderung gegen die Bank gutgeschrieben war.

Als der Geschäftsführer der A-GmbH von der Subvention an die S-Genossenschaft Kenntnis erlangt, ist er empört. Er meint, durch die Subvention der kleinen Winzer werde in die Wettbewerbsfreiheit der A-GmbH eingegriffen. Die Winzer würden sich von der A-GmbH und ihrem Vertriebsnetz abwenden und den selbst hergestellten Wein auch selbst vertreiben. Zwar sei die A-GmbH nicht in ihrer Existenz bedroht, jedoch könne eine derartige Wettbewerbsverzerrung nicht angehen, obwohl die EU-Kommission der Subvention an die S-Genossenschaft zugestimmt hat, da der A-GmbH durch die Subvention Umsatzeinbußen in Höhe von etwa 10 % drohen. Die Subvention an die S-Genossenschaft sei bezüglich der Berufsfreiheit der A-GmbH einerseits verfassungswidrig, andererseits sei durch ihre Gewährung gegen die Verwaltungsrichtlinie verstoßen worden. Außerdem sei die Subvention an die S-Genossenschaft willkürlich, weil im Einzelfall von der Richtlinie abgewichen werde.

Der Geschäftsführer der A-GmbH beantragt nach Erhebung eines Widerspruches, den die Behörde für unbeachtlich erklärte, beim Verwaltungsgericht, dem Subventionsbescheid einstweilen „die Wirkung zu entziehen" und von der S-Genossenschaft einstweilen „die Rückzahlung der Subvention zu verlangen".

Prüfen Sie, ggf. hilfsgutachterlich, die Erfolgsaussichten des Antrages und erörtern Sie alle im Sachverhalt angelegten Rechtsprobleme hilfsgutachtlich, soweit sie nach Ihrer Lösung anderenfalls nicht erörtert werden würden.

§ 1 Bundeslandwirtschaftsgesetz (BLwG)

Um der Landwirtschaft die Teilnahme an der fortschreitenden Entwicklung der deutschen Volkswirtschaft und um der Bevölkerung die bestmögliche Versorgung mit Ernährungsgütern zu sichern, ist die Landwirtschaft mit den Mitteln der allgemeinen Wirtschafts- und Agrarpolitik – insbesondere der Handels-, Steuer-, Kredit- und Preispolitik – in den Stand zu setzen, die für sie bestehenden naturbedingten und wirtschaftlichen Nachteile gegenüber anderen Wirtschaftsbereichen auszugleichen und ihre Produktivität zu steigern. Damit soll gleichzeitig die soziale Lage der in der Landwirtschaft tätigen Menschen an die Lage vergleichbarer Berufsgruppen angeglichen werden.

§ 2 (Verwaltungsrichtlinie)

Im Sinne des Kapitels 1002 des Bundeshaushaltes zur Förderung des Weinanbaues (Kellerwirtschaft) sind nur solche Genossenschaften zu subventionieren, deren Traubenvolumen eine Tagesproduktion Most in Höhe von 6.000 Litern nicht überschreiten kann.

§ 4 AG VwGO (Ausführungsgesetz zur VwGO Bundesland H)

(1) Fähig, am Verfahren beteiligt zu sein, sind auch Behörden.

(2) Die Klage ist gegen die Behörde zu richten, die den angefochtenen Verwaltungsakt erlassen bzw. den beantragten Verwaltungsakt unterlassen hat.

Bearbeitungsvermerk

Es ist davon auszugehen, dass der Subvention keine über die im Sachverhalt benannten hinausgehenden speziellen Normen oder Richtlinien zugrunde liegen. Ein Widerspruchsverfahren ist im Bundesland H nach den landesrechtlichen Vorschriften nicht entbehrlich. Sollte es auf ein Verwaltungsverfahrensgesetz ankommen, wenden Sie das Verwaltungsverfahrensgesetz des Bundes an. Gehen Sie davon aus, dass die Subventionsverwaltung verfassungsgemäß durch die Landesbehörden in Bundesauftragsverwaltung i.S.d. Art. 104a Abs. 3 S. 2 GG erfolgt.

Vertiefung

Zum Ganzen: BVerfG, Urteil vom 20.07.1954 – 1 BvR 459 u. a., NJW 1954, 1235; BVerwG, Urteil vom 30.08.1968 – VII C 122/66, NJW 1969, 522; VG Cottbus, Beschluss vom 2.11.2007 – 2 L 236/07; vgl. OVG für das Land Brandenburg, Beschluss vom 5.2.1998 – 4 B 134/97 –, veröffentlicht in Juris; BayVGH, Beschluss vom 4.1. 2006 – 11 CS 05.1878 –, zitiert nach Juris; vgl. VG Göttingen, Beschluss vom 9.1. 2013 – 1 B 7/13 m.w.N.; BVerwG, Beschluss vom 12.7.2013 – 9 B 12.13.

Gliederung

Falllösung —— **305**
    A. Sachentscheidungsvoraussetzungen (+) —— **305**
        I Rechtsweg (+) —— **306**
        II. Zuständigkeit (+) —— **306**
        III. Beteiligte (+) —— **307**
        IV. Statthafte Verfahrensart —— **308**
            1. Antrag gemäß § 80 Abs. 5 S. 1 VwGO (–) —— **308**
            2. Antrag gemäß § 80a Abs. 1, 2 VwGO i.V.m. § 80a Abs. 3 S. 1 VwGO (+) —— **309**
              a) § 80a Abs. 2 VwGO i.V.m. § 80a Abs. 3 S. 1 VwGO (–) —— **309**
              b) § 80a Abs. 1 Nr. 1 VwGO i.V.m. § 80a Abs. 3 S. 1 VwGO (–) —— **309**
              c) § 80a Abs. 1 Nr. 2 Alt. 1 VwGO i.V.m. § 80a Abs. 3 S. 1 VwGO (+) —— **310**
              d) Annexantrag (+) —— **310**
        V. Besondere Sachentscheidungsvoraussetzungen (+) —— **314**
            1. Besondere Verfahrensführungsbefugnis (+) —— **314**
            2. Antragsbefugnis (+/–) —— **315**
        VI. Allgemeines Rechtsschutzbedürfnis (+) —— **316**
            1. Gesetzliche Suspendierung (–) —— **316**
            2. Aussetzungsantrag (–) —— **317**
            3. Rechtsschutz in der Hauptsache (+/–) —— **318**
              a) Ausnahmslose Betreibung der Hauptsache (–) —— **318**
              b) Grundsätzliche Entbehrlichkeit des Betreibens der Hauptsache (–) —— **319**
              c) Differenzierte Betrachtung (+) —— **319**
              d) Zwischenergebnis —— **321**
            4. Keine offensichtliche Verfristung der Hauptsache —— **321**
        VII. Zwischenergebnis (+) —— **321**
    B. Begründetheit (–) —— **321**
        I. Subventionsbescheid —— **322**
            1. Rechtmäßigkeit der Vollziehungsanordnung (+) —— **322**
            2. Aussetzungs-/Vollziehungsinteresse (–) —— **324**
              a) Rechtswidrigkeit des Subventionsbescheides (–) —— **325**
              b) Zwischenergebnis —— **333**
        II. Vollzugsfolgenbeseitigung —— **333**
            1. Anspruchsgrundlage (+) —— **333**
              a) § 80 Abs. 5 S. 3 VwGO i.V.m. § 80a Abs. 3 S. 2 VwGO (–) —— **334**

    b) Spezialgesetz (–) —— **334**
    c) Nachwirkung Grundrechte (+/–) —— **335**
    d) Rechtsstaatsprinzip (+/–) —— **335**
    e) Analog Zivilrecht (+/–) —— **336**
    f) Gewohnheitsrecht (+) —— **336**
  2. Voraussetzungen (–) —— **337**
    a) Positive Voraussetzungen (–) —— **337**
    b) Zwischenergebnis (–) —— **337**
C. Ergebnis (–) —— **337**

Lösungsvorschlag

Die folgende Lösung ist als Lösungsvorschlag zu verstehen und ausführlicher, als es in der Klausurbearbeitung verlangt werden kann. Aufgrund der wissenschaftlichen Freiheit können andere Lösungswege vertreten werden, soweit sie dogmatisch begründbar sind. Die Nachweise aus Rechtsprechung und Literatur sowie die das Verständnis fördernden Randbemerkungen sind in der Examensklausur auszusparen. Die Abkürzung „Alt.“ steht für Alternativfall, nicht für Alternative.

Zur Verbesserung der Methodik bei der Anfertigung eines Gutachtens in der Klausur empfiehlt sich die Lektüre des Beitrags von Heinze/Starke JURA 2012, 175 ff.

Falllösung

A wird mit seinem Antrag jedenfalls Erfolg haben, soweit die Sachentscheidungsvoraussetzungen erfüllt sind und der Antrag zulässig sowie begründet ist.

A. Sachentscheidungsvoraussetzungen

Die Sachentscheidungsvoraussetzungen müssen erfüllt sein.

Hinweis: Andere Aufbauvarianten werden vertreten (z. B. dreistufig oder Prüfung des Verwaltungsrechtsweges als Untergliederungspunkt der Zuständigkeit des Gerichts). Derartige Aufbauvarianten sind aber mit § 17a Abs. 2 S. 1 GVG bzw. mit der Überschrift des 6. Abschnitts der VwGO sowie mit § 83 VwGO unvereinbar und daher bei exakter dogmatischer Zuordnung der Prüfungspunkte nicht zu empfehlen. Die Überschrift „Sachentscheidungsvoraussetzungen“ anstelle der Überschrift „Zulässigkeit" ist sinnvoll, weil nach § 63 Nr. 3 VwGO auch der Beigeladene zu den Beteiligten gehört, das Fehlen einer notwendigen Beiladung i.S.d. § 65 Abs. 2 VwGO aber nur dazu führt, dass das Urteil keine materielle Rechtskraft entfaltet.

Wichtig ist, bei **Verfahren im einstweiligen Rechtsschutz** die Überschrift „Sachentscheidungsvoraussetzungen", nicht aber „Sachurteilsvoraussetzungen" zu verwenden, weil kein Urteil ausgesprochen, sondern ein Beschluss gefasst wird.

I Rechtsweg

Ein Rechtsweg muß eröffnet sein. Der Verwaltungsrechtsweg kann mangels aufdrängender Sonderzuweisung gemäß § 40 Abs. 1 S. 1 VwGO eröffnet sein. Gegebenenfalls kommt ein Verweisungsbeschluss i.S.d. § 17a Abs. 2 S. 1 GVG i.V.m. § 173 S. 1 VwGO in Betracht. Der Verwaltungsrechtsweg ist eröffnet, wenn die streitentscheidende öffentlich-rechtliche Norm einen Hoheitsträger einseitig berechtigt oder verpflichtet bzw. wenn aufgrund typisch hoheitlichen Handelns zwischen den Beteiligten ein Subordinationsverhältnis besteht.

Als Rechtsgrundlage und streitentscheidende Norm kommt § 1 BLwG in Betracht, wobei dessen Zuordnung als Rechtsgrundlage zumindest problematisch ist. Als typisch hoheitliches Handeln ist eine Subvention nicht grundsätzlich einzustufen, da auch privatrechtliche Unterstützungen denkbar sind, zumal es um eine Leistung geht, sodass ein Subordinationsverhältnis bei Subventionen nicht grundsätzlich besteht. Allerdings ist seitens des Ministeriums die Handlungsform des Verwaltungsaktes als typisch hoheitlicher Rechtssetzungsakt gewählt worden. Jedenfalls besteht bei Subventionen durch öffentliche Hoheitsträger bezüglich des „Ob" ein Sachzusammenhang zum öffentlichen Recht. Die Streitigkeit ist somit öffentlich-rechtlicher Natur. Da die Streitigkeit mangels doppelter Verfassungsunmittelbarkeit nicht verfassungsrechtlicher Art und eine abdrängende Sonderzuweisung nicht ersichtlich ist, bleibt es bei der Eröffnung des Verwaltungsrechtsweges.

II. Zuständigkeit

In Verfahren des einstweiligen Rechtsschutzes ist unabhängig davon, um welches Verfahren im einstweiligen Rechtsschutz es sich handelt, gemäß den §§ 123 Abs. 2 S. 1, 80 Abs. 5 S. 1, 80a Abs. 3 S. 1, 2 VwGO das Gericht der Hauptsache zuständig. Außer beim einstweiligen Rechtsschutz i.S.d. § 47 Abs. 6 VwGO – insoweit wäre wie in der Hauptsache stets das Oberverwaltungsgericht zuständig – ist in der Hauptsache in der Regel gemäß § 45 VwGO das Verwaltungsgericht als Eingangsinstanz für den von der zuständigen Behörde erlassenen Verwaltungsakt sachlich zuständig. Das wäre lediglich anders, wenn es Anhaltspunkte für abweichende Regelungen wie z. B. § 50 VwGO gäbe, die jedoch nicht ersichtlich sind, sodass kein Verweisungsbeschluss gemäß §§ 17a Abs. 2 S. 1 GVG, 83 VwGO gefasst werden wird.

Die örtliche Zuständigkeit ist nur anzusprechen, wenn es dafür im Sachverhalt Anhaltspunkte gibt. Gegebenenfalls ist die örtliche Zuständigkeit grundsätzlich im Anschluss an die sachliche Zuständigkeit zu prüfen. Ist sie jedoch gemäß § 52 Nr. 2 VwGO ausnahmsweise von der Klageart abhängig, sollte sie offen mit Verweis auf § 17a Abs. 2 S. 1 GVG i.V.m. § 83 VwGO formuliert werden.

III. Beteiligte

Die A-GmbH und die zuständige Landesbehörde können Beteiligte des Verfahrens sein. Ob sich die Beteiligungsfähigkeit aus der direkten Anwendung der §§ 63, 61, 62, 65 VwGO ergibt oder ob sie wegen des Wortlautes in § 63 VwGO – Kläger und Beklagter – analog anzuwenden sind, ist irrelevant, wenngleich sich aus der gesetzlichen Abschnittsüberschrift des 7. Abschnitts des II. Teils der Verwaltungsgerichtsordnung „Allgemeine Verfahrensvorschriften" ergeben kann, dass sämtliche Verfahren und damit auch die Verfahren des einstweiligen Rechtsschutzes von der direkten Anwendung erfasst sind. Beteiligte sind nach § 63 Nr. 1, 2 VwGO jedenfalls unter anderem der Antragsteller und der Antragsgegner, beteiligungsfähig nach § 61 Nr. 1 VwGO natürliche und juristische Personen. Behörden sind gemäß § 61 Nr. 3 VwGO i.V.m. § 4 Abs. 1 AG VwGO des Bundeslandes H beteiligungsfähig. Als Antragstellerin ist die A-GmbH gemäß § 61 Nr. 1 Alt. 2 VwGO als juristische Person des Privatrechts beteiligungsfähig und mittels ihres Geschäftsführers i.S.d. § 35 Abs. 1 S. 1 GmbHG gemäß § 62 Abs. 1 Nr. 1, Abs. 3 VwGO prozessfähig.

Als Antragsgegnerin ist die Behörde maßgeblich. Das zuständige Landwirtschaftsministerium des Landes H ist beteiligungsfähig. Die Behörde ist gemäß §§ 63 Nr. 2, 61 Nr. 3 VwGO i.V.m. § 4 Abs. 1 AG VwGO beteiligungs- und mangels Anhaltspunkten bezüglich des für die Behörde handelnden Organwalters gemäß § 62 Abs. 3, 1 Nr. 1 VwGO prozessfähig.

Da die Entscheidung des Verwaltungsgerichts auch gegenüber der Subventionsempfängerin S nur einheitlich ergehen kann, ist sie gemäß § 63 Nr. 3 VwGO als Beteiligte gemäß § 65 Abs. 2 VwGO notwendig beizuladen. Sie ist als juristische Person gemäß § 61 Nr. 1 Alt. 2 VwGO beteiligungs- und gemäß § 62 Abs. 1, 3 VwGO mittels des Organwalters prozessfähig.

IV. Statthafte Verfahrensart

Die statthafte Verfahrensart richtet sich gemäß den §§ 88, 122 Abs. 1 VwGO i.V.m. § 80 Abs. 7 VwGO oder § 123 Abs. 2 S. 1 VwGO oder § 80a Abs. 3 S. 2 VwGO nach dem Antragsbegehren.

Beim einstweiligen Rechtsschutz muss das Antragsbegehren anders als das Klagebegehren in der Hauptsache nicht um maßnahmespezifische Aspekte und den rechtsstaatlichen Grundsatz der Effektivität ergänzt werden, weil es insoweit eine gesetzlich vorgegebene Rangfolge in § 123 Abs. 5 VwGO gibt.

Gemäß § 123 Abs. 5 VwGO sind die Verfahren nach den §§ 80, 80a VwGO gegenüber der einstweiligen Anordnung nach § 123 Abs. 5 VwGO spezieller.

1. Antrag gemäß § 80 Abs. 5 S. 1 VwGO

Der Antrag nach § 80 Abs. 5 S. 1 VwGO ist statthaft, soweit der Antragsteller die Suspendierung, also die Herstellung oder Wiederherstellung der aufschiebenden Wirkung eines Rechtsbehelfes oder Rechtsmittels bezüglich eines Verwaltungsaktes begehrt.

Die häufig verwendete „Faustformel", dass ein Verfahren nach § 80 Abs. 5 VwGO statthaft ist, wenn es sich in der Hauptsache um eine Anfechtungsklage handelt, während eine einstweilige Anordnung nach § 123 VwGO danach bei Leistungs- und Feststellungsklagen in der Hauptsache statthaft sein soll, ist falsch. Es gibt Fälle, in denen Begehren in der Hauptsache und im einstweiligen Rechtsschutz divergieren (vgl. § 81 Abs. 3 AufenthaltsG).

Ein Verwaltungsakt ist gemäß § 35 S. 1 VwVfG jede Verfügung, Entscheidung oder andere hoheitliche Maßnahme, die eine Behörde zur Regelung eines Einzelfalls auf dem Gebiet des öffentlichen Rechts trifft und die auf unmittelbare Rechtswirkung nach außen gerichtet ist. Gegenüber der S-Genossenschaft ist eine Subvention verbindlich im Einzelfall mit Rechtssetzungscharakter ausgesprochen worden. Es ist mit dem Subventionsbescheid ein Verwaltungsakt erlassen worden. Dieser soll seitens des Gerichts aufgrund des Antrages der A-GmbH einstweilen „keine Wirkung" entfalten, also suspendiert werden. Allerdings kann der Antrag i.S.d. § 80 Abs. 5 S. 1 VwGO in Drei-Personen-Konstellationen durch die speziellere Regelung des § 80a VwGO verdrängt sein.

2. Antrag gemäß § 80a Abs. 1, 2 VwGO i.V.m. § 80a Abs. 3 S. 1 VwGO

Ein Antrag nach § 80a VwGO kann in Drei-Personen-Konstellationen statthaft sein, wobei durch die Norm grundsätzlich Anträge gegenüber der Behörde ermöglicht werden, sodass ein gerichtlicher Antrag nur gemäß § 80a Abs. 1, 2 VwGO i.V.m. § 80a Abs. 3 S. 1 VwGO möglich ist. In § 80a Abs. 1, 2 VwGO i.V.m. § 80a Abs. 3 S. 1 VwGO sind drei in Betracht kommende Konstellationen enthalten.

a) § 80a Abs. 2 VwGO i.V.m. § 80a Abs. 3 S. 1 VwGO

Von § 80a Abs. 2 VwGO i.V.m. § 80a Abs. 3 S. 1 VwGO sind Konstellationen erfasst, in denen ein Betroffener einen ihn belastenden Verwaltungsakt suspendiert und ein Dritter Begünstigter die sofortige Vollziehbarkeit erreichen will. Das wäre nur anzunehmen, wenn an die S-Genossenschaft bereits ein Rückerstattungsbescheid erlassen worden wäre, der z.B. durch deren Widerspruch suspendiert worden wäre mit der Folge, dass die A-GmbH die sofortige Vollziehbarkeit des Rückerstattungsbescheides beantragt. An die S-Genossenschaft ist jedoch kein belastender, sondern lediglich ein begünstigender Verwaltungsakt erlassen worden. Der Antrag gemäß § 80a Abs. 2 VwGO i.V.m. § 80a Abs. 3 S. 1 VwGO ist nicht statthaft.

Dass § 80a Abs. 2 VwGO als systematisch nach § 80a Abs. 1 VwGO folgend erwähnt wird, ist nicht zwingend, aber klausurtaktisch zur Einordnung im Zweifel empfehlenswert.

---

b) § 80a Abs. 1 Nr. 1 VwGO i.V.m. § 80a Abs. 3 S. 1 VwGO

Ein Antrag nach § 80a Abs. 1 Nr. 1 VwGO i.V.m. § 80a Abs. 3 S. 1 VwGO ist statthaft, soweit ein Dritter einen Rechtsbehelf gegen den an einen anderen gerichteten, diesen begünstigenden Verwaltungsakt einlegt und die Behörde gegen den aufgrund des durch den Rechtsbehelf des Dritten eingetretenen Suspensiveffekt auf Antrag des Begünstigten gemäß § 80 Abs. 2 Nr. 4 VwGO die sofortige Vollziehbarkeit anordnen soll. Zwar ist die S-Genossenschaft durch den Subventionsbescheid begünstigt worden, jedoch ist dieser Subventionsbescheid weder suspendiert worden, noch wurde seitens der S-Genossenschaft ein Antrag gestellt. Ein Antrag gemäß § 80a Abs. 1 Nr. 1 VwGO i.V.m. § 80a Abs. 3 S. 1 VwGO ist nicht statthaft.

c) § 80a Abs. 1 Nr. 2 Alt. 1 VwGO i.V.m. § 80a Abs. 3 S. 1 VwGO

Ein Antrag gemäß § 80a Abs. 1 Nr. 2 Alt. 1 VwGO i.V.m. § 80a Abs. 3 S. 1 VwGO ist statthaft, soweit ein Dritter einen Rechtsbehelf gegen den an einen anderen gerichteten, diesen begünstigenden Verwaltungsakt einlegt und der Verwaltungsakt aufgrund dessen Vollziehbarkeit nicht suspendiert ist, sodass die Aussetzung der Vollziehung angeordnet werden soll – dem Wortlaut des grundsätzlich für die Behörde geltenden § 80a Abs. 1 Nr. 2 Alt. 2 VwGO entsprechend durch behördliche Aussetzung gemäß § 80 Abs. 4 VwGO und bei einem beim Gericht gestellten Antrag gemäß § 80a Abs. 1 Nr. 2 Alt. 1 VwGO i.V.m. § 80a Abs. 3 S. 1 VwGO durch das Gericht.

Die A-GmbH als Dritte hatte gegen den an die S-Genossenschaft gerichteten Subventionsbescheid Widerspruch eingelegt, bezüglich dessen die Behörde erklärte, er sei irrelevant. Außerdem war im Subventionsbescheid die sofortige Vollziehbarkeit i.S.d. § 80 Abs. 2 S. 1 Nr. 4 VwGO angeordnet worden, sodass der Widerspruch gemäß § 80 Abs. 1 VwGO nicht zur Suspendierung des Verwaltungsaktes führte. Bezüglich der gemäß § 80 Abs. 2 S. 1 Nr. 4 VwGO erfolgten Anordnung der sofortigen Vollziehbarkeit beantragt die A-GmbH nunmehr die Aussetzung. Der Antrag gemäß § 80a Abs. 1 Nr. 2 Alt. 1 VwGO i.V.m. § 80a Abs. 3 S. 1 VwGO ist statthaft.

d) Annexantrag

Das zweite Begehren der A-GmbH bezüglich der Rückerstattung der Subvention kann einen Annexantrag darstellen.

Es ist möglich, beide Anträge zusammen oder getrennt zu prüfen und schon bei der statthaften Antragsart den Annexantrag i.S.d. § 80 Abs. 5 S. 3 VwGO i.V.m. § 80a Abs. 3 S. 2 VwGO bzw. § 80a Abs. 1 Nr. 2 Alt. 2 VwGO i.V.m. § 80a Abs. 3 S. 1 VwGO zu prüfen. Die Antragsverbindung – der Annexantrag stellt eine Ausnahme vom grundsätzlichen Verbot der Stufenverfahren dar – ist aber keine Zulässigkeitsvoraussetzung, sodass dies nur im Rahmen der Überschrift „Sachentscheidungsvoraussetzungen" möglich ist. Sollte einmal nach der Zulässigkeit und Begründetheit eines Verfahrens bzw. Antrages gefragt sein, dürften bei genauer Beantwortung der Fallfrage weder die Beiladung i.S.d. § 65 VwGO noch die Antragsverbindung nach § 80 Abs. 5 S. 3 VwGO i.V.m. § 80a Abs. 3 S. 2 VwGO bzw. § 80a Abs. 1 Nr. 2 Alt. 2 VwGO i.V.m. § 80a Abs. 3 S. 1 VwGO oder analog §§ 44, 113 Abs. 4 VwGO in der Falllösung geprüft werden.

---

aa) Voraussetzungen Annexantrag

Die A-GmbH hat über die Anordnung der Suspendierung des Subventionsbescheides hinaus den Erlass eines Rückerstattungsbescheides an die S-Genossenschaft beim Gericht beantragt, die Subvention zurückzuverlangen. Bei Auslegung dieses Antrages ist dieser so zu verstehen, dass der Erlass eines einstweiligen Rückerstattungsbescheides seitens des Gerichts an die S-Genossenschaft, jedenfalls aber Verpflichtung des zuständigen Landwirtschaftsministeriums beantragt worden ist, an die S-Genossenschaft einen einstweiligen Rückerstattungsbescheid zu erlassen.

Möglicherweise sind insoweit keine weiteren Sachentscheidungsvoraussetzungen erforderlich, weil der Antrag als Annex zum Hauptantrag gestellt werden kann. Die Grundregel für die objektive Klagehäufung ist § 44 VwGO, welche im einstweiligen Rechtsschutz analog anwendbar ist, da in § 122 Abs. 1 VwGO keine abschließende Regelung zur entsprechenden Anwendbarkeit anderer Normen der Verwaltungsgerichtsordnung enthalten ist und somit eine planwidrige Regelungslücke bei vergleichbarer Interessenlage besteht. Eine objektive Antragshäufung ist analog § 44 VwGO möglich, wenn sich die Anträge gegen denselben Beklagten richten, im Zusammenhang stehen und dasselbe Gericht zuständig ist. Zudem ist eine gleichzeitige Entscheidungsreife erforderlich, weil anderenfalls rechtsstaatswidrig und damit unter anderem entgegen Art. 20 Abs. 3 GG die Judikative entscheiden würde, obwohl das Verfahren der Exekutive noch nicht abgeschlossen wäre. Möglich sind i.S.d. § 44 VwGO somit die kumulative Antragshäufung sowie die eventuale Antragshäufung in Form eines Haupt- und eines Hilfsantrages. Während eine alternative Antragshäufung mangels Bestimmtheit des Antrages nicht möglich ist, ist eine objektive Antragshäufung bei Stufenanträgen grundsätzlich ausgeschlossen, weil aufgrund des Erfordernisses zunächst über die erste Stufe zu entscheiden keine gleichzeitige Entscheidungsreife besteht. Für die A-GmbH kommt es zunächst auf die Suspendierung des Subventionsbescheides auf der ersten Stufe an, um anschließend den vorläufigen Erlass eines Rückerstattungsbescheides zu erreichen. Dieser Stufenantrag ist analog § 44 VwGO nicht möglich.

Ein Stufenantrag kann gemäß den Spezialregelungen der § 80 Abs. 5 S. 3 VwGO i.V.m. § 80a Abs. 3 S. 2 VwGO bzw. § 80a Abs. 1 Nr. 2 Alt. 2 VwGO i.V.m. § 80a Abs. 3 S. 1 VwGO oder § 80 Abs. 5 S. 3 VwGO direkt oder analog § 113 Abs. 4 VwGO möglich sein. Während analog § 113 Abs. 4 VwGO als gegenüber § 80 Abs. 5 S. 3 VwGO subsidiärer Regelung Konstellationen erfasst sind, in denen ein materiell-rechtlicher Anspruch, der nicht Vollzugsfolgenbeseitigungsanspruch ist, prozessual mit einem Antrag gemäß § 80 Abs. 5 S. 1 VwGO in der ersten Stufe verknüpft werden soll, sind von § 80 Abs. 5 S. 3 VwGO solche Konstellationen erfasst, in denen materiell-rechtlich ein Vollzugsfolgenbeseitigungsanspruch auf der zweiten Stufe mit dem Antrag gemäß § 80 Abs. 5 S. 1 VwGO auf der ersten Stufe verknüpft werden soll. Spezialregelungen in Drei-Personen-Konstellationen sind § 80 Abs. 5 S. 3 VwGO i.V.m. § 80a Abs. 3 S. 2 VwGO bzw. § 80a Abs. 1 Nr. 2 Alt. 2

VwGO i.V.m. § 80a Abs. 3 S. 1 VwGO. In allen Konstellationen wird in der ersten Stufe jedoch ein Suspendierungsantrag als Gestaltungsantrag der Verwaltungsgerichtsordnung vorausgesetzt, weil das Gericht nur insoweit in der ersten Stufe mit Rechtskraft des Urteils selbst verbindlich gestalten kann, sodass keine unzulässige Durchbrechung der Gewaltenteilung seitens der Judikative in Bereiche der Exekutive erfolgt.

Die A-GmbH erstrebt mit ihrem zweiten Antrag, an die S-Genossenschaft vorläufig einen Rückerstattungsbescheid zu erlassen. Dabei kann es sich materiell nicht um einen schlichten Abwehr- und Unterlassungsanspruch handeln, da kein gegenwärtiges, sich wiederholendes schlichtes Verwaltungshandeln abgewehrt werden soll. Geht es lediglich um die Beseitigung der Folgen und handelt es sich um die Folgen schlichten Verwaltungshandelns, geht es um einen allgemeinen Folgenbeseitigungsanspruch, soweit es um die Folgen eines Verwaltungsaktes geht, um einen Vollzugsfolgenbeseitigungsanspruch. Maßgeblich ist zur Abgrenzung der Folgenbeseitigungsansprüche gegenüber dem schlichten Abwehr- und Unterlassungsanspruch, ob es sich schwerpunktmäßig um ein weiter andauerndes oder sich wiederholendes aktives Tun der Behörde oder um eine passiv fortwirkende Gegebenheit handelt. Zudem muss der Schwerpunkt der Folge auf öffentlich-rechtliches, darf hingegen nicht auf privatrechtliches Handeln rückführbar sein. Eine Folgenbeseitigung kommt sowohl nach dem Geltungsende einer befristeten Verfügung als auch nach der Aufhebung eines Verwaltungsakts mit Dauerwirkung wegen Wegfalls seiner Voraussetzungen in Betracht (VGH Kassel – 11 TG 1515/93).

Die S-Genossenschaft hatte nach Erlass des Subventionsbescheides mit dem Geheimcode seitens der zuständigen Behörde nur noch den Code im elektronischen Netz der Bank einzugeben, um die Gutschrift zu erlangen. Es bedurfte keines weiteren Zwischenhandelns der Verwaltung mehr, sodass die Leistung der Subvention eine zurechenbare Folge des Subventionsbescheides darstellt.

bb) Prozessuale Grundlage

Fraglich ist, nach welcher prozessualen Verknüpfungsnorm der Annexantrag statthaft ist. Der Annexantrag kann nach § 80 Abs. 5 S. 3 VwGO i.V.m. § 80a Abs. 3 S. 2 VwGO oder nach § 80a Abs. 1 Nr. 2 Alt. 2 VwGO i.V.m. § 80a Abs. 3 S. 1 VwGO statthaft sein, während eine direkte Anwendung des § 80 Abs. 5 S. 3 VwGO wegen der Statthaftigkeit des Antrages nach § 80a Abs. 1 Nr. 2 Alt. 1 VwGO auf der ersten Stufe der Drei-Personen-Konstellation nicht möglich ist. Maßgeblich ist also, in welchem Verhältnis § 80a Abs. 3 S. 2 VwGO i.V.m. § 80 Abs. 5 S. 3 VwGO zu § 80a Abs. 1 Nr. 2 Alt. 2 VwGO i.V.m. § 80a Abs. 3 S. 1 VwGO steht. Beide enthalten einen Annexantrag.

Das Verhältnis des § 80 Abs. 5 S. 3 VwGO i.V.m. § 80a Abs. 3 S. 2 VwGO zu § 80a Abs. 1 Nr. 2 Alt. 2 VwGO i.V.m. § 80a Abs. 3 S. 1 VwGO ist sehr umstritten, sodass in-soweit mehrere Lösun-gen vertretbar sind. Allerdings sollte das Problem zumindest er-kannt und angesprochen werden.

Probleme bei § 80a III 1, 2, I Nr. 2 VwGO

Minderansicht	Herrschende Meinung
• „Maßnahmen" iSd § 80a I Nr. 2, III 1 VwGO (ggf. iVm §§ 80a III 2, 80 V 3 VwGO) seien auch Maßnahmen an Dritte • Gericht könne anstelle der Behörde z.B. VA gegen Dritte erlassen (z.B. bei Folgenbeseiti-gungslast) • Argument: Wortlaut	• „Maßnahmen" iSd § 80a I Nr. 2, III 1 VwGO (ggf. iVm §§ 80a III 2, 80 V 3 VwGO) seien nur Maßnahmen ge-gen die Behörde, nicht gegen Dritte • Auch z.B. bei Folgenbeseitigungslast nur Verpflichtung der Behörde als Spezialregelung gegenüber § 123 VwGO • **Argumente:** >Dritter nicht Anspruchsgegner von z.B. FBA >verfassungskonforme Auslegung des § 80a I Nr. 2 VwGO (Art. 20 III GG; möglichst geringe Durchbre-chung der Gewaltenteilung)

Schema 17

Es könnte angenommen werden, dass der Antrag gemäß § 80a Abs. 1 Nr. 2 Alt. 2 VwGO i.V.m. § 80a Abs. 3 S. 1 VwGO spezieller als der nach § 80 Abs. 5 S. 3 VwGO i.V.m. § 80a Abs. 3 S. 2 VwGO ist, da die Norm des § 80a VwGO gegenüber § 80 Abs. 5 VwGO spezieller ist. Da sich die Anwendbarkeit des § 80 Abs. 5 S. 3 VwGO jedoch aus § 80a Abs. 3 S. 2 VwGO ergibt, kann nicht auf eine Spezialität des § 80a VwGO abgestellt werden. Eine vorrangige Anwendbarkeit des § 80a Abs. 1 Nr. 2 Alt. 2 VwGO i.V.m. § 80a Abs. 3 S. 1 VwGO könnte sich aus der wei-tergehenden Formulierung der Norm ergeben. Dem Wortlaut des § 80a Abs. 1 Nr. 2 Alt. 2 VwGO entsprechend können „Maßnahmen" erlassen werden. Das würde gemäß § 80a Abs. 3 S. 1 VwGO auch für den Richter gelten, sodass das Gericht z. B. selbst einen Verwaltungsakt an den Begünstigten erlassen könnte. Dies ist im Rahmen des § 80 Abs. 5 S. 3 VwGO nicht möglich. Würde dem Gericht gemäß § 80a Abs. 1 Nr. 2 Alt. 2 VwGO i.V.m. § 80a Abs. 3 S. 1 VwGO jedoch der Erlass von Ver-waltungsakten ermöglicht, würde dies eine unzulässige Durchbrechung der Ge-waltenteilung darstellen, da das Gericht als Judikative dann als Exekutive agieren würde. Daher ist eine verfassungskonforme Auslegung i.S.d. sich unter anderem aus Art. 20 Abs. 3 GG ergebenden Rechtsstaatsprinzips dahingehend erforderlich, dass das Gericht gemäß § 80a Abs. 1 Nr. 2 Alt. 2 VwGO i.V.m. § 80a Abs. 3 S. 1 VwGO nur die Behörde verpflichten kann, einen Verwaltungsakt zu erlassen, jedoch nicht selbst exekutiv tätig zu werden. Somit ist auch die Reichweite des Annexantrages gemäß § 80 Abs. 5 S. 3 VwGO i.V.m. § 80a Abs. 3 S. 2 VwGO und des Annexantrages i.S.d. § 80a Abs. 1 Nr. 2 Alt. 2 VwGO i.V.m. § 80a Abs. 3 S. 1 VwGO gleich, sodass sich aus der Rechtsfolge keine Rangfolge ergibt.

Daher sind beide Annexanträge zunächst einmal gleichrangig. Entscheidend ist letztlich der Wortlaut. Während in der Konstellation des § 80 Abs. 5 S. 3 VwGO, auf den in § 80a Abs. 3 S. 2 VwGO verwiesen wird, der Verwaltungsakt „vollzogen" ist, ist § 80a Abs. 1 Nr. 2 Alt. 2 VwGO i.V.m. § 80a Abs. 3 S. 1 VwGO weiter formuliert, in dem einstweilige Maßnahmen „zur Sicherung der Rechte des Dritten" ermöglicht werden. Daher ist letztlich in solchen Konstellationen, in denen der Verwaltungsakt bereits vollständig vollzogen ist, für den Annexantrag § 80 Abs. 5 S. 3 VwGO i.V.m. § 80a Abs. 3 S. 2 VwGO heranzuziehen, in Konstellationen, in denen der Verwaltungsakt erst teilweise vollzogen ist, § 80a Abs. 1 Nr. 2 Alt. 2 VwGO i.V.m. § 80a Abs. 3 S. 1 VwGO.

Da die S-Genossenschaft bereits den vollständigen im Subventionsbescheid zugesprochenen Betrag in Form der Bankgutschrift erhalten hat, ist der Verwaltungsakt vollständig vollzogen, sodass der Annexantrag gemäß § 80 Abs. 5 S. 3 VwGO i.V.m. § 80a Abs. 3 S. 2 VwGO statthaft ist. Der Antrag gemäß § 80 Abs. 5 S. 3 VwGO i.V.m. § 80a Abs. 3 S. 1 VwGO kann jederzeit im Gerichtsverfahren erfolgen, wobei der zweite Antrag auf den Prozessvoraussetzungen des Antrages auf der ersten Stufe beruht, sodass keine zusätzlichen Sachentscheidungsvoraussetzungen erforderlich sind.

V. Besondere Sachentscheidungsvoraussetzungen

Die besonderen Sachentscheidungsvoraussetzungen müssen erfüllt sein. Ausdrückliche Regelungen über die besonderen Sachentscheidungsvoraussetzungen gibt es für das Verfahren nach § 80a Abs. 1 Nr. 2 VwGO i.V.m. § 80a Abs. 3 S. 1 VwGO nicht.

1. Besondere Verfahrensführungsbefugnis

§ 78 VwGO als Regelung der besonderen Prozessführungsbefugnis ist gemäß der Abschnittsüberschrift des 8. Abschnitts der Verwaltungsgerichtsordnung bei Anfechtungs- und Verpflichtungsklagen anwendbar. Analog ist § 78 VwGO bei Verfahren anwendbar, bei denen es um Verwaltungsakte geht, weil insoweit eine vergleichbare Interessenlage bei planwidriger Regelungslücke besteht. Da beim Verfahren nach § 80a Abs. 1 Nr. 2 VwGO i.V.m. § 80a Abs. 3 S. 1 VwGO in der ersten Stufe die Suspendierung eines Verwaltungsaktes erstrebt wird, ist § 78 VwGO insoweit als Verfahrensführungsbefugnis analog anwendbar. Das gilt auch bezüglich des Annexantrages, weil bezüglich dessen der unmittelbare Bezug zu dem auf einen Verwaltungsakt bezogenen Suspendierungsantrag besteht. Besonders verfahrensführungsbefugt ist analog § 78 Abs. 1 Nr. 2 VwGO i.V.m. § 4 Abs. 2 VwGO das Landwirtschaftsministerium als Behörde.

2. Antragsbefugnis

Die A-GmbH muss zwecks der Vermeidung eines Popularantrages analog § 42 Abs. 2 VwGO antragsbefugt sein. Die Antragsbefugnis nach § 42 Abs. 2 VwGO setzt die Möglichkeit der Verletzung eines subjektiven Rechts voraus. Subjektive Rechte leiten sich aus Sonderbeziehungen, einfachen Gesetzen, subsidiär aus Grundrechten und unter Umständen Unionsrecht ab, wobei aufgrund des weiten Schutzbereiches des Art. 2 Abs. 1 GG bei unmittelbaren Grundrechtseingriffen für das subjektive Recht direkt auf Grundrechte abgestellt werden kann.

Durch den an die S-Genossenschaft erlassenen Subventionsbescheid könnte die Wettbewerbsfreiheit der A-GmbH, kumulativ oder alternativ abgeleitet aus Art. 12 Abs. 1 GG, Art. 2 Abs. 1 GG sowie Art. 3 Abs. 1 GG und partiell auch Art. 14 GG („Mosaikgrundrecht", Wahl/Schütz, in: Schoch/Schneider/Bier (Hg.) VwGO, 37. EL Juli 2019, § 42 Abs. 2, Rn. 291) betroffen sein, welche für die A-GmbH als juristische Person in der Weinbranche i.S.d. Art. 19 Abs. 3 GG anwendbar ist. In der negativen Abwehrkonstellation, also bei dem Begehren einer Begünstigungsversagung an einen Konkurrenten, könnte sich aus dem Gleichheitsgrundsatz des Art. 3 Abs. 1 GG ein Abwehrrecht des Wettbewerbers gegen Begünstigungen des Konkurrenten ergeben. Eine Gleichheitswidrigkeit einer solchen Begünstigung erfordert, dass der Wettbewerber schwer und unerträglich in seinen Grundrechten beeinträchtigt, also qualifiziert betroffen ist. Dies ist insbesondere der Fall, wenn seine Rechte willkürlich missachtet oder verletzt sind (BVerfG, Urteil vom 20.07.1954 – 1 BvR 459 u. a., NJW 1954, 1235, 1236; BVerwG, Urteil vom 30.08.1968 – VII C 122/66, NJW 1969, 522, 523), Allein daraus, dass durch die Subvention die Wettbewerbslage verändert wird und dies potenzielle Auswirkungen auf die A-GmbH haben kann, ergibt sich jedoch noch keine gleichheitswidrige Begünstigung zulasten der A-GmbH, zumal Art. 3 Abs. 1 GG hinsichtlich der Vergleichsgruppe auf bei etwaige Willkür jedenfalls mit einem Freiheitsrecht verbunden werden müsste. In Subventionskonstellationen besteht aber insbesondere die Möglichkeit, dass seitens des Staates die Chancengleichheit beeinträchtigt wird, indem einem Gewerbetreibenden Vorteile zukommen, die dem Konkurrenten verweigert werden, und dadurch die Wettbewerbslage derart verzerrt wird, dass der Nichtbegünstigte nicht mehr existenzfähig ist. Dem Dritten m u s s rechtsstaatlich zumindest dann eine Abwehrmöglichkeit gewährt werden, wenn er geltend macht, dass seine schutzwürdigen Interessen willkürlich vernachlässigt worden seien. Eine Begünstigung einzelner Gruppen darf nämlich nur erfolgen, wenn dies durch das öffentliche Wohl geboten ist – diese verfassungsrechtliche Vorgabe ist z. B. in § 14 HGrG spezifiziert worden – und schutzwürdige Interessen anderer d a b e i nicht willkürlich vernachlässigt werden.

Für die A-GmbH ergibt sich aus der Subventionsbewilligung an die S-Genossenschaft eine Umsatzeinbuße von ca. 10 %, die aber noch nicht existenzbedrohend zu werden droht. Dennoch besteht für die Antragstellerin die Gefahr, dass sich Winzer wegen der Förderung der S-Winzergenossenschaft vielfach von ihr abwenden und der S-Winzergenossenschaft zuwenden. Die Abweichung von den Subventionsrichtlinien verstärkt den Anschein, dass die Subvention der S willkürlich ist. Die Behauptungen der Klägerin sind in dieser Hinsicht jedenfalls nicht offensichtlich falsch, sodass eine Verletzung der Wettbewerbsfreiheit zumindest möglich erscheint. Nach alledem ist die A-GmbH analog § 42 Abs. 2 VwGO antragsbefugt.

Diese Argumentation entspricht der Linie des BVerwG, Urteil vom 30. 08. 1968 – VII C 122/66, NJW 1969, 522, welches die Klage eines Konkurrenten in einer vergleichbaren Situation zwar für zulässig, aber unbegründet erachtete. Eine abweichende Ansicht ist bei entsprechender Begründung, insbesondere mit den Argumenten, dass die A-GmbH nicht existenzbedroht ist und die Wettbewerbsfreiheit restriktiv eine qualifizierte Beeinträchtigung, also eine Kernbereichsnähe des Eingriffs in die Grundrechte des Konkurrenten (Di Fabio, in: Maunz/Dürig (Hg.) GG, 88. EL 2019, Art. 2 Abs. I, Rn. 118), erfordert, gut vertretbar. Dann wäre das Gutachten hilfsgutachterlich fortzusetzen.

VI. Allgemeines Rechtsschutzbedürfnis
Aus dem unter anderem in Art. 20 Abs. 3 GG enthaltenen Rechtsstaatsprinzip ergibt sich für das Prozessrecht das Erfordernis des allgemeinen Rechtsschutzbedürfnisses als allgemeine Sachentscheidungsvoraussetzung.

1. Gesetzliche Suspendierung
Dem Antragsteller fehlt das allgemeine Rechtsschutzbedürfnis, wenn der Suspensiveffekt schon gemäß § 80 Abs. 1 VwGO aufgrund gesetzlicher Anordnung eingetreten ist oder vom Antragsteller außergerichtlich ohne Schwierigkeiten herbeigeführt werden kann.

Teilweise wird die Problematik der gesetzlichen Suspendierung schon beim statthaften Antrag erörtert. Da es bei der statthaften Antragsart nur darum geht, das Begehren mit einer rechtlich vorgesehenen Antragsart zu verbinden, ist die Frage nach dem Bedürfnis für gerichtlichen Rechtsschutz weitergehend. Vertretbar – wenngleich nicht empfehlenswert – erscheint es jedoch, das allgemeine Rechtsschutzbedürfnis insoweit vorzuziehen und bei der statthaften Antragsart mitzuprüfen. Dann muss bei der Erörterung der statthaften Antragsart aber klargestellt werden, dass das allgemeine Rechtsschutzbedürfnis insoweit vorgezogen worden ist.

Für die A-GmbH gab es keine andere Möglichkeit, den Suspensiveffekt herbeizuführen, da vom Landwirtschaftsministerium die sofortige Vollziehbarkeit des gegenüber der S-Genossenschaft erlassenen Subventionsbescheides gemäß § 80 Abs. 2 S. 1 Nr. 4 VwGO angeordnet worden ist, sodass die Einlegung eines Widerspruches – soweit dieser statthaft wäre – oder die Erhebung der Klage nicht zur Suspendierung des Bescheides i.S.d. § 80 Abs. 1 VwGO geführt hätten. Insoweit ist der A-GmbH das allgemeine Rechtsschutzbedürfnis nicht abzusprechen.

2. Aussetzungsantrag

Um ein Rechtsschutzbedürfnis zu haben, könnte für den Antragsteller ein vorheriger Antrag nach § 80 Abs. 6 S. 1 VwGO i.V.m. § 80a Abs. 3 S. 2 VwGO auf Aussetzung im Sinne des § 80 Abs. 4 S. 1 VwGO erforderlich sein.

Zunächst ist maßgeblich, welche Funktion dem Verweis in § 80 Abs. 6 S. 1 VwGO auf § 80 Abs. 2 S. 1 Nr. 1 VwGO zukommt. Sollte der Verweis als deklaratorisch einzuordnen sein, könnte ein vorheriger Aussetzungsantrag bei der Behörde erforderlich sein, weil dann stets vor dem Betreiben des einstweiligen Rechtsschutzes ein Aussetzungsantrag bei der Behörde erforderlich wäre. Dem Wortlaut nach ist § 80 Abs. 6 S. 1 VwGO abschließend. Die Norm soll nur in den dort explizit benannten Konstellationen angewandt werden, zumal im Gegensatz zur Analogie eine plangemäße Regelungslücke für verbleibende Konstellationen anzunehmen ist. Aus dem Umkehrschluss aus § 80 Abs. 6 S. 1 VwGO ergibt sich somit, dass in Konstellationen außerhalb des § 80 Abs. 2 Nr. 1 VwGO vor Betreibung des einstweiligen Rechtsschutzes kein Aussetzungsantrag bei der Behörde zu stellen ist. Demnach ist § 80 Abs. 6 S. 1 VwGO grundsätzlich nur in den explizit geregelten Konstellationen anwendbar.

Eine Ausnahme könnte sich wegen des expliziten und uneingeschränkten Verweises auf § 80 Abs. 6 S. 1 VwGO in § 80a Abs. 3 S. 2 VwGO ergeben. Insofern könnte eine Rechtsfolgenverweisung angenommen werden mit der Folge, dass die Anwendbarkeit des § 80 Abs. 6 S. 1 VwGO i.S.d. § 80a Abs. 3 S. 2 VwGO angenommen werden könnte. Eine Rechtsfolgenverweisung könnte anzunehmen sein, weil Kostenkonstellationen i.S.d. § 80 Abs. 2 S. 1 Nr. 1 VwGO in dreipoligen Beziehungen selten sind und weil anders als bei § 80 Abs. 5 VwGO gemäß § 80a Abs. 1, 2 VwGO ein Antrag an die Behörde vorgesehen ist. Dies würde aber dem Ausnahmecharakter des § 80 Abs. 6 S. 1 VwGO nicht gerecht werden, durch den in Kostenkonstellationen des § 80 Abs. 2 S. 1 Nr. 1 VwGO i.V.m. § 80a Abs. 3 S. 1 VwGO eine besonders effiziente Verwaltung gewährleistet werden soll. In § 80a Abs. 1, 2 VwGO ist gerade keine Pflicht geregelt, zunächst einen Antrag auch bezüglich der Aussetzung bei der Behörde zu stellen, zumal der Verweis in § 80a Abs. 3 S. 2 VwGO dann nur deklaratorisch und daher sinnlos wäre. § 80a Abs. 1, 2 VwGO ist bezüglich der Auslegung des § 80a Abs. 3 S. 2 VwGO i.V.m. § 80 Abs. 6 VwGO also allenfalls rudimentär relevant. Somit ist § 80a Abs. 3 S. 2 VwGO bezüglich des § 80 Abs. 6 S. 1 VwGO dem Wortlaut entsprechend als Rechtsgrundverweisung einzustufen und daher nur in Konstellationen des § 80 Abs. 2 S. 1 Nr. 1 VwGO anwendbar. Da es bei dem Subventionsbescheid an die S-Genossenschaft nicht um Abgaben oder Kosten geht, ist ein Aussetzungsantrag der A-GmbH i.S.d. § 80 Abs. 6 S. 1 VwGO i.V.m. § 80a Abs. 3 S. 2 VwGO vor Beantragung des einstweiligen Rechtsschutzes beim Gericht nicht erforderlich.

Die Problematik des Aussetzungsantrages ist in zweipoligen Konstellationen weniger bedeutend als bei Verfahren i.S.d. § 80a Abs. 3 S. 1, 2 VwGO.

Das Rechtsschutzbedürfnis der A-GmbH besteht insoweit.

3. Rechtsschutz in der Hauptsache
Es könnte erforderlich sein, vor oder gleichzeitig mit Beantragung des einstweiligen Rechtsschutzes den Rechtsschutz in der Hauptsache durch Klageerhebung bzw. durch Einlegung eines gegebenenfalls trotz Entbehrlichkeit des Vorverfahrens statthaften Widerspruches zu verfolgen.

a) Ausnahmslose Betreibung der Hauptsache
Die Erforderlichkeit der vorherigen oder gleichzeitigen Verfolgung des Rechtsschutzes in der Hauptsache könnte sich ausnahmslos daraus ergeben, dass eine Suspendierung, also eine Herstellung oder Wiederherstellung der aufschiebenden Wirkung bei Gericht sinnvoll nur erfolgen kann, wenn dies zuvor schon bei der Behörde beantragt worden ist (vgl. VG Göttingen, Beschluss vom 9.1.2013 – 1 B 7/13 m.w.N.). Insbesondere dient z.B. ein Widerspruchsverfahren der Selbstkontrolle der Verwaltung i.S.d. Art. 20 Abs. 3 GG, sodass ihr selbst die Möglichkeit zur Suspendierung gegeben werden müsste. Durch die Möglichkeit der Verwaltung, jederzeit nach § 80 Abs. 4 S. 1 VwGO die Vollziehung auszusetzen, wird die effektive Selbstkontrolle noch nicht zwingend gewährleistet, weil die Verwaltung naturgemäß in der Regel nur tätig und aussetzen wird, wenn sie davon Kenntnis erlangt, dass der Bürger mit der Bescheidung nicht einverstanden ist.

Jedenfalls kann es nicht grundsätzlich einer vorherigen Betreibung der Hauptsache bedürfen, weil in § 80 Abs. 5 S. 2 VwGO i.V.m. § 80a Abs. 3 S. 2 VwGO gesetzlich geregelt ist, dass der Antrag nach § 80a Abs. 1 Nr. 2 VwGO schon vor Erhebung der Anfechtungsklage zulässig ist. Das Erfordernis der vorherigen oder gleichzeitigen Verfolgung der Hauptsache kann in der Konstellation des § 80 Abs. 5 S. 2 VwGO i.V.m. § 80a Abs. 3 S. 2 VwGO auch nicht mittels einer verfassungskonformen Auslegung oder Reduktion i.S.d. Art. 20 Abs. 3 GG aus Gründen der Selbstkontrolle der Verwaltung notwendig sein, weil der Wortlaut die Grenze der Auslegung darstellt und der Wortlaut des § 80 Abs. 5 S. 2 VwGO i.V.m. § 80a Abs. 3 S. 2 VwGO insoweit nicht auslegungsfähig und nicht reduzierungsbedürftig ist. Die Annahme eines solchen Erfordernisses in allen Konstellationen wäre gesetzeswidrig.

b) Grundsätzliche Entbehrlichkeit des Betreibens der Hauptsache

Das vorherige Betreiben der Hauptsache könnte grundsätzlich entbehrlich sein. Das könnte sich daraus ergeben, dass durch das Erfordernis des vorherigen Betreibens der Hauptsache die Überlegungsfristen des Betroffenen i.S.d. § 70 Abs. 1 S. 1 VwGO oder nach § 74 Abs. 1 S. 2 VwGO für den Betroffenen verkürzt würden, weil er, um einstweiligen Rechtsschutz zu erlangen, schon vor Ablauf dieser Fristen in der Hauptsache tätig werden müsste. § 80 Abs. 5 S. 2 VwGO i.V.m. § 80a Abs. 3 S. 2 VwGO wäre dann eine deklaratorische Regelung, von der auch Konstellationen erfasst wären, in denen das Widerspruchsverfahren erforderlich wäre. Sinnvoll kann eine differenzierte Betrachtung sein.

c) Differenzierte Betrachtung

Bei differenzierter Betrachtung ist zwischen Konstellationen mit dem Erfordernis eines Widerspruchsverfahrens und ohne Erfordernis eines Widerspruchsverfahrens zu trennen. Sollte ein Widerspruchsverfahren gemäß § 68 Abs. 1 S. 2 VwGO – gegebenenfalls in Verbindung mit dem Landesrecht – entbehrlich sein, ist der Wortlaut des § 80 Abs. 5 S. 2 VwGO i.V.m. § 80a Abs. 3 S. 2 VwGO maßgeblich, sodass die Klage vor Stellung des Antrages auf einstweiligen Rechtsschutz nicht erhoben worden sein muss. Ist ein Widerspruchsverfahren allerdings erforderlich, ist vor Stellung des Antrages der Widerspruch einzulegen. Einerseits ist der Wortlaut des § 80 Abs. 5 S. 2 VwGO i.V.m. § 80 Abs. 3 S. 2 VwGO begrenzt, sodass die Norm eine Ausnahmeregelung darstellt, andererseits kann sinnvoll nur etwas suspendiert werden, das zuvor i.S. der in einem Rechtsstaat i.S.d. Art. 20 Abs. 3 GG erforderlichen Selbstkontrolle der Verwaltung bei der Behörde beantragt worden ist, zumal dies zu einer Entlastung der Gerichte führt.

Auch die Überlegungsfrist des § 70 Abs. 1 VwGO steht insoweit nicht entgegen. Während die Überlegungsfrist für die Klage i.S.d. § 74 Abs. 1 VwGO bei Entbehrlichkeit des Widerspruchsverfahrens nicht durch das Erfordernis des vorherigen Betreibens der Hauptsache verkürzt werden darf, ist dies bei der Widerspruchsfrist aus den genannten rechtsstaatlichen Gründen anders. Während die Hemmschwelle zur Erhebung einer Klage als Rechtsmittel höher als bei Stellung eines Antrages auf einstweiligen Rechtsschutz ist – schließlich besteht ein hohes Kostenrisiko sowie die psychische Belastung eines lange dauernden Verfahrens – ist die Hemmschwelle für die Einlegung eines Widerspruches als Rechtsbehelf geringer als beim einstweiligen Rechtsschutz. Wenn sich der Antragsteller bereits zu einem gerichtlichen Antrag im einstweiligen Rechtsschutz entschieden hat, ist es ihm daher auch zumutbar, zunächst den in der Regel kostengünstigen bzw. kostenlos rücknehmbaren Widerspruch einzulegen.

Nach alledem ist bei der Erforderlichkeit eines Vorverfahrens vor Stellung des Antrages i.S.d. § 80a Abs. 1 Nr. 2 VwGO i.V.m. § 80a Abs. 3 S. 1 VwGO die Einlegung des Widerspruches erforderlich, um zu verdeutlichen, dass die Hauptsache auch tatsächlich betrieben wird. Aus rechtsstaatlichen Gründen i.S.d. Art. 20 Abs. 3 GG sowie aus Gründen des effektiven Rechtsschutzes i.S.d. Art. 19 Abs. 4 GG genügt die Einlegung des Widerspruches zeitgleich mit der Stellung des Antrages im einstweiligen Rechtsschutz, solange die Erhebung des Widerspruches nicht rechtsmissbräuchlich spät erfolgt, obgleich die Selbstkontrolle der Verwaltung insoweit minimiert wird.

Das Widerspruchsverfahren war für die A-GmbH gemäß § 68 Abs. 1 S. 2 Nr. 1 Alt. 2 VwGO entbehrlich, da mit dem Landwirtschaftsministerium des Landes eine Behörde gehandelt hat, die in der Verfassung als Ministerium verankert ist – somit eine oberste Landesbehörde. Unabhängig davon ist seitens der A-GmbH sogar ein Widerspruch eingelegt worden, wobei es für den Antrag beim Gericht irrelevant ist, ob der entbehrliche Widerspruch statthaft war.

Es ist strittig, ob vor Stellung eines Antrages auf einstweiligen Rechtsschutz gemäß § 80 Abs. 5 S. 1 VwGO die Klageerhebung oder gegebenenfalls die Einlegung eines Widerspruches in der Hauptsache erforderlich ist. Nach h.M. bedarf es jedenfalls bei Entbehrlichkeit des Vorverfahrens gemäß § 80 Abs. 5 S. 2 VwGO keiner vorherigen oder gleichzeitigen Erhebung der Anfechtungsklage. Dies gilt unabhängig vom Streitstand zur Statthaftigkeit des Widerspruches trotz Entbehrlichkeit des Widerspruchsverfahrens. Ist das Vorverfahren nicht entbehrlich, ist der Streitstand zu entscheiden. Da insoweit zwei verbreitete konträre Auffassungen mit jeweils guten Argumenten bestehen, ist es empfehlenswert, in diesen Fällen nach Benennung der Argumente klausurtaktisch zu entscheiden (zum Ganzen: vgl. Puttler, in: Sodan/Ziekow (Hg.) VwGO, 5. Aufl. 2018, § 80, Rn 129; Schenke, in: Kopp/Schenke (Hg.) VwGO, 25. Aufl. 2019, § 80, Rn 139 m.w.N.; Gersdorf, in: Posser/Wolff (Hg.) BeckOK VwGO, 2. Aufl. 2014, § 80, Rn 164 m.w.N.).

---

d) Zwischenergebnis

Das Widerspruchsverfahren war für die A-GmbH entbehrlich und es ist sogar dennoch ein Widerspruch eingelegt worden. Das allgemeine Rechtsschutzbedürfnis ist der A-GmbH nicht aufgrund eines Nichtbetreibens der Hauptsache abzusprechen.

4. Keine offensichtliche Verfristung der Hauptsache

Ein Rechtsschutzbedürfnis für den einstweiligen Rechtsschutz besteht nur, soweit Rechtsschutz in der Hauptsache möglich ist, dessen Sachentscheidungs- bzw. Sachurteilsvoraussetzungen also nicht offensichtlich unerfüllt sind bzw. bleiben werden. Dies ist anzunehmen, wenn der Rechtsbehelf bzw. das Rechtsmittel in der Hauptsache offensichtlich verfristet sind. Bezüglich des gegenüber der S-Genossenschaft erlassenen Bescheides gibt es keine Anhaltspunkte dafür, dass der von der A-GmbH als Dritter eingelegte Widerspruch oder die eigentlich statthafte Klage – für die gemäß § 58 Abs. 2 S. 1 VwGO mangels Bekanntgabe ihr gegenüber eine Jahresfrist gelten würde – verfristet ist. Vielmehr ist innerhalb der Monatsfrist i.S.d. § 70 Abs. 1 VwGO ein Widerspruch erhoben worden, und die Klage wäre mangels Verfristung noch möglich. Die A-GmbH ist allgemein rechtsschutzbedürftig.

VII. Zwischenergebnis

Die Sachentscheidungsvoraussetzungen des Verfahrens nach § 80a Abs. 1 Nr. 2 Alt. 1 VwGO i.V.m. § 80a Abs. 3 S. 1 VwGO und nach § 80 Abs. 5 S. 3 VwGO i.V.m. § 80a Abs. 3 S. 2 VwGO sind erfüllt.

B. Begründetheit

Die Anträge der A-GmbH gemäß § 80a Abs. 1 Nr. 2 Alt. 1 VwGO i.V.m. § 80a Abs. 3 S. 1 VwGO auf Suspendierung des Subventionsbescheides und der Annexantrag gemäß § 80 Abs. 5 S. 3 VwGO i.V.m. § 80a Abs. 3 S. 2 VwGO sind begründet, soweit die Vollziehungsanordnung nach § 80 Abs. 2 Nr. 4 VwGO rechtswidrig ist bzw. bei summarischer Prüfung das Aussetzungsinteresse der A-GmbH als Antragstellerin das Vollziehungsinteresse der Behörde unter Berücksichtigung des Interesses der S-Genossenschaft überwiegt bzw. soweit ein Vollzugsfolgenbeseitigungsanspruch der A-GmbH besteht.

Bei der **Vollziehungsanordnung** (VZA) gibt es mehrere Problembereiche:

1. Aufbau

Denkbar wäre, die VZA nach der Erörterung des Vollziehungs-/Aussetzungsinteresses zu prüfen. Das ist nicht möglich, weil die VZA als Sonderanordnung im Rahmen eines Verwaltungsverfahrens bloß formalen Charakter hat. Formelle Voraussetzungen unterliegen klaren Vorgaben ohne Beurteilungs- und Ermessensspielräume und sind daher vor materiellen Voraussetzungen zu erörtern. Daher ist die VZA vorab zu prüfen, wobei dies problematisch ist, wenn die VZA rechtswidrig ist, weil der Antrag auf einstweiligen Rechtsschutz dann begründet ist. Vertretbar ist es insoweit, mit Verweis auf die Möglichkeit der Behörde, jederzeit eine neue VZA zu erlassen, dennoch das Aussetzungs- und Vollziehungsinteresse im Anschluss an die VZA zu erörtern. Korrekt wäre es insoweit aber, die Prüfung zu beenden und in einem Hilfsgutachten fortzuführen.

2. Voraussetzungen

Nach h.M. bedarf es für die VZA keiner gesonderten Anhörung, da diese nach h.M. **keinen** VA darstellt und die Voraussetzungen für eine Analogie wegen der Anhörung bzgl. des Grund-VA nicht erfüllt sind.

I. Subventionsbescheid

Zunächst könnte die Vollziehung des Subventionsbescheides an die S-Genossenschaft suspendiert werden.

1. Rechtmäßigkeit der Vollziehungsanordnung

Die Vollziehungsanordnung nach § 80 Abs. 2 Nr. 4 VwGO kann rechtmäßig sein. Insoweit könnte es wegen der Formulierung „im öffentlichen Interesse" nicht nur auf formelle, sondern auch auf materielle Voraussetzungen ankommen. Die Vollziehungsanordnung gehört systematisch aber zum Verwaltungsverfahren und ist im Verwaltungsprozessrecht geregelt mit der Folge, dass es sich dabei auch mangels gegenüber dem materiellen Verwaltungsakt eigenständiger materieller Regelung nicht um einen weiteren Verwaltungsakt handelt. Vielmehr ist die Vollziehungsanordnung lediglich eine besondere Verfahrensmöglichkeit, die ausschließlich von formellen Voraussetzungen abhängig ist. Ob eine gesonderte Anhörung vor der Anordnung der sofortigen Vollziehung erforderlich oder ob die Regelung des § 80 Abs. 3 VwGO abschließend ist, kann dahinstehen, weil eine solche durch die zuständige Behörde jedenfalls erfolgte. Verfahrensfehler sind nicht ersichtlich.

Für eine ordnungsgemäße Begründung einer Vollziehungsanordnung bedarf es gemäß § 80 Abs. 3 S. 1 VwGO auch einer ordnungsgemäßen Begründung, soweit sie nicht gemäß § 80 Abs. 3 S. 2 VwGO entbehrlich ist (zum Ganzen: VG Cottbus, Beschluss vom 2.11.2007 – 2 L 236/07). Zwar könnte aus der Nichtnennung des § 80 Abs. 3 VwGO in § 80a Abs. 3 S. 2 VwGO geschlossen werden, dass § 80 Abs. 3

VwGO bezüglich eines Verfahrens nach § 80a VwGO nicht anwendbar ist, jedoch war eine Benennung nicht notwendig, da auf die Vollziehungsanordnung schon in dem gemäß § 80a Abs. 3 S. 1 VwGO geltenden § 80a Abs. 1, 2 VwGO Bezug genommen worden ist. § 80 Abs. 3 S. 1 VwGO ist somit bereits wegen der Inbezugnahme auf die Vollziehbarkeit in § 80a Abs. 1, 2 VwGO i.V.m. § 80a Abs. 3 S. 1 VwGO entsprechend anwendbar.

Nach § 80 Abs. 3 S. 1 VwGO hat die Behörde in den Fällen des § 80 Abs. 2 S. 1 Nr. 4 VwGO das besondere Interesse an der sofortigen Vollziehung des Verwaltungsakts schriftlich zu begründen. Durch diese Vorschrift soll die Behörde dazu angehalten werden, sich des Ausnahmecharakters der Vollziehungsanordnung mit Blick auf den grundsätzlich gemäß § 80 Abs. 1 VwGO durch Erhebung eines Rechtsbehelfs eintretenden Suspensiveffekt bewusst zu werden und die Abweichung vom Grundsatz sorgfältig zu prüfen. Zugleich soll der Betroffene über die für die Behörde maßgeblichen Gründe des ihrerseits angenommenen überwiegenden Interesses an der sofortigen Vollziehbarkeit informiert werden, damit in einem möglichen Rechtsschutzverfahren dem Gericht die Erwägungen der Behörde zur Kenntnis gebracht und zur Prüfung gereicht werden können.

Die Vorgaben des § 80 Abs. 3 S. 1 VwGO haben somit vorwiegend die Bedeutung, der Behörde den Ausnahmecharakter der sofortigen Vollziehbarkeit zu verdeutlichen. *„Ist das Interesse hinreichend erkennbar, kommt es für die formale Voraussetzung der ordnungsgemäßen Begründung gemäß § 80 Abs. 3 S. 1 VwGO nicht darauf an, ob die Annahme eines Überwiegens des sofortigen Vollzugsinteresses aus den angegebenen Gründen bereits voll zu überzeugen vermag (vgl. OVG für das Land Brandenburg, Beschluss vom 5.2.1998 – 4 B 134/97 –, veröffentlicht in Juris).*

Aus der Begründung muss hinreichend nachvollziehbar hervorgehen, dass und aus welchen besonderen Gründen die Behörde im Einzelfall das besondere öffentliche Interesse an der sofortigen Vollziehung des Verwaltungsakts als gegenüber dem Aussetzungsinteresse des Betroffenen vorrangig einstuft und aus welchen im dringenden öffentlichen Interesse liegenden Gründen sie es für gerechtfertigt bzw. geboten hält, den durch die aufschiebende Wirkung eines Rechtsbehelfs grundsätzlich eintretenden Suspensiveffekt des Betroffenen einstweilen zurückzustellen. Pauschale und nichtssagende formelhafte Wendungen genügen dem Begründungserfordernis nicht. Allerdings kann sich die Behörde auf die den Verwaltungsakt selbst tragenden Erwägungen stützen, wenn die den Erlass des Verwaltungsaktes rechtfertigenden Gründe zugleich die Dringlichkeit der Vollziehung ergeben (vgl. OVG Münster, Beschluss vom 22.1.2001 – 19 B 1757/00 –, NZV 2001, 396).“

Bei gleichartigen Tatbeständen können auch gleiche oder typisierende Begründungen ausreichen, wenn die zu beurteilenden Interessenkonstellationen in der Regel gleich gelagert sind. Stets bedarf es jedoch der Verdeutlichung der entgegenstehenden Rechte bzw. Rechtsgüter. Sollte es um je-weils gleiche Subventionen mit gleichen Auswirkungen gehen, ist es nicht zwingend geboten, eine ausschließlich auf den Einzelfall zugeschnittene Begründung zu geben. Es genügt, die typische Interessenlage aufzuzeigen und deutlich zu machen, dass diese Interessenlage auch im konkreten Einzelfall besteht (vgl. BayVGH, Beschluss vom 4.1.2006 – 11 CS 05.1878 –, zitiert nach Juris).

Insoweit genügt eine knappe und gleichartige Begründung dem Erfordernis des § 80 Abs. 3 S. 1 VwGO, wenn die Behörde die typischerweise entgegenstehenden Rechte bzw. Rechtsgüter aufzeigt, sie damit eine typische Konstellation aufgreift, in der das öffentliche Interesse an einer sofortigen Vollziehung regelmäßig überwiegt, und sie hinreichend deutlich macht, dass aus ihrer Sicht diese typische wiederkehrende eindeutige Konstellation auch auf die betroffene Person zutrifft.

Bezüglich der Subvention an die S-Genossenschaft ist wie gegenüber den anderen subventionierten Genossenschaften auf die notwendige sofortige Unterstützung der Weinbauern und auf das öffentliche Interesse hingewiesen worden, da ein Stück regionaler Kultur nur dadurch erhalten werden könne, dass auch kleineren Winzern die Möglichkeit erhalten bleibe, ihren eigenen Wein zu erzeugen. Es seien bereits mehrere Kleinwinzer im Bundesland H in ihrer Existenz bedroht. Insoweit sind die Subventionen der Genossenschaften gleich zu behandeln. Die Argumente übersteigen formal auch die Begründung des Bescheides, weil die bereits beeinträchtigten Winzer zur Begründung der Eilbedürftigkeit benannt worden sind.

Die Behörde durfte auf eine typische Konstellation abstellen. Die Anordnung der sofortigen Vollziehung ist nach alledem rechtmäßig.

Bezüglich der Rechtswidrigkeit der Vollziehungsanordnung ist eine andere Lösung vertretbar. Insoweit müsste dann mit Verweis auf die Möglichkeit des jederzeitigen Ausspruches einer neuen Anordnung der sofortigen Vollziehbarkeit weitergeprüft oder ein Hilfsgutachten erstellt werden.

---

2. Aussetzungs-/Vollziehungsinteresse

Das Aussetzungsinteresse überwiegt grundsätzlich das Vollziehungsinteresse, soweit der Verwaltungsakt rechtswidrig ist, weil durch einen rechtswidrigen Verwaltungsakt materiell-rechtlich grundsätzlich kein Grundrechtseingriff gerechtfertigt werden kann und somit kein Vollziehungsinteresse des behördlichen Rechtsträgers bezüglich eines solchen Verwaltungsaktes besteht. Lediglich in Konstellationen, in denen der Verwaltungsakt rechtswidrig ist, jedoch trotz

Möglichkeit der Rechtsverletzung im Rahmen der Antragsbefugnis kein subjektives Recht des Antragstellers betroffen ist, überwiegt aufgrund der zu berücksichtigenden Drittinteressen in Anlehnung an die Hauptsache das Vollziehungsinteresse der Behörde, da das Gericht anderenfalls im einstweiligen Rechtsschutz etwas gewähren würde, das in der Hauptsache nicht erreichbar wäre. Wenngleich die Behörde gemäß der sich für sie rechtsstaatlich unter anderem aus Art. 20 Abs. 3 GG ergebenden Pflicht zum rechtmäßigen Handeln zur Aufhebung verpflichtet wäre, dürfte dies nicht mittels einer unzulässigen Durchbrechung der Gewaltenteilung durch das Gericht erfolgen. Ist der Verwaltungsakt rechtmäßig, überwiegt grundsätzlich das Vollziehungsinteresse in Konstellationen des § 80 Abs. 2 S. 1 Nr. 1–3 VwGO, weil im Gesetz insoweit eine gesetzgeberische Wertung dahingehend enthalten ist, dass in derartigen Konstellationen bei rechtmäßigen Verwaltungsakten stets vollzogen werden soll. In Konstellationen einer Vollziehungsanordnung i.S.d. § 80 Abs. 2 S. 1 Nr. 4 VwGO bedarf es hingegen einer eigenen Abwägung des Gerichts, weil der Gesetzgeber insoweit die Anordnung der sofortigen Vollziehbarkeit nicht selbst getroffen, sondern sie der Behörde überlassen hat, deren diesbezügliche Entscheidung gesetzlich überprüfbar ist.

Von diesen Grundsätzen ist in den Drei-Personen-Konstellationen des § 80a VwGO jedoch abzuweichen, weil die Interessen eines Dritten zu berücksichtigen sind. Deshalb ist das Behördeninteresse von den Drittinteressen geprägt mit der Folge, dass die Drittinteressen mit denen der Antragstellerin gleichwertig sind. Somit überwiegt das Aussetzungsinteresse bei Rechtswidrigkeit des Verwaltungsaktes, während das Vollziehungsinteresse unabhängig von den in § 80 Abs. 2 S. 1 Nr. 1–3 VwGO enthaltenen Wertungen bei Rechtmäßigkeit des Bescheides überwiegt.

Maßgeblich ist also, ob der gegenüber der S-Genossenschaft erlassene Subventionsbescheid rechtswidrig ist.

a) Rechtswidrigkeit des Subventionsbescheides
Der Subventionsbescheid kann rechtswidrig sein.

aa) Rechtsgrundlage

Der Begriff „Ermächtigungsgrundlage" sollte in dieser Konstellation nicht verwendet werden, da mit dessen Verwendung verschiedene Streitstände entschieden werden – nämlich über das Erfordernis einer Norm (Vorbehalt und Vorrang des Gesetzes) und den Schutzbereich des Art. 2 Abs. 1 GG.

Es könnte eine Rechtsgrundlage für die Subvention bestehen, die anzuwenden wäre.

(1) Grundgesetz

Aus dem Grundgesetz kommen als Rechtsgrundlagen allenfalls Art. 74 Abs. 1 Nr. 17 GG und Art. 110 Abs. 1 GG in Betracht. Während Art. 74 Abs. 1 Nr. 17 GG nur die Gesetzgebungskompetenzen als Zuständigkeitsregelung betrifft, sind in Art. 110 Abs. 1 GG Vorgaben für die Aufstellung des Haushaltsplanes enthalten, sodass beide Normen keine Rechtsgrundlagen darstellen.

In Konstellationen, in denen der Verwaltungsakt rechtswidrig, der Antragsteller aber trotz Möglichkeit der Rechtsverletzung bezüglich der Prozessstation in keinem subjektiven Recht betroffen ist, könnte dem Überwiegen des Vollziehungsinteresses entgegengehalten werden, dass sich die Tatsachen zugunsten der Betroffenheit eines subjektiven Rechts des Antragstellers ändern – summarische Prüfung – und somit kein effektiver Rechtsschutz i.S.d. Art. 19 Abs. 4 GG gewährt werden würde. Insoweit kann der Antragsteller aber auf einen gegebenenfalls neuen Antrag im einstweiligen Rechtsschutz verwiesen werden.

---

(2) Bundeslandwirtschaftsgesetz

Auch § 1 BLwG kommt als Rechtsgrundlage nicht in Betracht, da die Norm nicht hinreichend bestimmt ist, weil in ihr weder Tatbestand noch eine Rechtsfolge enthalten sind.

(3) Verwaltungsrichtlinie

Die Verwaltungsrichtlinie zur Subventionierung stellt keine Rechtsgrundlage dar, weil eine derartige Verwaltungsvorschrift unmittelbar nur behördenintern wirkt, sodass es für deren Einordnung als Rechtsgrundlage an einer Außenwirkung für den Bürger fehlt.

(4) Haushaltsplan

Möglicherweise ist der Haushaltsplan die maßgebliche Rechtsgrundlage für den Erlass eines Subventionsbescheides. Dann müsste das Haushaltsrecht jedoch – zunächst unabhängig von landesrechtlichen haushaltsrechtlichen Regelungen und einzelnen Haushaltsplänen – Außenwirkung haben. Maßstab für das Haushaltsrecht ist das Haushaltsgrundsätzegesetz, welches gemäß § 1 Abs. 1 S. 1, 2 HGrG für den Bund und die Länder gilt. Gemäß § 3 Abs. 1 HGrG wird zwar die

Verwaltung durch den Haushaltsplan intern ermächtigt, Ausgaben zu leisten und Verpflichtungen einzugehen, jedoch werden gemäß § 3 Abs. 2 HGrG im Außenverhältnis zum Bürger Ansprüche oder Verbindlichkeiten weder begründet noch aufgehoben. Somit stellt ein Haushaltsplan im Außenverhältnis zum Bürger keine Rechtsgrundlage für einen Subventionsbescheid dar.

(5) Gesetzesvorbehalt/Gesetzesvorrang

Da eine anwendbare Rechtsgrundlage nicht ersichtlich ist, ist maßgeblich, ob im Sinne des Gesetzesvorbehaltes eine Rechtsgrundlage erforderlich ist. Sollte keine Rechtsgrundlage erforderlich sein, darf durch ein Verwaltungshandeln lediglich nicht gegen rechtliche Vorgaben verstoßen werden. Es gilt dann nur der Vorrang des Gesetzes. Neben dem aus rechtsstaatlichen Gründen i.S.d. Art. 20 Abs. 3 GG stets geltenden Vorrang des Gesetzes gilt der Vorbehalt mit dem Erfordernis einer Ermächtigungsgrundlage nur, wenn es im Grundgesetz bzw. in der Landesverfassung ausdrücklich vorgeschrieben ist – etwa bei Verordnungen z.B. in Art. 80 Abs. 1 GG – oder bei Grundrechtseingriffen sowie in sonst wesentlichen Konstellationen. Im Übrigen ist eine Grundlage anzuwenden, die der Gesetzgeber geschaffen hat, wenngleich der Gesetzgeber sie nicht hätte schaffen müssen. Diese Rechtsgrundlage ist jedoch von der Exekutive in einer rechtsstaatlichen Demokratie wegen der Gesetzesbindung der Verwaltung gemäß Art. 20 Abs. 3 GG anzuwenden. Da eine derartige Rechtsgrundlage nicht ersichtlich ist, kann sich das Erfordernis einer Ermächtigungsgrundlage nur aufgrund eines Grundrechtseingriffes oder sonstiger Wesentlichkeit der Konstellation ergeben. Ob eine Rechtsgrundlage erforderlich ist, ist grundsätzlich objektiv bezüglich der verfassungsrechtlichen Grundlagen zu ermitteln, sodass es für die Ermittlung der Notwendigkeit einer Rechtsgrundlage für die Subvention eigentlich nicht nur auf die Grundrechte der A-GmbH und insoweit auch nicht auf die Anwendbarkeit der Grundrechte für die A-GmbH i.S.d. Art. 19 Abs. 3 GG ankommt. Da streitgegenständlich anderweitige Anhaltspunkte bezüglich Dritter fehlen, ist bezüglich der Voraussetzungen insoweit dennoch primär auf die Beeinträchtigung der A-GmbH abzustellen, da diese bei einer objektiven Prüfung ebenfalls zu berücksichtigen ist.

(a) Wettbewerbsfreiheit (Artt. 2 Abs. 1, 3 Abs. 1, 12 Abs. 1 GG)

Fraglich ist, ob durch die Subvention des Ministeriums an die S-Genossenschaft in die Wettbewerbsfreiheit der Konkurrenz, insbesondere der A-GmbH, eingegriffen wurde. Da keine Existenzbedrohung der A-GmbH gegeben ist uns dieser lediglich eine Umsatzeinbuße in Höhe von 10 % droht, könnte die Subvention aufgrund

ihrer Intensität allenfalls als eine Verletzung des der Wettbewerbsfreiheit zuge-
hörigen Rechts auf Chancengleichheit eingestuft werden, wenn die A-GmbH durch
die Subventionsbewilligung qualifiziert betroffen ist und ihre Wettbewerbsfreiheit
unerträglich oder willkürlich verletzt wurde.

Durch die Förderung der Kelleranlagen von Winzergenossenschaften wird die
Wettbewerbsfreiheit des Handels jedoch nicht in einem für die Antragstellerin
unerträglichen Maß eingeschränkt. Die geförderten Winzergenossenschaften
stellen Produktionsgenossenschaften im Sinne von § 1 Abs. 1 Nr. 4 GenG dar. Sie
stellen aus dem Most Wein her, lagern und veräußern diesen. Durch die Bundesrepublik Deutschland werden aber nur die Weinherstellung und -lagerung
gefördert – nicht gefördert wird der Verkauf. Im Handel besteht zwischen der
Antragstellerin und den Genossenschaften Chancengleichheit. Deshalb verkauft
auch ein Teil der Winzergenossenschaften den Wein an den Zwischenhandel,
ohne gegenüber denjenigen, die den Wein an den Verbraucher absetzen, be-
nachteiligt zu sein. Es ist eine Frage der Kalkulation, welchen Weg die einzelne
Genossenschaft einschlägt. Durch die Bundesrepublik Deutschland wird darin
nicht durch irgendwelche Förderungen eingegriffen. Durch die Förderung der
Kellerwirtschaft bei den Winzergenossenschaften werden die Winzer, die zur
Schaffung eigener Kelleranlagen nicht in der Lage sind, nur von dem Zwang be-
freit, den Most bereits unbearbeitet abzugeben. Der Winzer hat daher durch die
Begünstigung die Wahl, entweder den Most an Kellereien zu verkaufen, die
selbständigen Handel treiben, oder aber über Genossenschaften den Most selbst
zu Wein zu verarbeiten und diesen entweder an den Zwischenhandel oder den
letzten Verbraucher weiterzugeben. Damit wird der Winzer wieder frei in seinen
Entschlüssen. Wenn ein Handelsunternehmen den Winzern gute Bedingungen
bietet, wie es möglicherweise bei der Antragstellerin gegeben ist, werden die
Winzer weiterhin den Weg wählen, den Most an Kellereien des Handels zu veräußern. Nach alledem ist die Wettbewerbsfreiheit nicht betroffen.

(b) Art. 9 Abs. 3 S. 1 GG

Auch ein mittelbarer Eingriff in das sich aus Art. 9 Abs. 3 S. 1 GG ergebende Recht,
zur Wahrung und Förderung der Arbeits- und Wirtschaftsbedingungen Vereinigungen zu bilden, ist ebenfalls nicht ersichtlich, da von der Norm nur korporative
Vereinigungen erfasst sind. Ein sogenannter „Verbund" ist vom Schutzbereich
nicht erfasst, da – wie zwischen der Antragstellerin und den einzelnen Winzern –
nur schuldrechtliche zweiseitige Beziehungen bestehen. Die Antragstellerin als
Gesellschaft mit beschränkter Haftung kann eine Beeinträchtigung also nicht
geltend machen, weil sie keine Vereinigung von Winzern darstellt und durch die

Subventionierung nicht die Genossenschaften allgemein, sondern ausschließlich Winzergenossenschaften gefördert werden (BVerwG – VII C 122/66).

(c) Art. 14 Abs. 1 GG

Ein mittelbarer Eingriff in das durch Art. 14 Abs. 1 GG geschützte Eigentum zu-lasten der A-GmbH ist nicht ersichtlich, da einerseits keine konkrete bereichs-spezifisch bestimmte Eigentumsposition wie z. B. der eingerichtete und ausgeübte Gewerbebetrieb betroffen ist, andererseits das Vermögen als solches nicht ge-schützt ist, zumal es aufgrund der verhältnismäßig geringen Umsatzeinbuße an der hinreichenden Schwere fehlt (BVerwG – VII C 122/66).

(d) Art. 3 Abs. 1 GG i.V.m. Art. 12 GG

Die A-GmbH könnte im allgemeinen Gleichheitsgrundsatz aus Art. 3 Abs. 1 GG i.V.m. Art. 12 GG – der Berufsfreiheit – verletzt sein. Voraussetzung ist eine Obergruppe als Vergleichspaar, in der zwei ungleiche Untergruppen ungerecht-fertigt gleich oder zwei gleiche Untergruppen ungerechtfertigt ungleich behandelt werden. Aus dem Erfordernis der Ober- und Untergruppe ergibt sich zudem, dass Art. 3 Abs. 1 GG nur in Verbindung mit einem besonderen subjektiven Recht geltend gemacht werden kann, weil kein Gesetzesvollziehungsanspruch besteht und die Antragstellerin subjektiviert zur Untergruppe – für die A-GmbH hin-sichtlich der Berufsfreiheit – gehören muss.

Ob durch die Beschränkung der Subventionen auf Genossenschaften der Gleichheitssatz insoweit verletzt wird, als auch sonstige Zusammenschlüsse von Winzern oder auch einzelne größere Winzer in die Förderung eingeschlossen werden müssten, ist irrelevant, weil die Antragstellerin und vergleichbare Un-ternehmen – für deren Existenz es keine Anhaltspunkte gibt – nicht zum Kreis der Erzeuger gehören und somit schon kein hinreichendes Vergleichspaar besteht. Die Antragstellerin ist kein horizontaler Verbund von Winzern und ist diesem auch nicht wirtschaftlich gleichgestellt. Es handelt sich bei ihr um eine vertikale Zusammenfassung von Erzeugern, Verarbeitern und Handelnden, während die Winzergenossenschaften einen horizontalen Zusammenschluss nur von Winzern darstellen. Es sind an dem Verbund also in erheblichem Umfang Personen be-teiligt, die sich nicht überwiegend mit der Weinerzeugung befassen. Zudem ar-beiten die Winzer beim „Verbund" ausschließlich aufgrund schuldrechtlicher Verträge mit der Antragstellerin zusammen und sind untereinander nicht recht-lich verbunden, während die Geschicke der Genossenschaft durch die Genossen geleitet werden. Gemäß § 43 Abs. 3 S. 1 GenG hat in der Generalversammlung jeder Genosse eine Stimme. Den Winzern, die im „Verbund" keinen Einfluss auf die

Geschäftsführung haben, kommt die Subvention dennoch unmittelbar zugute. Dem Erzeuger ist vom Verbund ein garantierter Mindestpreis zu zahlen. Die Verbundweinkellerei ist verpflichtet, dem Erzeuger entsprechend der Entwicklung der Marktlage einen Aufpreis zu zahlen, dessen Höhe von der Verbund-Weinkellerei bestimmt wird. Da der Aufpreis ausschließlich von der Entwicklung der Marktlage abhängig ist, ist die Klägerin nicht verpflichtet, den Winzern Subventionsleistungen und die sich daraus ergebenden Vorteile weiterzureichen. Die Förderung würde ausschließlich der Antragstellerin und über diese indirekt den Gesellschaftern zugutekommen.

Der Gleichheitsgrundsatz aus Art. 3 Abs. 1 GG i.V.m. Art. 12 GG ist nicht verletzt.

(e) Wesentlichkeit
Da die Subvention an die S-Genossenschaft auch nicht sonst wesentlich im Sinne einer praktischen Konkordanz zwischen dem Demokratie- und dem Rechtsstaatsprinzip ist, ergibt sich auch insoweit nicht das Erfordernis einer Ermächtigungsgrundlage.

(f) Abgeschwächter Gesetzesvorbehalt
Weil die Voraussetzungen für das Erfordernis einer Grundlage nicht erfüllt sind und das Haushaltsrecht keine Außenwirkung entfaltet, bedarf es nach alledem keiner Grundlage, sodass nur der Vorrang des Gesetzes gilt. Eine Anwendung des Haushaltsrechts als abgeschwächte Rechtsgrundlage in einem abgeschwächten Gesetzesvorbehalt wäre nicht nur systemwidrig, sondern auch gesetzeswidrig, da eine derartige Annahme gegen § 3 Abs. 2 HGrG verstoßen würde.

(g) Zwischenergebnis
Nach alledem gilt nur der Vorrang des Gesetzes mit der Folge, dass es keiner Rechts- bzw. Ermächtigungsgrundlage bedarf.

Da bei Subventionen i.d.R. nur der Vorrang des Gesetzes gilt (Ausnahme: mittelbare Grundrechtseingriffe etc. – z.B. bei Pressesubvention), müsste dies eigentlich auch in Leistungsfällen konsequent umgesetzt werden. Der Anspruch ergäbe sich dann eigentlich aus subjektiviertem Ermessen, während Erwägungen zu Art. 3 Abs. 1 GG i.V.m. anderen Aspekten lediglich zur Lenkung des sich aus dem Vorrang des Gesetzes ergebenden subjektivierten Ermessens führen dürften. Wenngleich dogmatisch nicht korrekt, wird in Leistungskonstellationen häufig Art. 3 Abs. 1 GG als Anspruchsgrundlage genannt.

---

bb) Voraussetzungen

Die Voraussetzungen können erfüllt sein.

(1) Formell

Formell handelte mit dem Landwirtschaftsministerium die zuständige Behörde, während Verfahrens- und Formfehler nicht ersichtlich sind.

(2) Materiell

Materiell bestehen mangels Grundlage auch keine tatbestandlichen Voraussetzungen, sodass nur eine Reduktion des subjektivierten Ermessens in Betracht kommt. Als ermessenslenkende Aspekte sind bei Subventionen das Haushaltsrecht, das Unionsrecht sowie Art. 3 Abs. 1 GG i.V.m. der Verwaltungspraxis in Gestalt von Richtlinien bzw. der tatsächlichen Verwaltungspraxis zu berücksichtigen. Aus dem Haushaltsrecht ergibt sich gleichzeitig ein intendiertes Ermessen im Sinne der Wirtschaftlichkeit und Sparsamkeit i.S.d. § 6 Abs. 1 HGrG.

(a) Haushaltsrecht

Zwar gilt das Haushaltsrecht gemäß § 3 Abs. 2 HGrG nicht unmittelbar im Außenverhältnis zum Bürger, jedoch ist es aufgrund der sich unter anderem aus § 3 Abs. 1 HGrG ergebenden internen Bindung der Verwaltung im Subventionsermessen im Rahmen einer mittelbaren Außenwirkung zu berücksichtigen. Die Subvention an die S-Genossenschaft ist im Bundeshaushalt in Kapitel 1002 vorgesehen, sodass ein Verstoß gegen den Haushaltsplan nicht erfolgt und somit insoweit eine Ermessensreduktion nicht ersichtlich ist.

(b) Unionsrecht

Das Subventionsermessen kann durch das Unionsrecht, insbesondere durch die als primäres Unionsrecht national unmittelbar geltenden Artt. 107, 108 AEUV reduziert sein, weil das Unionsrecht wegen des Anwendungsvorranges des Unionsrechts, welcher sich aus dem jeweiligen nationalen Rechtsanwendungsbefehl in Form des jeweiligen Zustimmungsgesetzes zur Übertragung der Hoheitsgewalt auf die Europäische Union i.V.m. Art. 23 GG bzw. aus dem Grundsatz der effektiven Umsetzung des Unionsrechts ergibt, die Nichtanwendung oder Auslegung des nationalen Rechts zur Folge haben kann. Die EU-Kommission hatte aber in einem abschließenden Beschluss i.S.d. Art. 108 Abs. 3 S. 3 AEUV – eine Subvention in Höhe von € 500.000,– ist von der Norm erfasst – keine Bedenken gegen die

Subventionen für die Genossenschaften zur Förderung der Entwicklung der Weinkultur als Wirtschaftszweig i.S.d. Art. 107 Abs. 3 lit. c AEUV geäußert, sodass eine Vereinbarkeit der Subventionen mit dem primären Unionsrecht anzunehmen ist und letztlich kein Verstoß gegen Artt. 107 Abs. 1, 3, 108 AEUV besteht.

Während es bezüglich der Antragsbefugnis um die „Möglichkeit einer willkürlichen Subvention" geht, ist in der Sachstation eine dezidierte Prüfung der Abweichungsmöglichkeit von der Richtlinie erforderlich.

(c) Art. 3 Abs. 1 GG i.V.m. der Richtlinie bzw. Verwaltungspraxis

Die Verwaltung könnte durch die Vorgaben in der Richtlinie als Ausdruck der Verwaltungspraxis an diese gebunden sein. Zwar kann die A-GmbH mangels eines Vergleichspaares insoweit nicht in Art. 3 Abs. 1 GG verletzt sein, als sie selbst keine Leistung verlangen kann, jedoch könnte ihr Recht aus der Wettbewerbsfreiheit i.S.d. Art. 2 Abs. 1 GG dadurch betroffen sein, dass die S-Genossenschaft eine rechtswidrige Subvention bekommt, die durch die A-GmbH abgewehrt werden kann.

Durch eine Verwaltungsrichtlinie wird grundsätzlich die Verwaltungspraxis vorgegeben, welche die Verwaltung auszuüben hat. Vergleichbare Antragsteller können daran teilhaben – soweit die Richtlinie nicht rechtswidrig ist, da im Unrecht keine Gleichbehandlung verlangt werden kann – und andere Antragsteller können die Unterlassung der Praxis verlangen, soweit ihre subjektiven Rechte tangiert werden und insoweit jemand von einer Verwaltungspraxis begünstigt wird, obwohl er von ihr eigentlich nicht betroffen ist.

Die S-Genossenschaft ist subventioniert worden, obwohl sie auf ein Litervolumen in Höhe von 6.500 kommt, während in der Richtlinie ein Volumen in Höhe von 6.000 als Obergrenze angegeben worden ist. Insoweit könnte die Subvention wegen der Unvereinbarkeit mit der Richtlinie rechtswidrig sein. Allerdings sind in der Praxis über einen längeren Zeitraum Genossenschaften subventioniert worden, die ein Litervolumen bis zu 7.000 ermöglichten, sodass auch die S-Genossenschaft von der tatsächlichen Subventionspraxis erfasst gewesen wäre. Eine willkürliche Abweichung von der Richtlinie im Einzelfall zugunsten der S-Genossenschaft besteht darin nicht, weil regelmäßig von der Richtlinie abgewichen wird.

Dem könnte entgegenstehen, dass die S-Genossenschaft keine Gleichbehandlung im Unrecht hätte verlangen können, sodass ihr die Subvention trotz der tatsächlichen Praxis nicht hätte zugebilligt werden dürfen. Weicht allerdings die Verwaltung in der Praxis von einer Richtlinie ab, ist die Praxis das „Recht" und die

Richtlinie wird durch sie überlagert. Das gilt auch bei erstmaliger Abweichung von einer Richtlinie, soweit die Verwaltungspraxis geändert wird. Eine solche Änderung ist der Behörde jederzeit möglich, soweit sie nicht rechtsstaatswidrig willkürlich ist. Die Verwaltungspraxis stellt nur dann kein die Richtlinie überlagerndes „Recht" dar, wenn sie ihrerseits rechtswidrig ist.

Das Ministerium ist regelmäßig von der Richtlinie abgewichen und hat damit eine Praxis dergestalt geschaffen, dass Genossenschaften mit einem Litervolumen in Höhe von 7.000 Litern subventionswürdig sind. Es gibt keine Anhaltspunkte für die Rechtswidrigkeit dieser Subvention – vielmehr ist sie von der EU-Kommission gebilligt worden. Nach alledem ist die Subvention an die S-Genossenschaft aufgrund der von der Richtlinie abweichenden Verwaltungspraxis rechtmäßig.

b) Zwischenergebnis

Der Subventionsbescheid an die S-Genossenschaft ist rechtmäßig. Das Vollziehungsinteresse überwiegt.

II. Vollzugsfolgenbeseitigung

> Es wäre vertretbar, die Folgenbeseitigung in wenigen Sätzen abzuhandeln, da der Subventionsbescheid auf der ersten Stufe nicht suspendiert wird. Durch eine Prüfung der Voraussetzungen wird aber nochmals Verständnis offenbart.

Der Annexantrag ist begründet, soweit ein Anspruch der A-GmbH gegen die Behörde dahingehend besteht, einen Rückerstattungsbescheid an die S-Genossenschaft zu erlassen.

1. Anspruchsgrundlage

Es bedarf für den Vollzugsfolgenbeseitigungsanspruch einer Anspruchsgrundlage.

> Der Vollzugsfolgenbeseitigungsanspruch ist zwar ein Abwehranspruch, jedoch ist er aufgrund seiner prozessualen Einkleidung in einen Leistungsantrag auf der „zweiten Stufe" im Anspruchsaufbau zu prüfen. In der Literatur wird z.T. sogar für die Abwehr wirksamer Verwaltungsakte ein Anspruchsaufbau vertreten. Insoweit ist ein Anspruchsaufbau im Examen aber jedenfalls aufgrund der prozessualen Vorgaben in z.B. den §§ 113 Abs. 1 S. 1; 80 Abs. 5 S. 1 VwGO nicht empfehlenswert.

a) § 80 Abs. 5 S. 3 VwGO i.V.m. § 80a Abs. 3 S. 2 VwGO

Da es sich bei § 80 Abs. 5 S. 3 VwGO i.V.m. § 80a Abs. 3 S. 2 VwGO um eine prozessuale Norm handelt, durch die materiell-rechtliche Ansprüche lediglich in
einem Verfahren durchgesetzt werden können, stellt die Norm keine Anspruchsgrundlage für einen materiell-rechtlichen Anspruch dar.

b) Spezialgesetz

Anspruchsgrundlage für den Vollzugsfolgenbeseitigungsanspruch kann eine
spezialgesetzliche Norm sein. Als Anspruchsgrundlage für die Vollzugsfolgenbeseitigung eines Rückerstattungsbescheides kommt § 49a Abs. 1 S. 1, 2 VwVfG in
Betracht. Eine Rechts- bzw. Ermächtigungsgrundlage ist gleichzeitig eine Anspruchsgrundlage, soweit sie ein subjektives Recht enthält. Schon die Subjektivierung der Norm zugunsten der S-Genossenschaft ist problematisch.

Die Folgenbeseitigung in Gestalt des Rückerstattungsbescheides könnte –
vorausgesetzt die Voraussetzungen der Norm sind erfüllt – seitens der Behörde
gegenüber der S-Genossenschaft als Dritter tatsächlich auf § 49a Abs. 1 S. 1, 2
VwVfG oder eine speziellere vergleichbare Norm gestützt werden.

Dieses Erfordernis einer Rechtsgrundlage betrifft jedoch nicht das für
den Annexantrag maßgebliche Verhältnis der A-GmbH gegenüber dem Staat,
sondern lediglich das Verhältnis des Staates gegenüber der S-Genossenschaft
hinsichtlich der Frage, ob es seitens der Behörde möglich ist, an die S-Genossenschaft einen Rückerstattungsbescheid zu erlassen. Außerdem macht die A-
GmbH keinen gesonderten Leistungsanspruch gegenüber der Behörde bzw. deren
Rechtsträger geltend, sondern einen Abwehranspruch bezüglich der Folgen. Sowohl die prozessuale Verknüpfung mittels des Annexantrages i.S.d. § 80 Abs. 5
S. 3 VwGO i.V.m. § 80a Abs. 3 S. 2 VwGO als auch die materielle Verknüpfung des
Subventionsbescheides mit einer etwaigen Vollzugsfolgenbeseitigungslast ist
dogmatisch nur möglich, wenn der Antrag der A-GmbH auf Vollzugsfolgenbeseitigung als folgenbezogener Abwehranspruch eingestuft wird. Auch die Reichweite des Abwehranspruches ist in der Regel weitergehend als bei Leistungsansprüchen, weil – zumindest soweit es um grundrechtsbezogene Ansprüche oder
um einfachgesetzliche Regelungen im Gefahrenabwehrrecht geht, die zumindest
rückführbar sind – die Grundrechte in ihrer klassischen Funktion als Abwehrrechte zur Anwendung gelangen, während sie nur ausnahmsweise als originäre
bzw. derivative Leistungsrechte anwendbar sind. Dem steht nicht entgegen, dass
der Abwehranspruch auf Vollzugsfolgenbeseitigung im Falle eines Nichtbestehens des § 80 Abs. 5 S. 3 VwGO i.V.m. § 80a Abs. 3 S. 2 VwGO mittels einer
einstweiligen Anordnung i.S.d. § 123 VwGO geltend gemacht würde. Einerseits
handelt es sich beim Vollzugsfolgenbeseitigungsanspruch um einen materiell-

rechtlichen Anspruch, der lediglich prozessual durchgesetzt werden muss, während andererseits eine materiell-rechtliche Vollzugsfolgenbeseitigungslast lediglich bei Abwehransprüchen, nicht aber bei von der Grundverfügung unabhängigen Leistungsverfügungen geltend gemacht werden kann.

Nach alledem kann § 49a Abs. 1 S. 1, 2 VwVfG oder eine speziellere vergleichbare Norm nicht Anspruchsgrundlage für die Vollzugsfolgenbeseitigung im Verhältnis der A-GmbH zur Behörde bzw. deren Rechtsträger, sondern allenfalls im Rahmen der Duldungspflicht oder im Anspruchsinhalt maßgeblich sein.

Vereinzelt ist die komplexe dogmatische Verknüpfung der Vollzugsfolgen mit der Ausgangsbelastung von Gerichten nicht exakt erschlossen und auf das Verhältnis zwischen dem öffentlichen Rechtsträger und dem Dritten (hier: Genossenschaft) abgestellt worden. Dies ist grundrechtsdogmatisch nicht begründbar.

---

c) Nachwirkung Grundrechte

Da den beim allgemeinen Folgenbeseitigungsanspruch zu beseitigenden Folgen ein öffentlich-rechtliches Handeln – regelmäßig in Form eines Grundrechtseingriffes – in der Vergangenheit zugrunde liegt, kann sich der Folgenbeseitigungsanspruch aus einer Nachwirkung der Grundrechte ergeben. Dies könnte allerdings zu einer Konturenlosigkeit der ohnehin bereits weit formulierten Freiheitsrechte führen, zumal nicht jedes den Folgen zugrunde liegende öffentliche Handeln einen Grundrechtseingriff darstellen muss.

d) Rechtsstaatsprinzip

Der Folgenbeseitigungsanspruch kann sich aus dem unter anderem in Art. 20 Abs. 3 GG verankerten Rechtsstaatsprinzip ergeben. Während Art. 20 Abs. 3 GG beim schlichten Abwehr- und Unterlassungsanspruch nicht zur Anspruchsbegründung führen kann – sonst würde rechtsstaatswidrig ein Gesetzesvollziehungsanspruch gewährt werden – liegt bei der Folgenbeseitigung bereits ein öffentlich-rechtliches Handeln des Staates in der Vergangenheit zugrunde, welches ein subjektives Recht betrifft, sodass die Folgenbeseitigung aufgrund der im Hinblick auf das vergangene Handeln erfolgten Subjektivierung konstruktiv auf Art. 20 Abs. 3 GG gestützt werden könnte.

e) Analog Zivilrecht

Eine analoge Anwendung des § 1004 Abs. 1 BGB erscheint mangels vergleichbarer Interessenlage – § 1004 Abs. 1 BGB ist grundsätzlich nicht auf vergangenes, sondern gegenwärtiges oder zukünftiges Handeln gerichtet – ebenso wenig maßgeblich wie eine analoge Anwendung des § 823 Abs. 1 BGB mit dem Inhalt der Naturalrestitution aus § 249 Abs. 1 BGB. Insoweit kann zwar die Beseitigung bezüglich in der Vergangenheit liegender Beeinträchtigungen verlangt werden, jedoch fehlt aufgrund des insoweit erforderlichen Verschuldens die Vergleichbarkeit.

f) Gewohnheitsrecht

Ob der allgemeine Folgenbeseitigungsanspruch ursprünglich aus einer Nachwirkung der Grundrechte oder aus Art. 20 Abs. 3 GG abgeleitet werden sollte, ist letztlich irrelevant, da der Anspruch nach jahrzehntelanger Praktizierung Gewohnheitsrecht ist. Im Sinne eines effektiven Rechtsschutzes gegen exekutives Handeln gemäß Art. 19 Abs. 4 GG ist es erforderlich, rechtswidrige Beeinträchtigungen, welche einem Träger hoheitlicher Macht zuzurechnen sind, zu beseitigen. Das ist nicht nur rechtspolitisch zu fordern, sondern ein Grundsatz geltenden Rechts und gilt vor allem, wenn sich rechtswidrige Beeinträchtigungen auf den Schutzbereich eines Grundrechts auswirken. Aus diesem grundgesetzlich gewährten Anspruch auf effektiven Rechtsschutz ergibt sich nicht nur ein Gebot zur Schaffung eines gerichtlichen Verfahrens, in dem eine Rechtsverletzung festgestellt wird, sondern auch der Anspruch auf Folgenbeseitigung als ein wirksames Sanktionsrecht gegen eingetretene Rechtsverletzungen. Zwar besteht aus dem sich unter anderem aus Art. 20 Abs. 3 GG ergebenden Rechtsstaatsprinzip die Pflicht eines öffentlichen Rechtsträgers, rechtmäßige Zustände herzustellen, jedoch muss i.S.d. Art. 19 Abs. 4 GG auch ein gerichtlich durchsetzbarer Anspruch gewährt werden.

Zwar ist die Ableitung des Folgenbeseitigungsanspruches dogmatisch problematisch (vgl. F. Schoch, Folgenbeseitigung und Wiedergutmachung im öffentlichen Recht, in: VerwArch 1988, 1 ff., 32 ff.; R. Steinberg/A. Lubberger, Aufopferung – Enteignung und Staatshaftung, 1991, S. 375 ff.), jedoch überwiegen durch Richterrecht geprägte, gewohnheitsrechtliche Gesichtspunkte insoweit, als der Bundes- bzw. die Landesgesetzgeber ihre Regelungskompetenz nicht wahrgenommen haben (vgl. BVerfGE 61, 149, 203; BVerwG AZ: 4 C 24/91). Maßgebliche Anspruchsgrundlage ist der Vollzugsfolgenbeseitigungsanspruch aus Gewohnheitsrecht.

2. Voraussetzungen

Die Voraussetzungen des Folgenbeseitigungsanspruches müssen erfüllt sein.

a) Positive Voraussetzungen

Positiv ist ein Eingriff in ein subjektives Recht in der Vergangenheit erforderlich, dessen Folgen andauern. Durch die Subventionsbewilligung wurde die A-GmbH weder in ihrer Wettbewerbsfreiheit (s. o.), noch in anderen subjektiven Rechten verletzt, sodass die positiven Voraussetzungen des Folgenbeseitigungsanspruches nicht erfüllt sind.

b) Zwischenergebnis

Der Eingriff muss bezüglich des Vollzugsfolgenbeseitigungsanspruches nicht zwingend in ein Grundrecht erfolgen, sondern es genügt ein Eingriff in jedes subjektive Recht.

Es besteht bereits mangels Eingriffs in ein subjektives Recht in der Vergangenheit kein Vollzugsfolgenbeseitigungsanspruch der A-GmbH.

Beachte: Ein Vollzugsfolgenbeseitigungsanspruch könnte verjähren i.S.d. 195 BGB i.V.m. Art. 20 Abs. 3 GG. Allerdings bleibt der durch den Hoheitsträger geschaffene Zustand rechtswidrig, sodass für diesen eine Duldungspflicht hinsichtlich der Beseitigung durch den Anspruchsinhaber besteht. Der Anspruch auf Duldung selbst unterliegt nicht der Verjährung (BVerwG, Beschluss vom 12. 7. 2013 – 9 B 12.13).

C. Ergebnis

Die Anträge der A-GmbH werden abgewiesen.

Stichwortverzeichnis

§§ 812 ff. BGB analog   64, 74

allgemeine Feststellungsklage   266
– Feststellungsinteresse   240, 267
– Subsidiarität   240, 267
allgemeine Leistungsklage   6, 17, 28, 71 f.,
   86, 132, 154, 162 f., 178, 252, 266
allgemeine Verwaltungspraxis   301, 332 f.
allgemeiner Folgenbeseitigungsanspruch
   199
Amtshaftungsanspruch   19, 21, 26 f., 37,
   255 f.
– drittbezogene Amtspflicht   38
– Rechtsweg   23, 100
Anfechtungsklage   6, 16, 28, 48 f., 54 f., 71,
   78, 86, 102 f., 132, 142, 190, 197, 199,
   235, 243, 268, 319
Annexantrag   184, 200 f., 205, 270, 283,
   297, 301, 304, 310, 312, 314, 321, 333 f.
– § 80 Abs. 5 S. 3 VwGO   276, 281–283,
   297, 304, 311–314, 321, 334 f.
– Problem bei § 80a Abs. 1 Nr. 2, Abs. 3
   VwGO   312
Antrag gemäß § 80 Abs. 5 S. 1 VwGO   217,
   270, 276, 279, 281 f., 304, 308, 311
– Aussetzungs-/Vollziehungsinteresse   276,
   292
– Aussetzungsantrag   304, 317
– Rechtsschutz in der Hauptsache   276,
   286, 288, 304, 318, 321
Antrag gemäß § 80a Abs. 1, 2 VwGO   301,
   304, 309, 314
– allgemeines Rechtsschutzbedürfnis   304,
   316
– Aussetzungs-/Vollziehungsinteresse   304,
   324
Antragsbefugnis   219

Beamtenverhältnis
– Ämterstabilität   211, 220–222, 227, 235
– Beamtenversorgungsbezüge   19, 29, 31,
   125, 132, 138

– Bewerbungsverfahrensanspruch   211, 213,
   221–224, 228 f., 232
– Differenzierung zwischen dem Grund- und
   dem Dienstverhältnis   216 f.
– Leistungsgrundsatz   229
Beiladung   215
Beliehener   111
Beurteilungsspielraum   211, 229, 231
– Beurteilungszeitraum   232

derivatives Leistungsrecht   9, 69, 88, 91
Dreipersonenverhältnis   184, 301
– Vorgehen gegen Konkurrentenbegünstigun-
   gen   259, 301
Dreipersonenverhältnis<indexsep/>einstweili-
   ger Rechtsschutz   Siehe Antrag gemäß
   § 80a Abs. 1, 2 VwGO

einstweilige Anordnung gemäß § 123 Abs. 1
   VwGO   211, 216, 218, 220, 225, 236 f.
– Allgemeines Rechtsschutzbedürfnis   213,
   224
– Anordnungsanspruch   213, 225
– Anordnungsgrund   213, 225, 236
– einstweilige Regelung   218 f.
– Glaubhaftmachung   213, 236
– Sicherungsanordnung   218, 225
Ermessen   83, 113, 208, 231, 262
– Ermessensfehler   232, 262
– Ermessenslenkung   331
– Ermessensreduktion auf Null   62, 83, 114,
   208, 210, 251
Erstattung nach § 49a Abs. 1 S. 1 VwVfG   73

fehlerhafte Rechtsbehelfsbelehrung   95,
   106, 125, 136
Fortsetzungsfeststellungsklage   238, 244–
   250, 252–258, 260, 266–268
– Abgrenzung zur allgemeinen Feststellungsklage   244
– Analogie in Verpflichtungskonstellationen
   240, 249
– Analogie vor Klageerhebung   240, 245

https://doi.org/10.1515/9783110625707-013

– Fortsetzungsfeststellungsinteresse 240, 255

Gesetzesvorbehalt 327, 330
Gesetzesvorrang 327

Immissionsschutzrechtliche Genehmigung 45, 53

juristische Personen des öffentlichen Rechts 4, 13

Klagebefugnis 3, 7, 17, 20, 30, 45 f., 49 – 51, 56 – 58, 68, 73, 79, 87, 97, 105, 128, 134, 143, 164, 178, 187, 191, 240, 257, 268
– Individualklage nach § 4 Abs. 3 Nr. 1 UmwRG 57
Klageverbindung 104
konkrete Gefahr 194, 207
Kostenbescheid 64, 70 f., 73, 75 f., 95, 103, 107, 109

Lärmbelästigungen (BImSchG) 154, 173

objektive Antragshäufung (§ 44 VwGO analog) 281 f., 311
objektive Klagehäufung 93, 163, 178, 197
öffentlich-rechtlicher Vertrag 154, 159, 179
– Schriftform 180
öffentliche Einrichtung 1, 10 f., 261
öffentliche Sicherheit 67, 82 f., 113, 194, 201, 207
öffentliche Sicherheit (verkehrsspezifisch) 80
originäres Leistungsrecht 69, 89

Parteienprivileg 1, 11 f.
Pressefreiheit 90

Rechtsbehelfsbelehrung 52
Reformatio in peius 95, 125
– Abwehrkonstellation 95, 315
– Anwendbarkeit der §§ 48, 49 VwVfG analog 148
– Ermessen 119
– qualitative Verböserung 102, 124
– quantitative Verböserung 102, 116

– Rechtsgrundlage 110, 148
– Streitgegenstand 102, 143
– Zulässigkeit 119, 146
– Zuständigkeit 115, 121, 150

schlichter Abwehr- und Unterlassungsanspruch 154, 158 f., 165, 167, 171, 181, 199, 227, 282
– Abgrenzung von Folgenbeseitigungsansprüchen 199
staatliche Schutzpflicht 58 f., 62, 84, 184, 194
Standardmaßnahme 193
Störer
– Handlungsstörer 195, 207
– Nichtstörer 196, 209
– Zustandsstörer 113
Stufenklage 200
Subjektive Rechte 7, 17, 30, 43, 49, 56, 73, 79, 87, 105, 134, 143, 158, 164, 166, 178, 191, 219
– Drittschutz des § 21 BImSchG 58
– Subjektives Recht aus § 45 Abs. 1 StVO 64, 80
– Subjektives Recht der Nachbarn aus § 5 Abs. 1 Nr. 1 BImSchG 51
Subventionierung 301, 304, 325 f., 329
– Rechtsgrundlage 304, 325

Teilnahme gem. § 70 Abs. 1 GewO 240, 261
– Auswahlkriterien 263
– „bekannt und bewährt" 263
– Ermessen 262

Verpflichtungsklage 1, 6, 12, 17, 19, 28, 32, 56, 64, 78 f., 86 f., 132, 256, 258, 268
– Untätigkeitsklage 240, 250
– Versagungsgegenklage 240, 253
Verwaltungsakt 4, 6, 11, 16, 28, 37, 49, 56, 76, 78, 86, 102, 120, 131 f., 137, 142, 145, 162, 177, 180, 191, 205, 216 f., 223 f., 227
– Allgemeinverfügung 78
– Bekanntgabe 135

Verwaltungsrechtsweg   3 f., 12, 22, 26, 47, 70, 85, 98, 101, 129, 141, 160, 175, 189, 241, 277, 306
– abdrängende Sonderzuweisung   20, 23, 99
– Abgrenzung bei Zahlungsansprüchen   70
– Abgrenzung hoheitlich privatrechtlich   4
– aufdrängende Sonderzuweisung   20, 22, 33, 99, 127, 130, 214
– öffentlich-rechtlicher Sachzusammenhang   160, 176, 242
– Rechtswegspaltung   20, 25
– Subordinationsverhältnis   4
– Verweisungsbeschluss   40
Vollstreckung
– Abgrenzung gestrecktes Verfahren und unmittelbare Ausführung   95, 108
– unmittelbare Ausführung   108 f., 113 f., 118

Vollziehungsanordnung (§ 80 Abs. 2 S. 1 Nr. 4 VwGO)   270, 276, 284, 289 f., 292 f., 304, 321 – 325
Vollzugsfolgenbeseitigungsanspruch   165, 184, 199 – 202, 204, 206, 210, 270, 276, 282 f., 289, 297, 299 f., 311 f., 321, 333 – 335, 337
– Umfang der Vollzugsfolgenbeseitigungspflicht   188, 209
– Vollzugsfolgenbeseitigungslast   208
vorbeugender Unterlassungsanspruch   220, 226 – 228

Wettbewerbsfreiheit   301, 315, 328
Widerspruch
– Widerspruchsfrist   45, 52, 105, 135 – 137, 257, 287, 320

Zwei-Stufen-Theorie   1, 4, 14

Onlinematerial

Schaubilder

Fall 1

Fall 2

Fall 3

Fall 4

Fall 5

Fall 6

Fall 7

Fall 8

Fall 9

Fall 10

Fall 11

Fall 12

Landesrechtsfälle

Fall 1: Landesrecht Berlin

Fall 1: Landesrecht Hamburg

Fall 1: Landesrecht Niedersachsen

Fall 3: Landesrecht Berlin

Fall 3: Landesrecht Hamburg

Fall 3: Landesrecht Niedersachsen

Fall 4: Landesrecht Berlin

Fall 4: Landesrecht Hamburg

Fall 4: Landesrecht Niedersachsen

Fall 8: Landesrecht Berlin

Fall 8: Landesrecht Hamburg

Fall 8: Landesrecht Niedersachsen

Fall 10: Landesrecht Berlin

Fall 10: Landesrecht Hamburg

Fall 10: Landesrecht Niedersachsen

www.ingramcontent.com/pod-product-compliance
Lightning Source LLC
Chambersburg PA
CBHW021404210326
41599CB00011B/1011